加缪，一个浪漫传奇

Camus，A Romance

伊丽莎白·豪斯（Elizabeth Hawes）　著

李立群　刘启升　译

中国人民大学出版社

·北京·

谨以此书献给我的母亲和第一位读者伊丽莎白·惠特尼·道奇

编辑手记

　　《加缪，一个浪漫传奇》，化为一位女性作家手下的传奇。这里所谓的传奇之处并不仅止于加缪本身，而更在于一个年轻读者与她所挚爱的风流倜傥的作家之间的浪漫传奇，在于一个女作者对自己的偶像所隔空产生的、持久的、真实与幻想相互生发的依恋与亲密。作者多次提到的这种亲密关系，也正是来自于她对加缪坚持不懈的探寻以及在他身上所慷慨浪掷的大量光阴，这种巨大投入与休戚共度的时光很自然地会让人产生彼此熟悉、无法分割的感情，正如每个作家身上都会发生的那样。"我就像一个作家一样，爱上了自己作品中的一个人物，"豪斯女士说道。

　　一个基于事实写作的传记作家是否该与那些耽于华丽想象的虚构文学作家有所区别呢？豪斯女士做了一次独具特色的文学创举——因其对加缪的挚爱，因其不可遏制的一往情深的执著追寻，因其女性特有的细腻感受所赋予这部作品的敏锐和纤细——这本书成为了一部与以往的加缪传记截然不同的美丽的回忆录，一种藉由加缪的经历而连缀编织起来的毕生痴迷，一次带着窥视的隐秘激动对加缪余下的真实生活进行的侦查探险，一场将传记、旅行见闻与坦白的求爱交织在一起的美学颠覆（山姆·安德森语）。

　　本书作者为了更加深切地感受加缪真实生活的氛围，追随着他的脚步寻访了法国各地，甚至到了阿尔及利亚他生于斯长于斯的村庄与街道。作者付出不懈的努力以期接近和采访加缪在世的亲友们，她的采访联系表上一度多达52个人。与罗杰·基约的失之交臂令她倍感遗憾，而对菲利普斯、凯瑟琳、让和米莱的采访则让她心怀感念，这不仅因为真实的接触为所有的研究带来了最为精致的细节，更因为他们一起分享了对加缪的重要感受，分享了共同被影响了的生活本身——正如这本传记带给我们的一样。

有趣的是，在书中"女人缘"一章中，豪斯在加缪一生里众多的女人中只着重描写了玛利亚·卡萨雷斯和加缪的母亲两个人。这或许是因为同样身为一个女性，身为一个甚至希望成为"他的妻子、他的姐妹和他的女儿"的人，玛利亚和卡特琳娜是豪斯唯一承认自己所不能代替的两个人。带着像妻子与姐妹般看护着加缪的心情，在亲密的"关爱的热流"中，豪斯看到了与众不同的加缪，以一个女性视角看到了他所展露出的孩童般的笑容和羞涩，优雅与脆弱；而加缪鲜为人知的、在种种传记中所被遗落的，不是翔实的史料和精准的时间，却正是这种细密的人性闪光的瞬间。豪斯两次提到了从波伏娃的披露中所辗转了解到的一个细节：一个某天晚上加缪独自坐在雪地里发呆地冥想爱情的片段。此时作者的字里行间流动着一种微妙的嫉妒，一种对不在场的失落，这种炽热的坦诚让人深为感动。她甚至对她的研究对象产生了强烈的占有欲，并想要保护这种常年为伴的亲密关系，保护个人经历不受侵犯的感觉。也正是因为有这样强烈的感受和经历，豪斯才能够深刻地理解凯瑟琳·加缪所同样感受到的那种，作为加缪的女儿，却被迫要与全世界共同分享这个生命中最亲爱的人的失落和愤怒。

豪斯的愤怒还在于，她给予全部坦诚所热爱的这个研究对象，却总是在文字中躲闪和退缩——即使是在他自己的日记中。加缪的晦涩、犹疑和谨慎有时会令豪斯不满和埋怨，甚至几乎像一个撒娇的女人，然而她终究不得不独自走过那些日记所设置的迷墙。的确，加缪不是一个行动的巨人，而是一个情感的巨人。不过书信间的秘密也为作者提供了巨大的帮助，以一个女人的敏感，豪斯捕捉到了在人与人交往中天光般多变的心境更迭所展现出的最为细腻的情感变化。在各种各样的书信往来中，豪斯看出了加缪个性的丰富细节，看出了他心绪的起伏，看到了一个真实的人。

作者详细描写了她在百内基图书馆里的一段极其私人的感受：在一次阅读加缪的珍贵书信时，自己手中的笔不小心弄污了信纸上的一个字，盯着晕开的蓝色墨水污渍，她即刻对自己的粗心大意充满恐惧，接下来头晕目眩，这感觉让她像见到了幽灵一般，因为来自她的一个蓝色墨迹正与一张经年的信纸融合在一起，与一个她所挚爱的、魂牵梦绕的偶像的笔迹融合在一起，似乎像是一次跨越时空的抚摸——她以这种真实的方式感受到了加缪的存在。这个事件带来的结论是：有时候，时光的流逝并不那么重要。而这也正是文学传记的作用——抵消时间的磨蚀，唤醒一个人的灵魂，让他带着他全部的一生重新来到我们面前，让我们不断地得以在心灵的深处，真实地感受和拥抱那个曾经鲜活的他。

豪斯认为这本书的创作几乎是自发的，是一种超越了学术兴趣和研究需要的自然结果，是一种"希望渗透进他的每寸肌肤"的不可遏制的大胆表白。通过这本书，作者展现了一个传记作家与她的传主之间的亲密关系，一种彼此相连的私密性——仅仅是"我们两个人的事"，而这件事"关乎他是谁、我是谁、甚至我能否继续生存"。也正是通过这本书，作者反思了一个传记作家的功能与手段：研究期间细节的牵连简直让她想把加缪按在原地固定下来；研究工作的长期和艰苦使她更为深刻地爱上了加缪，也因此更需要知道他是谁，以及自己何以如此强烈地热爱他。

除了会梦到加缪，豪斯在研究的各个阶段都会产生与加缪见面的冲动、并有种信念相信自己终究会与他见面。最终，他们相见的方式凝固成了我们手中这部翔实丰富而独特感人的传记作品，同时，更是一部感情真挚的回忆录。这也正是这部作品的独特魅力所在。作者自己早已意识到了与加缪之间日益密切的关系，反思了写作的目的，但是，她"默许了这样的创作形式"——这样息息相关的、不断被个人感受和回忆所打断的、并不那么客观和系统的写作方式。因为正如作者所言，在历经了十年的日夜思恋后，这里最终产生的并不是一份研究报告，而是一个传奇故事，一个浪漫传奇。

李琳

2012 年 2 月

译者序

　　看到《加缪，一个浪漫传奇》这本书的英文原版（*Camus，A Romance*）是在 2010 年，正值纪念加缪逝世五十周年之际。之前，从新闻中了解到，为缅怀这位 20 世纪最年轻的诺贝尔文学奖获得者，包括中国在内的世界各地举行了名目繁多的纪念活动。虽然加缪一直是我们喜爱的一位作家，他的主要作品，如《局外人》、《鼠疫》、《反抗者》等也是我们较为熟悉的，但一直没有时间和机会专心研究他。于是，我们决定翻译这本书，一方面满足自己对这位充满争议的人物的好奇心，另一方面也希望为中国广大的加缪爱好者提供一次了解他的机会。

　　《加缪，一个浪漫传奇》是一部关于加缪的传记。豪斯女士追踪着加缪的足迹，向我们讲述了他精彩的一生：他远远不能用"存在主义"来界定的道德观；他对祖国阿尔及利亚的热爱；他的流亡和地中海情结；他对几乎半聋、目不识丁的女佣母亲的复杂情感；他从早年起就饱受其苦、却从未向之低头的肺结核病；他英俊的外貌、潇洒的气质和引人注目的个性；他唐璜式的爱情生活；他难以割舍的戏剧创作；他在抵抗运动地下刊物《战斗报》工作过的辉煌历史；他获得诺贝尔文学奖殊荣之后的惶惑；他从信仰共产党到谴责斯大林主义的思想转变；他与昔日好友、并肩工作过的战友萨特的决裂，等等。豪斯女士历经数年，通过广泛的调查采访，援引大量的作品、书信、手记和日记，以全方位视角展现了一个真实的加缪。

　　但是，《加缪，一个浪漫传奇》不仅仅是一部传记，它还是一部回忆录，是豪斯女士一段刻骨铭心的心路历程。豪斯于 1994 年开始动笔写这本书，但她对加缪的研究却可以追溯到 20 世纪 50 年代她读大学撰写论文时。可以说，加缪是她将近五十年的追求和痴迷。豪斯打破了传统传记的陈规戒律，没有单纯作为一个超然的叙事者出现在书中，而是将自己对加缪的强烈情感巧妙地交织于平缓、客观的叙事之中，不仅使读者阅读起来耳目一新，而且常常沉湎于中，同情、钦佩、担忧、惋惜之情油然而生，就像读一本传奇故事书。实际上，这本书的确是豪斯与她挚爱作家之间的一个浪漫传奇。

翻译如此复杂的一本书远非易事。首先遇到的是引文问题。书中大量引用了加缪的小说、随笔文字以及他的书信、日记和笔记，经常是英语与法语相互掺杂，偶尔还缺少上下文的解释，这给理解和翻译造成了一定的困难。为此，我们不遗余力地搜集到加缪作品的多个译本，了解作品的写作背景，仔细研究其内容，尤其对加缪的哲学思想，更是分析比较不同译本的异同，再结合该书中的引用文字，组织较恰当的译文，以期不诬传原意，令读者满意。同时出现的还有语言风格问题。该书作者以女性特有的敏感和委婉笔触、行云流水般的抒情文字风格向我们娓娓讲述着加缪的故事和她本人的情感；而加缪的写作大多采用白描手法，文笔极其简洁，甚至偶尔稍嫌晦涩。如何保持这两种不同的文字风格令我们颇费思量，许多文字总要经过初译——斟酌——对比——修改——再修改等诸多步骤，力求做到忠实原文。较为棘手的还有译名问题。书中出现了大量加缪作品名称和其他人的著作、报刊、杂志、电影、电视节目等名称，以及复杂的人名、地名等，其中有些是中国读者较为熟悉的，我们通过网络、词典等途径寻找到大家最为认可的译名；其他的译名则主要通过查询具有权威性的词典来获得，如中国对外翻译出版公司出版的《世界人名翻译大辞典》，中国地名委员会主编、商务印书馆出版的《外国地名译名手册》等。需要说明的是，翻译加缪作品的译名时，我们主要参考了由上海译文出版社于2010 年 1 月出版、柳鸣九先生主编的《加缪全集》。另外，我们也遇到了一些值得商榷的译名，如萨特主办的杂志 *Les Temps Modernes* 与卓别林的一部家喻户晓的电影《摩登时代》是同一名称，虽然该杂志较常见的中国译名是《现代》，但因本书中提到了一个细节：萨特为该杂志起名时征得了卓别林的许可，故在我们的译本中也将其译作了《摩登时代》。

为豪斯女士凝聚近半个世纪心血的这本书的译本画上句号时，我们的心中充满忐忑。因为我们的译文远远未臻成熟，甚至可能存在着某些偏差。翻译是一份艰苦的工作，也是永远达不到完美的一份工作。因此，期待翻译界同仁和各界读者不吝赐教，我们将以此作为勉励。

在翻译本书的过程中，我们得到了许多热心人士的鼎力帮助，特在此表示诚挚的谢意。他们分别是：曹立行、李丽颖、魏晓军、魏依洺、冉伟严、张之晗、姚雅丽、杜闻杉、向飞、吴季惟等。

目　录

序言：往事如潮 ┄┄┄┄┄┄┄┄┄┄┄┄┄ 1

"如果这个世界纯洁无瑕，艺术则无法存在。"
"在隆冬季节，我终于知道，在我的内心有一个不可征服的夏天。"

一、阿尔及利亚的青葱岁月 ┄┄┄┄┄┄┄ 17

"两个人的历史，他们的血脉相通，却迥然不同。她恰似这世上完美的化身，而他是沉静的怪物。他投入了我们这个时代所有的疯狂中；她穿越了这同一历史，却如同走过其他平常的时代。她大部分时间缄默不语，只会用几个词进行表达；而他滔滔不绝，千言万语却无法寻到她仅以静默所表达的东西。母亲与儿子。"

二、踯躅前行 ┄┄┄┄┄┄┄┄┄┄┄┄┄ 30

"暴风雨来临时阴霾的天空中透出的那一片蓝，不仅是对眼睛而且是对灵魂的一种折磨，因为美是令人难以承受的，它迫使我们陷入绝望，让我们在片刻间瞥见永恒，而我们却总是喜欢将这片刻的永恒延展到永远。"

三、到法国去 ┄┄┄┄┄┄┄┄┄┄┄┄┄ 62

"阿尔及利亚不是法国，她甚至不是阿尔及利亚，她是一片未知的土地，迷失在远方……缺失的一个，她的记忆和放弃令一些人痛苦不已，只要她自己保持沉默，其他的人就希望为之尽情诉说。"

四、巴黎 1943 …………………………… 82

"内心深处有个声音在告诉我、说服我，我不能将自己与这个时代隔绝开来，漠视我的胆怯，否认奴隶制的存在，背叛自己的母亲和心灵的召唤……这就是问题所在：我能否只做一个见证者？换言之：我是否有权利只做一个艺术家？我并不这样认为。"

五、纽约 1946 …………………………… 118

"人们是在这里的疯狂的人群中间徘徊，还是在世界上最富理智的人群中间徘徊；生活是像所有美国人说的那样轻而易举，还是像它经常表现的那样空虚……"

六、重返欧洲 …………………………… 150

"成功的忧郁。反对的声音是必要的。如果一切对我来说都更加困难，一如从前，那么我应该更有权利说我现在所说的话。事实仍然是，在此期间，我能够帮助许多人。"

七、肺结核 …………………………… 180

"但人们对自己的死亡是违心的，也与他们的环境相悖。人家对他们说：'你会好的……'可他们还是死了。我不要这一套……我不愿说假话，也不愿别人对我说假话。我想将清醒保持到底，并以我全部的……（情感）来正视生命的结束。"

八、《反抗者》 …………………………… 197

"所有的男男女女都在谈论我，想要毁灭我……

从未伸出过援助之手，从未过来帮助我，从未因我本来的样子而爱我，使我得以保持我本来的样子。"

九、朋友们 ·················· 218

"我需要我的力量。我不需要生活为我变得容易，但我希望当生活艰难时，我能够让自己配合它，能够把握自己是否正走在应该走的道路上。"

十、寻觅夏尔 ·················· 238

"为什么是这条路而不是另外一条？它到底通向哪里，如此有力地将我们拖曳在一起？这些岩石的地平线外，在那个遥远的热的奇迹中，生活着什么样的树木和朋友？我们走到了千里之外，因为曾经的那里已遥不可及。"

十一、女人缘 ·················· 253

"有时候，我指责自己失去了爱的能力。也许这是正确的，但我仍然能够挑选出一些人来并照顾她们，诚心诚意地，竭尽所能地，不论她们做什么。"

十二、阿尔及利亚战争 ·················· 277

"阿尔及利亚是我的祖国，我与它永远血脉相连，割舍不断，这一点让我不能以一个旁观者的姿态来客观地分析她所存在的问题。"

十三、加缪"迷" ·················· 306

"作为一个相对年轻的人，他的内心尚存有诸多的疑惑，他的作品尚处于准备阶段，他习惯生活在工作的孤独中，或者称之为离群索居。像这样的一个人，当得知他将突然、而且是独自一人被推到明亮的聚光灯下时，他怎能不感到某种惶恐呢？"

十四、《第一个人》 ···················· 319

"在创作一部小说之前，我总会让自己置身于数年的黑暗状态。考验自己日常的集中力，苦修心智，让内心变得极度清醒。"

后记 ···················· 339

致谢 ···················· 340

阿尔贝·加缪的主要作品 ············· 342

序言：往事如潮

"如果这个世界纯洁无瑕，艺术则无法存在。"

"在隆冬季节，我终于知道，在我的内心有一个不可征服的夏天。"

在读大学的最后几年里，我将阿尔贝·加缪的一张照片挂在我书桌上方醒目的地方。那是卡蒂埃-布列松①为加缪拍摄的一张著名的肖像照。照片中的他身着风衣，嘴里叼着香烟。当时的他已经成为著名作家，久经世故；而我正在后来被称作"七姐妹"的东部学术机构其中的一所里主修法语，年纪尚轻且做事认真。我正在撰写一篇关于加缪作品的荣誉论文②。在写作的过程中，我深深地爱上了他。那种爱不是那种唯一意义上的浪漫爱情——过于热切的渴望交织着永远做不完的白日梦——而是某种更为深刻的感情，就像是两个灵魂的结合。

除了那张照片，我的寝室里随处可见我从加缪作品中摘抄的句子——或嵌在镜框里，或竖在发胶瓶前，或与毕加索的画并排用图钉固定在墙上。我将那些句子极为仔细地抄写在索引卡片上："要想成为圣人，你必须活着"（Pour devenir un saint，il faut vivre）。"如果这个世界纯洁无瑕，

---

① 全名为亨利·卡蒂埃-布列松（Henry Cartier-Bresson，1808—2004），法国摄影师。出生于法国塞纳-马恩省，是被誉为"当代世界摄影十杰"之一的抓拍摄影大师。他的"瞬间美学"理论堪称影响了全球的媒体和影像。他创建的 Magnum 是世界上影响力最大和持续时间最长的摄影机构。——译者注

② 荣誉论文（honors thesis）：有本专业额外课题和研究论文的学生毕业时可获荣誉学生称号。所写的课题论文常称为荣誉论文。这类论文相当于一篇不太长的硕士学位论文。——译者注

艺术则无法存在"（Si le monde était clair, l'art ne serait pas）。所有这些——照片，摘抄，连同一张宏伟的巴黎新桥的巨幅广告画（尽管我从未亲眼见过那座桥），以及我每晚都要播放的伊迪丝·琵雅芙①的那叠唱片——都见证了我那时的生活。它们是我最重要的东西，从某种意义上说，它们诠释着我是谁。即使是那瓶发胶也有着非同寻常的意义，它就是我用以对抗我的一头自然卷发的武器，因为那样的卷发与我希望成为的学者形象是格格不入的。

真希望作家们知道，或者至少在他们孤独而辛劳地写作的时候谨记，他们会对一个读者的心灵造成多么巨大的影响，他们漫不经心的一番见解或者一个措辞，甚至一种平淡无奇的表现方式，都能改变某个人的生活轨迹，并永远改变他们的思想。当加缪在巴黎香那叶大道的一间书斋里，用他一贯的拼命作风绞尽脑汁地创作那部后来成为绝笔的小说时，如果知道在马萨诸塞州西部乡间的一间塞满了毛绒玩具和饮料杯子的房子里，有一个不谙世事的女孩正在被他的作品所感化，或许至少会感到些许安慰吧。当然，我当时并不了解加缪对我的影响力到底能有多大，但是我知道，每当我阅读他的文字时，我都会因一个简单的事实而充满自信并备受鼓舞：我完全了解他的意思。我接受了他要表达的最基本的信息，即在一个荒谬的世界里，唯一能做的就是认知和行动。

我天真地相信，总有一天，我会与加缪会面。我打算毕业后前往巴黎，我想象着无论如何我们会在"花神"咖啡馆或者我听说过的任何一家左岸②咖啡馆里相聚，我们会一边品着过滤咖啡或者法国白葡萄酒，一边畅谈几个小时。然而，1960年1月4日，加缪却在巴黎郊外的一场车祸中不幸丧生。当时他只有46岁，而我刚满19岁。当时，我正同家人一起度

---

① 伊迪丝·琵雅芙（Edith Piaf，1915—1963），原名 Edith Gassion，外号"法国小云雀"。她生长于巴黎贫民区，从街头卖唱起家，最后登上纽约光芒四射的音乐殿堂，声名红遍大西洋两岸，被法国视为国宝。著名的歌曲有《玫瑰人生》等。——译者注

② 塞纳河穿过法国巴黎市中心，河以北被称为右岸，以南则称左岸。河的右岸是新兴商业的繁华气质，河的左岸则充满丰沛的艺术人文气息。河的左岸林立许多咖啡馆，如花神、波寇柏、圆顶等。现在，左岸已经成为一个品牌，代表着丰沛的人文思想和精神。——译者注

圣诞假期，因此直到返校后才听说了这个噩耗。也直到那时，我才看到了那个可怕的头版头条标题以及照片中他乘坐的那辆法希维加轿车撞裹在树上的惨状。我有一种失去了亲人般的感觉，同时感到比以往任何时候都更加不可救药地陷入了对他的爱恋之中。

加缪去世后，我完成了那篇名为《阿尔贝·加缪作品中的极限思想》的论文。前不久，我翻箱倒柜地找出了这份论文。如今，它几乎成为文物了，纸页泛黄而易碎，用我订制的能打出法语变音字符的耐用的"皇冠"牌便携打字机打在当时新发明的"可拭"打印纸上。数周通宵达旦完成这篇论文时的情形依然历历在目。为了避免打扰楼上熟睡的室友，我在寝室餐厅明亮的灯光下埋头工作。我用两张复写纸刻印副本，用油墨清除剂或涂改液修正打印错误，不断地喝着咖啡来驱除疲倦，丝毫不敢偷懒打盹，与此同时，一种令人喜悦的成就感油然而生。我也仍然记得想到我与加缪的感情将就此完结时我心中的巨大悲恸。我从未经历过与一个作家之间如此亲密的关系：全神贯注地阅读着他的散文，心中充盈着他的韵律，思考着他的思想，试图渗透进他的每一寸肌肤。不知不觉间，我与加缪之间的亲密已经远远超出了学术兴趣。然而，我似乎尚未真正地了解加缪，这个来自于阿尔及利亚的勇敢的流亡者。并且，出于我自身研究的原因，我需要更多地了解隐藏在公众熟知的形象以及公开发表的作品之后的那个真正的加缪。

从此，我开始了持续四十年之久的追踪之旅，从过去一直坚持到现在。我对加缪的追踪并不总是持续不断的，有时甚至不是有意识的，但是我们的关系一直延续了下来。20 世纪 60 年代中期，我的追踪活动是积极主动的，因为我终于来到法国居住，并且期望从各个方面找到加缪的影子。但是时过境迁，他的死亡似乎成为一个将时间划分为过去和现在的转折点。在巴黎，新的一批作家涌现出来，如娜塔莉·萨洛特①、阿兰·罗

---

① 娜塔丽·萨洛特（Nathalie Sarraute, 1900—1999），法国小说家，"新小说派"的理论家。原名娜塔莎·切尔尼亚克，出生于俄国的伊万诺夫-沃孜内森斯克的一个犹太知识分子家庭。著有小说《怀疑的时代》、《一个陌生人的画像》、《马尔特洛》、《天象仪》、《童年》等。——译者注

布-格里耶①、罗兰·巴特②、米歇尔·福柯③等。加缪一度力图保护阿尔及利亚多元文化的事业败局已定，民族解放阵线的领袖艾哈迈德·本·贝拉④当选为这个新独立的阿拉伯国家的总统。加缪去世后，出版界涌现了许多缅怀他的书籍，我满怀敬意地收集了一些并仔细研究了其中登载的加缪的照片——在阿尔及利亚上中学时的加缪，与萨特和波伏娃在一起的加缪，排演其戏剧《误会》时在现场指导女演员玛利亚·卡萨雷斯的加缪——照片中的他风采依旧。我买下了七星文库版加缪作品全集，那是令人过目不忘的一套书，皮制封面，当时刚刚由伽利玛出版社出版，由罗杰·基约编辑并做了评注。罗杰·基约是我读大学时所仰慕的、也希望有朝一日能与之会面的一位批评家。能够在七星文库出版物中发表作品全集，这在法国是一项殊荣，通常是为了纪念那些其作品影响经久不衰的优秀作家，在其逝世后才能获得的，但就加缪而言，这似乎也成为他去世的一份证明。索邦大学的一位教授告诉我，瑞典、德国、美国、智利以及利比亚等世界各地的学人们都在准备关于加缪不同侧面的博士论文：作为希腊文化研究学者的加缪，作为无宗教信仰的加缪，或作为流亡圣人的加缪。我意识到，加缪正在被神化；他的墓志铭正在被刻写。除了学术理论之外，涉足其他领域去了解他都已经为时过晚。

在 20 世纪七八十年代，我对于加缪的调查研究是零散的。有很长一段时间，我甚至彻底将他忘记了。虽然他依然是我的文学偶像，但是，作为一个研究对象，他却显得十分棘手，并且非常隐晦，令人难以理解，即使是在他的日记里。发表于 20 世纪 60 年代的两本日记体现了他作品中常见

---

① 阿兰·罗布-格里耶（Alain Robbe-Grillet, 1922—2008），法国"新小说派"的创始人、理论家和代表作家，电影大师。——译者注

② 罗兰·巴特（Roland Barthes, 1915—1980），法国文学批评家、文学家、社会学家、哲学家和符号学家。其许多著作对后现代主义思潮发展有很大影响，受其影响的包括结构主义、符号学、存在主义、马克思主义与后结构主义。作品有《写作的零度》、《神话学》等。——译者注

③ 米歇尔·福柯（Michel Foucault, 1926—1984），20 世纪极富挑战性和反叛性的法国思想家。著有《知识考古学》等——译者注

④ 艾哈迈德·本·贝拉（Ahmed Ben Bella, 1918— ），阿尔及利亚共和国第一任总统，阿尔及利亚民族独立运动领导人之一，"自管社会主义"倡导者。——译者注

的人性的挣扎，但其中没有提到任何事件和人物，也没有涉及作品背后的生活。无论结局好坏，我对自己为加缪所创立的身份感到满意。比如加缪塑造的人物的道德立场，他们的痛苦和淡泊暗示着加缪本人的一生也在强调这种道德立场的重要性及其引发的痛苦。他所传达的信息要旨——在一个没有希望的世界里，我们仍然必须挣扎着活下去——证明了他自己就是这样消极与勇气并存；他直白而朴实的散文风格，正是他诚实个性的体现。加缪的这些品质，连同我从他在阿尔及利亚发表的早期随笔中所发现的性感、激情和渴望，以及在像将矛头直指死刑的《关于断头台的思考》这样的随笔中所表现出的坚定的原则性，都与加缪照片中的形象完全符合：时常叼着香烟的英俊而孤独的青年，有着深深的抬头纹的额头，地中海式悲伤的双眸。这就是那个激发了我非同寻常的热忱的加缪。

现在看来，似乎颇具讽刺意味但又值得庆幸的是，直到我长大成熟，拥有了能够平视他的基础，并能更好地走进并理解他的生活时，我才真正能够勇敢地面对这个隐秘的加缪。我现在的年龄比加缪去世时的年龄还要大，我与他的世界之间最初存在的距离也随之缩短了。我已经住在了法国，访问过了北非，经历过了恋爱，参加过了抗议活动，结了婚，也有了孩子，成为了一名作家和学者。我结识了熟悉20世纪四五十年代的巴黎的作家——那些熟悉加缪的作家，甚至加缪的文稿代理人。同时，我也接触过了其他一些文学偶像，也十分迫切地了解了他们的生活经历，他们的"生平和书信"——但是，我从来没有产生过像对这个来自于阿尔及利亚的、热情洋溢的年轻人那样的依恋之情。

1994年，加缪带着最原始的力量重新占据了我的生活。正是在那一年，他的女儿和遗著保管人决定出版发行他被羁留了很长时间的手稿《第一个人》——那是加缪去世前正致力于创作的作品。从现存的遗稿来看，这本书带有明显的自传性质，讲述了他童年时期贫困的生活以及他对个体存在的追求。读着这本书，一种神秘的感觉占据了我，似乎我早已预料到它所要传达的信息是什么，这正是我在加缪年轻时创作的那些质朴的随笔中所听到的声音。尽管小说采用了第三人称来叙述，但其中的年代记载，很明显是加缪本人的。书中有缺失的父亲，有为他所挚爱却沉默不语的母亲，还有诚实正直、自我怀疑和自我决定。读着《第一个人》，我的心中充满了惊讶和喜悦，它俨然是一部姗姗来迟的自传的开篇。我陶醉于它自然流露的情感，它的清晰透彻，它的真实性和目的感，同时也陶醉于自己对一位良师益友重新燃起的强烈情感。这部小说最初被加缪命名为《亚当》，实际上，它创作于告白性小说《堕落》发表的几年之后。对正处于颓废和沮丧时期的加缪来说，这代表着一个新的开始。同样，它也标志着我与加缪的一个新开始。

许多年来，每当我读到阿尔及利亚出现了新的暴力行为，或者了解到鲍比·肯尼迪①在其哥哥遇刺身亡后，从加缪关于命运和苦难的思想中寻求慰藉，并希望在加缪的"世界的虚无不是结束而是开始"的理论中找到支持的力量时，我都会再次地想到加缪。（像我一样，肯尼迪也将自己最喜欢的加缪的文字抄写在卡片上，并在日记中摘录了加缪的这句话："知道你正走向死亡并不算什么。"）② 有时我在书房里工作，总会抬头瞥一眼我的书架，上面堆放的都是泛黄的平装版的加缪作品，于是一种特别的、十分充实的满足感油然而生。然而，阅读《第一个人》戏剧性地把加缪带回到我的面前。加缪再一次与我息息相关，再一次真实地出现在我眼前。事实上，加缪在那本书里的声音是那么真实，就像他本人的一次探访，深深地影响着我。所有那些曾经的情感都汹涌而归，所有那些走近他的原始冲动都再次袭来。而最为强烈的或许是我为加缪感到的一种深深的自豪——因为他仍然是我所了解的那个加缪。我突然想到，在这最后一部作品中（可能是），他终于放弃了他的隐私，从他的神明宝座上爬了下来，公开地直面真实的自己。这颇具讽刺意味，但也并非出乎意料。实际上，他是在寻求理解。而我，重新不可救药地被他吸引。

---

① 鲍比·肯尼迪（Bobby Kennedy）是罗伯特·肯尼迪（Robert F. Kennedy）的昵称，美国第35届总统约翰·肯尼迪的弟弟。在肯尼迪总统任期内，担任美国司法部部长。——译者注

② Evan Thomas, *Robert Kennedy*：*His Life*（New York：Simon and Schuster, 2000），368.

　　我长久地仔细端详着《第一个人》的封面，那上面印着加缪十三四岁时的照片，他像女孩般秀气，正冲着镜头害羞地咧嘴笑着。他看上去浑身洋溢着天真顽皮的孩子气，但那样子显而易见、无须辩驳地正像他自己——一个孩子般的男人。翻开书中的一页，我仔细研究着他原始手稿的一张复印页，字迹很小，很密集，几乎难以辨认。我之前从没见过加缪的手迹，我努力辨认着每一个字，认真看着勾勾圈圈修改过的痕迹，想象着他的手在纸上游走的样子。这也正是我重新开始追踪加缪的原因：我感觉到了他的灵光再现，而且，我想要发现躲藏在文字背后的那个人。

　　与我的学生时代相比，如今，关于加缪的材料更为丰富，而且在很大程度上，他已经成为一个神话般的人物。他日记的最后一卷以及年轻时创作的、包括一本小说在内的作品已经被发表。曾刊登在抵抗运动①的地下报纸《战斗报》② 上面的大多数文章已被翻译成了英语。加缪的朋友们为他撰写了回忆录；一个美国人和一个法国人写了史料确凿的传记。③《第一个人》的发表为鱼龙混杂的史料增添了加缪本人真实的声音；它在法国文学界引起了轰动，而加缪也成为杂志文章和电视节目所关注的焦点。在法国，他又一次成为一个万众瞩目、引发争议的话题。在美国，他是读书俱乐部推崇的人物，他与萨特的关系则成为重点大学研讨会的焦点课题。然而，虽然经过了这么多年，我仍然想把加缪作为我的研究对象。因为他业已证明自己至少是一个出色的人，是一个值得信赖的偶像。他的信仰表现出他日益凸显的先知性：他对于暴力和恐怖主义的思考恰逢时宜；他的人道主义和令人感到惊讶的诚实正直，较之以前更加值得钦佩。作为一个动荡年代里独立的思考者，他为今天的我们做出了榜样。但是，我之所以有如此作为的原因远远不止于此。从根本上讲，这似乎是私人化的。依我看来，没有我，加缪不可能存在；或者说，没有他，我也不可能继续生存下

---

　　① 抵抗运动（Resistance），第二次世界大战期间，法国人民反对法西斯德国占领的斗争。——译者注
　　② 《战斗报》（Combat），亦译作《斗争》，是法国抵抗运动的地下刊物，曾由加缪担任主编。——译者注
　　③ 分别指赫伯特·洛特曼和奥利维尔·托德为加缪所作的传记。——译者注

去。我们的关系是关乎我们两个人的事情，关乎他是谁，过去和现在我是谁，以及我依然是谁的事情。如果说他是我的作者，那么我就是他的读者。

昨天夜里，我不知不觉地思考起加缪在抵抗运动时期的生活。我独自呆在家中，陪伴我的只有一台收音机和一只狗。我一直在读《纽约时报》上的一篇文章，文章内容是关于维希政府①时期民族行为所引发的"道德危机"问题的。这使我联想起曾经读过的发生在那个时期的一个故事，关于加缪遭遇警察的故事。有一次，加缪随身携带着地下报纸《战斗报》的校样与玛利亚·卡萨雷斯②在一起——当时他正与这个漂亮的西班牙裔女演员打得火热——走到巴黎市中心时，被路障截住，并遭到了德国指挥官的搜身。这时，加缪已经机智地将那些足以定罪的报纸递给了玛利亚，让她藏到了她的大衣里，于是他们被放行了。那时的加缪，生活中经常出现类似的富于戏剧性的小插曲：收留处于危险中的朋友；在夜幕的掩盖下转移住所；骑着自行车从巴黎仓促撤出，等等。这个故事像上述那些故事一样，让我为他和他坚定的斗争精神感到自豪的同时，也为我自己感到高兴。因为正是由于完全了解这个事件的来龙去脉，我才在某种程度上与之联系在了一起。但是，无论我们这种"研究对象—良师"之间的关系多么自然，这种知情的感觉还是有着令人不快的肤浅性。因为即使到了现在，尽管众多的传记、战争史料和纪录片都在宣传，我还是无从理解经历漫长战争和生活在被占领区究竟意味着什么，我也还是无法摆脱我的"美国性"，我的时间线，或者我的天真幼稚。似乎为了证明我的这种处境，我突然听到收音机里在播放一首歌，播音员介绍说它是1963年流行歌曲排行榜上位居第二的歌曲。当我听着这首名叫《不要挂断》的歌曲时，我意识到我不仅知道这首歌的英语说法，还知道它的法语说法，因为在1963年，

---

① 维希政府：第二次世界大战期间，德国占领下的法国成立的傀儡政府。1940年6月德国侵占巴黎后，以亨利·菲利浦·贝当为首的法国政府向德国投降，1940年7月1日政府所在地迁至法国中部的维希（Vichy），正式国号为法兰西国，统治大约五分之三的法国领土。——译者注

② 玛利亚·卡萨雷斯（María Casares，1922—1996），西班牙裔法国女演员，加缪的情人。——译者注

身为一名在法国留学的年轻研究生，我对于流行歌手——希拉、赛尔维·瓦丹和乔尼·哈利迪，以及咖啡馆生活、小酒吧食品和购买比基尼的迷恋一点不亚于对加缪的解构。

时至1963年，我不知道对于加缪我还能更多地了解到什么。我阅读了他当时已经发表了的所有作品：三部小说，三卷抒情散文集，两卷哲学随笔，四部戏剧，一部短篇小说集，包括《阿尔及利亚编年史》、《致一位德国朋友的信》、《关于断头台的思考》以及接受诺贝尔文学奖时的获奖演说在内的一部作品集。较之加缪的生活，我更熟悉他的文字，而且自从我的身份超越了一个单纯的读者和想象中的密友，进而开始收集事实资料时，我们之间的关系就具有了一种令人羡慕的纯洁性，一种具有荒岛性的、但又不得不受到损抑的私密性。所谓的事实资料，因其冷酷和无可争辩的权威性，往往会妨碍我们的理解，蒙蔽我们的视线，粉碎我们与研究对象之间所享受的亲密关系。一旦我开始涉足他的过去，我就会陷入一个不可能完成的任务中：那是与一个时代展开的追逐游戏，而我与那个时代的联系却薄若蝉翼。我过去常常被加缪搞得时而精疲力竭，时而兴高采烈；但是随着他的生活片断次第展开，并以一种微妙的叙述形式出现时，我开始感到我了解他，而这种感觉正是深入理解和一种新的爱恋的开始。

* * *　　* * *

我不能确定最初到底是什么吸引了我，使我认为加缪被值得给予远超其他西方经典作家的非比寻常的学术关注。我在高中时读到了《局外人》，同时还读了《名利场》、《安娜·卡列尼娜》以及《罪与罚》。那是我第一次涉足欧洲文学，对于这个领域，我只是在新建的地方"艺术剧场"里通过电影了解过。《局外人》短小的篇幅和朴实的风格，与萨克雷的鸿篇巨制和复杂多变的风格形成了鲜明的对比，我对此留下了深刻的印象，但当时我只不过把这个关于一个阿拉伯人在阿尔及尔炎热的海滩上无意中杀人的故事当做一个有着独特的、令人不安的隐晦意味的奇异冒险故事，并没有更多地加以关注。尽管如此，当读到结尾处，主人公莫尔索即将被处以死刑，却突然被田野上的响声和泥土的气息所充盈时，我还是几乎掉下了眼泪——那正是加缪心灵得到救赎后的心声。"第一次，"莫尔索说，"在那个充满启示和星斗的夜晚，我向这个世界动人的冷漠敞开了心扉。我体验到这个世界如此像我——如此友爱——我觉得我过去曾经是幸福的，我现在仍然是幸福的。"① 我认为，我心头涌起的这股情感意味着加缪的某种思想已经潜入我的内心，尽管在那之后很久，我才开始谈论"存在主义"或者阅读尼采直到深夜。我想，那时我已经意识到了加缪是"现代的"，并且正在与战后的一代进行对话，而我正是他们中最年轻的成员之一。

作家在一个读者的心目中成为一个真实的男人或女人的过程是潜移默化的、不知不觉的，直到某一刻，有某种东西带着一种温暖的、几乎可以听得到的嗡鸣声突然潜入内心深处。我阅读加缪所有的重要作品时，除了钦佩之外，没有任何更刺激的感受。《鼠疫》是一部寓言体小说，讲述的是关于一个小镇被瘟疫所围攻的故事；《堕落》描述了一位律师对于刑与罪的绝望表白，这曾激发了我的好奇心，但最终我没去追究；《卡利古拉》是一部戏剧，讲的是一位年轻的皇帝卡利古拉设法去完成根本不可能被完成的任务的故事。我被《西西弗神话》提出的那个最基本的问题所吸引——面对这个世界的沉默，人是否值得活下去——又因它的答案而感到安心："攀登顶峰，这种奋斗本身就足以充实人心。人们必须想象西西弗是幸福的。"但它当时并没有像后来那样作为一个富于洞察力和勇气的个人励志作品打动我。② 我不辞辛苦地追随《反抗者》中所表现的关于"反抗"的复杂思想，因为那是加缪为在一个荒谬的世界里应如何行动所开出的药方。无论怎样，我已经进入了加缪的力场，并且不断感觉到他的存在。加缪是个名人，他与让-保罗·萨特是战后法国文学界的领军人物，并于 1957 年荣获了诺贝尔文学奖。我

① Albert Camus, *The Stranger*, trans. Matthew Ward（New York：Alfred A. Knopf, 1988），122-3.

② Albert Camus, *The Myth of Sisyphus and Other Essays*, trans. Justin O'Brien（New York：Vintage International, 1991），123.

10

被他的名气所吸引，与他的关系日益密切。像所有的名人一样，加缪的名气将他磁化了。他也的确非常吸引人。他是非常年轻的诺贝尔文学奖得主——只有吉卜林①比他年轻些，四十三岁获奖——他很英俊，穿着随意，有男子气概，而且谦虚得令人惊讶。他接受诺贝尔文学奖时的获奖演说反映出他孤独的习惯，他的自我怀疑，以及他被推到聚光灯下的"惊慌"。在拍摄于颁奖典礼上的一张照片上，他的眼睛低垂着，刚刚绽开的笑容带着羞涩。虽然在加缪的许多作品中，他是拘谨的，甚至令人难以琢磨，但在照片中，他显得那样平易近人：孩子气，真诚，不会让人产生任何戒心。

我清楚记得，正是在那一刻之后，我第一次体会到加缪的感情，第一次听到那样的嗡鸣声——就像喷气发动机那样咆哮着到来，之后，我开始研究那些照片，寻找通往加缪的线索。恰在那时，我对加缪的文字产生了兴趣。我读到了他后来发表的《夏》，那是他在接近四十岁时写的一部作品，采用了年轻时惯用的抒情诗调以及更为亲善的风格。我仍然保存着那张 3 英寸宽 5 英寸长的索引卡片，我在上面写着："在隆冬季节，我终于知道，在 我 的 内 心 有 一 个 不 可 征 服 的 夏 天。"（Au milieu de l'hiver, j'apprenais enfin qu'il y avait en moi un été invincible.）后来，我逐渐了解到，这句话描写了加缪在一个重要时期的心理状态。当时，他正因《反抗者》引起的论战而陷入绝望，来到阿尔及尔郊外的一个海边小村提帕萨，试图从罗马废墟的美丽中寻找慰藉。他发现在他自己的内心深处有着一股不可征服的快乐源泉。② 我在大学二年级即将结束时，由于第一次开始严肃地怀疑人生和一阵阵的思乡之情，陷入了自己的忧郁痛苦之中。正是那时，我读到了加缪的那行字。那一刻我依然记忆犹新，我突然如此强烈地理解了加缪，我的心怦怦直跳——被一种理解、同情和对全人类的爱所充斥着——现在看来，那似乎是一个非常加缪式的时刻。我兴奋得几乎头晕目眩，因为我知道，无论我个人的忧愁多么渺小——至少与加缪对爱和正

---

① 吉卜林（Kipling，1865—1936），英国作家，1907 年获诺贝尔文学奖。——译者注

② Albert Camus, *Lyrical and Critical Essays*, trans. Ellen Conroy Kennedy, （New York: Alfred A. Knopf, 1968），169.

义深切的领悟相比——无论我的个人经历多么不同，也无论我的思想多么不成熟，加缪的这句话都是直接写给我看的。

从此以后，加缪成了我的向导和良师。我选择他作为我的论文主题，每天躲在图书馆藏书架深处的一个小阅读室里，花上好几个小时单独与他在一起。在那段时间里，我第一次拥有了真正私密的生活，也找到了我为某个人所留出的第一个空间。出乎意料的是，在体验着对加缪深深的牵系之情时，我也开始经历一种新的孤独，开始感觉我与我的朋友们不同，不过这种不同不但没有让我感到焦虑，反而吸引了我。唯一一个进入到我这个私密王国里的"局外人"是我论文的导师玛丽，一个个头高挑、头发乌黑的法国年轻哲学学者。玛丽是从索邦大学借调过来的，典型的波西米亚人，她也是负责指导学术新人的完美伙伴。在她的影响下，我学会了像一个法国学生那样学习，用纯法国方式详尽地分析文本，读懂动词时态所蕴含的意思，理解加缪所坚持的道德观与萨特的"存在主义"之间的不同。按年代逐一研究加缪作品的同时，我暂时忽略掉加缪的生活，只是与他肩并肩地一起从对世界的"荒谬性"的认知——由人类生存条件的现实强行施加给人类最深切渴望的极限——走到了在极限内进行抵抗和绝对反叛的信仰。我遇到了关于极刑的问题。在深夜的宿舍吸烟室里，当我与新结识的几个颇有见地的朋友们进行讨论时，我变成了一个狂热的人道主义者，拥护道德责任，倡导加缪的学说。当我独自一人躲在书山后面的小阅读室里，我又会满怀个人成就感地思考着加缪对于 20 世纪的重要意义。我因自己对加缪的忠诚而感到荣幸，甚至沾沾自喜。

我重新翻出拍摄于这个时代的两张照片。在我那套关于 20 世纪法国文学的"拉加德和米夏尔丛书"①的插图中，有一张加缪的侧面全身像，他正在昂热城堡的庭院里指导一个剧本的排演。他穿着一件风衣，像平常一样，领子竖起，袖口系得很紧。他的右手搭在前面的座位上；左手举着一

---

① 拉加德和米夏尔（Lagarde and Michard）丛书是一套由插图、注解、评论和问题组成的，介绍法国作家传记和著作的学术手册，长期以来作为法国教学的基础教材。——译者注

个麦克风，他似乎正心无旁骛地说着什么，嘴角透着严肃，眼睛微微眯起。他仿佛一位航海中的船长，正指挥着一场海上进攻。他看起来怡然自得、威严自信，而且异乎寻常地英俊潇洒，兼具了杰拉·菲利浦①和亨弗莱·鲍嘉②的气质。（在这一页的背面是一幅伯纳德·布菲③创作的圣日耳曼德佩区④的油画插图，展示着 20 世纪教堂的风貌以及双叟咖啡馆的一角，那是加缪经常光顾的一家咖啡馆。插图的文字说明写着："在存在主义的十字路口。"）我读大学时曾发现一本批评著作：罗杰·基约⑤的《大海和监狱》。在那本书的封面上，也有一张加缪的照片：他穿着同样的风衣，叼着香烟，眼睛几乎闭在一起，将自己深深地隐藏起来，双颊陷了进去，双手呈杯状护着火柴，优雅的姿势透露出吸烟者的浪漫情怀。

即使是在我精通法语之前，说这门语言也赋予了我一种全新的个性，让我与加缪更加亲近。不可思议的是，我讲法语时的语调要比讲英语时高一个八度，从我非常普通的二声部女低音的喉咙中居然能够爆发出抑扬顿挫的女高音的音质。我喜欢那些奇怪的称谓和正式的词句，而在我讲母语时，我从来不会对这些着迷。我陶醉于法语中的那些声音——逐渐增强的句子语调，众多的鼻音，流动在空中的"voilà"⑥。这样小小的一个词却起到举足轻重的

---

① 杰拉·菲利浦（Gérard Philipe，1922—1957），法国优秀戏剧、电影表演艺术家。曾主演《勇士的奇遇》、《红与黑》、《传奇英雄》等影片。——译者注

② 亨弗莱·鲍嘉（Humphrey Bogart，1899—1957），一位旗帜性的美国男演员，他在死后的几十年还在全球电影界保留着传奇性的地位。他曾因在《卡萨布兰卡》中出色的表演获得奥斯卡最佳男演员奖提名，并因出演《非洲女王号》获得奥斯卡最佳男主角奖。——译者注

③ 伯纳德·布菲（Bernard Buffet，1928—1999），法国画家。其绘画坚持具象造型。代表作有《哀悼基督》、《罪恶的战争》，以及以巴黎建筑为主题的组画《城市》。——译者注

④ 圣日耳曼德佩区（Saint-Germain Des-Pres）是法国巴黎一块地域的总称。20 世纪的那些艺术家、作家和哲学家们把这个位于塞纳河左岸的地区变成了一个大型的学术中心。圣日耳曼德佩区拥有许多著名的咖啡馆，例如双叟咖啡馆（Café Les Deux Magots）和花神咖啡馆（Café de Flore），该区也是让-保罗·萨特和西蒙娜·德·波伏娃从事存在主义运动的中心。目前以爵士乐气氛而出名。——译者注

⑤ 罗杰·基约（Roger Quilliot，1925—1998），法国文学批评家，政治家，曾任部长、参议员等。——译者注

⑥ voilà，法语中使用非常广泛的一个词，意思是"在那儿"，"那是"，"瞧"，"给"，"可不是"等等。——译者注

作用。我花了很长时间学习像一个法国人那样说出（"我不知道"，句中有非常迅速的省音和呼气），想象着自己正在一家咖啡馆里进行着热烈的谈话。我学会在吸一口气的同时说一遍 oui（"是的"）或者连说三遍，还学会用alors, dis donc, 和 eh bien 等语气词来强调自己的想法。渐渐地，我培养起一种敏锐的语感，并开始从身体上适应它。当我在语音室里戴着耳机倾听自己的声音时，我听起来像是某个其他人——可能还不像西蒙娜·德·波伏娃[①]或者西蒙娜·西涅莱[②]，但也不是那个熟悉的、羞怯的我。

我从没听过波伏娃的声音，但是通过阅读《第二性》，我清楚它应该是什么样的：浑厚圆润、果断自信、低沉洪亮，带有令人羡慕的纯正巴黎口音。波伏娃的书和她的女性存在主义给我留下了深刻的印象。我仍然保留着那本书的原始版本，书中重要的段落都加了下划线，数十页都被折了角。读完《第二性》之后不久，我又继续读了波伏娃的小说《名士风流》，这部小说曾于1954年获得龚古尔文学奖。有一段时间，波伏娃曾是加缪的好友。在巴黎沦陷时期，波伏娃与萨特以及其他一些朋友与加缪往来甚密。他们在一起度过了许多鲁莽、疯狂的夜晚——酗酒、跳舞、引诱；经常持续到黎明的即兴"狂欢"——那是在战争时期谋求生存的一种方式。我后来了解到，这些情景在《名士风流》一书中得到了再现，该书是一部纪实小说，甚至可以称得上是一部略加伪装的自传。巴黎所有的人都认识这些人物。加缪——书中的亨利·佩隆——是一名新闻记者，某部职业小说广受赞誉的作者，一个不知疲倦的女性追逐者，英俊潇洒，不安于现状，忧郁伤感。由于对这些人物没有更多的了解，我把《名士风流》单纯地看做巴黎思想界的一份写真。我渴望到那里去，并开始申请奖学金。

起步伊始，通往加缪之路就远非笔直通畅，但途中的种种曲折和障碍

---

① 西蒙娜·德·波伏娃（Simone de Beauvoir, 1908—1986），享誉世界的法国著名作家，当代最负盛名的女权主义者。存在主义的鼻祖让-保尔·萨特的终身伴侣。她的存在主义女权理论，对西方的思想和习俗产生了巨大影响。——译者注

② 西蒙娜·西涅莱（Simone Signoret, 1921—1985），法国著名女演员。曾因主演《我要活下去》（*I Want To Live*）荣获第32届奥斯卡影后。——译者注

都颇具启迪作用，从长远角度看，都是因因相随的。例如，对我而言，波伏娃只是我偶然参考涉及的对象，但她与加缪曾共度过一些重要的私密时光，而且，她曾就加缪的公众与私人生活之间的差距进行过评述。据此来判断，她已经觉察到了他最深刻的困境。此外，她的生活几乎是不能与萨特分割开来的。萨特是她精心挑选的"绝对的"爱，而萨特是加缪的兄弟和敌人。这在一定程度上解释了20世纪40年代加缪在法国备受欢迎的原因（萨特曾在《南方杂志》上为《局外人》写过一篇热情洋溢的评论），以及日后衰败的原因（《反抗者》一书发表后，萨特写了一篇严厉的文章对加缪本人进行了人身攻击）。这些也成为加缪创作《堕落》的原因之一，他在该书中表达的就是对这种变化无常的评判的看法。我刚才提到了伊迪丝·琵雅芙，因为我过去曾经喜欢、现在依然喜欢着她的歌，她可能也对加缪有所了解。因为20世纪四五十年代他们都居住在巴黎，而且两个人都在各自的艺术中表达了同样的战后忧虑；此外，加缪经常去音乐厅。还有，琵雅芙和世界拳王马塞尔·赛尔当①之间有过非常强烈的爱慕之情，而加缪住在奥兰②时曾参加过一些中量级的拳击比赛。谈到加缪的社交生活，让-路易斯·巴伦特③这个名字也值得一提，不仅因为他是当时法国戏剧界的重要人物，准备导演加缪的戏剧《戒严》，而且因为我一直喜欢巴伦特的表演，比如他在《天堂的孩子》中那个单相思的小丑形象。在那部电影中，玛利亚·卡萨雷斯扮演了被遗弃的妻子。我是20世纪60年代在纽约的舞台上见到巴伦特和他的妻子玛德琳·雷诺的。或许最为巧合的是，最近，我的一个好朋友的父亲碰巧从西班牙来纽约参观，他认识玛利亚·卡萨雷斯的父亲圣迪亚哥·卡萨雷斯·基罗加——西班牙共和国的最后一位首相。因此，或许我的朋友也能提供某些附带信息，从而丰富我对加缪的理解。要知道，加缪与卡萨雷斯·基罗加的女儿保持了二十年的情

---

① 马塞尔·赛尔当（Marcel Cerdan，1916—1949），1948年获得世界拳击比赛冠军。与伊迪丝·琵雅芙有过恋情。——译者注

② 奥兰（Oran）：阿尔及利亚的一座城市。——译者注

③ 让-路易斯·巴伦特（Jean-Louis Barrault，1910—1994），法国著名演员，出演了近五十部电影，其中包括《天堂的孩子》、《轮舞》这样的经典影片。——译者注

人关系。加缪也曾积极参与过拥护共和政体的流亡运动，并对其西班牙祖先有着根深蒂固的认同感。

类似这样的巧合一直频繁出现，所以有时候，我感觉与加缪之间有着广阔如宇宙般的联系。这其实是在写传记文学时应上的一课，很可能是第一课。它教导我们，我们的研究对象只是他人极为错综复杂的生活网络中的一个小小的交点。而我，作为一名学生和作家，往往有着自己的偏好、武断的直觉、偶然的发现和个人的经历，这些都会交替蒙蔽或澄清你的视线。许多时候，在我进行研究时，每一个新发现的细节似乎都举足轻重，都同样地让人充满希望。比如加缪养了一只狗。啊哈！什么样的？是布里牧羊犬吗？像我的那只一样？比如加缪拥有一辆旧的梅赛德斯轿车；我也曾有过一辆。加缪还仰慕威廉·福克纳①，与亚瑟·凯斯特勒②打过架，还同帕斯特纳克③通过信。每一条小信息似乎都与一连串不断扩大的信息网密切相连，也总会出现松散的线索、不完整的证据，以及背道而驰的事实。我简直想要冻结加缪，将他孤立开来，使他一动不动地站在固定的位置以便让我获得一幅明确的肖像。尽管我不是在写一部正式的传记，但还是遭遇到了传记作家所面临的所有问题和悖论。我的探寻愈加令我感到陌生。我已经爱上了加缪，然而我却仍然需要知道他究竟是谁。经过数十年的潜心投入，我想要知道为什么我会如此强烈地喜爱他。莫名其妙地，我依然幻想着有朝一日我们能够相遇。

---

① 威廉·福克纳（William Faulkner, 1897—1962），美国作家，一共写了19部长篇小说及近百篇短篇小说，其中15部长篇与绝大多数短篇故事都发生在约克纳帕塔法县，称为约克纳帕塔法世系，如《喧哗与骚动》、《我弥留之际》等。——译者注

② 亚瑟·凯斯特勒（Arthur Koestler, 1905—1983），匈牙利裔英国作家、记者和批评家，犹太人。他写过很多受欢迎的小说，其中《中午的黑暗》为他带来盛名。——译者注

③ 帕斯特纳克（Pasternak, 1890—1960），全名鲍里斯·帕斯特纳克（Boris Pasternak），俄国作家，翻译家。1958年获诺贝尔文学奖。——译者注

一、阿尔及利亚的青葱岁月

"两个人的历史，他们的血脉相通，却迥然不同。她恰似这世上完美的化身，而他是沉静的怪物。他投入了我们这个时代所有的疯狂中；她穿越了这同一历史，却如同走过其他平常的时代。她大部分时间缄默不语，只会用几个词进行表达；而他滔滔不绝，千言万语却无法寻到她仅以静默所表达的东西。母亲与儿子。"

让我突然对加缪的早年生活产生浓厚兴趣的那本书，就是他在生命结束前正在创作的一部自传体小说，也正是因为这部小说创作于那个时期，才使它所描述的内容备具感染力。《第一个人》用充满感情、行云流水般的笔触开始讲述一个孩子的故事。

加缪出身贫寒，却引起一个小学教师的注意。这位小学教师引导他去读书，建议他申请地方中学的奖学金，并且一直守护着他一步步走向成功。在阿尔及尔贝尔库城区的贫民区，加缪与他的哥哥吕西安以及单身汉舅舅艾蒂安住在一起。在这个由女人统治的家庭里，暴虐专横的外婆主宰了家中的一切，温顺善良、目不识丁的母亲丧失了部分听力，几乎沉默无语。加缪的父亲是一个酒窖工人，为当

加缪（中间穿着短裤）于 1920 年拍摄于他舅舅的作坊

地几家葡萄园酿造葡萄酒，曾在"祖阿夫"兵团①服役，并在第一次世界大战中奔赴法国战场，在马恩河战役②中不幸阵亡，当时加缪还是个婴儿。"祖阿夫"兵团主要从居住在阿尔及利亚的法国移民中招募士兵，士兵身着红蓝搭配的彩色阿拉伯制服，这使他们看起来像一面面战旗。该兵团是突击部队，在战斗中伤亡惨重。从加缪父亲头部取出的炮弹碎片被法国政府送返回乡，置于一个旧的饼干罐里放在厨房，而他父亲获得的法国十字勋章则被封在镀金的相框里，放在餐厅。当时加缪全家住在一套三居室的小套房里，阿尔贝和吕西安挤在同一张床上，与母亲合住一个房间。房子里没有浴室，没有电，也没有自来水；厕所就在门厅；厨房里没有烤炉，所以每隔几天，阿尔贝或者他的哥哥就得托着一大盘食物到附近的一家肉店去将它们弄熟。这些细节在《第一个人》中得到真实的再现，没有经过任何特殊的戏剧渲染和篡改，因为在贝尔库，这些都是再寻常不过的事情了。他们住的房子有一个凸出去的小阳台，从阳台上可以看到下面繁华的里昂大街，那是另一个世界：林立的商店、咖啡馆，人潮拥挤的市场。大

---

① "Zouave"（祖阿夫）一词源自柏柏尔一个部落的名字，法国人早期殖民阿尔及利亚时最先从这个部落征募士兵。

② 马恩河战役（Battle of the Marne），第一次世界大战期间，协约国军队同德军于1914年和1918年在法国马恩河地区进行的会战，以法军击退德军告终。马恩河战役使德军包抄法军的计划失败，德国在西线速决战略破产。——译者注

街上人声鼎沸，人们操着五花八门的语言——法语、阿拉伯语、意大利语、西班牙语——还不时传来手鼓和响板的伴奏声，"咻咻"的驴嘶声，有轨电车经过时"叮当叮当"的铃声。各种混杂的气味也阵阵飘过来：藏红花、大蒜、茴香、鱼、腐烂的水果、金银花、茉莉花等等。太阳热辣辣地照在头顶上。海水在房屋的边缘漾着波纹。

路易斯·热尔曼是加缪的小学老师，也是第一个像父亲一样关注他的人，在热尔曼的精心呵护下，加缪成为一个模范生，严肃认真，稳重缄默，同时又机灵好奇——一个智慧的典范（d'une sagesse exemplaire），热尔曼总是这样评价他。加缪喜欢学校的功课，也喜欢学校的生活，所以进步很快，不久就成为班里最优秀的学生。加缪的优异成绩帮助热尔曼说服了他的母亲，同意让他进入中学继续学习，而不是像他舅舅那样到当地的箍桶匠那里去干些制桶之类的活计。在上学之余，加缪过着与那个街区其他任何男孩一样的生活，只不过生活在他身上体现的方式以及他体会生活中每一个细节的方式有所不同罢了。加缪喜欢读书，还喜欢体育运动。他与一群伙伴一起，在大街上用杏核、石头或木棍做游戏；到公园里爬树；分享刚刚做成的卡拉梅尔奶糖，被他们称作"tramousses"的干羽扇豆籽，或者在某些特殊时候才能吃到的一袋炸薯片；他们去海滨游泳（兼洗澡），大声喧闹着，在水中上下翻跃，纵情支配着他们的生活和那片海域，"就像贵族们一样，确信他们的财富是无穷无尽的。"① 即使无聊也成为"一场游戏，一份快乐，一种刺激，"他在《第一个人》中写道。②

加缪用平和的语气和温暖的心情回忆着他童年生活中那些最单调乏味的事情：每晚都要熨烫的唯一一条裤子；那些钉在鞋底的钉子，不仅可以查验他是否违禁去踢球了，还可以避免把鞋底磨坏；每天午后迫不得已陪外婆一起睡的午觉，以及忍受她上了年纪的身体散发出来的体味。（长大成人后，他承认自己恨透了那样的午睡，以至于从那以后，除非病得卧床

---

① Albert Camus, *The First Man*, trans. David Hapgood（New York：Alfred A. Knopf, 1995），51.

② *Ibid.*, 39.

不起，他绝不允许自己在午后躺下去睡觉。）在后来的岁月中，当加缪对巴黎的所有幻想都落了空，感觉自己像一个被困在钢筋水泥构筑的城市森林中的外星人的时候，正是这些回忆支撑着他。在他大多数的抒情散文中都可以找到这种乡愁。加缪说，每一次返回阿尔及利亚，他都感到令人喜悦的安慰和释然，"在大海的宽脊上，他得以喘息，在波涛中喘息，在明媚阳光的摇曳下，他终于可以睡觉了，终于回到他始终留恋的童年，回到那曾帮助他生存、帮助他克服一切的阳光及温暖的贫穷中，回到这样一个秘密中。"①

加缪就读的那所中学坐落在国际大都市阿尔及尔熙熙攘攘的市中心，因此吸引了大批来自于这座城市富人区的多种族的学生。正是在这所学校里，加缪第一次对自己的出身萌生了自我意识，感到自己并非是一个无意识存在的普遍个体，而是"与众不同"的。他说，在那之前，他一直以为所有的人都像他一样。而在那所中学，他学会了作比较。他是个荣获奖学金的优秀生，被誉为"民族的学生"，不过这个称谓不仅阵亡士兵的儿子们可以获得，军队和政府官员以及法国殖民地官员的儿子们同样可以获得，但他们的衣着更加体面，他们的房子高高地位于小山之上，更加富丽堂皇。在进入这所中学的申请书上，加缪不得不把自己的母亲描述为一个家庭妇女，或者说清洁女佣；这突然让他充满耻辱感，然后"为有这种耻辱感而感到羞耻"。但对母亲地位的质疑，比如说外婆凌驾于一切之上的权威，或者他自己逐渐意识到的母亲的愚昧和无助，却在他内心深处激发起对母亲温和的忍耐力更加深刻的尊敬，以及愈发强烈的、想要予以补偿的爱。加缪的母亲曾经尝试过一次短暂的恋爱，那使她重新变得兴高采烈、神采奕奕，但被她的母亲和兄弟艾蒂安粗暴地压制了。每每回忆起这些来，加缪都感到愤怒和悲哀。在他整个一生中，他都为保护和尊重这个沉默的人而备受煎熬，因为母亲的无知和耳聋将其与外界隔绝开来：她不

---

① Albert Camus, *The First Man*, trans. David Hapgood（New York：Alfred A. Knopf, 1995），41.

能读报，也不能听收音机，她不知道历史和地理究竟是什么，她没有任何期望或者明确的渴望，她"不敢渴望"①。

加缪本人的生活可以说是对他母亲生活的一种反叛——对于她的顺从，他报之以野心；而她的逆来顺受则唤起了他不知疲倦的激进行动。在生活的方方面面，几乎都出现了这样的反差。加缪清楚这一点。《第一个人》是他打算创作的以爱为主题的系列作品中的第一部，他把它奉献给了寡妇加缪，"献给永远不能读此书的你"。在写给自己的一则笔记中，他说道：

> "两个人的历史，他们的血脉相通，却迥然不同。她恰似这世上完美的化身，而他是沉静的怪物。他投入了我们这个时代所有的疯狂中；她穿越了这同一历史，却如同走过其他平常的时代。她大部分时间缄默不语，只会用几个词进行表达；而他滔滔不绝，千言万语却无法寻到她仅以静默所表达的东西。母亲与儿子。"②

关于加缪十岁以内的生活故事是十分感人的，因为它们充满天真无邪和最稚嫩的爱。很少有作家像他这样如此坦白、雄辩、完整地描述过第三世界里的贫困，而且，尽管他把这个世界描写成阴冷的，"像死亡那样赤裸"，"自我封闭，像大千世界中的一个小岛"，"一个没有吊桥的堡垒"，但在他的记忆里，它仍然莫名其妙地有趣和迷人。的确，加缪早年岁月里的细枝末节令我如此着迷——那盏煤油灯和黑黢黢的楼梯，丢失了一个"苏"③的小插曲，与舅舅一起上山打猎偶获的乐趣，还有在街道那头一个落满灰尘的电影院里看过的一部美国西部片（由汤姆·米克斯④、道格拉斯·范朋克⑤主演）——以至于我不情愿看到加缪长大，甚至惧怕终有一刻我将失去他直接

---

① Albert Camus, *The First Man*, trans. David Hapgood (New York: Alfred A. Knopf, 1995), 289.

② *Ibid.*, 310.

③ 苏（sou）：法国使用的一种旧铜币。——译者注

④ 汤姆·米克斯（Tom Mix, 1880—1940），美国演员，擅长饰演西部牛仔。——译者注

⑤ 道格拉斯·范朋克（Douglas Fairbanks, 1883—1939），美国演员，以主演动作片为主，主演了《佐罗》系列影片。——译者注

的声音；终有一刻，在他中学岁月的某一处，《第一个人》将会戛然而止。

然而，加缪"年轻的血液沸腾着"，他迫不及待地想要长大，到他在学校里读到过的所有地方去居住。学校是加缪快乐的源泉，是通向城堡的吊桥，是逃离家庭生活的避风港。填满的墨水池①，书包带美妙的香味，一把涂过漆的尺子的味道，以及它作为惩罚工具所带来的刺痛，甚至还有上课尿急时的胀痛感，都像市中心喷泉里漂浮着的香橙花一样，在加缪的记忆中如此清晰，挥之不去。加缪在从法国寄来的课本中读到了下雪和穿木屐的孩子们的故事，他把它们看做是伊甸园里的神话。路易斯·热尔曼对于参加第一次世界大战的切身描绘让加缪身临其境，偶尔也会痛哭流涕。正是因为所有这些，学校拥有了诗一般的力量。热尔曼毫无保留地向学生们讲述自己的生活，谈论他喜欢的书籍和他的人生观，这一切为加缪树立了榜样，对他后来希望去教书的理想产生了很大的影响。他记得，在热尔曼的课堂上，学生们第一次体会到，他们是存在着的，是应该被给予最高尊重的对象；他们被认为有资格去发现这个世界。

在《第一个人》中，当加缪的个人写真结束的时候，他已经长成一个十四五岁的青年，在五年级继续读书——大致相当于美国的八年级。拍摄于那个时期的一张照片上，加缪穿着短裤，与足球队队员们一起摆着姿势，咧嘴笑着，露出两个淘气的小酒窝。他头上扣着报童帽，脖子上围着围巾，尽管看起来很年轻、个子很小——他发育得很晚，被队友们戏称为"蚊子"——但是这个十四五岁的年轻人已然风度翩翩，光彩照人了。加缪在书中写道，那个稚气的孩子不在了！不再像过去那样忍受外婆的鞭打（通常是因为动作迟缓或者弄坏了鞋子而受到的惩罚），还无意中顺着一个女人的裙子向上偷窥过。他还找了一份暑期工作，挣到了钱，吻过了一个女孩，并且当上了校足球队的优秀守门员。

足球像书籍一样让加缪痴迷，在球场上，加缪赢得了学校里那些硬汉型学生的尊重和喜爱。他从足球运动中学到的东西是不朽的——"我对于

---

① 墨水池：嵌入旧式写字台用来盛放墨水的凹槽。——译者注

道德和男人责任的了解无疑大部分归功于体育运动，"他后来在日记中写道①——这种队友之间的友情医治了他不断增强的文化差异感，而那些使他与同学们孤立开来的正是同学们得以从父辈那里继承的传统习俗、价值体系和明确的是非之心：一份遗产，他这样解释道。在《第一个人》中，加缪描述了相异性对他造成的痛苦，他的"被一个陌生世界突如其来的打击所不时打断的狂喜"，但他也写道，他很快就能复原，同时热切地尝试去理解和同化一个他不熟悉的世界。② 对于未来的信心和童年生活炼就的坚韧使他准备着随处安身。如果说加缪感到过孤独，他却从未产生过自卑。他说，他正学着培养一种类似于行为风格的东西，学着独立地创造一份遗产。他"来自于别的某个地方，仅此而已"③。

即使加缪无意将这部小说写成自白体，他仍然是在解释他自己。其中的诚实坦率和明确而详细的信息让人充满喜悦。在对童年的回忆里，加缪性格中最重要的特点——独立、热情、勇敢和深深的脆弱感展露无遗。对于一位英雄来说，拥有诸多优秀性格的同时，具备一点点失败者的品质可能也是至关重要的。甚至到了开始有羞耻感的年龄，加缪也丝毫不想改变自己的出身或者更改人生的驿站。"如何才能让人明白，一个穷人家的孩子虽然有时候会感到羞愧，但却从来无所畏惧？"他写道。④ 为了生存，他将脆弱伪装成讥讽和魅力，有时甚至是傲慢，这反而使他更加令人同情。同时，加缪在书中留下了几处暗示，反映出他性格当中黑暗和反叛的一面，因为那似乎也是合乎常理的。他没有做太多的解释，只提到自己"粗暴的脾气"，"冷酷无情、令人厌恶的傲慢"，使他能够成功地应对罪恶感、对死亡的恐惧、漫漫黑夜和未知的一切（傍晚放学回家的途中，这些感觉尤其强烈）。关于学校生活，

---

① 于 1953 年 4 月 15 日在《R. U. A. 公告》（*Racing universitaire d'Alger*，阿尔及尔大学竞赛俱乐部）上首次发表，随后出现在《法国足球》第 613 期（1957 年 12 月 17 日）的《是的，我在阿尔及尔大学竞赛俱乐部踢了几年球》（"Oui. j'ai joué plusieurs années au RUA"）一文中。引自 Herbert Lottman, *Albert Camus*（New York: Doubleday, 1977）。

② *First Man*, 277.

③ *Ibid.*, 223.

④ *Ibid.*

加缪说，他过于喧闹，喜欢炫耀自己，这与热尔曼以前描述的那个沉着冷静和彬彬有礼的他形成了鲜明的对比。让·格勒尼埃担任过他中学最后一年和阿尔及尔大学的授业恩师，他注意到了这个学生自然流露出来的自由散漫的神态，所以把他安排在教室的第一排，以便让他在自己的视线之内。

加缪上中学那几年里遇到的最重大的事情就是肺结核的发作。那时他17岁，刚刚读完预科一年级最后一年的一半课程，他被迫休学，直到第二年的秋天才重返校园。当时，肺结核的发病率和死亡率在贫民和营养不良者当中相当高，如果不进行治疗，肺结核病人只能存活 18～24 个月。这种病的初期症状如此强烈——一阵阵的昏迷，疲惫无力，咯血——以至于加缪以为自己快要死了。他成为阿尔及尔伊斯兰教徒开办的穆斯塔法医院的常客，在那里接受定期的人工气胸治疗——将气体注入胸腔，使受感染的肺萎缩以促使其痊愈。在他身体恢复重返学业之前，他搬到了开肉店的姨丈古斯塔夫·阿科较为舒适的家中。姨丈的肉店生意做得很红火，在他那里，加缪不仅可以得到治疗该病所必要的充足的休养，还能吃到大量的鲜肉。姨丈风趣，有教养，是阿尔及尔咖啡馆受欢迎的常客，以酷爱政治、读书和考究的衣着著称。在他的陪伴下，加缪渐渐摆脱掉了因看到昔日伙伴继续着他们快乐的生活而产生的新的孤独感和被抛弃感。阿科对外甥寄予了很大的希望（阿科认为加缪也许会成为一个肉商，因为这份职业可以为他提供充足的写作时间），因为他没有儿子，所以视加缪如己出，经常与他讨论文学和时事（阿科坚信众生平等），还慷慨地给加缪些零用钱，并在周末开车带他去郊外兜风。在被迫休养的漫长的几个月里，加缪从阿科丰富的藏书中体验到了无穷的乐趣，在精神上得到了补偿。他任意翻阅着那些藏书，发现了像保尔·瓦雷里①、安德烈·纪德②这样的作家，开始

---

① 保尔·瓦雷里 (Paul Valery，1871—1945)，旧译梵乐希，法国后期象征派大师，法兰西学院院士。他的诗耽于哲理，倾向于内心真实，追求形式的完美。作品有《旧诗稿》(1890—1900)、《年轻的命运女神》(1917)、《幻美集》(1922) 等。——译者注

② 安德烈·纪德 (Andre Gide，1860—1951)，法国 20 世纪最杰出的作家之一，1947 年诺贝尔文学奖获得者。代表作有小说《人间食粮》、《背德者》、《窄门》、《田园交响乐》、《伪币制造者》，游记《刚果之行》、《乍得归来》、《访苏联归来》，自传《如果种子不死》等。——译者注

了"真正意义上的阅读"。加缪在《第一个人》中写道，如果说开始将他拽离童年时代的事件有许多，那么，应该说是他的疾病和对于无法逃避短暂生命的认识突然将他推进了理性的成人时代，使他变成了一个男子汉。[①]

对后来总是被他称作"流感"的这场大病所造成的影响，加缪从未公开发表过任何直白的回忆，虽然他在《第一个人》中有意提到它——在笔记上简略地写着"学校到生病"这样的字眼。在他的第一本书《反与正》中，他本来计划涉及肺结核的内容，但后来又删减掉了，那是"肺结核"第一次出现在他的作品中。但在两年之后创作的散文中，他描写到了穆斯塔法医院发生过的一幕——空洞的笑声、没完没了的咳嗽、皮包骨头、死亡的阴影。"疾病迅猛而来，但病去如抽丝"（Le mal vient vite, mais pour repartir il lui faut du temps），他写道。加缪还描述了母亲对他危急病情的平静反应。[②] 他回忆说，当他出现最初的病兆并止不住喷血的时候，母亲一点也不焦急，表现得就像一个拥有正常理智的人对待家人普通的头痛一样。但是如果说他因母亲对于他严重的病情表现出的"令人吃惊的冷漠"而感到困惑，那么，他同样清楚的是，当年只有17岁的他也同样学会了冷漠。因为那既是对苦难的掩饰，又是继续生活下去的决心。在当代人看来，散文集《反与正》一书中所包含的文章题目恰好揭露出加缪当时受疾病和成长问题所困扰的那种心理状态，这些实际上是在挣扎中迫不得已产生的一种理性：《嘲弄》、《形销神灭》、《热爱生活》、《若有若无之间》、《反与正》。

1932年，加缪进入预科一年级继续学习，准备参加竞争激烈的考试，以便申请法国大学学科教师招聘会考，通过这一考试是在法国大学执教的必要条件。在当时的一张班级合影里，加缪身穿三件套西装，头发向后梳得油光发亮。他看起来像一个青年，虽然脸上还带着稚气，但已经流露出

---

① *First Man*，275.

② Alber Camus，"Hôpital du quartier pauvre," in *Essais*, ed. Roger Quilliot（Paris：Bibliothèque de la Pléiade, Gallimard, 1965），1216. Also in *Oeuvres completes I：1931-1994*，ed. Jacqueline Lévi-Valensi（Paris：Bibliothèque de la Pléiade, Gallimard, 2006），77.

怀疑和些许冷漠的神情。加缪在由 14 个学生和各科教授组成的人群中十分显眼，一方面因为他西服上衣的翻领宽阔、光洁得异乎寻常，另一方面还因为他没有像其他人那样佩戴毕业典礼上常见的那种松松垮垮的正式领结和端正的士兵帽。19 岁，他尽显自己的风采。在大街上，他招摇过市，戴着波尔萨利诺毡帽，穿着白色西装，和——毫无疑问，受姨丈直接影响的表现——白色的袜子。加缪结交了一群知识分子新朋友，他们有望成为未来的诗人、编辑、建筑师和雕刻家。他与他们一起度过了许多时光，或畅谈于咖啡馆，或漫步于街头，周末在海滩上与女孩子们嬉闹，周六晚上在舞厅里快乐逍遥。加缪重新找回了对生活的热情，而使这种热情愈加强烈的是他与死亡的对抗，他把这描述成一次"学徒"似的学习经历。

如果不是苍白的脸色和黑眼圈，以及在足球比赛中只能充当观众的事实，似乎看不出肺结核病菌曾盘踞在加缪右肺上的任何痕迹。这场大病使他变得异常敏感。他说，就像安德烈·纪德一样。纪德是在前往阿尔及利亚的途中感染上肺结核的，之后就描述说他感到"能渗透"各种感觉，并且变得非常喜欢内省。加缪的老师、当时年仅 31 岁的让·格勒尼埃虽然出生于巴黎，但因对地中海文化的感情而产生了新的自我认知感，宣称自己是"阳光的孩子"。在老师的羽翼呵护下，加缪发现，文学是自己思想的源泉。他重新开始如饥似渴地阅读纪德的作品，以及一切他认为日后会对自己产生重要影响、会为其发表论文或者会在采访、日记中引用的几乎所有作家的作品——希腊的哲学家们、尼采、陀思妥耶夫斯基、托尔斯泰、纪德、安德烈·马尔罗，当然还有格勒尼埃。

20 岁时，加缪第一次读到了格勒尼埃创作的小书《岛》。在为该书后来再版所写的序言中，加缪曾温情脉脉地详细描述说：它来到我的面前，为我带来了震惊和启迪。格勒尼埃在书中慷慨激昂地赞誉了地中海文化的美好，这令加缪大为感动。因为作为一个年轻的享乐主义者，加缪当时认为这个世界的真理只存在于它的美丽和快乐之中。但是，这本书也提醒加缪，真理在本质上是有限度的，即它的短暂性。这再次将加缪直接置于世界的存在与虚无问题面前。加缪十分清晰地记得，这本书曾令他醍醐灌顶，不仅使他更加清醒、更加强烈地体会到生活的严峻，而且激发了他进行哲学研究的兴趣，同时，对我们这些日后的读者来说，最为重要的是，正是这本书，坚定了加缪创作的决心。

刚刚进入高中，加缪就开始创作他的第一批作品，并发表在名为《南方》的小型文学评论杂志上。那是格勒尼埃收到的寄自国外的期刊之一，也是他的学生们争相阅读的一本杂志。加缪当时发表的作品包括几篇文学习作和为数不多的几篇个人随笔，很显然，他在作品中探索着生活的意义。在这些由一个热忱、伤感的年轻学生所创作的文章中，我既吃惊又欣慰地发现了辨别加缪闻名于世的文学个性的标志，虽然仍有些青涩，但其表达的所有矛盾和不确定性将会滋养他日后的作品。尽管加缪没有明确地为之命名，但"荒诞"的概念已初具雏形。而且，加缪那时已表达了反抗的思想："接受人类的境况？相反，我认为反抗才是人类本性的一部分。是选择接受还是选择反抗，即是面对生活。"[1] "活着，这难道不就是一种充分的反抗吗？"[2] 作为一个初出茅庐的作家，他发现诗性文论是传达自己对真理追求的恰当表现形式。在格勒尼埃的鼓励下，加缪决心将生活作为创作的源泉，决心只用"朴实无华的语言"谈论"简单而熟悉的经历"。[3]

加缪去世后，格勒尼埃发表了对那些日子的回忆，试图将自己对这个他最宠爱的学生的影响程度降到最小。关于《岛》的影响力问题，格勒尼埃解释道，"一战"之后的许多文学作品都十分关注孤独、死亡和绝望这样的主题。然而，加缪一直将格勒尼埃视作导师，而格勒尼埃也的确当之无愧。加缪去世几个月之后，《岛》再次出版，在加缪早先为其所作的序言中，强烈的感激之情和清晰动人的回忆见诸笔端，这样的颂词无疑是在表达他内心的感激。他说《岛》依然活在自己心中。"我唯一羡慕的是我的好运气，"他说，"我比其他任何人都更需要这种运气，在我最需要引导

---

① See *Le Premier Camus suivi de Écrits de Jeunesse d'Albert Camus* (Cahiers Albert Camus 2)，par Paul Viallaneix (Paris：Gallimard，1973).

② Camus, Pléiade *Essais*，1171.

③ Camus，"Sur *Les Iles* de Jean Grenier"，Pléiade *Essais*，1160. Also in "On Jean Grenier's *Les Iles*," *Lyrical and Critical Essays*，330.

的那一刻我发现了一位导师，并且，经过若干年时间的考验和创作，我还能够一直继续热爱和钦佩他。"① 加缪将自己发表的第一本书和后来的《反抗者》都题献给了格勒尼埃。他经常把自己的手稿寄给这位昔日的老师审阅，希望得到批评指正，并且一直与导师保持着忠实、信任的通信联系。

在性格形成的那几年，加缪也曾遇到过其他的偶像，他们也曾帮助他培养起为什么和如何去写作的意识，但格勒尼埃是加缪在几乎方方面面都要感谢的人，也是他需要从几乎方方面面都要学习的人。正如加缪所暗示的，区分一个导师和一个纯粹的偶像的方法要看时机是否恰当，是否在最需要的时候有了最恰当的相遇。"一个人在他的一生中能得到重大启示的机会微乎其微，"他写道。"但是，就像好运气一样，它能够使我们焕然一新。"② 在描述与格勒尼埃之间的关系时，加缪将他的从师经历理解为"狂热的谦恭"，感激与尊重，永无止境的认同感——这也是我最初在加缪身上所感受到的。他说，导师与学生之间的对话一旦开始便无法停歇，而且让他终身受益。

《第一个人》为我们留下了加缪青少年时期抹不掉的印记，帮助我们解释他如何从一个街头游荡的少年变成了一个大学生和年轻的知识分子。在加缪的生活中，总是有相互对立的力量在产生影响，这似乎已经成为他生活的典型特征——外面大街上富裕喧闹的生活补偿了寓所内空荡凄凉的景象；学校里的兴高采烈缓和了家中弥漫着的重重的沉默。加缪将那些艰难的岁月转化为众多的经验教训，转化为一种快乐的执拗。他具有快乐的能力，还有着慷慨的本性。热尔曼对加缪的喜爱和赞赏显而易见，并像一个父亲一样，帮助他成长。热尔曼使加缪了解到自己是一个非同寻常的人，具有"成功的能力"。但是，加缪的痛苦在那些年里也日益显现，因为这个孩子不可挽回地与自己的童年分离开来。他将永远不能向他愚昧无

---

① Form a radio broadcast cited in Albert Camus – Jean Grenier, *Correspondence* 1932 – 1960, *trans.* Jan F. Rigaud, annotations Marguerite Dobrenn (Lincoln: University of Nebraska Press, 2003), 260.

② Camus, "Sur *Les Iles*," 1160. *Lyrical and Critical Essays*, 330.

知的家人传达他在学校里学到的一切，他写道，他们之间的沉默只会与日俱增。一想到要离开热尔曼进入中学学习，他不仅感到骄傲和惊奇，同时还经历了心痛，"就好像他预先知道，这一成功使他刚刚脱离了那个无辜而热情的穷人世界……又被抛到了一个陌生的世界，那里不再是他的世界……今后，他必须……成为一个男人……无助地，并为此付出最大的代价。"① 加缪对那些日子的记忆清晰得令人吃惊，这无疑足以衡量它们在他的心中是多么刻骨铭心，多么没齿难忘。

---

① Camus, *The First Man*, 176.

二、踟蹰前行

　　"暴风雨来临时阴霾的天空中透出的那一片蓝，不仅是
对眼睛而且是对灵魂的一种折磨，因为美是令人难以承受
的，它迫使我们陷入绝望，让我们在片刻间瞥见永恒，而我
们却总是喜欢将这片刻的永恒延展到永远。"

　　1963 年末，距加缪去世已有三年半，我的论文也已完成一年多，我终
于读到了刚刚出版的加缪的第一本私人日记，我期待着能在他敞开心扉的
私人表述中最终找到那个真实的他。早在 22 岁在阿尔及尔大学上二年级
时，加缪就开始在小练习本上记录下他个人的想法和观点，那是一个渴望
喋喋不休和讲真话的年龄。果然，他的第一则日记就让我看到了希望——
里面提到了他对"逝去的贫困"的怀念之情，并且讲述了"儿子对全部情
感所系的母亲所怀有的那份奇怪的感情"①。第二则日记引用了格勒尼埃的
一段话，表达了他的孤独和自信。我一页页地翻下去，希望从中找到更深
层次的联系，但接下来的都是一些口号式的、常常像警句一样的段落，于
是我意识到，它们实际上根本不可能为我了解那个时期加缪的具体生活以
及当时外部事件对他心理造成的影响带来任何曙光。日记中没有提及他靠
助学金才得以继续的学业；他的拮据生活；他早在一年半前就与一个美丽
的、无拘无束却充满困惑的名叫西蒙·以耶的少女的婚姻；他对阿尔及尔

---

　　① Albert Camus, *Notebooks*, 1935-1942, trans. Philip Thody（New York：Paragon, 1991），3.

社会和政治生活的热情参与，总之，他二十几岁时实际发生的所有其他事件都没有被提及。日记中同样没有提到《法兰克-苏维埃公约》（Franco-Soviet Pact），法西斯主义在欧洲的肆虐，或者西班牙越来越混乱的时局。日记开始几页所记录的内容始于 1935 年 5 月，那段时期发生了以下事件：加缪考取了获得学位所需的最后一个证书，参加了当地的共产党，偕妻子第一次离开阿尔及尔前往西班牙访问，肺结核再次复发。在那些日记中，加缪记录了他对童年、贫困和不幸的许多想法，他写道：

> "暴风雨来临时阴霾的天空中透出的那一片蓝，不仅是对眼睛而且是对灵魂的一种折磨，因为美是令人难以承受的，它迫使我们陷入绝望，让我们在片刻间瞥见永恒，而我们却总是喜欢将这片刻的永恒延展到永远。"①

加缪的口吻听起来已经颇像他自己的风格，而不像那个与我当时年龄相仿、颇有名气同时忙忙碌碌的年轻大学生。

如今，我又重新拿起加缪的日记来读，努力将其中的一段段文字与我已经熟知的他的生活联系在一起。这是一次有点冒险的尝试，因为加缪之所以成为加缪就是缘于一种品质，即他根深蒂固的"沉默克制"（pudeur），那是一种我身上也同样具备的防御性的保守和谦逊。（"沉默克制"这个法语词也有着其他重要的内涵，比如正派、审慎、秘密、顾忌等，所以几乎所有人都认为很难将它翻译得令人满意。）我想知道的是，是否我的好奇心应该变得具有侵略性；是否谨慎才是勇气更好的体现；是否加缪本人特有的谨慎不应该被尊重，而应该受到挑战。事实上，加缪作为一位著名的文学人物，恰恰因为其与生俱来的保守和极为强烈的隐私感而越发显得罗曼蒂克，越发具

---

① Albert Camus, *Notebooks*, 1935-1942, trans. Philip Thody（New York：Paragon, 1991），6.

有超凡的魅力。正像一位巴黎朋友对我所说，加缪可能是法国最后一位能够怀有秘密的人。而且，与所有日记的实质一样，加缪的日记是对孤独的记载，至少在最初的那几年，他是有意写给自己看的。他的意图是文学创作，而且与他最本质、最严肃、最雄心勃勃的那个自我息息相关，而这些决定了他必然成为一个作家。"我必须要见证。"在日记开始的几页里他一再写道。"我必须要写作正如我必须要游泳一样，因为我的身体需要它。"①接着他说，就像有意在阐明原因：

> "罪恶感需要得到忏悔。一件艺术作品就是一次忏悔，而我必须要见证。当我将所有事情都看清楚的时候，我只想说一件事。正是在这种贫困的生活中，在这些自视过高或者谦卑低下的人们身上，我的的确确体会到，我所感受到的就是生活的真正意义。"②

六个月之后，他进一步说明了他的写作意图："人们只会用意象来思考。如果你想成为一名哲学家，那么去写小说吧。"③——果然，他开始构思一部小说，即随后创作的《幸福的死亡》。那显然是一部自传体小说，在情节上像《局外人》的雏形，他去世之后才得以发表。

尽管加缪的日记毅然决然地摒弃了感情成分——批评家们确信，在1952年，当时已经成名的加缪在将他的笔记编辑打印成文时，删掉了他认为可能被认定为传记体的任何细节——从他本人的角度来看，这些日记依然带有强烈的个人色彩。它们记录了一些故事情节、对话、评述、反思、摘自重要读物的段落、叙事和描写的段落，以及他的决心。每一则日记都是一个富有启发性的片段，以第一人称"我"、"我们"或者第三人称"他"来记述，没有上下文的衔接，也缺乏连续性，只是在较之日常或世俗事务更为深刻的某些东西中提取出一些反思。

---

① Albert Camus, *Notebooks*, 1935-1942, trans. Philip Thody (New York: Paragon, 1991), 12-13.

② *Ibid.*, 4.

③ *Ibid.*, 10.

"年轻的时候，我希望人们给予更多，甚至超出了他们所能给予的——持久的友谊，永恒的感情。现在，我已经学会了对他们不要期望太多，尽管他们能够给予——无声的陪伴。"①

"寻求接触。各种各样的接触。如果我想写人，我应该停止谈论乡村吗？"②

作为一名作家，加缪从大自然中、从其他人的艺术中、从他自己的辛勤努力中发现着自己，寻求着真理。正如他所描述的，努力让自己做到单纯，做到诚实，接受自己，并且让自己承担起义务。"有时候，我需要写下一些东西，一些我不能完全控制但因此也证明我的内心比我本人要强大的东西，"他说道。③ 这表明加缪仍然保留着他的本色，一个敏感多思、奋斗挣扎、完全孤独的生命。他需要用他的孤独对抗"将我从我的困境中解放出来的激情"，使他混乱的生活井然有序，并恢复一种全能的认知能力。④"我不知道，除了这个不断超越自我的自我存在，我还希望得到什么。"⑤但是他还需要这个世界以及男人和女人们的陪伴。他受到"一份西班牙式的孤独"的困扰："奇怪的是：不能孤独，也不能不孤独。一个人接受着这样的两方面。这两方面都有益。"⑥

加缪在阿尔及尔大学读书期间，过着多姿多彩的生活。阿尔及尔大学位于风景如画的"白色城市"阿尔及尔，坐落在市中心他过去的中学附近。校园宽敞空旷，沐浴在阳光下，与米歇莱大街上林立的酒吧、咖啡馆构成了一幅生机勃勃的街道风景画。（在照片里，可以看到掩映在高大的棕榈树丛后面的阿尔及尔大学，那是一排新古典主义⑦风格的建筑物，让人想起尼斯或者戛纳。贝尔库的人们把前往这个繁华的街区说成"去阿尔及尔"。）在那里，加缪开始了他的学术生活——他将格勒尼埃视为榜样，

---

① Albert Camus, *Notebooks*, 1935-1942, trans. Philip Thody（New York：Paragon, 1991），7.

②③④⑤⑥ *Ibid.*，15.44.9.10.32.

⑦ 新古典主义：兴起于18世纪的罗马并迅速在欧美地区扩展的艺术运动。它一方面起于对巴洛克（Baroque）和洛可可（Rococo）艺术的反动，另一方面则希望重振古希腊和古罗马的艺术，从风格与题材上模仿古代艺术。——译者注

准备成为一名哲学教授，但因为严重的肺结核病他被取消了参加大学教师职衔会考的资格，无缘进入法国的教育体系。校园之外，加缪结交了许多文化圈的年轻朋友，经常与他们一起在城里漫步，到他们喜欢的咖啡馆里喝着茴香酒侃侃而谈，消磨掉下午的时光；他还有了新婚的妻子 S.（她的朋友都这样称呼她），他们一起住在山区的一幢房子里；同时，他继续坚持写作，当时创作的作品除了个人随笔和小说外，还包括为在巴黎刚刚创办的《马克思主义杂志》和当时的学生报所撰写的文章。大学的最后一年里，加缪致力于创作他的学位论文。论文的主题是"基督教与新柏拉图主义"，集中研究普罗提诺①和圣·奥古斯汀②。就在这一年，加缪将他的一群朋友组织起来成立了一个传播政治思想的戏剧团体，叫做"劳工剧团"，他还加入了共产党在当地的基层组织。加缪在党内的职责包括，招募年轻的穆斯林加入党组织，负责一项为工人阶级创办的、被称为"工人大学"的成人教育计划。表面上看来，当时的加缪是一个充满自信的青年，精力充沛，自立自强，但也有些拘谨刻板（喜欢用"您"而不是"你"来称呼别人，甚至是他的妻子）。他那时的朋友们经常谈论他随意舒适但颇为精心设计的优雅穿着（剪裁精良的西装和领结）、他的保守沉默（即便如此，却不失真挚和热情），以及脸上典型的、经常闪着愉悦光芒的凝重表情。"这个人很有魅力。当然了，他是个文人，但气质与众不同。"③ 加缪的大多数朋友不知道他是在贝尔库贫民区附近长大的，也没有见过他的母亲，加缪只暗示说她住在奥兰。

在公众眼中，加缪似乎心无旁骛地过着雄心勃勃的生活，但是私下里，在他的日记和随笔中，他对自己的成功有着清醒的认识，并且总是冷静地审视自己的过去和现在。就在他的第一则日记中，在认识到自己有罪

① 普罗提诺（Plotinus, 204—270），又译作普罗汀，罗马帝国时代的希腊哲学家，新柏拉图主义的奠基人。——译者注

② 圣·奥古斯汀（Saint Augustine, 354—430），罗马帝国基督教思想家，早期基督教教父及哲学家。曾任希波勒吉斯地区（现阿尔及利亚）主教（396—430）。著有自传体作品《忏悔录》及长篇作品《神之城市》。——译者注

③ José Lenzini, *L'Algérie de Camus* (Aix-en-Provence: Édisud, 1987), 70.

恶感的同时，他承认自己已经站到了另外一个不同的阶级立场上，但又说他的童年生活就像是"一瓶牢牢地黏住灵魂的胶水"①。甚至当他否认母亲存在于他的生活中时（他之后再也没有那样做过），他仍在构思一本有关母亲的"具有象征性价值"的书。在随笔中，加缪记述他在里昂大街的生活时，其控制力和谨慎程度远远超过了他早期曾做过的努力。在于1933年所做的阅读笔记里——那实际上是加缪第一本非正式的日记——他写道："我必须要学会驯服我的情感，因为它是那样容易泛滥。在将它隐藏于讥讽和冷静方面，我想我是个大师。现在我必须改变论调。"② 他还说，他已经说服自己相信"一个人不能过多地谈论他所热爱的人"。

加缪在他的作品里从没提到过他的第一任妻子 S.，只在《幸福的死亡》中给出过一处暗示。根据那些我已经了解到的信息来判断，那处暗示可能反映出他对她的爱恋以及她给他带来的伤害。我们只知道她很美丽，从不依惯例行事，是一个集童真与荡妇于一身的性感尤物，早年由于痛经服食吗啡而染上毒瘾。除了这些事实，她对于传记作家们来说就像曾经对于加缪一样难以捉摸。可以肯定的是，他们结婚时，她 19 岁，他 20 岁，她是一位杰出的内科医生的女儿。（加缪需要得到母亲的允许才能结婚；应他的请求，母亲送了白袜子作为结婚礼物。）私下里，加缪的舅舅和大多数朋友并不赞同也不能理解他们的结合。但加缪对 S. 充满柔情，想要保护她，这一点可以从他为她所写的童话故事和帮她摆脱毒瘾的尝试中看出来。（在他写的故事里，加缪把他的仙女简单地命名为"她"，并将她描述成"一个孩子"："她从不考虑将来或者每餐吃什么。她及时行乐，与她的花儿们一起欢笑。"③）S. 白天到处游荡（或者睡觉）；很少与加缪的朋友见面，因为她是"夜行动物"；更多的时候是在戒毒所里接受治疗。加缪第二次出国旅行归来之后——1936 年夏天与一个朋友的东欧之行——得知她为了得到毒品向一个医生出卖色相，便与她分了手，并将分手之后那

---

① Camus，*Notebooks 1*，3.

② Camus，*Le Premier Camus*，201.

③ *Ibid.*，258.

些日子里独自一人呆在布拉格时的痛苦和空虚记录在了一篇叫做《形销神灭》的文章里。这篇文章在第二年的春天被收录在《反与正》这部散文集中。尽管其中没有提及任何女人和事件，但是它描述了不可辩驳的事实，背叛的细节如此清晰，陷入圈套和孤立无援的感觉如此直白，以至于加缪用第一人称这样记述道，"一个疲惫而怯懦的生灵"（être haggard et lâche），"再也无法忍受孤灯独影的陪伴"，徘徊游荡于一座异国城市的大小街道。从天气炎热的意大利返回阿尔及尔时，他的悲伤得到了缓解并重新恢复了平静。

在加缪的日记里还有几则或许与 S. 有关，也或许无关，或许说明了，也或许没有说明他当时的感受，因为它们没有任何必要的上下文。其中一处提到了他"在这个我紧紧靠近的身体里"发现的欲望和陌生的快乐。日记中记录了许多评述，关于幸福、绝望、孤独和"对眼泪的渴望"，但其中大多数都是以一种更常见的、对于某种精神的关注的形式表达出来的。

"一个知识分子？是的。而且从未否认过这一点。知识分子就是能够看守住自己心灵的人。我喜欢这样，因为我很高兴我两者兼备：看守者和被看守者。"[1]

然而，在精神处于崩溃的那段时间里，加缪记录下了可能与这个事件直接相关的想法。他草草地写了一个故事梗概，表达出对于性嫉妒以及由此引发的流放感和最终"回归生活"的看法。他的第一个笔记本中的最后一篇日记所标识的日期是 1937 年 9 月 15 日，距他与 S. 最终分手恰好一年。在那篇日记里，他用很长的篇幅对他的心理状态重新进行了非常个人的评价，他避开他的缺失感谈到了感情，并且决心坚持下去，即使必须要承受几乎难以忍受的孤独。那时加缪即将年满 24 岁。正是在他 23 岁这一年，不论是在私人关系上，还是在公共和政治关系上，他都对自己有了大

---

① Camus, *Notebooks 1*, 28.

量的认知。他从一个时期以来糟糕的健康状况和疲惫不堪的状态中恢复过来。他已经度过了"一个转折点"，对自己的未来感到更加思路清晰，更加充满自信。

> "就好像我正在重新开始这场比赛，较之从前，既不感到更快乐，也不感到更不快乐。但是现在，我意识到了我的力量所在，鄙视我自己的虚荣自负，心中充满了那种清醒的热情，激励着我走向我的命运。"①

加缪的这番话听起来像西西弗的宣言。那个饱受煎熬的人物似乎已然存在于他的心中，因为在那一年的早些时候，他曾写道，"那条上山的小路如此陡峭，你每攀登一次，都是一次征服。"② 如果说他遭受到了失败的痛苦，那么他同样决心接受苦难，并将其视为有意识的经历。"未曾对生活绝望过就不会热爱生活"（Il n'y a pas d'amour de vivre sans désespoir de vivre），他在《反与正》中写道。③ "一个人的身上积蓄着无比的力量，只有在必要的时候，他才将自己释放。"他还在日记里这样写道，"径直走到终点意味着知道如何保守自己的秘密。"④ 从那之后，除了偶尔表达一下感性的想法，加缪再也没有谈论过他的爱情生活，而且很少直接提供私人信息。他不断地对自己的不安全感实施着管理，严守他的秘密。正如他自己所解释的：

> "如果说他现在能够开始做出理性的分析，那么早在贝尔库时他就已经学会了这样的做法。穷人不会谈论他们的烦恼或者隐私，也不会抱怨他们的命运。尊严存在于克制当中，存在于某种基本的道德当中——不偷盗，情绪低落时不攻击别人，能够保护自己的母亲——存在于自尊和默默的忍耐当中。"

如果说加缪对与 S. 的感情生活讳莫如深，那么他的公众生活同样如

---

① Camus，*Notebooks 1*，60.

② *Ibid.*，31.

③ Camus，"The Wrong Side and the Right Side，" *Lyrical and Critical Essays*，56.

④ *Ibid.*，58-59.

此，至少对于他日记的读者来说是这样的。这可能就是当他说"为了清晰地思考，他不得不使自己从周围的环境中解放出来，不得不让自己赤裸裸"① 的真正含义。然而，当我追踪加缪在阿尔及尔迅速成长的经历时，发现他原来如此热衷于当时的社会活动，而且对隐私如此漠视，这真是令人难以置信。我感到吃惊的是，甚至在他的文学日记里，他都没有提到他参加剧院演出和共产党诸多活动的事情，所以我怀疑他在后来编辑《手记》时可能删掉了某些敏感的资料。例如，加缪第一次尝试戏剧创作是为"劳工剧团"将安德烈·马尔罗②的反法西斯小说《愤怒的日子》改编成剧本，这是一位加缪极其崇敬的作家。加缪将这个剧本制作成一部极具感染力但投资成本极少的作品——他在巴布法河地区沙滩上一家破旧的舞厅里上演该戏，利用海浪做背景，请朋友们当演员和剧务人员（甚至他的主治医生的妻子也扮演了其中的一个角色）。这部作品让他极为满意，与团体合作的经历，剧本的创新性及其所传达的信息和时效性，让这次尝试得到了广泛的好评。加缪对那个时期恒久不灭的记忆也证明了这一点。这部戏还赢得了报界评论家的赞誉。加缪第二次尝试戏剧是与朋友一起合作的《阿斯图利亚斯的反抗》。该剧以西班牙的阿斯图利亚斯省为背景，讲述了那时发生在那里的煤矿工人身上的一个事件，这也成为加缪第一次公开表达对西班牙拳拳赤子之心的作品之一。当市长以具有煽动性的罪名禁演这部戏时，加缪写了公开的抗议书，由此获得了更加显赫的声望（当然也遭到了保守的当地政府的敌视）。他的朋友埃德蒙·夏洛特刚好弄到一台印刷机，他们随即秘密印刷发表了该剧的剧本。

加缪在"工人大学"的工作也引领他步入了政界。除了组织成人教育课程，他和他的朋友们还帮忙成立了一个"文化之家"——共产党在整个法国主办的众多文化中心的一个地方分会。加缪的目标之一就是"让阿尔及尔成为知识之都，使其有权利和责任屹立于地中海世界"，他在他的宣

① Camus, *Notebooks 1*, 59.
② 安德烈·马尔罗（André Malraux, 1901—1976），法国小说家，评论家。——译者注

言中如是写道。① 满怀充沛的精力和美好的理想，同时被莱昂·布鲁姆②的人民阵线激励着，这群年轻人热火朝天地组织了一系列的演讲、辩论、音乐会、艺术节和电影节等活动，并计划创作出一批崭新的戏剧作品。他们组织上演了包括高尔基、埃斯库罗斯、普希金的戏剧作品，还上演了《阿斯图利亚斯的反抗》的片段，以示挑衅。他们的许多活动都带有政治目的，或者至少是煽动性的，这当然正好符合这个 22 岁年轻负责人的风格。正如加缪在早期的一次演讲中所说，这些年轻的组织者们渴望面对有争议的问题，渴望帮助一个民族表达她自己的心声。③ 他们努力展示"本土化"的艺术和音乐。他们抓住机会主办各种活动来支持"布鲁姆—暴力"法案（Blum-Viollette bill）。该法案建议在殖民地扩大穆斯林的选举权，并且希望在法国的立法机关获得一张选票。加缪写文章并发表演讲宣传该法案的重要意义，强调它代表着迈向民族同化的第一步。然而，1937 年春天，共产党决定放弃对穆斯林民族主义的支持，提出对长期坚持的反殖民主义政策的调子要放低一些，并解释说这是为对抗法西斯主义所采取的必要举动（当然也有支持和安抚法国政府的目的）。加缪拒绝改变自己的立场，于是受到了正式的审判，接着被开除出党组织。

加缪这个年轻的共产党员一直是极为引人注目的人物，一方面因为加缪的思想正如任何空想家的思想一样，如此脱离现实；另一方面还因为他后期非常公开地反对共产主义。在向巴黎和莫斯科共产党总部提交的官方报告中，加缪被描述成一个内奸，一个托洛茨基分子，每每想到此我都几乎忍俊不禁。加缪还被指控针对政党领导人和他们的政策"开展了一场有系统的诽谤运动"。冷战结束之后，在莫斯科共产国际的档案室中发掘出来的一份情报上显示，加缪在贝尔库负责的基层党小组被描述成"知识分

---

① Lottman, *Albert Camus*, 130.

② 莱昂·布鲁姆（Léon Blum，1872—1950），法国政治家和作家，知名的文学和戏剧评论家。1936—1937 年当上人民阵线联合政府的首脑，成为法国第一位社会党籍（也是第一位犹太人）总理，执政 100 天左右，实行了变革，提高了工人待遇。1940 年"维希政府"将他逮捕，被监禁到 1945 年才获释。战后成为法国主要的元老政治家之一。——译者注

③ Lottman, *Albert Camus*, 131.

子活动小组"，其成员几乎全部是像他那样的年轻学生。档案上显示，加缪的党员资格持续了大约 23 个月。那段时期丰富了他的阅历，使他变得更为成熟。事实上，有一段时间，加缪所有的朋友都加入了共产党，因为在当时的阿尔及尔，成为共产党员就意味着不会成为法西斯分子。1937 年秋，随着这两个政党和国家政治的变迁，他的这些朋友大多也都退了党。他们说加缪是他们当中最核心的一个人物，那时候加缪的确已经赢得了很多威望。尽管如此，这群年轻人仍然积极担当着组织者和教育者的责任，经营打印社、传播文化、信仰穆斯林的平等。多年之后回想起来，他们认为，对于充满创造力的年轻人来说，那是一段美好的时光。他们的热情不断被激发，他们相信只要同心协力就能改变这个世界。在当时的政治气候下，共产主义是知识分子的一种冒险尝试，它与纯粹的马克思主义的亲密程度，远远不及与人民阵线所代表的理想主义。与格勒尼埃谈及他心目中的共产主义时，加缪用了"实验"这个词。"如果你想研究哲学，就必须要研究政治，"格勒尼埃曾对他说过。那本是一个随意的、父辈般的建议，但是后来格勒尼埃承认，他当时也认为，凭借着出众的才华，加缪也许注定会在政界扮演重要的角色。①

　　大约就是在加入共产党的时候（准确的时间依然是困扰学者们的一个问题），加缪给格勒尼埃写了一封长长的、真挚的信，解释了自己的想法。那封信寄自位于阿尔及尔海岸线上的提帕萨，他总能从那里古老的废墟和摇曳在风中的荒凉草木中找到内心的平静和贴近真理的感觉。从他的信中可以清楚地看出，他加入共产党的决定是经过了一段艰难的权衡之后才做出的。（30 年后，格勒尼埃在写回忆录时重新阅读了那封信，依然为自己曾经不恰当地影响了加缪的决定而惴惴不安。）加缪有一种忧虑——"我将永远不愿在生活和人类之间放上一本《资本论》，"他说——但是同时，对工人阶级深切的同情也让他备受鼓舞："我……由衷地赞同这些想法，它们把我带回到我的根，让我想起我童年时的伙伴，让我回归构成我今天敏感性的一切。"

---

① Jean Grenier, *Albert Camus*, *Souvenirs* (Paris: Gallimard, 1968), 41.

"你的建议是正确的，"加缪安慰格勒尼埃说，并解释说他想要亲身体验对于这个制度的种种疑虑，希望它们仅仅是一些误解。"共产主义不同于共产党员，"他写道，"但是也许，共产主义可以被看做是一个根基……将会为更多精神上的关注提供土壤……人类可以在其中重新发现永恒的意义。"① 加缪像一个忠诚的儿子那样在信末写道："告诉我你对此的看法。你理解我可能存在的疑惑和希望。我如此强烈地渴望看到那些戕害人类的不幸和苦难不断减轻。"②

加缪加入共产党以后的日子里，尽管陪伴他的一直是困惑、幻灭和愤怒，但那并不是一段消极的经历。相反，回顾加缪的往事，再结合他后来生活的发展情况，可以看到那段生活对他来说是多么有益，他许多重要的兴趣和理想都源自那两年，他基本的价值观也是在那个时期被迅速确立起来的。在共产党的支持下，加缪发现戏剧是宣扬政治主张的一个很好的阵地。他开始与在阿尔及尔民族主义运动中担当重要角色的穆斯林领袖交往，如艾马尔·乌兹加尼、梅萨利·哈吉、费尔哈特·阿巴斯等；同时，为了争取穆斯林的权利，传播穆斯林文化，加缪展现出一个坚强的、早期倡导者的风范。他开始公开发表言论。他的公众形象也随之确立起来——"'文化宫'里最为狂热、最富非凡才华的组织者之一，"——当地的报纸这样描述他。加缪具有超凡的个人魅力和天生的权威，成为年轻人街头巷尾谈论的话题。

如果说那是加缪忘乎所以的一个时期——很难相信那不是——他却没在日记中承认这一点。只是从他对自己"让步"于虚华、"为了炫耀"才思考和生活所表达的沮丧之意中，才看出当时的他似乎已经备受瞩目。③只有匆匆带过的几笔，如"一年中放纵的、过度劳累的生活"，或者"神经衰弱"，体现了当时那些事件给他带来的迷乱和压力，除此之外，日记

---

① Camus‑J. Grenier, *Correspondence*, 10-11.

② Jean Grenier, *Souvenirs*, 46.

③ 加缪在他长长的概述中写道："不幸让我变得渺小，而每一次在真理面前炫耀不幸，总会成为更大的不幸。"引自 *Notebooks 1*，58。

中的那个加缪仅仅是一个严肃的、追求一种高尚生活的、罗曼蒂克的年轻人。他把自己看作一个独行侠，并且经常感到孤独。1937年8月，在前往阿尔卑斯山的途中，他写下了十分罕见的、感人至深的一段话，并且承认自己病得很厉害。

> "灼热撞击着我的太阳穴。与这个世界以及人们奇怪而突然的疏远。与自己的身体抗争。坐在风中，内心完全被掏空。"[1]

同一月中，他取道普罗旺斯、比萨和佛罗伦萨旅行回国。途中他做了一些笔记，写到了光亮、人类的面孔、修道院、花丛中的太阳。加缪强烈地热爱着扎根于感官世界的生活，而这样的生活有时候是令人痛彻心扉的，因为它代表着转瞬即逝和悲剧的结局。加缪在他的第一本日记中多次谈到了幸福和不幸，但谈论最多的还是绝望。绝望总是与勇气相伴而生，仿佛它们早已串通好。"微笑着的绝望，"有一次他写道——一个奇异的、令人过目不忘的措辞。"我注意到了加缪的思想与他行为的不一致，"他那个时期的一个朋友观察到了这一点，"加缪一直在思考绝望，甚至一直在写它，但是他依然充满希望地生活着。"[2]

能够进入像加缪这样一个善于交际和具有社会意识的男人的孤独的内心世界是尤其令人感动的，不仅因为他如此脆弱，如此贫穷，而且因为，撇开他的朋友、他的成就和他的战斗而言，他只是一个人——一个有着卑微出身的阿尔及利亚年轻人——充满抱负和疑惑，挣扎着努力协调他对幸福的巨大欲望和对不幸同样巨大的包容力之间的矛盾。他不是一个行动的巨人，而是一个感情的巨人，恰恰是这样的感情巨人才让像我这样的读者对他的小说和随笔如此欣然地产生共鸣。从这个意义上来说，阅读这些日记可以让我直面真实的加缪，直面他的作品中所表现出的现代人类的真实典范。

尽管如此，我依然感到不满意，甚至是失望。加缪似乎在一点一点地透露出他作为一个作家和思想家的身份，但是，除了非凡的描述能力和高

---

① Camus, *Notebooks 1*, 44.

② Lenzini, *L'Algérie de Camus*, 70.

尚的思想，即使是在充满自我怀疑和惆怅的词句中，他依然表现得缺乏年龄感，面目模糊，难以触及。我对我的研究对象颇为恼火，因为他不愿意让自己表现出哪怕是一点点的自满或者成就感，还因为他甚至连他日常生活中一个偶然的具体细节都拒绝泄漏，甚至一个最钟爱的咖啡馆的名字，或者一条地方新闻，或者任何可以让我将他置于熟悉的现实背景的细节，都没有。也许这就是为什么我总会回归到那些照片的原因，因为它们是明晰的、平凡的，是不可否认的事实。通过这些照片，通过"用我自己的眼睛去观察"这个单纯的行为，我不知不觉地走进了加缪的生活。虽然相框静止不动，我却看到了他运动的足迹。

在拍摄于1937年的一张照片上，加缪站在提帕萨的海滩上，被三个漂亮的女人围绕着。这张照片是最近出版的一部传记的插图，之所以选它做插图，除了其文献价值，我想一定还有其典型形象的代表意义，因为加缪周围似乎总是有漂亮的女人陪伴，而且他十分清楚地意识到了自己的吸引力和魅力。在照片中，加缪穿着一件紧身泳裤，昂首站立着，双眼直视前方，似乎专为拍照故意摆出了一个姿势。尽管他很瘦削，胸膛微微凹陷，但双腿肌肉强健（他或许可以成为一个舞蹈家）。大海在他的身后泛着层层涟漪，几个女人在笑着嬉戏。其中的两个，玛格丽特·多布朗和珍妮·西科，他大学时的旧友，政治和文化活动中的同事和他的亲密伙伴；第三个，克里斯蒂安·加林多，是他的新情人。整整一年，他们一起住在小山顶上被他们称作"世界之巅的家"（La Maison Devant le Monde）的一幢房子里。加缪在朝向大海的一张小木桌旁工作。在那里，他开始构思一部名为《卡利古拉》的剧本，并且尝试完成了第一部小说《幸福的死亡》。这部小说忠实地记录了在那个被他称作"幸福之屋"的房子里度过的无忧无虑的集体生活：盐腌的番茄、马铃薯沙拉和蜂蜜做成的早餐；那条狗；被称呼为卡利和古拉的两只猫；克里斯蒂安沐浴在阳光下的栗色裸体。加缪在这部小说中写道：

"有时候，他对她们在周围所创造的世界感到惊奇，友谊和信任，太阳和白房子，几乎难以注意到的微妙之处，在这里，喜悦天生就是完整的，他能够精确地测量出它们的共鸣。"①

秋天，加缪把一个叫弗朗辛·福尔的年轻女子带到那幢房子，不久，她就要返回巴黎继续她在数学和音乐方面的学业。她不同于加缪其他的那些"小朋友"——除了克里斯蒂安，还有布兰奇、露丝特和伊万——弗朗辛并不是仅仅因为外在的美丽而博得加缪的欢心，尽管她的美丽是惊人的。她长着一双大大的、易受伤害的黑眼睛，高高的颧骨，优雅的双腿，令人炫目的微笑；更为吸引加缪的是她的气质，稳重、谦逊和温和，加缪称她为"诚实的心"（cœur droit）。② 像加缪一样，弗朗辛也在第一次世界大战中失去了父亲。她与她坚强的母亲和两个她挚爱的姐妹一起生活在奥兰。她对自己阿尔及利亚人的身份有着深深的认同感，酷爱弹钢琴，对巴赫情有独钟。为了取悦于她，加缪扮成白马王子，向他所有的朋友谈起她（甚至过去的女朋友），而且举行了一个庄重而正式的求婚仪式，这在某种程度上也是为了赢得她家人的好感。（她们对她选择这样一个离过婚且身无分文的作家充满疑虑，当时他患有肺结核，没有固定的工作。她们还认为他长得像个猴子。）尽管加缪不情愿放弃他的自由和无拘无束的激情——他渴望永无止境地去爱——但是加缪信任弗朗辛，对她充满信心，所以向她推心置腹地倾吐他的工作、他的自我怀疑和他的决心——"我希望诚实、坦白地对待你"③，他在巴黎给她写信说——有她的陪伴，他感到安详和幸福。加缪曾在《婚礼集》中写道，"做一个男人并不总是很容易，而做一个纯洁的男人更不容易。"④ 与此同时，在创作《西西弗神话》中关于唐璜的那个章节时，他描写了自己将不得不因婚姻而变得驯服的那一面。

---

① Albert Camus, *A Happy Death*, trans. Richard Howard（New York: Alfred A. Knopf, 1972）, 89.

② Olivier Todd, *Albert Camus, A Life*, trans. Benjamin Ivry（New York: Alfred A. Knopf, 1995）, 222. Henceforth cited as Todd, *A Life*.

③ *Ibid*., 70.

④ *Ibid*., 96.

* * *　　* * *

在拍摄于 1937 年的另外一张照片上，加缪身着一身 18 世纪的礼服
（紧身短上衣，夹克衫，假发和无檐帽），与"阿尔及尔广播电台"的巡回
演出剧团成员站在一起。为了谋生，他曾在该剧团里工作过。读研究生期
间，他还兼职做过负责检查气象站点的气象员，也在阿尔及尔地区做过公
务员，并且继续做着教师的工作（在他的日记中，"卖汽车零件"这一工
作也被添加进当时的兼职列表）。照片中的加缪看起来像一个西班牙青年，
这一定令他非常满意，因为他喜欢与自己母亲西班牙裔祖辈的身份联系在
一起，他们是 19 世纪时从巴利阿里群岛①来到阿尔及尔的。那一年的大部
分时间里，加缪认为他或许可以成为一名演员。演戏是传达情感的一种方
式，是关涉其身心的一种参与形式，就像足球曾带给他的一样。"星期天
因比赛爆满的体育馆和我曾用无与伦比的激情所热爱的剧院是世界上仅有
的两个地方，只有在那里我才能感觉到自己是天真无邪的，"二十年后，
加缪用《堕落》中克莱门斯的口吻这样写道。在《西西弗神话》中，他把
演员刻画成荒谬人类的完美典型，"腐败的小丑"，稍纵即逝的英雄（他还
在日记里写道，从事类似于演员职业的人，总是喜欢与女人们为伴，因为
女人是一个极具欣赏力的观众群体）。②

加缪热爱演戏，戏剧演出任务对他来说总是充满诱惑。1942 年，萨特
主动请他在早期的《密室》一剧中兼任主演和导演；在计划于 1948 年上演
的《局外人》电影版里，他饰演莫尔索的电影版角色威斯康蒂；在他希望
能于 1962 年在纽约上演的《卡利古拉》中，他担任主角西德尼·吕美特的
角色；在电影《琴声如诉》中饰演主角彼得·布鲁克。舞台上的加缪很抢
眼，他的同事们总是这样说。在舞台下，他是一个天生会讲故事的人，一
个引人注目的滑稽人物，善于惟妙惟肖地模仿，喜欢试着用各种各样的口

---

①　巴利阿里群岛（Balearic Islands）：位于西班牙东部。——译者注

②　Albert Camus, *Notebooks II 1942-1951*，trans. Justin O'Brien（New York：Alfred
A. Knopf，1965），142.

音说话。显而易见，他对于口头语言的热爱程度一点不亚于书面文字。但是他在"劳工剧团"（该剧团在他与共产党决裂后更名为不具任何政治意义的"队友剧团"）刚刚开始学习戏剧创作的时候，加缪的才华更多地体现在改编剧本和领导演员团队上。正如莫里哀在成为一个著名的剧作家之前曾花了许多年的时间当喜剧演员和导演，加缪实际上也在剧院里试着当学徒，而正是这段经历使他相信剧院可以作为他传达自己思想的一个重要的公共平台。在接下来的二十年里，加缪共创作了四部重要的戏剧，并改编了六个剧本。许多人认为，戏剧只是他全部作品中较为次要的一部分，但他自己不同意这样的看法。在加缪看来，剧院是人生的一个隐喻，因此可以成为他天然的媒介。有人猜测，如果没有《局外人》早期巨大的成功，加缪很可能已经选择戏剧作为终身的职业。在他生前最后几年，因对文学创作和巴黎文学界失去了信心，加缪曾满怀激情地重返这个让他一直怀有创作冲动和安全感的领域。他希望拥有一个属于自己的剧院。就在他去世之际，已经当上戴高乐政府文化事务部部长的安德烈·马尔罗曾计划授予他巴黎的一家剧院。通知他这个消息的电报已经发出，但加缪没能活到接收它的那一天。

拍摄于 1939 年的一张照片是《阿尔及尔共和报》全体职员的一张集体合影。该报是本着人民阵线的精神所创办的一份崇尚自由、破除陈规的报纸。加缪最初是带着养家糊口的热情来到报社的，在那里做了一名编辑和社会新闻记者。在这张照片中，他站在最显眼的位置上，表情严肃，穿着考究（浅色的西装领带，深色的衬衣，围巾随意地垂在胸前），极富魅力（尽管我第一次注意到他的左耳向外支棱着，相当滑稽）。其他人都戴着软呢帽或头盔，身上的衬衫和大衣纽扣系得紧紧的，手里高高举着报纸，似乎在炫耀。照片中洋溢着融洽的同志友情，也许因为这份报纸刚刚开始它的生命，也许因为它正面临被关闭的压力和担忧。主编帕斯卡·皮亚蹲坐在人群的中央，他是个经验丰富的本土新闻记者和作家，以前曾做过共产党在巴黎的党报《晚报》的编辑，还是几本优秀传记和许多深奥文学作品的作者。如果不是因为 1947 年那场神秘的争吵，皮亚将会成为加缪一生亲密的良师益友。尽管他们小心地保持一定距离，但似乎仍然彼此吸引。皮亚比加缪年长 10 岁，原名皮埃尔·杜兰德，在他十几岁发表一本诗集时开始使用现在这个笔名。第二次世界大战的爆发迫使报社关闭后，皮亚替加缪在巴黎的一家小报《巴黎晚报》找了一份差事；将他《局外人》的原稿送给有影响力的朋友们审阅，因此它后来才辗转到达巴黎主要的出版商伽利玛的手中；介绍他参加了秘密抵抗运动；安排他共同担任抵抗运动的刊物《战斗报》的编辑。像路易斯·热尔曼一样，皮亚改变了加缪的一生。皮亚与加缪有很多相似之处：同为穷困潦倒的战争孤儿出身，都热爱艺术和文学，都不喜欢政客，而且，两个人都具有独立精神。

在《阿尔及尔共和报》和暂时取代它的下午版《共和国晚报》发行期间，加缪身为一名记者，真诚坦率、无所畏惧、富于同情心，表现相当突出。他对于自己如此着迷于新闻工作感到吃惊，因为他已决定致力于另外一种截然不同的写作形式，而且，如果不是因为没有通过大学任职资格和从事教学职业所必备的身体检查，他本不会接受这份工作。加缪的思维方式更具学术性和哲学性，而他自然的文字表达具有主观性和抒情性的特点，这些都不适合于针对市政预算和政治选举的新闻报道。然而，他早已熟知如何将一个故事搬上戏剧舞台以迎合大众的口味。他对于有重大意义的细节有一定的敏感性，而且一直致力于寻找隐藏在事实背后的真相。用他自己的话来说，在艺术上，他迫切要做的事就是作见证，那也正是一名新闻记者的使命。理所当然，这份报纸锁定的读者对象就是穆斯林民众和工人阶级，而它暗中关注的正是阿拉伯的民族事业和最终的同化。不出所料，加缪很快就找到了自己的位置。

在这两份报纸 14 个月的短暂生命中，加缪共为其撰写了大约 150 篇文章，其中有几篇对我的研究具有特殊的意义，因为它们对于一些主题的处理在今天看来颇具加缪早期作品的典型风格。而其他的文章则意义不大：要么是趣闻轶事，要么是预示着他日后创作风格的讽刺评论。在加缪创作的50余部作品中，少数几部属于后者的类型——例如，对伊尼亚齐奥·西洛内①的《面包和酒》法译本的评论文章；对流行作家让-保罗·萨特从最早的《恶心》到后来的《墙》的评论文章，"一个灵魂，（从他的身上）人们可以期待一切。"他这样评价萨特。② 加缪的批评文章揭示出这三个作家在相互见面并成为朋友之前许多年里的那种自然而亲密的关系——就加缪和萨特来说，是潜在的宿怨。这样的内容会让读者十分欢喜，能够令其产生一种错觉，似乎获得这样的信息是某种特权，同时也暗示着自己在加缪的私人生活中占据了一席之位。

在地方新闻编辑部工作期间，加缪撰写了大量的文章，记述了阿尔及利亚人民方方面面的生活，从被他称为"被车碾压的狗的故事"那样的日常新闻或花边消息，到针对社会和法律案件的调查性报道，无所不包。而真正让他开始声名远扬的正是他写的那些调查性报道，最初是对三起不光彩的刑事案件庭审的跟踪报道，随后是对卡比利亚柏柏尔人居住区的社会和经济状况进行的十一期系列报道。现在看来，这些报道任务似乎是为一个初出茅庐、对正义有着特别兴趣的年轻道德家所量身打造的。而在当时，它们仅仅是一些任务罢了——对加缪有所帮助的任务，他的朋友皮亚为了扶他上路而特意安排的任务。

加缪一直不愿放弃他正在从事的小说创作而屈从于日常事务和"更不足挂齿"的新闻界奖励。但是一旦投身这一行，他就严肃地对待。新闻报道这份工作给他的生活和思想带来了新的框架。他对这份报纸感到满意；他正在学习如何做好这一行——写作，编辑，校对，拼版，排字——在一个家乡小报社里工作所必须学会的一切；他喜欢不停地摆弄被大家视作石

---

① 伊尼亚齐奥·西洛内（Ignazio Silone, 1900—1978），笔名塞贡多·特兰奎利（Secondo Tranqwilli），意大利作家和政治家。原系社会党人，后为共产党人，1930年与共产国际关系破裂。致力于写作，抨击法西斯主义，领导《前进报》并主持意大利笔会。作品有：长篇小说《丰塔马拉》，政治杂文《法西斯主义：其根源与发展》，长篇小说《面包和酒》、《冰雪下的种子》和剧本《他诞生了》。——译者注

② Olivier Todd, *Albert Camus, Une Vie* (Paris: Gallimard, 1996), 201. Henceforth cited as Todd, *Une Vie*. 该书的英译本在一年后出版，其中删除了一些内容，所以托德的原著也成为本书的源文件材料。

头的排字版。在报社工作了一个月左右，他写信给格勒尼埃说："我一点也不感到拘束，我所做的一切对我来说似乎都充满了活力。"《阿尔及尔共和报》是份晨报，所以加缪通常是在傍晚开始写他的稿件，并且是在他住的房间里，这样可以一直写下去，直到完成整份报纸那一刻。为了写出有分量的报道，春天里的大部分时间他都在四处奔波进行采访。尽管如此，他还是想方设法继续着他丰富多彩的生活：小说创作；"劳工剧团"的戏剧演出；社交生活；向弗朗辛·福尔求婚；为一份名为《海岸》的短期杂志撰写文章；为夏洛特当编辑；当夏洛特被迫暂停他的出版社业务时，加缪还试图与克劳德·德·弗雷门维尔一起创办一家出版社。（出版社根据他们两个人的名字命名为"加弗雷"（Cafre），由加缪和弗雷门维尔两个名字中的前几个字母组合而成。）加缪的第二本书《婚礼集》在那一年的5月也出版了。

《婚礼集》收录了加缪创作的关于阿尔及利亚的散文，文笔流畅生动、充满感性，他在那片由太阳、大海、沙漠构成的土地上生活所收获的感悟充溢其中。该书由夏洛特出版社印刷了120册，但除了小说家亨利·德·蒙特兰德从巴黎写来了一封推荐信外，那年春天这本书在阿尔及尔并没有得到太多关注。相比之下，加缪署名的新闻报道却产生了较大的影响。从对一个名叫"霍登"（Hodent）的某社会机构穆斯林工人因盗窃小麦而遭到囚禁的系列报道开始，加缪向殖民地的司法体系展开了有力的控诉。他将"霍登案"当做一个助燃器，利用他的报纸质疑司法程序、呼吁人道主义和人权。由于加缪的报道，这个案件甚至在正式审理之前，就已轰动一时。随后又出现了两起同样涉及穆斯林并且带有政治色彩的案件，加缪再次怀疑有人蓄意诬陷，又一次积极地为被告的清白奔走呼吁，同时无情地揭露司法的腐败和偏见。脱离共产党一年之后，加缪找到了另外一条能够改变穆斯林命运和表达自己对工人阶级无比忠诚的道路。在频繁往来于法庭的那六个月中，他无意间收集到一些素材，后来被应用到小说《局外人》对庭审现场的描述中。在那一年的圣诞节，他向克里斯蒂安·加林多提到，他已经开始创作以"荒谬"为主题的作品。那时他就已经在日记中写下了那句众所周知的开篇句："今天，妈妈死了。也许是在昨天，我不知道。"① 九页之后，他写道："只有在一种情况下绝望是纯粹的：那就是一个被处以死刑的男人的绝望。"② 事实上，通过仔细阅读日记中关于葬礼、送葬者和对死亡意识的描述，可以发现，加缪在1938年末所写的日记中充斥着死亡这个主题。

作为一名年轻的记者，加缪的身上带着几分野性，几分异乎寻常的自信，几分复仇天使般的使命感。他直率得令人对他不存任何戒备之心。就"霍登案"他所撰写的第一篇文章是给总督的一封公开信，信的形式很显然是抗议性的，与曾写给禁演他第二部戏的市长的那封公开信同出一辙。他也会毫不留情地清算某些旧账，在地方新闻报道中再三指责这个曾经令他深恶痛绝的市长的种种过失。加缪的报道建立在信息基础之上，但他也会采取咄咄逼人的个人立场。比如在标题为"卡比利亚的贫困"的系列报道中，他就卓有成效地吹响了斗争的号角。当时的他一定处于是与非的重大抉择中，因为在他收集那些丑恶的真相时，卡比利亚正是一年中最美丽的季节，道路两旁的橄榄树和无花果树上挂满鲜花，空气中弥漫着花香。像所有的通讯报道一样，加缪采用了第一人称，对法属阿尔及利亚人与被剥夺了权利的穆斯林原住民之间生活的不平等表达了深切的忧虑。整整11天，每天他都根据翔实的统计资料和社会调查写出一份措辞激烈的目击实录，描述一个被遗忘的群体，描述殖民制度下牺牲者卑微的贫困。他利用自己非凡的描写能力唤醒和激发民众，利用他的个人正义感来谴责殖民者对殖民地人民"普遍存在的歧视"。加缪对城市中的贫困再熟悉不过了，但是他以前从没体会过那些挣扎在贫困线上的工人们所遭遇到的耻辱，也没有见过那些乞丐和饥饿中的孩子们，以及享受不到医药和卫生设施的村落。"我不喜欢耸人听闻。但是，我不得不在这里说，卡比利亚现行的生

---

① Camus, *Notebooks 1*, 105.
② *Ibid.*, 113.

产制度就是一套奴隶制度。"① 他写道：

> "如果殖民征服被永远合法化，它一定要帮助被征服的人民保持
> 自己的人格，而我们应给予这片土地的正是让一个骄傲而仁慈的民族
> 忠实于他们自己和他们的命运。"②

长期以来，加缪一直信仰的是所有阿尔及利亚人民之间的平等，他认为有必要将法国和阿拉伯的社会团体联合在一起。但是，近期与共产党的接触和"布鲁姆—暴力"法案一事却令他大失所望——该法案正遭到法国立法机构的否决（不久即将消亡）。针对这些问题和其他几个事件，他在1937年的日记中写下了两条评论：

> "这么多年来，每次倾听一场政治演说或者阅读我们一个领袖的
> 演讲，我都会惊骇于听不到任何听起来有人情味的东西。"③

一个月后，他再次强调说：

> "政治和人类的命运被那些没有理想和没有崇高境界的人所左右。
> 有着崇高境界的人们是不会参与政治的。"④

在关于卡比利亚的报道中，加缪以一个法属阿尔及利亚人的身份现身说法，揭露自己的"丑恶良知"，同时，他也不断地超越传统新闻业的界限，不仅用他的文章来维护道德权威，评判他的同胞，而且付诸了行动。他的立场如此鲜明大胆，使他与那些政府官员们越发格格不入——他们原本就认为他如果不是革命分子，就是一个叛徒。然而，在穆斯林团体的领袖们眼中，加缪显然是一个民主政治和穆斯林利益的拥护者。对上述两方来说，特别值得注意的是加缪执笔的那些支持阿尔及利亚人民党（PPA）的文章。阿尔及利亚人民党是由梅萨利·哈吉领导的民族主义运动中的一

---

① Albert Camus, "Misère de la Kabylie," *Actuelles* III：*chroniques algériennes. 1936-1958* (Paris：Gallimard, 1958), 50-51. Also in Pléiade *Essais*, 915.

② *Ibid.*, and Pléiade *Essais*, 938.

③ Camus, *Notebooks 1*, 48.

④ *Ibid.* 79.

个最激进的党派，当时刚刚被取缔。

"阿尔及利亚人民党每一次遭到攻击，它的威望都会增加一点，我可以毫无疑问地说，该党在今天之所以享有人民大众极为广泛和深刻的支持，完全是这个国家高级官员们的杰作。"①

他还补充说：

"化解民族主义的唯一办法就是消除随之诞生的不公平现象。"②

加缪对他的这些早期作品一直很满意，也因自己勇于揭露祖国的经济困境而感到自豪。20年后，在阿尔及利亚战争最激烈的时候，有人指责加缪对一些问题缄口不言，加缪借用《卡比利亚的贫困》作为他长期以来积极投身于争取祖国民主未来事业的有力证据。在他名为《时政评论Ⅲ》的政治论文集中，他再次收录了《卡比利亚的贫困》一文的大部分内容，并于战争最激烈的时候出版发行，以此作为他在阿尔及利亚问题上的政治立场宣言。

法国于1939年9月开始卷入战争，但阿尔及利亚还要滞后一些。在那里，咖啡馆里的生活一如既往，太阳仍然照耀在波光粼粼的蓝色海面上，尽管男人们正在被征募，报业也正遭受严格的审查，并因纸张短缺面临困境。在那个月所写的日记中，加缪提到了当时的局势："战争已经爆发。但是它在哪里？哪里可以看到这个荒谬事件的影子？除了我们不得不相信的那些新公告和不得不去读的通知……"③ 在随后几个月的日记里，他描述了士兵告别家人和新兵征募考试的场面，包括他自己的遭遇。他一方面对征兵感到厌恶，另一方面又对自己因健康原因被军队拒之门外而感到沮丧。他的哥哥吕西安当上了炮兵军官，已经随部队转移。他的母亲因恐惧而心事重重，变得更加沉默。为了阐明自己的道德立场，加缪写了一篇长

---

①② Camus, Pléiade *Essais*, 1370.

③ Camus, *Notebooks 1*, 137-38.

长的名为《致绝望中的人的一封信》的文章，事实上那是他写给自己的一封信——后来，他经常采用这样的写作形式，尤其是在战争期间。系列文章《致一位德国朋友的信》就是很好的例子。在这篇《致绝望中的人的一封信》的开头，加缪写道：

"你写信说战争让你不知所措，你说你愿意为战争而死，但令你不能容忍的是，认为人类的问题可以用流血来解决这种普遍的愚蠢，这种嗜杀的懦弱，和这种罪恶的愚昧。"①

9月中旬，皮亚安排加缪当上了刚刚创办的《共和国晚报》的主编。该晚报与晨报《阿尔及尔共和报》共同发行一个月后，因新闻用纸短缺和人手不足，晨报被迫停刊了。《共和国晚报》是一份独具特色的小型出版物，只有两版——一张新闻纸的正反两面——带有严重的左翼倾向，只登载少量前沿新闻，实质上是一份引导大众舆论的日报。加缪利用这份报纸公开地发表他对战争现实的绝望，他认为这场战争本来是可以避免的。他像一个和平的卫道士那样写作，支持完全解除武装，主张建立一个新的国际社会，倡导一种比暴力更文明的解决方式。② 他公开声讨《凡尔赛条约》③ 的各项条款。苏联进攻波兰后，他宣称苏联是一个头号的帝国主义国家。他不支持战争，相反，他分析了战争的原因，展望战争的前景。加缪使用第一人称写作，偶尔使用复数"我们"来进行强调或者表明皮亚与他站在同一条战线上。他经常用笔名来发表文章——让·莫尔索（Jean Mersault），舒埃东纳（Suetone），凯撒·博尔吉亚（César Borgia）或者尼洛（Nero）——以便保护自己和渲染效果。在一个正在被爱国主义和民族主义点燃的国家里，他选择的是反对派的立场。保守派们无一例外地认为加缪、皮亚和

---

① Camus, *Notebooks 1*, 148-49.

② Todd, *A Life*, 91-92.

③ 《凡尔赛条约》或《凡尔赛和约》，全称《协约国和参战各国对德和约》，是第一次世界大战后，战胜国（协约国）对战败国（同盟国）的和约，它的主要目的是惩罚和削弱德国。协约国和同盟国于1918年11月11日宣布停火，经过巴黎和会长达6个月的谈判后，于1919年6月28日在巴黎的凡尔赛宫签署条约，标志着第一次世界大战正式结束。得到国际联盟的承认后，于1920年1月10日正式生效。——译者注

《共和国晚报》在发表反政府的煽动言论，是无政府主义者；加缪的某些
朋友也因他的顽固立场而愤怒不已。当加缪在报纸上发表更加大胆、更加
独立的观点时，军队的审查官们经常直接将其删除，使这份报纸看起来几
乎像是一张点缀着许多空白空间的拼图。为了应对他们的检查，加缪和皮
亚在报纸上插入了一些像帕斯卡和伏尔泰那样受人尊敬的作家的名言语
录，因为这些人是免于检查的，有时还穿插进他们自编的语义含糊的标
语。在该报被封杀前的最后那些天里，像这样猫捉老鼠式的文字游戏成为
读者和作者都十分青睐的一种消遣形式。而这种绞刑架上的幽默，勇气十
足。辛辣讽刺，这正是加缪的典型风格。这场战争成为这个荒谬世界最好
的例证。

1940 年 1 月，政府最终封杀了该报，加缪和皮亚叛逆的社论之音也因
此而暂停下来。在最后阶段的一组社论中，有一篇尽管未署名，但读起来
颇像加缪的最后告别：

> "人类唯一的伟大之处在于同超越他的事物相抗争。人们今天所
> 期盼的并不一定是幸福，更多的是这种绝望的伟大。"①

加缪不得已又沦落到靠当家庭教师来谋生的境地。至少在当时，他失
去了在报界继续谋职的希望，因为官方正式禁止他从事该行业，军队也不
接纳他，政府正在密切监视他。当时，他有三本书已经出版：《反与正》、
《婚礼集》和合著剧本《阿斯图利亚斯的反抗》，与此同时，他正致力于创
作"荒诞三部曲"：《局外人》、《卡利古拉》和《西西弗神话》。他将这三
部曲看做一个统一体，并开始称其为他全部作品的第一部分。加缪决定给
他主要的作品设立一个具有明确定义的框架，以他所谓的"组曲"或者
"三部曲"的形式来写作，其中包括小说、戏剧和长篇散文随笔，每一种
形式都以其不同的方式诠释一个广义的概念，比如荒谬或者反抗。但是加
缪对他的写作同样抱有疑虑，甚至绝望地怀疑他传达自己思想的能力。他

---

① Todd, *Une Vie*, 218.

不是在用自己全部的灵魂在写作，他曾对弗朗辛这样倾吐过。"事实是，我已不知道如何写作。"① 其时，与弗朗辛的婚约也令他感到苦恼，因为他仍然同时被其他几个女人深深地吸引着。

加缪想念与他志趣相投的皮亚。皮亚那时已返回巴黎去找工作。"我身上已没有一分钱，"他在给皮亚的信中写道，哀叹自己的贫困和找工作的迫切需要。到了3月份，在皮亚的再次帮助下，加缪也来到了巴黎，住在公墓附近蒙马特区的一家宾馆里，并在非常畅销的《巴黎晚报》报社与皮亚并肩工作。两个月后，德军入侵并占领了巴黎，加缪与报社一起逃离到临时总部——最初在克莱蒙费朗，后来搬到里昂。然而，到那一年年末，报社被迫裁员，缩减开支，他被解聘了。1月中旬，加缪又回到了阿尔及利亚，在奥兰继续他的家庭教师和教学工作，好像那次欧洲之行从未发生过。

到目前为止，我对加缪的生平已经有了详尽的了解。因此我知道，在随后的这18个月里，加缪是与弗朗辛一起在奥兰度过的。他已与弗朗辛结了婚。1940年12月初，他们在里昂举行了一场世俗婚礼②，交换了铜戒指，皮亚担任了他们的证婚人，《巴黎晚报》的职员们在当地的小酒馆为他们举行了庆祝会。这段时期可以称得上是他的一段停工期，一段原地踩水般的滞留期，已经处于运转中的一切均尚未定型，他广为人知的生活也尚未开始。当然，我还知道加缪当时不可能知道的许多事情——1942年春天，肺结核的严重复发迫使加缪离开了阿尔及利亚前往法国的山区修养治疗，这使他靠近了抵抗运动最活跃的地区；他的政治良知重新被点燃，使

---

① Todd, *A Life*, 93.

② 原文是 a civil ceremony，指由政府官员而非宗教神职人员证婚的婚礼。——译者注

他重操新闻记者旧业；一年后转战巴黎时，曾与报纸审查制度斗争的经历让他受益匪浅，他因此当上了抵抗运动地下刊物《战斗报》的编辑；他利用《战斗报》引领舆论道德的能力使他成为一个公众偶像，他的大名在《局外人》所引起的轰动之前就已尽人皆知。但其中最令我伤感的可能是，我还知道这样一个事实：加缪在法国定居下来之后，只有在刻意访问时才能回到自己的家乡。所以，在我的心目中，这是他在阿尔及利亚度过的最后一段日子，我能感受到这种不可逃避的事实给他造成的压力。

尽管过去我一直认为加缪是阿尔及利亚人，与法国人截然不同，但我并未总是注意到这个身份，而现在，每当我思忖他弃别祖国侨居国外这个事实，他的这个身份在我的脑海里才变得愈加深刻。加缪的日记中有许多关于故乡的内容：对街道的描写，当地的奇闻轶事，谈话的片段，随意的几句欣赏之辞（"今天早上洒满阳光。街上很温暖，到处是女人。每一个街角都有人在卖花。还有那些年轻女孩儿们的笑脸"），① 其中都流露出潜在的忧郁。在加缪写日记的八年中，他写下的有关阿尔及利亚的文字比关注其他问题的文字的总数还要多。这些孤立的片段有许多出现在他后来的作品中；而其余的部分目的也可能就在于此。（加缪曾创作了一部讲述儿子因误会被母亲和妹妹抢劫并杀害的名为《误会》的戏剧，他日记中记载的刊登在当地报纸上的一则消息显然为其创作提供了灵感，而其他无数被记录下来的细节，如噬人的阳光、星光闪烁的夜晚，都在《局外人》中得到再现。）现在我读加缪的文字，并不只是将其视作有意义的符号，而是把它当做一种提醒，提醒我他一直在密切关注周围的自然环境和他出生地的普通人民。我的指尖在加缪日记的纸页间跳跃，随意挑选出几句：

> "九月，角豆树飘散着爱的芬芳，弥漫在阿尔及尔的空气中，整个大地沐浴在阳光之中，似乎在沉睡，肚皮里孕育着杏仁味道的种子，依然潮湿丰润。"②

---

① Camus, *Notebooks 1*, 121.
② *Ibid.*, 72.

"码头上的热浪——用它凶猛的力量将你碾碎，带走你的呼吸。焦油浓稠而强烈的气味卡在你的喉咙里……这就是人们通常理解的真正的悲剧气氛，而不是夜晚。"①

"傍晚，海湾里的世界一片温柔。有些日子，这个世界谎话连篇，而有些日子它实话实说。今晚它在说实话——带着悲伤和永远的美丽。"②

在加缪的日记中，还有许多引起他兴趣的小轶事：一位拖着一条断腿的医生，火车上一对丑陋的夫妇，为一条死掉的狗而流下的眼泪，一个老人的家。加缪十分善于捕捉普通生活中带有荒谬成分的故事，并且喜欢古怪的细节。他的其他作品从来不会像写阿尔及利亚的作品那样富有观察力，更公开地表露情感。加缪的抒情文章有时候几乎是痛苦的。他的文笔温柔而感性，似乎在写一个女人——但有时也会变得猛烈而阴郁，似乎在记述死亡。

加缪笔下的阿尔及利亚实质上就是他的家乡阿尔及尔：阳光和大海；位于城市西区贝尔库的贫民区；大学、餐馆、酒吧和商铺林立的米歇莱中心大街，以及附近世俗和知性交织的喧闹。埃德蒙·夏洛特的书店起名为"真正的宝库"（Les Vraies Richesses），是作家们的集会地。还有生气勃勃的地中海港口和它的码头、海滩，沿着海岸走下去，是提帕萨的罗马人遗址，那片废墟朴素而美丽，默默述说着历史的超然存在。加缪认为自己不仅仅是阿尔及利亚人，更是阿尔及尔人。他心中这个特殊的沿海城市，阶地横陈，风景变幻莫测，层出不穷，像一座依海而建的巨大圆形剧场。他热爱这座城市。他经常徜徉于城市之中，游览甚至反复流连于他喜欢的地方：遍布着迷宫般的小巷和简朴的白色阿拉伯房屋的古老闹市；附近公主们的墓地里，一棵巨大而弯曲的无花果树盘踞在墓碑的上方，像一个哭泣的妇人；海滩上撑在木桩上的帕多瓦尼公共浴场，来自巴布法河地区的年

---

① Camus, *Notebooks 1*, 23.
② *Ibid.*, 33.

轻人经常聚集在那里彻夜跳舞（他的第一部戏正是在那里上演的）；城市中的布扎里和海德拉高地，他期望有朝一日能到那里去居住。他热爱那些柏树，喜欢阿尔及尔变化莫测的夜晚，甚至偏爱将沙漠里的红砂席卷而来飘落到城市里的西洛可热风①。他在这样的风景之中流连忘返——去远足，到山里露营，像鱼儿一样迷恋大海，他说，在水中他能重新找回自我。

加缪的一个朋友说，海岸就是加缪的根，他是一个真正的"岸边人"（homme des rivages）。尽管他做演员时曾与阿尔及尔电台的人一起深入过阿尔及利亚的腹地，做新闻记者时也曾去过，但他似乎对那些别样的环境并不敏感，因为他只漫不经心地记录下对那里的一些城镇的参观印象。当他被聘去内地一个毫无魅力的城市西迪·贝勒·阿贝斯（后来才知道，那里是外籍军团的前哨）做教师工作时，他只在那里呆了一天。他特别表达过他对奥兰的强烈的厌恶，尽管它完全可以与阿尔及尔相媲美。结婚之后那几个月的大部分时间他是在奥兰度过的，直到离开阿尔及利亚。为了维持生计，他做家庭教师，还在私立学校里担任教学工作，与弗朗辛的家人一起挤在那套有两个房间的公寓里。他无所事事，感到很不自在。他发现奥兰既丑陋又无聊，痛斥它背离了大海。为了在艺术上对这个城市施以报复，他先后在散文《米诺托》和小说《鼠疫》中非常露骨地刻画了它的丑恶形象，因此导致奥兰人的恐吓信像雪片般涌来。

因为加缪对阿尔及利亚和阿尔及尔怀有如此深厚的感情，我不禁猜想，如果他一直留在他的故乡，他的生活和阿尔及利亚的命运将会有什么样的变化。他或许已经开始写他的书，除了《堕落》和短篇小说集《流亡与独立王国》以外，那些书将成为他构思已久的"三部曲"系列作品；也许他已经拥有了自己的剧院，并为之筹划了许许多多的戏剧作品；也许他仍然在激励穆斯林人民为争取平等而斗争；也许他已经创建了一家出版社、创办了一份杂志，或者实现了另外一个创业理想。然而，我的猜测都

---

① 西洛可热风（sirocco），由撒哈拉沙漠吹向地中海地区的夹杂着尘土的热风。——译者注

是理论上的，因为早在 1942 年 8 月末，加缪就被迫离开了阿尔及利亚海岸潮湿的气候，目的是从威胁他生命的新一轮肺结核复发中重新获得健康，治愈他当时已经完全感染的肺。阿尔及利亚政府一直迫切地希望他离开，他的这次离境让他们非常高兴。① 一到法国，加缪就被卷入了一场战争，从此改变了他的生活和阿尔及利亚人民的生活。1945 年春，为了在《战斗报》上发表一系列关于祖国的文章，他返回了阿尔及利亚，但他错过了一系列被称为"平息行动"的悲剧事件②：为了镇压穆斯林因反对驱逐梅萨利·哈吉而举行的暴动，法国军队屠杀了数千名穆斯林。正如加缪所预料的，那是这个殖民地国家走向灭亡的开始。革命的种子在这片土地上已经孕育了几十年。假如加缪仍然住在阿尔及尔，他会对这些事件产生影响吗？他对独立的看法会发生改变吗？几个月之后，加缪被邀请参加了一个解决阿尔及利亚问题的政府特别工作小组。尽管他同意加入，但他后来暗示说，他的身份不是一个政客，而是一名作家。

加缪出发前往法国中部山区休养所的前夜让现在的我感到出乎意料的悲伤，而这样的感情可能只是我对他在阿尔及尔度过的所谓"卡米洛特③岁月"的一种迟到的理解，那实际上是一段令人羡慕的生活。它可能是一个信号，告诉我他的离家标志着他青春岁月的彻底结束。或者说，它可能只不过是我对于他的生活环境气候即将发生变化的一种预感。经年累月地与加缪如影随形，我也开始对肆虐的热浪、芬芳的树木、沙漠的气息产生了亲近感，我感受到了这个国家的原始力量，她给予了加缪如此多的滋养，却又充满了如此多的矛盾。可以想象，与阿尔及利亚相比，任何其他地方的风景都是多么必然地苍白，阿尔及尔的声音和气息是多么根深蒂固地占据了加缪的灵魂。在阿尔及利亚，我似乎看到，在小山顶上那个被叫

---

① 若干个出处，其中之一是加缪于 20 世纪 50 年代的一次回顾性谈话，表明加缪不得不离开祖国，但未提及任何政府驱逐他的特别行动。

② 1945 年 5 月 8 日，法国庆祝在欧洲的胜利之际，其军队在塞提夫和盖勒马地区屠杀了数千名平民，此次屠杀被称为"平息行动"（the Repression）。该悲剧事件标志着阿尔及利亚独立战争的真正开始。——译者注

③ 卡米洛特（Camelot），象征灿烂的岁月。——译者注

做"世界之巅的家"的房子里或者其他某个有着全景视野的地方,加缪正伏在他的小书桌上一边工作,一边俯看着船只在海港里进进出出。在巴黎,我只能想象着他缩在那套狭窄拥挤的公寓里的临时书房中,被刚刚到来的世俗义务和家庭责任团团围困。(关于巴黎,他曾在《局外人》中借莫尔索之口这样写道:"很脏。有许多鸽子和黑乎乎的院子。人的皮肤都是苍白的。"① 莫尔索拒绝了在那里找工作的建议。)我还想到了加缪离开的那些朋友们——他的那群非常有前途的年轻作家、艺术家、专业学者,以及曾经在山顶上与他同居一室的、给予他"温柔陪伴的女人们"。他们都是加缪终生的朋友。"我不能在陌生人当中生活,不能远离我的朋友们。我需要你们大家,"加缪曾向他的朋友查尔斯·庞赛特表白道,而像这样坦白的时刻在他身上极为罕见。这些朋友中仍然有许多留在阿尔及利亚,他们撰写了各种各样的回忆录,回忆他们成年初期这份喧闹的友谊:一起散步,在午夜游泳,频繁的聚餐——当然永远都是加缪请客,一起唱歌,一起用方言讲故事。战争结束后,加缪经常在圣日尔曼为来访的朋友们安排与在阿尔及利亚时一样的夜晚生活,或者带他们去第20区美丽城②附近北非人聚集区他最喜欢的一个小店吃蒸粗麦粉。

我将《局外人》当做一部纯粹的阿尔及利亚小说来读,一部浓缩了加缪28年阿尔及尔生活的文学作品。它的背景是我所熟悉的,因为它取材于加缪的真实生活:西迪-费鲁希的海滩,实际上是加缪经常游泳的地方,在那里,莫尔索与雷蒙德和马森无所事事地闲逛,结果与两个阿拉伯人争吵起来(小说中这个主要的故事情节,即在沙滩上偶然发生口角导致杀死一个阿拉伯人,取材于他的朋友、克里斯蒂安的哥哥曾经经历过的一件类似的事情,只不过那件事没有如此严重);里昂大街上的电影院,就在加缪家附近,莫尔索和女朋友玛丽看喜剧电影的地方;加缪为《阿尔及尔共和报》采访报道一系列案件的那个审判室,莫尔索后来就站在那里接受审

---

① Camus, *The Stranger*, 42.
② 美丽城(Belleville),又称巴黎"唐人街"。——译者注

判。不知是为了提示什么，还是只想开个玩笑，加缪将自己也写进了小说中审判室的那一幕。当注意到报社记者中有一个穿着灰色法兰绒制服、系着蓝色领带的非常年轻的记者，莫尔索说道："在那张不大匀称的脸上，我只看见两只非常明亮的眼睛，正仔细地端详着我，表情不可捉摸。而我有一种奇怪的印象，好像是我自己正看着我自己。"① 莫尔索不是长着一张不太匀称的脸的加缪，但是他在很大程度上就是加缪，加缪本人证实了这一点。

萨特在为这本书写的评论中指出，《局外人》写于战前的阿尔及利亚，受着炙热的阳光的照耀，却在巴黎被占领期黑暗的日子里来到这里，而且正逢"因煤炭短缺而造成的彻骨寒冷的春天"。几个月后，加缪读到了这篇评论，当时他仍住在奥兰，而且又一次病得很严重。这本书在国外得到了普遍欢迎，不仅因为它是一个来自于赤道南边、富于异域风情的故事，而且因为它为个人的存在价值上了非传统但颇为及时的一课。"在当时众多的文学作品中，这部小说本身就是一个局外人，"萨特在发表于《南方笔记》的那篇冗长透彻、表面上看起来似乎被小说深深打动的评论文章中写道。《南方笔记》一直无可争议地独立于纳粹的控制（让·格勒尼埃也在这份刊物上发表过一篇较短的评论）。萨特建议这本书可以被称为"一个道德家的短篇小说，"并解释说，"它与伏尔泰的小说非常相似。"② 尽管战时的法国纸张短缺，发行程序复杂，但《局外人》一经出版便成为畅销书，而那时加缪正居住在巴黎。到加缪生命结束时，《局外人》已经成为被翻译成 21 种语言的畅销书。也正是在那时，我第一次与加缪不期而遇。

---

① Camus, *The Stranger*, 85.

② Jean-Paul Sartre, "Explication of *The Stranger*" in *Camus: A Collection of Critical Essays*, ed. Germaine Brée (Englewood Cliffs, N. J.: Prentice-Hall, 1962), 108.

三、到法国去

"阿尔及利亚不是法国，她甚至不是阿尔及利亚，她是
一片未知的土地，迷失在远方……缺失的一个，她的记忆和
放弃令一些人痛苦不已，只要她自己保持沉默，其他的人就
希望为之尽情诉说。"

虽然与加缪保持了这么久的关系，但这是我第一次梦到他。他坐得离
我很近，近得似乎我们在交谈，但是我们并没有说话，甚至连目光的接触
也没有。我只是在那里注视着他，他稍稍侧着脸，正与其他人说话。梦中
的图像是黑白的，可能是因为我不能将加缪想象成彩色的。然而，梦中的
那些黑色——他的头发和他胡须的曲线——较之日常更加漆黑，更加与众
不同。加缪气度非凡，浑身闪烁着明亮的光芒，笼罩在他的光环下，我感
到快乐和安全。这是我用法语所做的第一个梦，它向我发出了一个信号，
告诉我由于我不懈的努力和某种不可控制的自然过程，我正开始悄悄地参
透这门语言。

在法国读研究生的时候，我住的地方离尚邦-索-里尼翁镇（Le Cham-
bon-sur-Lignon）不太远，但当时我并不知道，1942—1943 年，加缪为了
重获健康，曾在那里的一个山间农场休养了大约 15 个月。我记得，当我乘
火车从巴黎南下到上萨瓦省的安纳西去做研究员时，曾注意过这个小镇。
我还记得，没有人到车站迎接我，一个羸弱的、上了年纪的脚夫扛起我的
扁平行李箱步行前往半英里外我的住所。"是这里了，"来到我的房间放下

箱子时，他简单地说了这么一句。我住在一幢石头房子的顶楼，房子有着折线形的屋顶，高大的窗户面向以尤金·苏①命名的大街。尤金·苏是19世纪著名的作家，擅长写令人心碎的长篇小说。房子附近居住着许多海外留学生。在我住的房间里，一张凹凸不平的双人床被折叠起来放在屋檐下，中间摆着一张桌子，我就在上面学习；一面墙安放着操作台，上面有一台电热炉和一个洗手池；墙角处是一个坐浴盆。厕所兼淋浴室在门厅的另一侧。我的这个新住所没有一点浪漫可言，尽管暖风开启的时候它还算舒适。房间里有一扇小窗户，从窗户望出去，可以看到远处阿尔卑斯山的座座山峰，后来我逐一知道了它们的名字——朗方犬齿峰、帕米兰峰、吐尔纳峰——通过观察山峰周围的薄雾或者新的积雪，可以判断天气状况，因此它们可以被看做可靠的晴雨表。我的房间就是一个阁楼，所以它对我来说似乎更具法国特征。我的房东亨利先生在蕾丝窗帘后面注视着我进进出出，就像典型的法国守门人。

起初我对被派往巴黎以外的省份颇感失望——我做研究员的条件不仅包括在安纳西的女子中学担任英语助教，还包括到半小时路程以外的格勒诺布尔大学教授文学课——因为那会让我与"花神"咖啡馆和加缪的故乡相隔数个光年。此外，我误以为就在当地的罗杰·基约居然远在北部距此将近190英里的一个地方执教，这令我感到极为遗憾。基约是我上大学时读过的关于加缪最有分量的评论作品的作者，也是我误以为在格勒诺布尔大学执教、可以指导我进行研究的一名教授。我读过基约的《大海和监狱》一书，那是一部充满激情的作品，对加缪作品的分析引人入胜，对加缪提出的哲学问题和生存的本能表达了深切的同情。他的这本书写于加缪荣获诺贝尔文学奖和猝逝之前，所以我将它理解为基约对加缪的一份诚挚的热爱，尽管读到加缪的生命仍然将无限期延续的时候感觉有点奇怪。毫无疑问，基约塑造了我对加缪的一切想法，因为我能感觉到，基约心目中

---

① 尤金·苏（Eugene Sue，1804—1857），法国现实主义小说家，著有《巴黎的神秘》、《流浪的犹太人》等。——译者注

的这位艺术家是一个有血有肉的人。我视基约为间接的导师，一个通向加缪的中途驿站。

由于没能见到基约，我几乎放弃了那一年应做的重要研究，转而沉醉于这所法国大学的社会生活之中。如果说哪个地方能够启迪灵感，那么非咖啡馆莫属。咖啡馆像演讲大厅一样，充满我的希望和加缪的身影。我在法国最初几个月里结识的朋友是一个偶然聚合在一起的特殊群体，当出现一个新成员时，其特殊性尤为突出——一个由来自英国、意大利、牙买加和德国的学生组成的混合团体；一名摩洛哥的画家，叫做穆罕默德，或者穆；马德拉斯来的两名印度工程师；几个有着国际倾向的法国学生。我经常与他们一起看电影，到山里去远足，周六晚上一起准备芝士火锅或者勃艮第炖牛肉，大多数时间里，我们都耐心地打发着时光，直到滑雪季节的来临。

巴黎这个最初的目的地在我的脑海中渐渐远去，取而代之的是法国这个国家本身。法国景色的每一处细节都具有启迪性——挺立在每一条林荫大道两旁的法国梧桐斑驳的树皮，黎明清洗人行道的仪式，劳动人民身上蓝色的工作服，一身黑衣的老妇，玩滚球游戏的老先生，无所不在的灰色雪铁龙 2CV① 轿车，有波纹形状车尾的小卡车。街道上回响着过去我闻所未闻的声音——小汽车急促而高亢的喇叭声，将人们拉回战争现实的警车的双音警报声，午餐和下班时分四处响起的小黄蜂②和各种摩托车的嗡嗡声，好像昆虫在举行一场战斗。街道上弥漫着各种各样的气味：草药、刺鼻的奶酪、高卢香烟、葡萄酒、柴油机燃料——都是新鲜的、难以用语言形容的事物。我感觉自己像个好奇的孩子一样，被那些零碎而庞杂的事物所吸引，眼中看到的都是些前所未见的东西。女人们手挽着手走路，男人们穿着奇怪的鞋。面包呈现出各种各样的形状，牛奶盒是三角形的，人们都挎着篮子或者一种网兜。在每一件迥异的事物中——直角边的学校课

---

① 雪铁龙 2CV 是 Citroen Deux Chevaux 的缩写，是法国雪铁龙公司生产的小轿车，Deux Chevaux 的意思是"两匹马拉的车"。——译者注

② 原文是 Vespas，指意大利生产的黄蜂牌小型摩托车。——译者注

本，钢框的眼镜，见面问候和分手告别时的礼节，367 种类型的奶酪——我发现了法国的本质特性。

即使在思乡时，我也因身在法国而感到高兴，很大一部分原因是我喜欢自己在法国的模样。我的头发更长了，穿着更时尚，我的思想变得更为复杂，行为更加大胆。傍晚，与朋友们一起漫步于街头，我感觉自己很漂亮，极具女人味。当我习惯将法语作为日常用语、说话时尽量掺杂进所有我能够掌握的俚语时，我发现在我的母语之外，还有这样一种语言能够让我感到如此惬意，甚至感觉自己就是一个地道的法国人。我的这些经历在所有留学生的身上是司空见惯的——因好奇而永远张大的双眼，对法国礼仪东施效颦般的模仿，对本国原始文化的摒弃，对一个崭新的、更加敏感的、更加无拘无束的自我的发现，所有这一切，一直在我们的心里蠢蠢欲动。我意识到这一点，是因为我的英国朋友约翰。我看到这个总是身着口袋般肥大的粗花呢裤子和笨重毛衣的典型英国人在经历同样的蜕变。在习惯独自搭便车之前，我一直与约翰一起搭车，我们一起学会看汽车的牌照，这样就能轻易拦下与我们顺道的便车。我们隆重地穿越阿尔卑斯山脉所有的山口，然后继续前往普罗旺斯探险。沿途我们碰到的司机们对皮埃尔·夏尔丹①和亨利·柏格森②这样的哲学家们侃侃而谈，这恰好证实了我的观念，即法国人比美国人天生聪慧；其他的司机则津津乐道地向我们谈起农民们的朝鲜蓟③大战，或者他们对法兰西第五共和国和戴高乐的看法，他们称戴高乐为"伟大的夏洛特"。有一次，我独自搭车穿越边境到日内瓦，司机问起我对 le blocus 的看法，那是一个我不知道的生词。我后来了解到，它指的是古巴导弹危机时期肯尼迪对哈瓦那海港的封锁，而我因为在法国，错过了这一事件。后来，类似的一幕再次上演：伯明翰的暴动，

---

① 全名皮埃尔·泰亚尔·德·夏尔丹（Pierre Teilhard de Chardin, 1881—1955），法国古生物学家和地质学家，耶稣会士，最为人所知的是他曾努力向世人证明基督教和科学能够和谐共存并且相互利用。他的作品包括《人的现象》、《神的氛围》、《人在自然界的位置》等。——译者注

② 亨利·柏格森（Henri Bergson, 1859—1941），法国哲学家，曾获诺贝尔文学奖。主要著作有《直觉意识的研究》、《时间与自由意识》、《物质与记忆：身心关系论》等。——译者注

③ 朝鲜蓟（artichoke），一种形似百合果的绿果。——译者注

"为自由向华盛顿进军"运动的第一次游行。伴随着充满成功的喜悦，但有时候也带着一些伤感，我知道我离我的祖国越来越远了。

现在我才认识到，那一年，仅仅是在法国这片土地上生活就让我走近了加缪，但我真正与他亲密起来还是后来因支气管炎和胸膜炎导致右肺衰竭而病倒的时候。也正是在那时，我发现自己悄悄地、暂时地走进了他永久居住的世界。那是一个没有太多肉体痛苦的世界，虽然衰竭的肺的收缩让我感觉相当不适——我仍然记得那种由内而外被紧紧捆扎住的感受——没有嗜睡、精疲力竭和反应迟钝的感觉，也没有偶尔莫名其妙的兴奋。受益于法国的公费医疗制度，我被安排住进山区的一家疗养所，疗养所的条件与加缪曾住过的类似。在那里，我受到了几乎令人嫉妒的礼遇，虽然那是例行程序：长时间的散步，美味佳肴，有规律的小憩。他们不给我吃任何药物，但指导我在晚上饮几杯红酒。每天早上，就像《魔山》①中的汉斯·卡斯托普一样，我埋坐在躺椅里，身上包裹着毛毯，呼吸着冰凉而洁净的空气，疲劳得不能读书或者思考，映入眼帘的只有积雪覆盖的长长的草坪，泛白的天空和缓缓飘过的各种形态的云朵，我却对此十分满足。午餐时，我独自坐在我那张指定的小桌旁，努力想象着这个世外桃源之外的病人们可能过着的生活。在我们这里，所有的人都处于一种生命暂停的状态。在一片平和之中，既有接受也有否定。我感受到了一种不言而喻的同志之情，当然也感受到了孤独，它是如此彻底，就像一股强大的力量。

加缪读过《魔山》，这本书于加缪肺结核发病的几年前就在法国出版了，而且一直是加缪最喜欢的小说之一，因为它不仅形象地刻画了病中人真实的内心世界，而且揭示出战后西方文化出现的危机。令人感到奇怪的是，现在重读这本书，让我对加缪产生了一种全新的同病相怜的感情。35年前，当我第一次读这本书的时候，假如对他的生活有更多的了解，那么那时我就应该经历过这样的感情。在汉斯·卡斯托普这个小说人物的身

---

① 《魔山》（*The Magic Mountain*），托马斯·曼（Thomas Mann）于 1924 年发表的一部小说，描写了大学生汉斯在高山肺病疗养养院七年的经历。——译者注

上，我看到了加缪病痛的进程。我兴致勃勃地去托马斯·曼刻画过的其他人物那里寻找进一步的证据。于是，我读到了赫敏·克利菲尔德，她是"半肺俱乐部"（Half-Lung Club）引以为荣的年轻女人。我想知道加缪的人工气胸是否像她的一样带着呼啸的哨音，因为加缪的胸膛上也有手术刀口留下的疤痕。从贝伦斯医生那里，我了解到20世纪初期对呼吸疾病所采取的医疗护理的原始状态。在医治加缪的肺病时，除了那些机械的程序，如气胸和胸膜充气吹胀，我几乎没有查到其他任何有效治疗方式的详细资料，这使加缪的病情蒙上了一层神秘的色彩。加缪的好友也只是提到了他的一些病症——面色苍白，精疲力竭，经常冷汗涟涟——他们提到了他的定期失踪，还证实了他总是笼罩在死亡的阴影中这个事实。加缪的亲戚们谈到，有好几次他们"几乎失去他"。他们普遍认为，即使没有那场致命的车祸，他也不可能活到耄耋之年。

然而，在20世纪60年代，尚无一本加缪的传记问世，所以我无从知道自己追踪加缪在法国的足迹究竟始于何时，不管这样的追踪是书面上的还是象征性的。而且，尽管加缪的形象可能一直萦绕在我的脑海——毕竟我将他视为我的"教父"——但我还是过于热衷于自己的各种冒险活动而不能非常经常地认真思考他的一生。然而，在我去克莱蒙费朗、里昂、普罗旺斯等地旅行的过程中，我不知不觉地走上了我的研究对象早年走过的道路。在昂热，我坐在古老城堡的庭院中，想象着加缪曾在这里举办过的夏日戏剧节；在阿维尼翁，我经过了那个火车站——1960年1月，加缪曾在这里送他的妻子和孩子们登上了前往巴黎的火车，而他自己本来也打算在这里乘火车去巴黎，但到了最后时刻却决定搭乘朋友米歇尔·伽利玛的法希维加轿车……我对这些地方长期尘封的记忆跨越过三十多年的时空，如今重新浮现在眼前。

我想起当我查看那一年寄往家里被母亲精心收藏的信件时，我再一次遭遇到的这种不可思议的回忆方式。我本期望在那些信件中找到一个具有独立思想又充满理智的年轻讲述者，但我只看到了一个用"哇"和笑脸充斥她的文字的气喘吁吁的小女孩。令我感到沮丧的是，我仍然年轻和鲁莽得无可救药，缺乏自我意识和觉悟，而缺少的这些，我自以为在法国时就已经获得了。即使是在我的私人日记中，我也没有发现至今记忆最深刻的那些事情的蛛丝马迹：第一次恋爱造成的情感上的困惑，人在旅途和逍遥于世界的愉悦，以及其他难以计数的似乎体现出法国真正意义的微小细节。仅仅在我最后一封信的结尾处，在记录了关于时间、进餐地点的一份快乐的流水账之后，我才谈到了一点点反思自己的文字。

写那封信的时候，我辗转来到了巴黎，当时巴黎正值8月全国大假期①，城里一下子变得非常冷清。再过三个月就是我23岁的生日。我不在意城里的冷清，因为它似乎刚好衬托出我因为要离开那里而忧伤孤寂的心情。我与一个昔日结交的德国留学生朋友在一起，她同样因即将到来的离别而心事重重，我们共同沉浸在发现的喜悦和即将失去的绝望之中。映入我们眼中的每一件事物尽管是第一次，但都可能成为最后一次；我们所做的举动每一个尽管匆忙，但都带着激动人心的甜蜜。最后那些日子里，我们经常坐在公园里，坐在咖啡馆里，尤其是花神咖啡馆，在那里，我思考了许多关于加缪的问题。仅仅几年前，花神咖啡馆还是加缪经常光顾的地方，蕾丝窗帘和三色藤椅一如当年，灯光依旧那么朦胧，香烟的蓝色烟雾依然氤氲缭绕。一位侍者告诉我，萨特和波伏娃仍然喜欢在上午过来，仍然喜欢坐到楼上或者后面的座位上。当我问及他是否曾经见过加缪夫人时，他用法国人特有的高傲眼神看了我一眼，似乎在告诉我，我问了一个愚蠢的美国式问题。

除了花神咖啡馆和隔过几家店铺的双叟咖啡馆，当时我没有试图去其他地方追踪加缪的足迹，尽管我想知道他曾经住在什么地方，在哪里与萨特阵营的人决裂。事实上，他最喜欢去的许多餐馆和酒吧近在咫尺——例如，刺客餐厅和通宵营业的塔布俱乐部，以及几个街区以外的庞特皇家酒

---

① 从1956年起，法国工薪阶层开始享有三周的带薪假期。1969年达四周，1982年达五周。自2002年开始，法国大约有10%的人能够享有超过五周的带薪假期。社会党执政时又将日常工作时间缩短了一小时，每周工作时间仅35小时。凡超过的部分，都可以转换成假期。这样，假期最长的人一年可以有长达八周的假期，人们多选择在七八月份休假。——译者注

吧，那是伽利玛的职员们和《新法兰西评论》①的作家们在工作之余聚会的地方。我猜想，如果那时候我走进那些地方，一定会发现里面仍然保留着20世纪四五十年代的样子，一定能感受到不远的过去"左岸"知识分子生活中的张力。

然而1963年的巴黎已经远非加缪曾经生活过的巴黎。即使是我这样的新来者，也感受到了它的变化。没有人再讨论存在主义的问题，连加缪和萨特也无人问津。咖啡馆迎来了新一番"入侵"，被外国游客挤得满满的。一切似乎都是"新"的："新浪潮"电影②（《气喘吁吁》中珍·茜宝在卖《先驱论坛报》，碧姬·芭杜裸体出现在《其余的战士》中），"新浪潮"文学，"新法郎"③，新创办的杂志《新观察家》，等等。一家美国药店的完整翻版、位于香榭丽舍大街起始处的"大药房"，成为午夜最新的闹市。巴黎本身正在发生着翻天覆地的变化：对历史建筑外墙的粉刷工作已经开始，由加缪的老朋友安德烈·马尔罗发起，他是戴高乐政府新任命的文化事务部部长。法国人曾担心他们的历史感会随着泥土一起被冲洗掉，但他们对最终的结果是满意的。漫步于协和广场和卢浮宫，我为那些雕像所倾倒，它们仍像16或18世纪时一样清新无暇。而与此同时，我发现巴黎是如此年轻，如此苍白，这令我心慌意乱。我感觉自己被那些清晰的线条和炫目的外表所欺骗，因为它们似乎就是那个战后时代已经结束的官方声明。

只有看到公共场所墙壁上依然清晰的政治涂鸦——"法兰西的阿尔及

---

① 《新法兰西评论》(*Nouvelle Revue Francaise*)，也译作《新法国评论》，是1909年由安德烈·纪德等一群知识分子创办的一本文学杂志。1911年，伽利玛当上了该杂志的主编。该杂志在战争时期成为领先的文学刊物，对法国文化界起到了领军的作用。——译者注

② 新浪潮电影产生于1958年的法国。当时安德烈·巴赞（Andre Bazin）主编的《电影手册》聚集了一批青年编辑人员，他们深受萨特的存在主义哲学思潮影响，提出"主观的现实主义"口号，反对过去影片中的"僵化状态"，强调拍摄具有导演"个人风格"的影片，又被称为"电影手册派"或"作者电影"。他们所拍的影片刻意描绘现代都市人的处境、心理、爱情与性关系，与传统影片不同之处在于充满了主观性与抒情性。——译者注

③ 1958年，戴高乐总统当政后，决定推出新法郎（Nouveau Franc），取代不断贬值的旧法郎。1960年1月1日，法国实行货币改革，发行新法郎。1个新法郎等于100个旧法郎，含金量为0.180 2克。——译者注

利亚"，"OSA①的暗杀"，"FLN"②，"和平"——我才想到这里就是刚刚经历了战争的巴黎。没有人谈论前一年夏天结束的阿尔及利亚战争，因为经受了将近二十年的杀戮流血，法国人民正试图将历史的那一页翻过去。但从墙上愤怒的涂鸦中，我可以感受到过去两年以来人民所压抑的情感和战争造成的动荡。因为在那两年中，每天都有塑料炸弹在地铁站和公寓住宅里爆炸，四个退役的法国将军组成了叛军，时刻威胁着这座城市的安全和法兰西第四共和国的稳定，坦克每天守卫着国会大楼。伫立在8月炎热、慵懒的大街上，我不禁想起戴高乐激动人心的口号："请帮助我，帮助法国和法国人民！"，也不禁想起报纸上的一张照片：铁丝网高墙后面的阿尔及尔。

加缪没能活着看到战争的最后阶段，那也是最惨绝人寰的阶段：50万法国军人荷枪实弹地被派往了阿尔及利亚；数千名穆斯林惨死于阿尔及尔和奥兰的街头；一批新的、更富战斗性的领袖们统治了民族解放阵线，独立似乎已经不可避免；"乌脚"们③开始大规模地回迁至马塞尔。加缪也无从知道本·贝拉。尽管加缪拒绝与法国的爱国主义者或者民族解放阵线的叛军站在同一条战线上，并且继续坚信欧洲人民与阿拉伯人民在阿尔及利亚结成联盟的可能性，但是，他在内心深处一定也知道，要想理智地解决一切已为时过晚。加缪一直公开抨击恐怖主义，但他同时也对阿拉伯世界持同情态度，他解释说，恐怖主义生来就是孤独的，生来就抱定这样的信念：绝不苟且偷生；重重壁垒太坚厚了，一定要炸毁它们④。甚至早在1945年，加缪就曾经发出过这样的警告："阿尔及利亚不是法兰西，"以此来表达对阿尔及利亚独立的不赞同态度。

加缪去世的那一年年末，他的朋友朱尔斯·罗伊出版了一本书，就战争发表了自己的看法。这本书在法国引起了极大的反响，很大程度上是因

---

① OSA，Organization of American States 的缩写，即美洲国家组织。——译者注

② FLN，National Liberation Front 的缩写，即民族解放阵线。——译者注

③ 法语原文是 pieds noires，特指 1962 年阿尔及利亚独立之前出生于阿尔及利亚的法裔殖民者。——译者注

④ Lottman，*Albert Camus*，539.

为它在人们心中重新唤起了对加缪的记忆。罗伊身为第三代"乌脚"，在书中用第一人称描述了 1960 年夏天他的阿尔及利亚返乡之旅，那次旅行在一定程度上是为了纪念加缪。罗伊描写了他穿过青年时代居住过的乡村时因看到一派荒废的景象所油然而生的愤怒和悲伤，生动地记录了他与阿拉伯人和军队极端分子之间不愉快的交谈，并且得出了这样的结论：单纯的"社会不公"直接导致了阿尔及利亚人民的反叛，而终止战争的唯一办法就是谈判——"只要敌对双方放弃他们的部分主张"——这同样是加缪的呼声。罗伊将他的书题献给了加缪，并在结尾处向他的这位朋友表达了深切的痛惜之情："你原本可以让我省去这一切，如果你如给我的信中所言，1 月 5 日乘火车返回巴黎，而你却偏偏早一天搭乘汽车离开了。"①

1996 年，罗伊 80 岁时，又出版了另一部回忆录《再见了妈妈，再见了我的心》。对我来说，这本书就像是他与阿尔及利亚和与加缪交往历史的一个结语。书中讲述了那一年罗伊回乡为母亲整修墓地以及遭遇当代阿尔及利亚现状的感伤经历。他发现那里的乡村充满危险；他小时候生活过的农场已不复存在；墓地里杂草丛生，被铁丝网团团围住，成为"那片土地上唯一能遇见法国人的地方。"无论他身到何处，都有手持 AK-22 步枪的阿拉伯士兵护送。在书的前言部分，罗伊引用了阿尔及利亚作家卡提卜·亚辛的话："我们不是一个国家，现在还不是，要知道：我们只是被摧毁的部落。"他还引用了加缪在 1955 年说过的话："阿尔及利亚不是法国，她甚至不是阿尔及利亚，她是一片未知的土地，迷失在远方……缺失的一个，她的记忆和放弃令一些人痛苦不已，只要她自己保持沉默，其他的人就希望为之尽情诉说。"②

到罗伊返乡的时候，人们在加缪死后为他建立起来的纪念物有的已经被重新命名，有的则被移除。穿过加缪出生地蒙多维中心的"阿尔贝·加缪"大街被更名为"战争烈士"街；蒙多维这个名字本身也已经变成了

---

① Janet Flanner，*Paris Journal 1944-1965*（New York：Atheneum，1971），456-57.

② Jules Roy，*Adieu Ma Mère*，*Adieu Mon Coeur*（Paris：Albin Michel，1996）.

"德雷昂"。加缪的朋友为纪念他在提帕萨树立的古老石碑已经面目全非，尽管由他的雕刻家朋友路易斯·贝尼斯蒂雕刻的碑文还依稀存在。碑文取自《夏》中的一个句子："在这儿，我领悟了人们所说的荣光，就是无拘无束爱的权利。"（Je comprends ici ce qu'on appelle gloire, le droit d'aimer sans mesure.）加缪的母亲，在他去世 9 个月后也离开了人世，葬在阿尔及尔的一个被官方命名为埃尔贾扎伊尔的地方。加缪被葬在普罗旺斯卢尔马兰村的公墓里，公墓就在他用诺贝尔文学奖的奖金购买的那幢乡村别墅所在小山的山脚下。

直到 1943 年秋天，在抵达法国一年多之后，加缪才来到巴黎，开始了他一生中最广为人知的那几年生活，成为文化领军人物中的一股新兴力量和未来法国的代言人。来到法国后最初的 15 个月里，他住在勒庞内里尔，身体渐渐康复。勒庞内里尔位于上卢瓦尔省高原地区，是高山间的一个农场，归弗朗辛的一个亲戚所有。童年时代，弗朗辛曾在那里度过了许多个夏天。加缪在那里的生活简朴而安静，因为几乎没有客人来访。夏天过后，当弗朗辛返回阿尔及利亚继续她的教学工作后，加缪的生活变得十分孤独。他在日记中提到了不自由、禁欲、迟钝等感受，还提到了他对工作的热情。回首加缪的这段时光，我同时看到，一些偶然事件和邂逅正在为他搭建起一个舞台：1943 年 11 月 13 日，盟军在北非登陆，切断了他与妻子和祖国的联系，一直到战争结束；两周一次，他要前往圣-艾蒂安附近接受治疗，而那里正是抵抗运动最活跃的中心地区；1943 年春天的一个周末，他到巴黎旅行，在萨特的戏剧《苍蝇》的首映式上遇见了让-保罗·萨特和西蒙娜·德·波伏娃。（加缪当时已经在《阿尔及尔共和报》上为萨特最早的两部小说发表了赞誉性的书评，同时萨特也为《局外人》写了长达 20 页的赞

勒庞内里尔

美文章，认为加缪是杰出的艺术家，是与他志趣相投的人，因此他们之间发展友谊的条件已经成熟。）据波伏娃说，在那次见面期间，他们谈论的都是书籍。

我还可以看出加缪特殊的境况是如何丰富了他的作品，他的隔离感和被剥夺感是如何被转移到《鼠疫》的字里行间——"像老鼠那样被困住！"这就是他在盟军登陆当天所记日记中的第一个句子（身体恢复期间在被允许用来阅读的大部分时间里，他再次埋头于哲学学习），以及他如何开始形成了《反抗者》一书中所表达的思想。的确，因为独处本身带有禁欲主义的色彩，而且不会分心，所以也被证明是卓有成效的。在此期间，加缪完成了他的戏剧《误会》，创作了《致一位德国朋友的信》系列文章的第一篇，开始了《鼠疫》第二稿的修改，并且列出了《反抗者》的写作提纲，他的辛勤工作换来了丰硕的成果。在后来的岁月中，当需要积蓄必要的力量以全身心地投入工作时，他总会求助于这种僧侣式的生活方式。频繁的社交活动和孤独的隐退交替出现在加缪的生活中，构成了他的个性。这两种永远对立的成分，热衷交际和离群索居，是将加缪塑造成为艺术家的必不可少的因素。

然而，对于加缪来说，那一年的生活似乎没有留下什么特别的影子或者意义，当然与他的未来也毫无瓜葛。事实上，加缪当时并不想继续留在法国，因为他已经预订好 11 月 21 日返回阿尔及利亚的行程，另外，弗朗辛正在布扎里的山区为他们寻找可租住的房子。（"我不介意是否住在巴黎，但是考虑到我宝贵的健康，我还是愿意死在那里，"他在写给朋友的信中说。）① 在法国，加缪远离了他熟悉的朋友、家人、各种社会关系和气候，成为一个局外人。正值战时，入侵的德军已经进驻到一直尚未被占领的法国南部地区，加缪身处沦陷区。尽管刚刚从与肺结核的一场危及生命的较量中恢复过来，他仍然是一个病人，被动地等待着疾病的远离，以便重新获得力量。他在日记中写道：

---

① Todd, *Une Vie*, 306.

"保持安静，肺！用供养你的冰凉而纯净的空气将自己填满吧。不要出声，""疾病是个十字架，但也可能成为防护栏……让它成为使人在恰当时刻更加强壮的休养所吧。如果人们必须用受苦和放弃来偿还，那么让我们偿还吧。"[1]

换言之，1942—1943 年的这段时期为我们提供了一次看清加缪的机会，因为那时他是一个完全孤立的个体，没有任何支撑和蓝图，也不受国家背景的局限，处于悬而未决的中间状态。可以将他定格在一间可爱的、几乎空无一物的房间中，他苍白而消瘦，唯一陪在他左右的是那些鸡、鸭和山羊；或者将他定格在前往圣-艾蒂安的火车上，他正因沿途看到的战时乡村的荒芜而黯然神伤。我从这样的情形中发现了某种乐趣，因为我感觉似乎从他生活的侧面捕捉到了真实的加缪，而这个领域很少有人问津，并且我可能是这个领域中最敏锐的观察者。我仔细查看了加缪的阅读记录——他在日记里提到了克尔凯郭尔、斯宾诺莎、《圣经》、普鲁斯特、尼采，以及其他各种类型的作家：弥尔顿，纪德，福楼拜。所有这些，连同他的引文和注解都表明他正在寻找一些重大的道德和哲学问题的答案。我留意到几件小事可以证明加缪的性格。例如，他有时候会不顾呼吸气短和虚弱的身体状况，骑自行车沿着崎岖的山道前往尚邦-索-里尼翁村。他求助于躲到静谧的森林里或者采蘑菇来慰藉战争的冷酷。他收养了三条狗与他做伴（他的那只名叫"香烟"的猫在那个夏末死掉了）。我能理解他所有这些举动，我喜欢这个加缪：阅读时的野心勃勃，压抑不住的对健康的向往，才华横溢，对动物充满爱心，生性快乐，诚实坦率，顺其自然地接受生活。他这样来表明他日常的恬淡寡欲：

"有时候，我认为健康是一片充满阳光和蝉鸣的美好土地，而我无辜地失去了它。当我如此渴望回到这片家园、渴望得到它为我带来的快乐时，我就回去工作。"[2]

---

[1]　Camus, *Notebooks 2*, 54.

[2]　Todd, *A Life*, 153.

只是偶尔，他的恬淡寡欲会被片刻的感情用事所冲淡：

> "当一个人已经学会——当然不是在书本上——如何独自承受他
> 的苦难，如何克服逃走的冲动……那么他就没什么可以学习的了。"①

尽管他是独处的，在我看来，那时的加缪似乎并不像后来生活中或名望
斐然时那样寂寞。他似乎恢复了活力，决心不再将自己的生命浪费在疾病和
侨居他国上，他认定那只是暂时的。似乎为了反抗现状，他写了许多信件，
与老朋友们保持着友谊，比如他的女伴们，格勒尼埃，以前报社的合作者帕
斯卡·皮亚。皮亚在里昂一直像父亲那样照顾着他，给他寄书和各种食品，
安排伽利玛出版社每个月发给他固定薪金作为他临时的生活费，同时关心滨
海阿尔卑斯山和里维埃拉的气候是否更适宜他身体的恢复。这些信件的内容
认真严肃，深刻内省，真挚不讳，同时又诙谐幽默，使加缪如鱼得水。偶
尔，尤其在与女友们通信时，他甚至主动谈及自己的健康状况。

通过信件，加缪与几个作家发展起崭新的重要友谊关系，并且与他到
圣-艾蒂安和里昂旅行时结识的一些人保持着联系——多米尼加共和国的
布鲁克·伯格神父；记者热内·雷诺和他的妻子玛丽安；在勒庞内里尔第
一次会面的法约尔夫妇。加缪知道，他新结识的这些人中有许多都积极参
与了抵抗运动——他与法约尔夫妇一起收听 BBC 的新闻广播，并且与雷诺
交往甚密，但他不知道，这个偏僻的尚邦-索-里尼翁小镇已经深深地投入
到抵抗纳粹的战役中了。他还不知道，一些镇民——两个新教牧师，一个
学校教师，还有镇长本人——已经秘密安排收容了大约 5 000 名犹太人。
加缪本人是否参加了这个运动无档可查，我们只知道他支持各行各业的朋
友们扮演好他们自己的角色，那是他留在奥兰最后的几个月中所采取的参
与形式。那几个月中，他帮助流亡的抵抗者逃出国境，为被公立学校拒之
门外的犹太孩子辅导功课（他不仅在奥兰的一家私立学校教书，还在朋友
安德烈·贝尼舒组织的课堂上教学。贝尼舒是一名中学教师，其本人也是

---

① Camus, *Notebooks 2*, 41.

犹太人）。尽管如此，他还在建立新的社交圈，同时更为深刻地思考。即使是在战时，加缪也获得了一定的知名度。伽利玛出版社在10月出版了《西西弗神话》一书（尽管1943年秋天加缪曾自己出版过该书；伽利玛出版社在编辑时将关于卡夫卡那一章删减掉了，因为卡夫卡是犹太人）[①]，并且在11月发行了4 000册第二版《局外人》。在两次访问巴黎的过程中，加缪发现，巴黎文坛渴望迎接新的外来作家。

最为重要的是，为了逃避孤独感，加缪更加热情地投入到工作中。他的日记较平时更多地记述了他的工作、他的阅读、他的理想和他的不确定性。他总是在重复着这样的过程：计划，开始，怀疑，然后再开始——"我经常就是这样：必须一次又一次地从头开始做事情，如果我希望真正将它们做好的话。"[②] 他列出在《误会》中要表达的思想概要，并且安排好要写的段落——《误会》一书当时被命名为《布德约维奇》，以反映它的捷克斯洛伐克背景；他记录下一些无迹可循的想法，准备写进关于反抗的文章中，那是《反抗者》一书的早期萌芽——"引进动荡的主题，"他在一个注解中这样写道[③]。而他做的最多的，还是为《鼠疫》一书写下了大量的注释和文本。也许压力和苦恼必然要找地方来宣泄，所以那一年加缪所经历的一切似乎都能在这部作品中找到对应的表达。《鼠疫》一书里到处都是加缪真实生活的影子。小说以奥兰为背景，讲述了一座城市为控制斑疹伤寒传染病的蔓延而进行艰苦斗争的故事。小说中加缪的影子随处可见：在对奥兰是一座"彻底消极的地方"的描写中，在全城被封锁的处境中，在寻觅恰当应对行动的过程中，在那位忠诚、沉着和勇敢的里厄医生这一主人公身上。由于封锁隔离，里厄医生与他的妻子被迫分开，而且主人公的母亲傍晚时总是静静地坐在窗前，正如加缪的母亲。在拒绝采取暴力行动的人物塔鲁身上也可以看到加缪的影子，鼠疫发生后塔鲁一直在记日记；还有新闻记者兰伯特，起初他想逃离——"他不是他们中的一个。

---

① 1947年出版的《西西弗神话》重新加入了加缪关于卡夫卡的评论一章。

② Todd, *A Life*, 153.

③ Camus, *Notebooks 2*, 61.

他不属于那里。"——但最终选择留下来加入到斗争的行列。加缪日常生活的特征可以用书中不计其数的细节来说明——宵禁，灯火管制，食物短缺；束缚感和窒息感；迟缓但不停歇的岁月节奏；写给情人的日益机械化的信件；被抽象化的激情。（"你回来时一切都会好转，"里厄在写给妻子的信中说："我们将重新开始。"）

《鼠疫》是一部寓言体小说。鼠疫指的就是纳粹主义和罪恶；褐鼠是穿着棕色制服的纳粹党人；被困在隔离区的奥兰居民是德军占领区的法国人民；各自用自己的方式与瘟疫顽强斗争的市民是反抗者；他们的行动就是各种形式的反抗。这部小说也为我们提供了处于过渡时期作者的一幅自画像。在《局外人》里，我看到了那个年纪尚轻、充满阳光的加缪；在《鼠疫》里则出现一个日趋成熟、更加果敢的加缪。他承受着疾病和分离的苦痛。背井离乡和战争改变了他，让他变得激进。他超越了早期的反战主义，积极投入到抵抗运动中；从对荒谬概念的单纯认知发展到积极地要求对其作出回应。加缪知道他的思想得到了升华。他在日记中解释说，《局外人》和《西西弗神话》描述的是"零点"（point zero），或者说是"人类面对荒谬时赤裸裸的状态"；《鼠疫》在此基础上进一步提出了要作出回应的建议。当时加缪已经在计划创作以反抗为主题的三部曲丛书，而《鼠疫》是其中的第一部。但是小说最后定稿前，战争和抵抗运动又持续了两年的时间。

意识到《鼠疫》一书带有明显的自传性质之后，我情不自禁地仔细阅读了这本书，以期找到更多的启示。我满怀希望地仔细阅读每一行文字，找到了大量看似无关但十分富有启发性的细节，而这些细节决定了这的确是一部具有加缪个人色彩的小说。像加缪一样，帕纳卢神父也对圣·奥古斯汀情有独钟；兰伯特也踢足球；正当加缪尝试着完成这部小说第三稿的修改时，他可怜的 M·格朗也在吃力地继续创作着他刚刚写出了第一个句子的小说。里厄医生所做的表白简直与加缪的同出一辙："我想真正吸引我的不是英雄主义和神圣。我感兴趣的是做一个实实在在的人。"① 里厄医生与母亲之间的

---

① Albert Camus, *The Plague*, trans. Stuart Gilbert (New York: Alfred A. Knopf, 1948), 231.

款款柔情也让我们想起加缪与自己母亲之间令人心碎的关系。①

> "当他一出现时，他母亲脸上就有什么东西发生了变化。于是，
> 她勤劳的一生刻印在她脸上的沉静表情瞬间变得活跃起来。"② "看着
> 他的母亲，老人温柔的栗色眼睛注视着他，他感觉到一种久违了的感
> 情涌上心头，那份童年时的爱恋。"③

当我在《鼠疫》的字里行间仔仔细细地搜寻时，我感到无比的默契和
亲切。

对于加缪来说，《鼠疫》是一本非常难写的书。他日记中的注解可以
提示我们它的写作过程——广泛复杂的调查，各种不同版本的提纲，写作
意图的种种说明等等——勃勃雄心溢于言表，事实表述发人深省，庞杂的
内容读起来都会让人精疲力竭。从一个作家的视角来看，这些注解同样具
有吸引力。其中，内容最详尽、占用篇幅最多的是从加缪被迫离开阿尔及
利亚，别无他法只得全身心投入工作之后不久开始记述的。为了让作品立
足于现实，加缪阅读了医学和流行病学的历史记录以及对重大瘟疫的文学
描写。他考虑将奥兰曾发生过的瘟疫的一份官方报告写进这本书中，同时
还有其他形式的"客观陈述"。他要写一部有关罪恶题材的象征性小说的
想法来自于1941年春天重新翻译出版的《白鲸》。萨特也十分赞赏这本
书——麦尔维尔④是法国人的新宠。加缪认为伟大的小说家同时应该是哲
学家，所以他把麦尔维尔归入司汤达、巴尔扎克、陀思妥耶夫斯基和普鲁
斯特这些大师的行列。

从加缪初次在日记中记录下打算写《鼠疫》的想法到完成第三稿即定
稿，整整花了七年的时间。当他确立该书要表达的中心思想时——他的朋

---

① 里厄、塔鲁、兰伯特、帕纳卢神父、M·格朗均为小说《鼠疫》中的人物。——译者注
② Albert Camus, *The Plague*, trans. Stuart Gilbert (New York: Alfred A. Knopf, 1948),
112.
③ *Ibid.*, 113.
④ 麦尔维尔（Melville Herman，1819—1891），美国作家。1851年完成的长篇小说《白鲸》
（即《莫比·迪克》）是麦尔维尔的代表作。——译者注

友以马内利·罗伯斯的妻子曾在奥兰城外感染过一次流行性斑疹伤寒，加缪从中获得了灵感——那时他还没有离开阿尔及利亚，而且战争只是初露端倪。修改这部书的第二稿时，他已经来到了尚邦，当时他刚刚被迫离开祖国，与抵抗运动瓜葛甚少。到 1947 年他完成这部书稿时，加缪已搬到了巴黎，亲身经历了战争和战后余殃，结束了在抵抗运动的刊物《战斗报》担任主编的工作。在那几年里，随着战事的不断升级，加缪小说的内容、人物和意义也不断受到影响。加缪适时作了相应的改正和修订（例如，他在小说中增加了巴黎被解放之后的真实场景描写，并且对当时所感受到的情绪描写也作了更改）。受制于自己写的故事，但同时又试图去支配它，这是一个相当难以掌控的处境。"瘟疫。不可能逃离它。这一次在这个作品中有太多的'运气'因素，"加缪在 1942 年末的日记中写道。[①] 另外，他还写道："乔伊斯令人感动的地方不是那份工作，而是从事那份工作这个事实。因此需要正确区分从事这份工作的情感因素（那与艺术无关）和艺术本身的情感。"[②]

《鼠疫》的写作风格平实而审慎，采用了一个中立的、看不到的叙述者，这与《局外人》截然不同。《鼠疫》篇幅较长，风格黑暗阴郁，情节平铺直叙；反之，《局外人》篇幅较短，叙述风格明快，情节晦涩，出人意料。《鼠疫》是一部一本正经的道德寓言，而《局外人》则是存在主义的一次现实生活的写照。加缪常说，他希望尝试用不同风格来创作他的小说，他果然没有食言。在《鼠疫》中，他找到了尤其适合他的一种风格，这种风格既无评判又无说教，却揭示了重要的真理。正如加缪在他的日记中提到的，《鼠疫》以它的"间接方式"，以它缓慢的、几乎是古典的节奏，成为一部明显具有神话史诗性质的作品。加缪被神话故事所吸引；他在日记中旁征博引，不仅提到西西弗和唐璜，还提到了俄狄浦斯和欧律狄克，以及普罗米修斯、奥德修斯和涅墨西斯。加缪经常暗示他对希腊人有

---

① Camus, *Notebooks 2*, 24.

② *Ibid.*, 24.

着特殊的亲近感。他曾在一次采访中解释说：对小说家的通常的定义不适合我，我是"按照自己的热情和痛苦创造神话的艺术家"。在《鼠疫》里，他所谓的痛苦就是离别。他曾说过，离别是这部小说伟大的主题，也是整个战争年代的主题。无论如何，离别是加缪所有小说中所展现的一个不变的主题。他在解读《鼠疫》时说，离别是一种注意力的分散，它能令一个人不去思考即将到来的死亡。

重读《鼠疫》时我一直住在乡下。我逐渐适应了简单的生活，也逐渐习惯了工作时不被打扰，习惯了离大海很近。我们拥有一幢海滨别墅，那里安静、偏僻——离最近的一条泥土路还有相当一段距离。放眼望去，满目苍凉，只看到野草和矮小灌木零星点缀的沙地平原，一个 20 英尺高的平台，每年春天都会有鱼鹰来此筑巢，更远处还能望见几座沙丘。我们能够听到的只有大海和其他自然界的声音，间或也能听到拖拉机和飞机驶过。每天早上，我习惯从床上爬起来慢跑到海滩，然后再跑回来。有天早上，我在我家的小路上碰到了一只死老鼠，它的嘴巴大大张开着一动不动，似乎在咆哮，令我着实一惊。第二天早上，我注意到又有一只死老鼠躺在路边。后来，我发现老鼠已经吃光了我本打算种在菜园里的几包菜籽。通常情况下，对于两只老鼠突然出现在我的生活中这类事件我不会有过多的想法，因为这在乡下太常见了。然而，由于我读过的这本书，这件事似乎变得意义极其重大。这可能正是一个迹象，表明《鼠疫》对我的影响有多么深刻。

在这样的一个地方，大海无处不在，太阳如此耀眼地统治着一切，使人很容易对加缪产生特殊的亲近感。事实上，我周围的景色使我联想到非洲。星星点点的树木，大都是多刺的高大灌木丛，常年在风中摇曳，长成多节且歪斜的形状。风猛烈地吹着，带着海洋的潮湿，哀号着袭过我们的房子，像极了北非的西洛科热风。在海里游泳时，我偶尔会想到加缪，想到他在水中感到多么自由。他将游泳描写得几乎就像一次做爱，水从双臂疾速流过，紧紧地包裹住他的双腿。他总是发现自己一次又一次地回到了水中。有时候，我想象着加缪夜游阿尔及利亚港湾的情景，就像《鼠疫》中里厄医生和塔鲁那样，月光照在海面上，整座城市在身后起起伏伏。我喜欢在夏末的夜晚游泳，在月光的照耀下，大西洋的海面上波光粼粼，似乎月亮潜到水中将滔滔波浪点燃了。我经常怀疑，在距离大海那样遥远的地方，闻不到大海的味道，体会不到漂浮和轻松的感觉，我如何能坚持长大到今天。只是到现在我才突然想到，加缪住在巴黎，琐事缠身之时，一定也曾感受过身陷囹圄的痛苦。

四、巴黎 1943

"内心深处有个声音在告诉我、说服我，我不能将自己
与这个时代隔绝开来，漠视我的胆怯，否认奴隶制的存在，
背叛自己的母亲和心灵的召唤……这就是问题所在：我能否
只做一个见证者？换言之：我是否有权利只做一个艺术家？
我并不这样认为。"

很难想象，作为流亡者来到巴黎的加缪，在若干年后却成了社交界的
主角。对于加缪来说，以前黑暗孤独的时光似乎已一去不返，来到巴黎仅
仅几个月，他就成功融入了文艺界。我正在看的这张照片十分著名，是布
拉塞①为纪念1944年3月一个特殊的夜晚而拍摄的。那时的加缪到达巴黎
还不到六个月，在好友路易斯和米歇尔·赖瑞斯夫妇的公寓中，他刚刚指
导大家朗读完毕加索的戏剧《抓住欲望的尾巴》。这部关于爱情的超现实
主义喜剧，是毕加索在那个时代的文学实验作品之一，而排演该剧也成了
大家彻夜狂欢的借口。照片中的加缪面带微笑，萨特、波伏娃和其他参演
的形形色色的文艺界朋友们都出现在照片中，甚至连布拉塞本人也在其
中。而乔治·布拉克、朵拉·玛尔、让-路易斯·巴伦特以及在辛格②的戏
剧《悲伤女神狄德丽》中有着完美首演的年仅20岁的玛利亚·卡萨雷斯则

---

① 布拉塞（Brassaï，1899—1984），著名匈牙利裔摄影师、雕刻家和电影制作人。——译者
注
② 约翰·辛格（John Millington Synge，1871—1909），爱尔兰剧作家、诗人、散文家、民间
故事搜集者。——译者注

是他们的观众。

　　我在写这一章的时候，内心充满激动，因为这时的加缪正生活在 20 世纪法国历史上最为跌宕起伏的时期。但是加缪本人看起来却如此若无其事，似乎他只是遵循着自然法则迈进了这一历史篇章。11 月上旬，他乘火车来到巴黎，随即在圣日耳曼街附近的一家小旅店里找到了住处，这家旅店由一个对抵抗运动工人们持友好态度的老妇人经营。几周之后，他在著名的花神咖啡馆里结识了萨特和波伏娃，迷住了他们，并迅速地——据他人回忆——融入了他们的社交圈。波伏娃在回忆录中称，加缪对萨特的新戏剧作品的兴趣打破了两人之间最初的僵局："加缪对戏剧着了迷，"加缪的蓬勃朝气和独立精神成为他和萨特之间关系的纽带。"他渴望成功和出名……但是他似乎并没有完全为它们所支配，"波伏娃接下来的解释对我了解加缪大有裨益："他是一个简单而乐观的人……他的冷漠和恰如其分的热忱令他具有了一种巨大的魅力，确保他远离了任何形式的低俗。"①

　　在一直支持他的皮亚的帮助下，白天，加缪谋到了一份为伽利玛出版社审稿的差事；晚上，则继续他的小说创作。1943 年冬天刚过去一半时，加缪开始从事抵抗运动的地下刊物《战斗报》的某项"新闻报道工作"。

---

　　①　Simone de Beauvoir, *The Prime of Life*, trans. Peter Green（New York：World Publishing，1962），444.

他利用博沙尔（Bauchard）这个笔名进行创作，还使用着名为阿尔贝·马泰（Albert Mathé）的假身份证件。3 月，加缪接替皮亚成为《战斗报》的编辑。（皮亚的笔名是雷诺阿（Renoir），当时执行着抵抗运动中另外一些更为重要的任务，同时继续留任该报的社长职务。）在那之前，加缪也已经开始撰写他的第一个专栏（向那些不积极参与抵抗的人们提出警告），同时，他还忙于谋划将于解放后首发的一系列期刊。这些期刊的排版工作是在他的公寓里进行的，像其他各类任务一样，这在当时是非常危险的。到 1944 年 8 月巴黎解放时，《战斗报》成为一份公开的日报，致力于为整个民族描绘出一条崭新的前进道路——如果用加缪精心挑选的一句胜利箴言来表达，那就是"从抵抗到革命"。加缪所撰写的评论文章连续登载在报纸头版左侧最重要的位置上。短短几个月内，它们成为街谈巷议的热门话题，而《战斗报》的读者也已经遍布整个法国。

加缪到达巴黎后的最初十二个月里，除了他在伽利玛出版社和《战斗报》的工作以外，仍有许多其他有意义的事件值得记录。比如在这期间，大约在加缪加入抵抗运动之际①，他还创作了另外一篇散文《致一位德国朋友的信》，借此表达他对战争的看法，并秘密发表。他积极参与了一个地下作家组织"全国作家委员会"②的活动，但是战争结束后，当该组织越来越明显地成为共产党前线组织后，他又退了出来。他还写了一篇名为《关于革命》的散文，读起来就像是小说《鼠疫》的一个摘要。他搬进了位于有名的瓦诺路的一套更大的公寓房的侧厅工作室里，而这套公寓的主人即安德烈·纪德。纪德在战争的最后几年里一直住在阿尔及利亚，直到 1945 年，纪德才回到这里与住在大厅对面的加缪共同分享那套房子。（六年之后，在一篇纪念青少年时代的恩师纪德的文章中，加缪回忆了当年和纪德一起收听停战广播时的情景，并回忆说，他们保持着友好而亲切的距

---

① 加缪成为一个完全的抵抗运动者的准确时间不甚明确。他在尚邦时所从事的抵抗运动工作性质也不甚明确，虽然传记作家描述了当时他曾为犹太人和抵抗运动者提供过住所，并传递过信息。

② Comité National des Écrivains，简称 CNE。——译者注

离。)① 1944 年春天，加缪开始尝试进行戏剧创作，伽利玛出版社首先出版了他的《卡利古拉》和《误会》的单行本，随后，他的剧本、由玛丽亚·卡萨雷斯主演的《误会》在著名的马斯林剧院上演。当时他早已与卡萨雷斯产生了恋情。《误会》的首演在巴黎引起了轰动，尽管对它的评论褒贬不一，加缪还是因此步入了名人的行列。而他的戏剧处女作《卡利古拉》也在一年后被搬上了舞台。1944 年夏天，德国人加强了对巴黎地下抵抗运动的镇压，为了安全起见，加缪不得不东躲西藏。最终，他和三个朋友一起骑自行车逃到了距巴黎 55 英里的一个避难所。得知盟军继续进发的消息之后，他又返回了巴黎等待着德国占领之日的到来。9 月，他在《战斗报》的办公室里接待了安德烈·马尔罗的来访。（在一张照片中，十分消瘦的加缪正全神贯注地注视着头戴贝雷帽、身穿工作服、同样神情专注的马尔罗。）10 月，弗朗辛与加缪重聚于巴黎，他因此与玛利亚·卡萨雷斯断绝了来往。11 月，加缪庆祝了自己 31 岁的生日。

追踪着加缪生活中这一连串的变化，我目瞪口呆。我惊诧于加缪如此轻松自如地适应了自己在巴黎的新角色，尤其是在病入膏肓之时。同样，我也惊诧于他如此广泛地参与了抵抗运动。他那填得满满的日程表令我瞠目结舌，他成名的速度如此之快令我赞叹不已。1943 年 11 月，在密涅瓦一间旅店阴冷的客房里，加缪向他的朋友写道，"很奇怪，我感到了无生气，充满焦虑和忧伤。"② 而到了 1944 年 11 月，他实际上已然登上了历史舞台。虽然除了知识分子和战时记者，没有多少美国人知道《战斗报》在当时的影响，但是法国人永远不会忘记这个在法兰西民族最黑暗的日子里唱响的声音。经历过 50 个月占领期的磨难，它成为一个代表着勇气和信念的声音，是那些丧失了勇气的人们渴望听到的声音，也是更年轻一代的声音。这代人满怀希望之心，拥有崭新的视角，憧憬着美好的未来。

时至今日，1944 年 8 月早已成为一个遥远而陌生的日期，然而当我在

---

① Camus, "Hommage to André Gide," Pléiade *Essais*, 1118.

② Lottman, *Albert Camus*, 292.

一个慵懒的夏日里重读《战斗报》的那些评论时，依然能够感受到最初的几篇社论对那些漠视战争存在的法国人所造成的冲击。加缪的文章有如史诗般富丽堂皇，虽言辞舒缓却十分犀利，爱国主义和理想主义充溢其中。《他们不会逃生》、《自由之血》、《真理之夜》——单是看这些文章的标题，那个时代中一幅幅鲜活的历史场景便重新浮现在我们眼前。在抵抗运动的《游击队之歌》的伴奏下，加缪曾在"自由广播电台"朗诵了他的第一篇评论《从抵抗到革命》，并清楚地阐释了这篇文章所提出的建设一个自由、廉洁之法国的政治纲领。"从目前的形势来看，这样一个纲领可冠之以'革命'之名，"① 他讲道。为了加以强调，这次广播在第二天进行了重播。8 月 23 日，盟军逼近巴黎，加缪号召《战斗报》的读者们到街上去设置路障，与德国纳粹战斗到底。"一个想要生存的民族不会等待自由从天而降。它会凭借自己的努力去争取，"② 他写道。8 月 24 日，巴黎正值解放之际，加缪写下了这些话来表达自己内心的激动与喜悦：

> "自由的子弹继续在城市的街道呼啸而过，解放的炮火在欢呼与鲜花中穿越了巴黎的大门。在这个最燥热而又最美丽的八月之夜，城市上空永恒的星星与照明弹交相辉映，燃烧的建筑物冒出的烟雾，五颜六色的流星焰火，这一切都在宣告着人们的喜悦。"③

接下来的日子里，当人们仍在街头巷尾狂欢时，加缪和《战斗报》已经开始着手描绘新的政治和道德秩序："政治不能再与个人相脱离，"他在 1944 年 9 月 1 日写道，提醒他的追随者们对于将来所负有的责任。"政治是一个人直接对其他人的演说，是一种表达诉求的方式。"④

和平时期的《战斗报》在内容上并不总是那么严肃，因为加缪的报社

---

① Albert Camus, *Camus at Combat*：*Writing 1944 - 1947*, trans. Arthur Goldhammer, ed. Jacqueline Lévi-Valensi (Princeton, N. J.：Princeton University Press, 2006), 13.

② *Ibid.*, 15.

③ *Ibid.*, 17.

④ Camus, *Between Hell and Reason*，*Essays from the Resistance Newspaper Combat*，trans. Alexander de Gramont (Hanover, N. H.：Wesleyan University Press, University Press of New England, 1991), 48.

团队里吸纳进了一批年轻的其他专业人员，戏剧、电影评论、体育报道、涉外函件和文学随笔随之出现在报端；像萨特、马尔罗、纪德、雷蒙·阿隆①、安德烈·布勒东②这样的重要作家也开始为该报撰写特别报道。并不是所有的评论都由加缪亲自完成，即使是他主笔的，通常也不署名或仅署上笔名，加缪解释说，这些社论所表达的是整个《战斗报》团队共同的思想。③他也不是唯一一个对社论内容负全责的人，皮亚和其他几个编辑也负责审核工作。但从语言文字和其所传达的信息来看，有一点是显而易见的：《战斗报》早期的社论几乎篇篇都回荡着加缪的声音。那种抒情的文风是加缪的，理想主义的追求和诚挚的态度是加缪的，而崇高的道德目标毫无疑问是属于加缪本人的。可以说，加缪在《战斗报》的声音同样也是那些人们想要认同的抵抗运动战士的声音，是那些参与"自由法国"运动的英雄们的声音——他们希望通过漫长的斗争而获得某种有价值的东西，他们对被占领和通敌以及所有类似的行为感到羞耻，他们仍然坚信"革命"可能让法国变得更加美好——因为在那个时候，这种声音以一种简单而又彻底的方式非常及时地与加缪的声音呼应在了一起。那正是加缪的灵感和讽喻所在。似乎那个时代和那份报纸是为加缪而创造，而加缪似乎也是为它们而生的。

此时，我意识到，这可能是加缪一生中最为纯粹的辉煌时期。从那以后，他再也没有像当时那样，对真理有着如此透彻的洞见，怀抱着一颗如此诚挚的爱国之心，在权力、政治势力或自己的政治立场面前如此淡定而单纯。他也再不能像当时那样，简单地应对各类事件，见证真理，坦诚地写作，不为自我意识和可能引发的不愉快后果所羁绊。而具有讽刺意味的

---

① 雷蒙·阿隆（Raymond Aron，1905—1983），法国学者，早年就读于巴黎高等师范学院，与萨特是同学。1967年，阿隆的《社会学思想的主要流派》一书出版，汇集了1955年到1958年之间他在索邦大学的讲义。这本书后来在法国和德国成为社会学史的经典著作。——译者注

② 安德烈·布勒东（André Breton，1896—1966），法国诗人和评论家，超现实主义创始人之一。他和其他超现实主义者追求自由想象，摆脱传统美学的束缚，将梦幻和冲动引入日常生活，以创造一种新的现实。——译者注

③ 关于《战斗报》上发表的哪些社论为加缪执笔一直存在争议。有些评论家只接受那些署名的社论，而其他的评论家则根据文章的语言风格或加缪本人的提及来判断。见传记和《地狱与理性之间》。

是，加缪后来竟声言他并不喜欢新闻工作，因为那令他没有时间重写或展示他全部的思想，还因为那会不可避免地树敌。不过到了 1944 年末，加缪的创作环境有了很大的改善，他在一家自负盈亏的报纸上开辟了一个专栏，拥有了一份辉煌的事业。就像加缪的一位朋友所说，他获得了极大的权威和声望，那是他数百万的热心读者授予他的，他们期待着加缪能为他们创作出每天的谈资。同时，他再次成为团队中的一员，几乎像在剧院里的情形一样，这个团队为他带来了同志之情，也令他感到自由自在。加缪喜欢报业的环境：印刷机发出的噪音，滚热的铅字和油墨气息，报界的行话，团体意识。与印刷工人、排版工人和校对工人们在一起时——在法国，制版印刷业的工人被称为"大理石人"——他倍感轻松。加缪认为，在出版业，工人们和作家应该建立更加密切的关系，拥有平等的地位，因为他们有着共同的目标。加缪去世以后，为了寄托对他的追思，那些在《战斗报》和《巴黎晚报》的老同事们共同为他装订了一本纪念和歌颂的小册子，其诚挚和淳朴之情如果加缪地下有知，一定会深受感动。同事们发自内心地热爱着加缪，因为加缪让他们感到轻松愉快。他们说加缪十分平易近人，富有同情心，他是一个"伙伴"（a copain），一个"出色的家伙"（a chic type）。他们用"vrai"一词来形容他，意思是优秀而真实。

加缪对这份报纸抱以崇高的理想，他曾在早期撰写的一系列批评法国各种日报的文章中解释过这一点。他希望战后的法国报业应与战前有

所不同，他描述说战前的报纸充斥着对金钱的贪婪和对高尚事物的冷漠。从被他称为有"导购女郎般的敏感性"的《巴黎晚报》，到在《阿尔及尔共和报》接受严格审查的工作经历，使加缪在潜移默化中受益匪浅。与具有顽强独立精神的皮亚并肩工作，又促使加缪形成了自己独立的思想。加缪决定建立一家客观公正、具有高品质写作水平的出版机构，超脱于政治派别和感性思想，并能做到游刃有余地对左翼和右翼进行批评。当时的一些美国进步人士、报业先驱，如德怀特·麦克唐纳和 A. J. 利布林，回忆起加缪时都对他在《战斗报》所创立的范式印象深刻。20 世纪40 年代末期，德怀特·麦克唐纳在他的刊物《政治学》上登载了加缪发表于《战斗报》上关于革命暴力的一篇文章的摘录，向其读者们介绍加缪和《战斗报》。A. J. 利布林早已接触过《战斗报》和诸如《游击队员》、《法国防卫报》这样的抵抗运动报刊，他在为《纽约客》撰写文章报道法国战事时，认定加缪是 20 世纪最出色的新闻记者之一。事实的确如此，《战斗报》观点独立，并且毫无疑问是开放而自由的；它还拥有鲜明的道德基调，这无论好坏都与加缪本人有关联：从好的方面来说，它确立了加缪原则性强、富有超凡魅力的年轻领导者形象；从坏的方面来说，它制造了诸多的期许、压力以及公众责任，这不久就令加缪苦恼不已，继而引发了巨大的个人痛苦。

如此迅速地成名必然对加缪产生一定的影响。他的朋友们暗示说，有一段时间他颇为得意，举手投足像极了明星，"一个小名人"（un peu vedette）。至少，加缪意识到了自己日益增长的影响力，因为他越来越频繁地被邀请去做演讲和撰写文章，并且在一个月之内收到了数千封来信。一些批评家认为，加缪的社论里经常出现"我们"这样威严的称谓和严肃的道德训斥，似乎显得有些盛气凌人。在面对面接触时，加缪可能也表现得有些傲慢，但他的朋友们解释说，这是他西班牙血统的一个表现，是他掩饰焦虑不安的一种方式，正如他们将他其他怪异的举动归结为他的"非洲人性情"一样。萨特和波伏娃则认为加缪过于自满，只是他掩饰得很好罢了。波伏娃还暗示说，若是他对于自己的新地位佯装无动于衷倒是不自然的。当然，这两位名人的话并非完全可信，因为某种竞争意识可能蒙蔽了他们对于加缪的感觉。波伏娃本人承认，她妒忌加缪。她还承认，她一直想要维护萨特的声望。因此，在波伏娃的回忆录中，她有意贬低加缪以篡改事实，甚至偶尔趋于残酷。从加缪一方来看，他在他的报纸上登载的两篇评论文章表明，他完全认识到了自己的新身份。1946 年 10 月他向自己这样写道："什么是名人？就是那些名字无足轻重的人。"① 语句中带有的些许讽刺表达了他对名望的漠视。除此之外，还有更直接的文字：

> "在 30 岁的时候，几乎一夜之间，我知道了什么是名声。我并不后悔……现在，我知道了它是什么。它也不过如此。"②

我一直在加缪的日记中搜寻有关他在《战斗报》工作期间对有关事件的评论，因为他在那里勤恳地工作过很长一段时间，而且那时候《战斗报》就是他表达思想的一个主要平台。不过，我并不期望能有多大收获。在他发表于《战斗报》的文章里，我能清晰地看到战后法国发生的一些重大事件——新政府的组建，对卖国贼和战犯的惩治，对新成立的社会党的期待，夏洛特·戴高乐登上权力巅峰的短暂之路——我还能清晰地看到加缪对此作出的回应。几个月过去了，他为建立一个全新的出版行业大声疾呼，也对戴高乐的临时政府或所谓的"肃清运动"表达失望，我能够体会到他是在明确表达他的信念，引领公众的立场，与此同时，他也是在学习政治学，并了解真正的自己。在加缪的文章中，他煞费苦心地竭力做到开诚布公，谨慎地对自己的思想加以解释，甚至假设为了回应公众的批评，进行了一场"自我批评"：

> "我们不能确信的是，我们是否总能避免这样一种危险的暗示，即我们能够比其他人对未来看得更清楚，能够永远不犯错误。当然，我们不相信任何这类事情。"③

---

① Camus, *Notebooks 2*, 147.
② *Ibid.*, 118.
③ *Camus at Combat*, 119.

随着整个法国逐步回归战前的生活模式，抵抗运动的昂扬斗志悄然衰落，我可以感受到加缪在字里行间所透露出的焦躁和悲哀。当法国高级法院开始草率地处决卖国贼时，我能够感觉到加缪不断加重的心神不宁。我同样能够感觉到他作为编辑这一角色的变化：从一个充满自信的发言人，到一个困惑不安的批评家。

1945 年秋天，在请长假离开《战斗报》前的最后几个月里，加缪似乎变了一个人，较之一年前那个对即将来临的"革命"充满信心的他有了天壤之别。那时的他已不太可能轻易地下结论，也不再那么绝对。他变得冷静，充满内疚，并疲惫不堪。肃清运动是造成这些转变的主要原因。在解放初期的几个月里，加缪一直支持对那些叛国者进行"迅速而严厉"的惩罚，他认为那是忠实于抵抗运动精神的举动，也是重建新法兰西道德准则的必然要求——如他所言，"对于拯救国家道德的灵魂至关重要"。基于这样的立场，加缪与《费加罗报》的弗朗索瓦·莫里亚克展开了漫长的公开辩论。弗朗索瓦较为年长，是一位保守的天主教作家，他本人曾积极参与过抵抗运动，但是主张宽恕和仁慈。虽然加缪对正义的可能性表示出越来越多的忧虑，对死刑也深恶痛绝，但这些都没能改变他的立场。他于 1 月 5 日发表的一篇名为《肃清已误入歧途》的社论中几乎充满了因无休止的诉讼而感到的懊悔和悲痛之情，然而他在文中仍然表示接受"事物的法则"。加缪坚持说，一个放弃自我肃清的国家必然要冒失去新生机会的危险。但是，1 月晚些时候，当年轻的新闻记者罗伯特·布拉希拉奇因在通敌报刊上发表过亲纳粹和反犹主义言论而被判处死刑时，加缪却在延缓执行死刑的一份请愿书上签下了自己的名字。加缪反对的是死刑本身，而不是赞同布拉希拉奇个人，"我不惜一切力量憎恶这个人，"他在一封表达支持缓刑的信中提到由于布拉希拉奇的行为致使那些遭到迫害或枪杀的朋友时这样写道。请愿书的 59 位签名者中，包括了作家保罗·瓦勒里、让·科克托、科莱特、保罗·克劳戴尔、让·阿诺伊以及莫里亚克，但他们最终没能保住布拉希拉奇的性命。萨特和波伏娃没有签名。到了那年夏天，加缪也开始在评论中公开谴责肃清运动。"'肃清'这个词语本身已经令人相当痛苦。现实已变得令人厌恶，"他在《战斗报》的头版上如是写道。① 第二年秋天，加缪发表了由八篇文章组成的《不做受害者，也不当刽子手》，他在其中清楚表明自己已转变态度：

> "经历了过去两年的风风雨雨，我再也不可能坚持任何直接或间接强迫我将一个人定死罪的真理了，我永远不会再次成为——无论出于何种原因——向谋杀妥协的那些人中的一员。"②

所有这一切中令人感到惊讶的并非加缪思想的转变——因为当时全世界人民都知道他是一个革命暴力和死刑的彻底反对者——而是他坚持最初立场的坚定和措辞。刚刚解放的几个月里，加缪似乎处于狂热的创作状态。对于战争的残酷及其造成的伤痛，他有着切肤的感受："另外一种袭击无辜者的死刑判决……埋在尘土中的亲人们的面孔……我们渴望抓住的一双双手。"③ 他相信进行一场道德革命是法国复兴的最后希望。加缪对公正的追求如此坚定不渝，甚至宁愿杀一儆百，并认可死刑是"为了获得正义但令人不快的必由之路"。"法兰西默默忍受着一小撮人，就像对待身体中的异物一样。他们是她近期灾难的根源，也将继续成为她痛苦的根源。他们背信弃义、偏颇不公，"10 月时他这样总结道，指明正是这些人的存在才引发了正义与否问题，而死刑是根除他们的方式之一。④

两天之后，在得知纳粹杀害了他在尚邦的好友、曾参与过抵抗运动的新闻记者勒内·雷诺之后，加缪激愤的心情溢于言表，他写道："这是可怕的无法弥补的悲哀，对这样的损失不能置若罔闻。"1 月，在与莫里亚克的论战中，加缪再一次提到了这位挚友的名字，宣称只有得到雷诺遗孀的允许，他才会原谅那些卖国贼。⑤ 大部分左派人士对于肃清运动的看法与加缪一致，加缪本人痛苦地意识到了自己在这一问题上可怕的尴尬处境：

---

① *Camus at Combat*，249-50.
② *Hell and Reason*，120，138.
③ *Ibid.*
④ *Ibid.*，89.
⑤ Todd, *Une Vie*，375.

> "这是否过于冷酷无情、不可理喻、甚至缺乏人道？我们清楚地
> 知道答案是肯定的。但是，事情本该如此，这正是我们不应该对他们
> 掉以轻心的原因。"①

此时的加缪，似乎暂时站在了中庸的立场上，口气像一个迫害狂②那样令
人不安，但这丝毫不能减轻他的困惑。然而，事实是，加缪公开改变了他
的立场。当他越来越清晰地看到正义并没有按照他认为的方式得以实现，
所谓的清算仍然受到了旧式的政治权术、利己主义和犬儒主义的支配，他
陷入了自己的道德困境之中。那段日子里所学到的东西给他之后的文章留
下了深刻的烙印，残酷的政治现实似乎不经意间为他上了最直接的一课。
也正是由于加缪的错误和醒悟使他看起来似乎更富有人情味。

导致加缪发展成为一个道德主义者的重大事件，在他当年的日记中却
很少能找到直接的评论。加缪没有提及勒内·雷诺的死，虽然这令他悲不
自禁。至于在为挽救布拉希拉奇性命的请愿书上签名的决定，他也只写下
了短短的一行字来记述这一事实。但是据他的朋友和家人回忆，当天，他
整晚都在房间里踱来踱去。好在我已能更加娴熟地读懂加缪字里行间隐晦
的思想，即使是从 1944 年末到 1945 年他的那些极其简略的日记中，我也
能感受到加缪对于正义问题的高度关注，以及他在肃清运动中到底应站在
何种立场上的矛盾心理。7 月，即他公开谴责肃清运动前的一个月，加缪
以第一人称用宣言式的口吻写下了这些话：

> "反抗。最终，我选择了自由。因为即使正义没有实现，自由仍
> 然能够赋予我们抵抗不公的强大力量，依然能够使交流公开化。"③

同一个月稍晚些时候，可能是在加缪写他的第四本日记的最后一篇文章
时，他停下来检视了一下自己的生活。（每次写到一个日记本的最后一页，

---

① *Camus at Combat*，83.

② 原文使用了 "a witch hunter" 一词，即"猎巫人"。猎巫原指搜捕女巫与巫师或其施行巫
术的证据，被指控的人将被带上宗教审判法庭。猎巫运动于 15 世纪末至 17 世纪在欧洲盛行。现
用来指对某一群体所有人员的搜捕、政治迫害。——译者注

③ *Notebooks 2*，104.

他似乎都习惯这样做。）我又一次吃惊地看到，他的表达如此坦率，即使是在这样的私下场合，也显得过于直白："一个而立之年的男人应该学会自持，应该知道准确定位自己的错误和优点，认识自己的局限，预见自己的弱势——做一个真正的自己"，他反思道。他评价自己是率真的，"但带着一个假面具"。①

此时的加缪语气坚定，但也透出些许悲悯，他决定站出来为自己的原则辩护，但同时小心翼翼地保护自己免受伤害，而最为重要的是，他已经变得坦诚和自律，尽管这令他十分痛苦。我把他的"过去太多的伤痛使我几乎能够向一切事物屈服"这句话理解为他的疾病和贫困为他带来的教训。我反复斟酌着"依然保持着惊人的勤奋，每一天，坚持不懈"这句话，想猜出加缪到底在追求什么，究竟什么才能让他安心。"如果我不是那么孩子气，我会成为这样的男人，"他将这句话写在了这本日记的扉页上。我感到一股同情和关爱的热流涌上心头，过去的那种亲密感再次袭来。一瞬间，加缪似乎变得如此脆弱，就像透明的一般。说也奇怪，我突然为他担心起来，就好像我根本不了解他后来生活中发生的所有重大事件一样——后来发表的那些著作，诺贝尔文学奖，国际声誉。从对他日后生活的了解来看，我知道他当时陷入了困境不能自拔，但从某种程度上说，这只是我这个传记作者的后见之明。但这也正是加缪这一时期的创作主题——囹圄感，勇气，以及踯躅前行。

最近一次去巴黎时，我决定寻踪觅迹，将自己置身于他曾面临的复杂环境，以了解 20 世纪 40 年代中期的加缪，希望由此自然而然地绕过那些关隘，营造一种身临其境的氛围。根据波伏娃在她的回忆录中事无巨细的描述，我已在头脑中勾画出了占领期的巴黎和刚解放时的巴黎的一幕幕图景，我已经将加缪生活和经常光顾的所有地方列出了一份清单。纯属偶然，我住在了拉斯巴耶街的卢滕西亚酒店，战争时期，这家旅店和莫里斯、克里伦旅店都曾被纳粹占领并成为他们在巴黎的指挥部。

---

① *Notebooks 2*，106.

从我住的酒店房间望出去，可以看到"好商家"百货公司（Bon Marché）和一片十八九世纪建筑的屋顶，加缪在他那个时代看到的应该就是这样一幅不曾有过任何本质改变的景象。宾馆的服务人员友好而热情。然而，安坐在这样一个曾被敌军占领过的地方，我总是感到一种诡秘的气氛。我曾在照片中看到过的拉斯巴耶街上的坦克、德语的交通标识、屋顶上飘扬着的纳粹万字旗都历历在目。最终，这一切都派上了用场。法国人民用了几代人的时间才让卢滕西亚酒店恢复原貌，而不再回想起它曾经的遭遇。

抵达的当晚，虽然时差反应让我颇感不适，但我还是坚持吃完晚餐。我下楼来到酒店的餐馆，知道这个餐馆是文学名流们经常光顾的地方，包括加缪最新一部传记的作者、法国记者兼小说家奥利维耶·托德。因为这里的海鲜很有名，我点了一份牡蛎和一杯桑塞尔葡萄酒。我在一张单人桌前坐下，两边分别坐着两个单身：一个嗓门很高、兴高采烈的老先生，和一个面容亲切和蔼的英国中年妇女。他们两人也都在吃牡蛎、喝葡萄酒。摩肩接踵的距离让我们攀谈起来，也让兴致勃勃的老先生点了更多的牡蛎和酒。他似乎住在吕贝隆，一有空就会来巴黎吃牡蛎。他是个退役的陆军上校，20 世纪 50 年代曾在阿尔及利亚和撒哈拉沙漠服过役。他说那个时候的阿尔及尔依然很美，但是他对穆斯林似乎有些偏见。他还提到了吕贝隆的卢尔马兰村（加缪的那幢乡村别墅就在那里），他说那里现在到处都是英国游客。至于那位女士——我们已经询问了对方的名字——她叫卡罗琳，是位学者，正在写一本关于《克莱芙王妃》[①] 对法国文学之影响的书。我们闲聊起了这部加缪曾经非常钦佩的早期小说。尽管这只是一个偶发的小事件，但如此轻易就建立起这些联系，还是让我欢欣鼓舞，对此我并不感到惊奇，因为与加缪在一起我早已预见到会如此。

卢滕西亚酒店确实是我这次探险的绝佳落脚地。它距加缪来巴黎时最

---

① 《克莱芙王妃》（*La Princesse de Clèves*），法国古典小说，是一部被认为开创了现代心理小说先河的作品，其作者一般认为是菲耶特夫人（Madame de la Fayette）。——译者注

初住的旅馆、纪德的公寓和伽利玛出版社只有几个街区，而加缪经常光顾的饭店、酒吧和咖啡馆都坐落在圣日耳曼的中心地带。我动身先去探访加缪的寓所，因为我以为我在街角附近认出了它所在的那条街道，离拉斯巴耶街只相隔一个安静的街区，但是我没能找到那套寓所的地址"1号乙"。但我还是拍摄了几张1号甲寓所的照片，并反复研究着这栋六层建筑，等待着某种特殊情感的出现。这时候，附近古玩店里的一个女服务员从店门口探出头来，问我是否需要什么帮助。她对加缪曾经的寓所一无所知，不过，她说几个街区以外的瓦诺街上有个牌匾标识了纪德的住所。我沿着一条肃静的街道向她所指引的方向走去，沿途是一个更为庄严的住宅区，我当时想，不知道亲眼见到一座建筑的廊柱究竟会对我的理解产生何种影响。到那儿之后，我才知道加缪真正住过的地方比我想象中的那个简朴的"大楼"要华丽得多——弯曲的屋顶飞檐，铁艺装饰的阶梯露台——上面的确挂着一块纪念匾，标注着纪德从1926年开始在此居住，直到1951年去世。但我实在难以确定，在里面那间小工作室里曾发生过的故事与我坐在曼哈顿的书桌前读到过的有何不同。我努力想象着：一架秋千从天花板上垂吊下来（每一位前来拜访的朋友都会试着坐上去摇一摇，加缪对此越来越气恼），战后在空间逼仄的小房间里举行的一个个简朴却气氛热烈的派对。所有的文字记载都提到过，那里是一个天然的社交中心，朋友们理所当然地来来往往，而加缪始终热情相待。我不禁想到了前来这里做客的阿尔及尔的那帮老朋友，弗朗辛在钢琴上弹奏着巴赫的曲子，劳顿了一天的加缪勉强为《鼠疫》又增加了几页。这一切似乎是那样遥远——只能在那些琐碎而冷酷的故事中觅到踪影。

当我访问那些我认为可能会让心灵产生共鸣的地方时，得到的感受也同样真切：雷奥米尔商业街上的办公室，占领期时曾被亲纳粹报社占据，随后《战斗报》在此出版；圣伯努瓦路上一幢旧建筑里玛格丽特·杜拉斯的公寓，那里曾是抵抗运动的战士们聚会的主要地点（他们必须万分小心，因为卖国贼和德国高级官员们经常在二楼上举办文艺沙龙）。而街对面的珀蒂伯努瓦饭店给了我另一种不同的感受，或许是因为我走进了它的内部而不仅仅是参观它的外观，也或许是因为这个历史悠久、风格简约的餐馆从没停止过营业，并且，我正在吃的辣酱韭菜和薯蓉牛肉糜很可能就是 50 年前加缪、萨特、亚瑟·凯斯特勒、贾柯梅蒂①、海明威等人在同一张餐桌上吃过的菜式，我的心中不由自主地产生了一种历史延续感和莫名的激动：假如有幸生在当年，我很有可能成为他们之中的一员。历史仿佛历历在目：邻桌就坐着那些抵抗运动的战士们，在十分简陋的卫生间里，人们交换着地下报纸和秘密情报，遍及整个"左岸"地区的小餐馆的密室里都进行着这样的活动。在花神咖啡馆里，除了需要用欧元支付的账单和它现在已属于花神连锁餐饮店的一个分店这个事实，我的眼前仍然不断浮现出这样的场景：窗户上厚厚的帘布，昏黄的乙炔灯，代用啤酒（ersatz beer）和咖啡，以及体现战时特征的诸多其他细节。在咖啡馆的门外，应该有一辆辆自行车横七竖八地斜靠在街灯柱和报摊上。战时由于汽油的短缺，自行车成了人们的代步工具。没有了汽车的噪音，街道上一定十分安静，只有频繁的警报声划破沉寂，到了晚上尤其如此。在该地区因之得名的一座 11 世纪的教堂附近，德国巡逻队就站在街道拐角处（如今，在教堂的街对面，崭新的爱普里奥·阿玛尼专卖店已经取代了原来的大药店）。萨特、波伏娃、加缪以及大多数知识分子晚上都会聚到花神咖啡馆，因为这里的灯光、氛围让他们感到舒适。"这是我们自己专有的休闲地。在这里就像在家中般轻松自在；它让我们与外面的世界隔绝开来，"波伏娃回忆道，"德国人不会到这里来，因为他们知道这里所有的人都是反纳粹分子。"②

波伏娃在回忆录里还提供了许多其他关于战时巴黎的详细资料，她的描述让战时的生活变得鲜活生动。她描述说，远比食物短缺、代用时尚（Made-do fashion）和坚持生存的其他努力重要得多的是那种同志情谊。现在我认识到，那正是推进存在主义运动发展的动力所在。她把这群朋友之间的密切关系称之为"秘密的兄弟情谊"，一方面是因为这个团体中的

---

① 阿尔伯特·贾柯梅蒂（Alberto Giacometti，1901—1966），瑞士超存在主义雕塑大师，画家。作品反映了第二次世界大战之后，普遍存在于人们心理上的恐惧与孤独。——译者注

② Beauvoir, *Prime of Life*，419.

人有着类似的思想观念，另一方面则因为他们共同经历着一场灾难。波伏娃解释了他们的那些狂欢之夜如何变成了对战争的蔑视行为：畅快饮酒，肆意起舞，随性滥交，不顾一切地寻欢作乐——朵拉·玛尔常常模仿斗牛表演；萨特蹲在橱柜下面指挥乐队；加缪用锅盖演奏军队进行曲或者跳起斗牛舞。他们让人们感觉到胜利似乎触手可及。她描写了他们每天在一起进行的活动——参加抵抗运动会议，聚在一起收听 BBC 广播，讨论他们的希望和恐惧。这种群体的公共性激发了强大的活力和共同的力量，当战争结束时，这种活力和力量被整合在一起勾画着一个美好的未来。"我们要为战后时代提供一套思想体系。我们已经制定了详细的计划，"她说，还特别提到了加缪正着手起草的一份宣言和萨特决心创办的一份杂志，那都是整个团体的结晶。"漫漫长夜已经过去，黎明的破晓即将到来；我们肩并肩站在一起，准备开创一个新的未来。"①

距波伏娃做出这个预测不到一年，存在主义运动就全面盛行了。令萨特和波伏娃以及世界上的其他人感到惊讶的是，某一种思维方式竟然突然之间变成了一场轰轰烈烈的运动，而它的倡导者也赫然成为公众偶像。1944 年，尽管知识界注意到了海德格尔的存在主义思想，但"存在主义"这个词却诞生没多久。虽然波伏娃的第一部小说《女宾》的发表已经确立了她流行作家的身份——这部作品通常被认为是萨特与波伏娃私生活的真实体现——但后来被膜拜为存在主义圣经的萨特的《存在与虚无》在出版之初却几乎无人问津。然而，1945 年秋，法国大地上骤然爆发了被波伏娃称之为"存在主义的进攻"的一系列事件。恢复和平后，文学界迎来了第一个繁荣期，一切事物似乎都带着新奇和重生的甜蜜味道。除此之外，报道战后生活的新报纸和杂志也如雨后春笋般涌现出来——1945 年，新出版的日报达到 34 种。9 月，波伏娃发表了她的抵抗运动题材小说《他人的血》，而加缪创作的戏剧《卡利古拉》也被搬上了舞台，音乐学校 23 岁的学生杰拉·菲利普饰演年轻暴君的角色。10 月，萨特出版了他的《自由之

---

① Beauvoir, *Prime of Life*, 445.

路》三部曲中的前两部小说，并创办了杂志月刊《摩登时代》，其日后成为萨特在战后数十年的主要喉舌和平台。这份杂志在得到卓别林的同意后以《摩登时代》命名，意寓一个新的"介入文学"[1] 时代的到来和知识分子思想的转变。在长达 20 页的发刊词中，萨特写到，作家必须把握他所处的时代。"我们的目的是共同奋斗，让我们生活的社会有所改善"，"让人类的社会状况和人类自身的观念有所变化"。[2] 刊物的编辑团队基本囊括了战后思想界的代表性人物——雷蒙德·阿隆、《战斗报》的副主编阿尔贝·奥利维尔、米歇尔·赖瑞斯、让·鲍尔汉、波伏娃以及梅洛-庞蒂，其中大多数是他们那个"大家族"的成员。值得注意的一个例外是，加缪因在《战斗报》工作繁忙而没有加入。

所有这些事件都吸引了公众的关注，但是真正作为文化里程碑被载入那一年史册的还要数萨特的《存在主义是否是一种人道主义》的学术演讲。可能正是这次演讲为萨特和存在主义运动笼罩上了一层神秘的光环。虽然那天晚上的演讲内容被认为学术气息过浓，不符合大众口味，但经过多家报纸生动而详细的报道渲染，它的戏剧性显露无遗：令人窒息的热情，拥挤不堪的人群（"与其说是观众还不如说是一群乌合之众"），15 个人昏厥过去，30 把座椅被损坏，以及演讲最终取得的"巨大成功"。[3] 从那天起，萨特就成为了一个具有极大影响力的公众人物，他和他的文学界朋友也成为了社会焦点。当然，促使存在主义这门哲学骤然成功的原因有许多，其中尤其重要的是，当时饱受战争蹂躏的法国人民内心一直压抑的情感和需求。波伏娃认为，这种要求历史与道德协调发展的新意识形态，帮助人们"在面对恐惧与荒诞的同时，保持他们的人格尊严，保护他们的个

---

① 原文是 "committed literature"，也译作 "承诺文学"。由萨特倡导，主张文艺应介入生活。——译者注

② Herbert Lottman, *The Left Bank：Writers，Artists and Politics from the Popular Front to the Cold War*（Boston：Houghton Mifflin, 1982），235.

③ Annie Cohen-Solal, *Sartre*（New York：Pantheon, 1987），252.

性需求"。① 其他人则称，这仅仅是因为当时的人们迫切需要一种新的理念、新的规则、新的英雄或者非传统英雄。事实上，尽管每个人都在谈论存在主义，真正懂得它的人并不多。萨特在两个月前尚未名声大噪时，自己曾说过："存在主义？我不知道那是什么。我只知道我的哲学是关于存在的哲学。"② 一些诸如《法兰西周日报》、《周末之夜》之类的小报让事情变得更加混乱，它们发表了大量关于存在主义者生活方式的特写报道，明确列出了他们最常去的咖啡馆、夜总会和三流小旅馆，并大肆宣扬该运动的消极性和不道德行为，为它贴上了妖言惑众的恶名标签。

因这场轰轰烈烈的运动而出名的很多社交场所都在我准备探访的名单之列——如"塔布"、"红玫瑰"等爵士俱乐部，作家兼作曲家鲍里斯·维昂曾在那里吹过长号，朱丽叶·格蕾科曾在那里演唱过我大学时代常听的歌曲；米菲斯特俱乐部；"绿色"小酒吧；圣日耳曼"洞窟"俱乐部等。大多数地方距萨特和波伏娃居住的路易斯安那酒店只有几个街区的距离。战后最初的几年中，萨特和他的追随者们经常光顾这类地方，每晚从咖啡馆出来又徘徊到小酒吧，再到俱乐部，然后才返回住所。正是在这期间，萨特结识了亚瑟·凯斯特勒和他的女友马曼因·佩吉特。今天看来，他们的这些故事似乎都成为了文化史的一部分。连最琐碎的细节也被记录在案——加缪喜欢喝伏特加酒，萨特畅快豪饮，而且总是留下不菲的小费。萨特将自己最初为戏剧《禁闭》创作的歌曲送给格蕾科演唱，也就是著名的《白袍街》（*La Rue des Blancs-Manteaux*）。也许正是因为存在主义的这种普及化，不久我就决定不再进一步寻找这些古老的夜总会。我不想落入俗套，变成一个平庸的游客。虽然位于雅各布街的"刺客"俱乐部依旧笙歌艳舞、灯红酒绿，但它们大多数均已改弦更张，几易其主。一天下午，我步行到路易斯安那酒店，它依旧肃静地矗立在布希街的闹市后面，如果不仔细观察，几乎难以注意到。多年以前，我曾因钦慕它的历史而在

---

① Simone de Beauvoir, *The Force of Circumstance*, trans. Richard Howard（New York: Putnam, 1965），39.

② Cohen-Solal, *Sartre*, 253.

这里住过一夜。依稀记得那晚我住的房间很简陋，床板也凹凸不平。早晨起来时，伴着初升的太阳，阵阵乳酪和烤鱼的香味飘进来。看门人主动将一杯咖啡和一块新鲜的羊角面包放到了我的门前。

以往，我常常乐此不疲地想象着加缪在这场存在主义运动中的样子，现在，我发现自己再次陷入了对他在那场运动中的地位的思考。显而易见，在那几年里，加缪与萨特圈子里的人有着密切往来。波伏娃提到了发生于 1945 年和 1946 年的一系列事情。比如，萨特去美国巡回讲学期间，她与加缪单独度过了几个夜晚，他们还计划一起去滑雪。（从波伏娃的叙述中似乎不难看出，她被加缪所吸引，虽然她对他的批评通常都很严酷。据传言，她想和加缪睡觉，而加缪则觉得她话太多。）根据朋友们的回忆和正史的记载，加缪当时是一个吸引了众多目光、极具魅力的社交人物，这一点也是无可争辩的。随着《局外人》和《西西弗神话》的巨大成功，戏剧《误会》和《卡利古拉》频频被搬上戏剧舞台，以及他在《战斗报》领导地位的逐步确立，加缪走在街上常常会被路人认出来。虽然我没能找到照片资料，但不难想象，当加缪和萨特在一起时，他们一定是奇怪而引人注目的一对儿：加缪有种不修边幅的帅气，又高又瘦又年轻；萨特那一张独特的青蛙脸下，拖着一副矮胖的斗牛犬般的身躯，脸上还戴着厚厚的眼镜。

但在圣日耳曼，萨特俨然成为真正的主角。他经常被要求合影留念、签名和作演讲，小报上充斥着关于他的评论和花边新闻。他被称为存在主义的大师。而加缪则更像是他的助手，一个"乡巴佬"，一个年纪轻轻却有着超凡魅力的作家和记者，一个完全不同的杰出人才。在社交场合之外，加缪并不是萨特"大家庭"中的一员，也没有加入《摩登时代》的知识分子俱乐部。萨特派系里的人大都有着优越的资产阶级家庭背景，而且大都像萨特一样毕业于精英汇集的巴黎高等师范学院[①]，而加缪却有着截

---

① 巴黎高等师范学院（Ecole Normale Supérieure）是巴黎一所培养教学和科研人员的精英学府，是法国历史上最悠久的师范学校。——译者注

然不同的成长经历、教育背景和精神气质。加缪同样拥有自己的家庭，1945 年 9 月，他还喜得一对龙凤胎：凯瑟琳和让。（在给朋友的信中，加缪称，我们似乎同时拥有了一个儿子和一个女儿。）他有很多阿尔及利亚朋友，比如战后定居巴黎的皮埃尔·加林多和埃德蒙·夏洛特，还有许多其他的亲属，包括经常来访的弗朗辛的母亲和她的两个姐妹。尽管如此，加缪的名字还是频繁地与萨特联系在一起，这常常令他感到烦恼。1945 年深秋，在接受一次采访时，加缪明确宣称自己并不是一个存在主义者，然后继续说，"我和萨特看到我们的名字被放在一起都感到很惊讶。我们甚至想登个小广告，声明我们两人并无共同之处，并拒绝回答有关对方的问题。"① （在给一个朋友的信中，他还写到，他连平平常常的一句"这很荒谬"都不敢再说，因为那会招来太多的注意。）

从某种程度上说，将加缪与萨特和存在主义区分开来确实十分重要，否则，加缪自身的个性和成功就会受到贬损。但是，如今我之所以尤其关注这一点，是因为我知道，1952 年加缪与萨特关于《反抗者》的那次论战，将会对加缪的名誉乃至他的自尊产生怎样可怕的影响。从一开始，加缪和萨特就不是同一类型的思想家：加缪，一个道德主义者，习惯从个人经验中汲取教训，而萨特对此则是一个倡导构建哲学体系的哲学家；加缪拒绝接受将历史视为一切事物的基本原理这一观点，而萨特对此却欣然接受。（"为什么我是一个艺术家而不是一个哲学家？"在萨特发表他的著名演说的同一个月，加缪在日记中这样自问道。"因为我思想的基础是文字，而非妄想。"② ）因为《局外人》的语气和所传达的信息，许多人把加缪视为一个存在主义者，尽管他极力否认——他说，他之所以创作《西西弗神话》，就是为了表明他对存在主义哲学持否定态度，还说他不同意存在主义者的结论——他们认为，他实际上很可能就是一个名副其实的存在主义者。事实却是，在创作《鼠疫》的过程中，加缪已经摆脱了存在主义的窠

① Lottman，*Albert Camus*，371.

② Camus，*Notebooks 2*，113.

臼。一部关于反抗题材的姊妹篇作品已经开始在他的脑海中成型。1945 年底，为了澄清自己对于存在主义的立场，加缪在接受一次采访时解释道：

> "接受荒谬的普遍存在是一件循序渐进的事，是一个必要的经历：一定不能让它成为死路一条。它会引起一场卓有成效的反抗。对于反抗概念的客观分析有助于发现那些能够重新获得关于存在的可靠含义的若干概念。"[1]

他的这番话同样总结了《反抗者》所表达的思想。在《战斗报》上发表的那组名为《不做受害者，也不当刽子手》的文章中，加缪对战后的世界进行了独具慧眼的分析，并大胆表达了对暴力、战争以及种种危险思想意识的看法。这些文章是小说《反抗者》的序曲，同时也是他即将走上与存在主义学说大相径庭的道路的宣言。

1945 年的那个冬天，与萨特，特别是与亚瑟·凯斯特勒的长时间交流，使加缪的许多思想得以成型。凯斯特勒在西班牙内战和"二战"期间曾坐过牢，他于 10 月底到达巴黎后，给加缪带来了关于斯大林主义罪行的第一手消息[2]，而且已经在法国发表了《正午的黑暗》，当年晚些时候又发表了《瑜伽行者与部长》，这两部都是反映极权主义罪恶的小说。他和马曼因为了将自己的一部戏剧搬上舞台来到巴黎，几乎每天都与加缪和萨特呆在一起，常常喝酒到深夜。因为共同的反斯大林主义立场，凯斯特勒感觉与加缪之间有一种自然的亲近感，而萨特和波伏娃的观点却与他们相左。于是，加缪在谈论马克思主义在世界上的地位，或者苏联的"恐怖统治"问题时，有了最新的证据。

然而事实上，在与凯斯特勒会面之前，加缪就已经越来越受到后来被他称之为"人类危机"的困扰。1945 年 9 月，为了完成《鼠疫》的创作，他向《战斗报》和伽利玛出版社请了长假，但他仍然需要解决诸多一直困

---

[1]　Lottman，*Albert Camus*，372.

[2]　加缪也曾与梅尼斯·斯波柏（Manès Sperber）谈论过政治形势。斯波柏是从希特勒统治下的德国逃亡出来的犹太人，是马尔罗的长期友人。在公然抨击斯大林之前，他曾做过共产国际的特使。

扰着其思想的不确定的道德疑惑。在日记里，他用大量的篇幅记录了自己对于基督教、历史唯物主义和接受这两种教义将带来的后果的质疑。1945年11月，他曾表示，身为一名作家，他感觉有责任大声疾呼。"在这两者之间，我们到底应该怎样取舍？"在谈到东西方的冷战僵局时，他写道：

> "内心深处有个声音在告诉我、说服我，我不能将自己与这个时代隔绝开来，漠视我的胆怯，否认奴隶制的存在，背叛自己的母亲和心灵的召唤……这就是问题所在：我能否只做一个见证者？换言之：我是否有权利只做一个艺术家？我并不这样认为。"[①]

加缪在1945年11月，即他32岁生日的这个月，所记录的日记异乎寻常地忧伤。在经历了一年的公开政治纷扰之后，他似乎丧失了勇气，道德立场也不再那么坚定，这正是战争的"惊人证词"（staggering testimonies）和他灰心丧气的心境与低迷的自尊心的反映。我再一次对加缪感到困惑，似乎遗忘了发生在他日记之外的所有事情，只是对他的这种本性颇为不满。以往那个尽职尽责、信心满满的年轻人，那个同时担任几份工作、为国为民大声疾呼、成功上演自己戏剧作品的年轻人，那个获得显赫声名、具有非凡魅力的年轻人，消失不见了。取而代之的，是一个饱受压力，害怕失败，苦苦挣扎于疾病之中的加缪。向来对自己的疾病讳莫如深的加缪，这次却毫不设防地提到了自己的病情，这足以说明他疲惫不堪的心境。在当月写给皮亚的一封信中，他说自己患了严重的流感，使原本就很差的健康状况雪上加霜。在后面的一则日记中，加缪还将自己说成一个忠于家庭的人和一个好父亲。这是在加缪的日记中能找到的唯一提到此类话题的内容，虽然如此简略，但仍能窥见加缪私密生活中的一隅，这着实令人意外。奇怪的是，发现加缪处于一个尽管高尚但也极为常见的困境反而使加缪更有尊严。他怀疑，"作为一个追求自由的艺术家"，他是否有权接受金钱带来的优越性和特权。他将贫穷比做他的锚，担心自己无法满足他

---

① Camus, *Notebooks 2*, 121.

的孩子们"甚至是我应为他们准备的最基本的安慰"，同时对生孩子的决定更加心事重重，甚至质疑当一个人不信仰上帝时，是否拥有生孩子的权利。最后，他警告自己说：

> "屈从于恐惧、厌恶眼前的这个世界，做到这些都易如反掌，但是，如果那样的话，我还会相信人类存在的任务就是为了创造幸福吗？还是保持沉默吧，沉默，沉默，直到我感觉有权利去……"[①]

省略号所省却的，大概就是令他痛苦不堪的未知性。

整整一年之后，《不做受害者，也不当刽子手》填补了上文省略号所省略掉的内容，并且表达了加缪感觉仍不能说和还没说的话。这是一年多以来他在《战斗报》上发表的第一篇文章，而这居然成了他在该报的绝笔。1946 年 6 月，加缪从《战斗报》辞职了。在给读者的告别信之前，他撰写的文章寥寥无几。加缪的离去标志着他短暂的乌托邦式的梦想的终结，那是他和他的同事们在战后初期努力去创造一个新社会、努力使政治信仰变为一种促进社会变革工具的伟大梦想。对全体员工来说，一起在《战斗报》的工作经历维系着他们的友谊，承载着他们的理想，是一段非同寻常的时期。但是到了 1947 年，在法国解放后四分五裂的政治气候下，它没能保持住自己一直以来的无党派偏见的立场和革命热忱。它的读者人数锐减，赤字猛增，立场也逐渐倾向于右翼。编辑们对怎样挽救这份报纸也不能达成一致意见。皮亚主张知难而退，立即停止出版以便支付所有员工的薪水，并催促加缪立即返回。至于加缪，无论《战斗报》和法国政治令他如何失望，他依然对这份报纸、至少是对它的理想充满信心。他怀揣着一个渺茫的希望，希望他的系列文章有可能为《战斗报》注入新的活力，使之再次成为公众焦点。在两年的悉心经营下，《战斗报》一直保持着绝对的独立和崇高的荣誉，后来加缪对此曾加以总结。"新闻业是我所了解的最完美的职业之一，"他用一种与往常迥异的生气勃勃的口吻解释

---

① Camus，*Notebooks 2*，118.

道，"它迫使你把自己推上审判台。"① 一起工作过的同事说，加缪的长期离职使《战斗报》陷入群龙无首的状态，但这样的变化在当时云诡波谲的法国似乎是不可避免的。在最后一篇社论中，加缪说他已把火炬传递给了他的抵抗运动战友克劳德·布尔代，并忍痛放弃了过去坚持的发展方向，重新确立了"新的方向"。对此他只是简单地解释为，只有拥有巨大发行量的报纸才能保持收支平衡。"我把它留给读者自己去思考和抉择：这个看似简单的经济学原理，对于新闻出版自由来说究竟意味着什么。"② 从那之后，该报被转交给了布尔代和一个具有社会主义倾向的突尼斯商人，它继续出版发行，编辑走马灯似地换了一茬又一茬，直至 1974 年停刊。

1946 年冬天，加缪与皮亚之间的友谊也突然间走到了尽头。对于事件的起因，他们的老同事们至今仍在揣测。有人说那应归咎于皮亚的自我意识和对加缪的憎恨，因为加缪抢走了本该属于他这个真正主编的荣誉。但是，皮亚一直选择站在幕后，他波西米亚人过于放荡不羁的本性和独来独往的个性使他对名誉看得很轻。其他人则只是简单地说，他们的分道扬镳是两种复杂个性的必然分裂：皮亚是一个虚无主义者，而加缪则是个乐观主义者，他们只是因为一个共同的目标和职业才暂时走到了一起。这些人认为，许多琐事不断累积最终导致了他们的决裂，那是"一个缓慢的冷却过程"，是"数以千计的小矛盾不断叠加的结果"。③ 不过，他们也说，皮亚对加缪依旧充满真实的、非同寻常的感情，是加缪生活中最为重要的人之一。

加缪和皮亚持续了八年之久的友谊为我们留下了四十多封书信，正如为这些书信准备出版的一本新专集的编辑所说，很显然，"这两个人满怀热情地尊重着对方"。（抵抗运动时期，为安全起见，皮亚销毁了大部分与加缪和马尔罗的通信。而加缪当时的境况较为安全，所以将自己手中的书信保存了下来。这件事也可以反映出皮亚典型的作风：他喜欢把自己隐匿

---

① From an interview in the magazine *Caliban* in August 1951, quoted in Pléade *Essais*, 1166.

② *Between Hell and Reason*, 143.

③ Roger Grenier, *Pascal Pia ou le droit au néant* (Paris: Gallimard, 1989), 130.

起来，更早之前，他曾焚毁了自己所有的诗稿。）在这些书信中，加缪和皮亚俨然一对同行的游客，皮亚在前领路，加缪在后反馈信息；两人都很严肃和专心；皮亚竭尽全力从他能想到的各个方面去帮助加缪；加缪偶尔会带着点儿戏谑的口吻，就像对所有令他感到愉快的朋友那样。皮亚的信中总是充满了对加缪的关切，而加缪的信则通常充满热情洋溢的感谢。随着战争的不断升级和加缪病情的加重，他们的友谊赖以存续的患难与共之情变得更为深切，他们内心深处埋藏的爱慕和钦佩之情更加表露无余。在写于1945 年 11 月的一封信中，加缪批评了皮亚近期为《战斗报》制定的发展方向，并请求退出该报，但他的语气颇为亲密，用"你"来称呼皮亚，并亲昵地称他为帕斯卡。"好了。我已经将心中的想法全盘告知你……也许不够谨慎……因为我对你的信任毋庸置疑，"在信的结尾处，他如此写道。①

了解加缪离开《战斗报》之后的那段生活的人都知道，加缪即将陷入彻底的失望之中，因为《战斗报》对战争和占领期所带来的教训视而不见，而且他为该报所做的工作都成了徒劳。1946 年夏天，在给一个同事的信里，他写道："这份我们曾经十分珍视并引以为荣的报纸，今天却成了这个不幸国家的耻辱"。② 那个夏天，加缪试图去拜会皮亚，他们的朋友也试着为他们安排几次午餐会面，但总是遭到皮亚的回绝。分手已是确凿无疑的事实。"我是一个对重修旧好不感兴趣的人，"皮亚后来解释说，"从我与加缪绝交的那一刻起，我对他的态度完全变成了冷淡和漠不关心。"③1947 年以后，皮亚重事文学创作，为像《十字路口》这样的右翼周刊撰写文章。他对加缪的《鼠疫》和《堕落》进行了严厉的批评，对加缪被选为诺贝尔文学奖得主也进行了诋毁。在为数不多的其他几篇提及加缪的文章里，他的语气听起来似乎加缪是个陌路人。虽然皮亚创作了几千页的批评散文，亦不乏众多追随者，但他从来不将自己称为批评家，就像他从来不

---

① Albert Camus-Pascal Pia，*Correspondance*，*1939-1947*，ed. Yves Marc Ajchenbaum (Paris：Fayard/Gallimard，2000)，145.

② *À Albert Camus*，*ses amis du Livre* (Paris：Gallimard，1962)，21-22.

③ Camus-Pia，*Correspondance*，151.

把自己称作诗人或作家一样。尽管他一再声称不希望死后被人纪念，也不愿意自己的著作再版，但在法国，如今帕斯卡·皮亚的作品已被汇编成厚厚的两卷文集。

对于与皮亚决裂一事，无论是在日记还是小说中，加缪都未表达过自己的感受，甚至连间接的提及都不曾有过。将近十年来，皮亚一直扮演着他的守护者、导师和志同道合的挚友这样的角色。也许这件事对加缪来说太过隐晦而不便谈论，或者说它根本就超出了他的理解能力。加缪在《战斗报》和伽利玛出版社的挚友兼同事罗歇·格勒尼埃记录了亲身经历过的一件小事：与皮亚分手后的一个下午，加缪偶然看到一个同事正认真地在她的书架上把他的书与皮亚的书分开来，于是轻声说了一句："把它们放在一起也无妨。"罗歇·格勒尼埃①分别为加缪和皮亚两人写过传记，他当然还知道其他一些诸如此类的真实可靠的小故事。格勒尼埃讲述到，有一次戴高乐将军向马尔罗提到了《战斗报》，"真遗憾，你的朋友都是些空想家，不过和别人比起来，他们是唯一诚实的人，"之后，戴高乐无条件地为《战斗报》拨款数百万法郎，以维持它的正常出版。格勒尼埃回忆道，一天深夜，该报排版完毕后，皮亚将几个工作人员叫进他的办公室，向他们高声朗读第二天报纸上即将发表的加缪的社论。格勒尼埃还说，加缪与皮亚之间的决裂远比加缪和萨特之间的决裂更令人意外，同时也更为重要。1978年，赫伯特·洛特曼发表了他的传记，在其中，洛特曼把皮亚描述成加缪"最好的朋友和最差的敌人"，对此，皮亚站出来加以澄清。"真是不可思议，加缪居然没有把比我更亲密的几个朋友列入他儿时伙伴的行列，我比他年长十到十二岁，并且他对我几乎一无所知，"皮亚说，听上去非常傲慢，也过于充满火药味。② 皮亚把他的评论寄给了弗朗辛·加缪，弗朗辛的回复尖刻而冷酷。"我想，你错了，"她写道，称皮亚为"亲爱的前好友"（cher ancien ami），"阿尔贝对你的钦佩和友情（的确，他对你知

---

① Roger Grenier, personal interview, October 1998.

② Camus-Pia, *Correspondance*, 152.

之甚少，或者也正是因为他对你不甚了解）虽然比不上他对他同胞或伙伴的兄弟之情……他们却与他志不同道不合。"她还在结尾处如此写道："我们终有一死，到那时，我们将带着彼此之间的谜，彼此之间的秘密，和我们的怀旧之情离开这个世界。"① 八个月后，在风烛残年的疲惫和沮丧之中，皮亚去世了。

偶然读到加缪与皮亚的通信，令人十分震惊，因为在繁如浩海的旁推侧论中，它们显得如此清新和逼真。即使那些最不起眼、最无关紧要的信息，也总会隐藏着某些真相。加缪曾将三磅他采自勒帕尼耶山中修养山居的野蘑菇送给皮亚。伽利玛出版社的一位编辑认为加缪的《西西弗神话》深受马尔罗的影响。皮亚曾建议加缪去乡村当个守林人，因为那里空气新鲜，食物鲜美。（皮亚还猜测，加缪会拒绝戴军帽——一种法国军用尖顶帽。）在这个私密的书信世界里，有如此多的内容需要研究，每一个词语似乎都值得玩味。所有的内容听起来都出自真实的生活。不经意间，一些新的更为重要的事实浮出了水面。比如，《阿尔及尔共和报》被查封后，加缪尚留在阿尔及尔，并被指控所撰写的"疯狂的"文章危害了国家利

---

① Camus-Pia，*Correspondance*，153-54。

益。加缪最终败诉，大部分尚未得到的稿费因此被直接罚没。1941年，皮亚和加缪雄心勃勃地准备在自由区①创办一份名为《普罗门蒂》的文学刊物，来取代屡遭查禁的伽利玛出版社旗下的《法国小说评论》。皮亚支持加缪拒绝删改《西西弗神话》中有关卡夫卡章节的行为。（尽管如此，它在发表时还是遭到了删节，直到后来刊登在文学杂志《弓弩》上时，才得以补充完整。）1940年初，加缪在寄自奥兰的信中对皮亚说，"我像一只死老鼠一样百无聊赖"，我突然想到，虽然这在法语中是个常用比喻，但就像他在日记中也曾简短地提到过老鼠一样，这很有可能就是《鼠疫》构思的一种不经意流露。甚至承载那些信件的信纸都很可能意义非凡。加缪用来写信的信纸似乎分别是从一个横线格笔记本或者阿尔及尔"复兴"啤酒店（加缪的舅舅古斯塔夫经常光顾的那家所谓的"啤酒屋"）的便笺纸上扯下来的。

思考着类似这样富有诱惑力的材料和这一系列新奇的见解，我苦恼地意识到，所有这些都只能代表部分事实。首先，加缪与皮亚之间的通信并不均等，因为整个通信集中，皮亚写的信占到了四分之三，这无疑造成人们的认知从一开始就发生了偏斜。其次信件本身也有很多漏洞，因为它们几乎都是不连续的——先是四封加缪写给皮亚的信，而后是皮亚厚达一捆的回信，最后又是加缪的几封回信。另外，加缪的几封信没有注明日期——他一贯的作风。如此一来，要弄清楚某些具体的事件，通常只能求助于追踪和猜测。（加缪秋天写的那些信件一定是发自里昂，因为信中的他听起来孤苦无依，并且提到了《巴黎晚报》。但是为什么他又称他正和弗朗辛住在一起呢？——因为众所周知，那时候弗朗辛应该正在奥兰教书。）然而，在试图探索一个人的真实生活的艰难过程中，漏洞和失误可能会像确凿的事实一样具有真实性，因为全面的披露是不可能的，即使是在朋友之间。尽管这些信件中存在着诸多不一致之处，最终，我还是从通信双方所表达出的强烈情感和对彼此的关注程度中找到了某种连贯性，有

① 自由区（the free zone）："二战"中贝当傀儡政府的实际控制区域。——译者注

时也能拼凑出一个有头有尾的完整小故事。在倒数第二封信，即标明日期 1945 年 9 月的那封信中，加缪不仅表达了他对《战斗报》的不满和退出该报的要求，还声明了他独立的决心，并委婉地感谢了皮亚长期以来对他的照顾：

"我们已经一起完成了我们不得不去做的事情。同样，每当你和我发现别的什么需要做的事情时，你会再次发现我就在那里。"①

站在一个旁观者的角度回顾最后的那几年，同时考虑到加缪所面临的压力，我能找出致使加缪精神崩溃的诸多因素。当年在勒帕尼耶的时候，加缪就已经病得很厉害，并且据他的医生所说，他不应该那么快就结束治疗。基于这些事实，他能坚持在巴黎住下来这件事本身就已经颇不寻常了。在离开农场前往巴黎之前不到一个月，加缪在一封信里这样写道："我束手无策。我感到十分疲惫，整整一年多了，我一直在与天使做斗争。"为了排解忧郁，他又以惯用的方式补充道："有必要学会与你的困难交朋友。"② 两年之后，加缪又一次陷入身心疲惫的状态。战争带来的种种苦难，同时维持几份工作的艰辛，《鼠疫》的创作和供养新成立的家庭，这一切耗尽了他的心血。更让加缪心焦的还是这个世界的动荡不安。加缪是法国出版界唯一一个在美国向广岛投下原子弹时明确表示极端惊骇的记者，也是唯一一个在冷战真正开始之前就对其潜在危险提出过警告的记者。他宣称，把原子弹的发明当做人类的科学成就来庆祝无异于流氓行径，他还将原子弹称为"有组织的谋杀工具"。加缪在 1945 年 8 月 8 日③的社论中写道，人类文明已经进入了最野蛮的阶段。④ 在《战斗报》工作一年多后，加缪也遭受着这样一种压力：身为一个政党和一种意识形态的代言人，却同时与自己对这个政党和这种意识形态的困惑进行着斗争。同

---

① Camus-Pia，*Correspondance*，145.
② Quoted in Pléiade *Essais*，1461.
③ 即美军在广岛投下原子弹两天后。——译者注
④ *Between Hell and Reason*，110.

年 11 月，在给皮亚的辞职信中，他曾这样描述自己的窘境：

> "在我决定辞去报馆职务（包括去年 1 月请假离开长达数月之久）
> 的所有原因中，最重要的一个当然是我对各种公开表达形式的厌恶。
> 我想要保持沉默。说实话，虽然我每天都在不停地讲话，但那并不是
> 我真实的想法，五天中至少有两天我的话都言不由衷。按照我的本意
> 来解决凝聚力和责任问题是糟糕之举。"[1]

1945 年，加缪还写了一些关于阿尔及利亚的文章。对战后祖国的牵系
和重返阔别将近三年之久的故乡的渴望驱使他于那年春天在《战斗报》上
发表了一系列的文章。为了确保报道的权威性，加缪走访了他从未去过的
包括撒哈拉沙漠在内的人迹罕至的极端艰苦地区。他利用整整三周的时
间，行程将近 4 000 英里，从当地人民那里搜集到了大量的第一手资料。
就像战前到卡比利亚进行调查一样，加缪此行的目的依然是为了开阔眼
界，当然也是为了消除法国人对北非的极端无知。他在文章中写道，"为
了提醒法国人，地球上还存在着一个叫做阿尔及利亚的国家……还存在着
阿拉伯人……除了他们别无选择的生活条件低下之外，这些人并不低人一
等。"[2] 5 月 13 日，当他的六篇连载文章中的第一篇开始见诸报端时，可以
看到，加缪不仅仅是在报道阿尔及利亚的贫穷、农作物的歉收和持续的饥
荒，还提到了那里严重的政治危机。[3] 4 月底，法国政府为了镇压阿拉伯人
民不断升级的反抗殖民主义运动，驱逐了民族主义领袖梅萨利·哈吉，当
时加缪仍在阿尔及利亚。但他没能亲眼目睹始于 5 月 8 日的一系列支持独
立的示威活动。示威活动是在君士坦丁附近的穆斯林聚居小镇塞提夫和盖
勒马举行的，持续了 5 天的暴力冲突夺去了大约 150 名欧洲人的生命。加
缪同样没能目睹所谓的"平息行动"（Repression）的残酷真相——轰炸，

---

① Camus-Pia, *Correspondance*, 144.
② Camus, *Camus at Combat*, 199-200.
③ 据基约和洛特曼所说，加缪可能共撰写了八篇文章，但对其中两篇文章的作者存在诸多
争议，它们分别是：发表于 5 月 23 日、署名为 AC 的一篇文章，和发表于 5 月 25 日、未署名的一
篇文章。见 Pléiade *Essais*, 1854.

就地处决，大规模屠杀，这就是法国军队和他们的战机所谓的恢复秩序。就在同一周，整个巴黎正在庆祝欧洲战事的胜利结束，这场野蛮的大屠杀被悄然掩盖了。法共机关报《人道报》报道说，该事件中死亡人数只有100 人左右，而根据军方掌握的消息，大约有 6 000 至 8 000 名阿拉伯人惨死于大屠杀。

对于这些"大事件"，加缪并未公开表明他的真实感受。同样，对于没能亲眼目睹被历史学家视为九年后正式爆发的阿尔及利亚战争第一枪的这一幕，他也没有正式发表任何意见。他在《战斗报》上发表的文章只是他的一些考察实证，内容平实而谨慎——将最近一次调查研究的重大成果向读者们进行汇报。（文章采用了加缪惯用的第一人称进行叙述，他并没有公开自己土生土长的阿尔及利亚人身份。当有读者来信质疑他的权威性和他对阿尔及利亚的忠诚时，报社才刊登了一则声明，解释了他的真实身份。）在这些文章中，加缪描述说，阿尔及利亚的政治不满局面远比饥荒可怕，并指出，世界瞬息万变，现在法国政府采取民族同化政策已为时过晚。接着，他向读者仔细介绍了被称为"自由宣言的朋友"（Amis du Manifeste de la Liberté）的新联盟政党（指的是该党于 1943 年发表的宣言，主张在一个新的反殖民法兰西联邦中建立一个独立自主的共和国）及其领袖法哈特·阿巴斯。加缪谴责了法国新闻媒体对阿尔及利亚局势的种种不准确和不负责的报道，并对其将这场危机归咎于那些职业煽动分子的说法进行了驳斥。最后，加缪迫切地呼吁道，解决这场危机需要的是果断、坚持，尤其是正义。早在战争爆发之前，加缪已然痛苦地意识到了阿尔及利亚的阿拉伯人民不断增强的疏离感。"只有正义的无穷力量和正义本身才能帮助我们重新征服阿尔及利亚及其人民。"[1]

加缪的文章中满载着强烈的迫切之情，他的思想中存在着反叛之意，但是，极度的惊恐和苦闷却被压抑在心底，那一定令他备受煎熬。加缪使用诸如"敌对"、"恐慌"、"仇恨"、"愤怒"和"对抗"等字眼来形容阿尔

---

[1]　Camus，"Crise en Algérie，" Pléiade *Essais*，959.

及利亚的局势，但像"屠杀"、"镇压"这样的字眼他只提到了一两次。最后，他称局势"严峻"，但没有用到"悲剧性的"一词，似乎他又在试图安慰自己，似乎他宁愿相信"平息行动"从未发生过。在战争期间，当整个法国把注意力放在了怎样抵抗纳粹德国时，加缪忽略了北非的政局变化，他把主要精力都放到了抵抗运动上，对阿拉伯人民日益增长的民族主义情绪没有给予太多的关注。对于君士坦丁发生的一系列事件，他也没有得到即时的信息，如果他仍然居住在阿尔及尔，他本该知晓的。然而，十分明显的是，加缪也扮演着他一贯选择的外交角色——从长远角度分析整个事件的来龙去脉，不管内心多么恐惧，也要努力保持冷静的思考。正如他所说，他克制自己不要为这场仇恨和敌意添油加醋。① 同样十分明显的是，这些事件所引发的关于暴力和帝国主义的思考，成为他的《不做受害者，也不当刽子手》系列文章的原始素材，这在他后来创作的以革命暴力为题材的戏剧中也有清晰的体现。这些事件也一定加重了他的孤立感。当时，没有多少法国人对阿尔及利亚的局势感兴趣，因为他们觉得那离他们的生活太遥远。大多数人都漠然视之。在举国欢庆胜利和解放的日子里，巴黎的出版界有关北非殖民地政治危机的报道不仅在数量上微乎其微，在内容上也是错讹百出。正如波伏娃在她的回忆录《时势的力量》中所说的那样，直到后来，他们才获悉这是一个弥天大谎。

加缪于 20 世纪 40 年代中期所感受到的那些压力相对于 50 年代来说，只能算是一个小小的预演。在思想上，加缪开始与萨特产生分歧。早在 1946 年，朋友们就注意到，加缪所坚持的道德主义和反共产主义使他们之间的关系产生了裂痕。萨特和波伏娃以貌似纯正的马克思主义者的口吻将道德主义描述为"资产阶级理想主义的最后堡垒"。他们认为加缪对于道德问题的过分关注使他丧失了对政治问题的敏感性。他们说，正是由于这个原因，他们对《不做受害者，也不当刽子手》的评价并不高，认为加缪

① Camus，"Crise en Algérie," Pléiade *Essais*，959.

114

在这些文章中对斯大林的共产主义所进行的公开批评只有部分是属实的。加缪"缺乏政治思维所需要的谨慎和气魄",波伏娃评论说,他总是把自己隐藏起来,"他必须先肯定他的思想,才能肯定他自己"。① "他一旦有了自己的想法,任何工作、任何真相都不可能让他放弃它。"

波伏娃说起加缪来津津乐道,尽管她似乎对加缪的背景和疾病知之甚少,而且据她自己说,他们从不谈论彼此的著作。然而她也很快对加缪展开了批评,因为加缪不是她所希望的那样,还因为他与萨特相差太多。在波伏娃的眼里有两个加缪:一个是诙谐幽默、愤世嫉俗、满怀激情和热爱生活、懂得享受生活的年轻人,而另外一个则是严肃认真、小心谨慎、刚正不阿的作家。"只要一拿起笔,他就变成了一个与我们那个快乐的午夜玩伴有着天壤之别的道德主义卫道士,"她抱怨说。"他意识到自己的公众形象和真实的私人自我完全不相符,这偶尔会令他感到尴尬。"② 不用说,波伏娃偏爱的是那个喜欢寻欢作乐的加缪,正如她所描述的那样,是那个会在凌晨两点坐在路边雪地里、苦思冥想什么是爱情的加缪。她希望加缪能放弃"昨日的价值观",就像她和萨特做过的那样,扔掉他身上过重的负载。直到那时候,波伏娃依然认为加缪和他们之间的根本价值观是相同的,"差别仅存在于对一些术语的不同称谓上。"③

当我第一次读到波伏娃的这些评论时,很难接受它们所带有的主观意识和严苛态度,不过,她讲述的那个加缪坐在雪地里的小故事令我颇感兴趣。它不仅十分有趣,还为我提供了一个从外部世界观察加缪的新视野,就像一幅偷拍的快照。我一直没能轻易地将那个公众瞩目、好交际的加缪和这个与我关系日笃的私人加缪联系在一起。有时候,我不得不提醒自己,除了极为严重的疾病发作期,或者因为种种原因内心充满痛苦时,总体上,加缪过着一种中规中矩、甚至相当富有魅力的常人生活。当我为他的沮丧和压力担忧时,他依然有条不紊地从事着两项工作,而且成果颇

---

① Beauvoir, *Force of Circumstance*, 107 – 108.

② *Ibid.*, 53.

③ *Ibid.*, 110.

丰。（在伽利玛出版社，他编辑了自己的一套名为《希望》的丛书；由他负责出版的西蒙娜·薇伊①的文集更是引人注目。）他仍旧在各地演讲，和很多人保持着通信联系，鼓励其他作家，与迷人的女郎调情，开着他那辆旧雪铁龙在圣日耳曼一带兜风，总之，他的生活仍在继续。双胞胎姐弟出生之后，他和弗朗辛把家搬到了位于巴黎郊区一所借来的房子里，不久又搬回到圣日耳曼塞吉耶街的一套更大的公寓里。他和加斯顿·伽利玛的侄子米歇尔及其妻子亚尼娜相处得像一家人，在找到新公寓前，他和弗朗辛曾在米歇尔家住过一段时间。刚刚喜为人父的加缪承担起了自己的责任；他担心自己的小宝贝不能挨过寒冬和持续的食物短缺；他们的哭声干扰了他的工作，这也会让他变得不耐烦。（在加缪这一时期的影集里，他不是在摇着孩子们睡觉，就是将他们高高地举过头顶。）加缪又回了一趟阿尔及利亚看望他的母亲，到美国作了一次长期的文化访问，还去了几次外省去休假和疗养。

不知为何，加缪坐在雪地里冥想这个小故事引发了我深入的思考。我很羡慕波伏娃在那一刻能和加缪在一起——尤其羡慕这件事本身的自发性。我感到自己对加缪的了解更进了一步。我开始逐渐了解、甚至能够预测他的情绪何时高涨、何时不可避免地低落。我对于他性格中的不同侧面变得更为敏感。加缪的形象在我的心中也愈来愈清晰：颀长的脸庞，犀利的眼神，滑稽的耳朵，或夹在指间或叼在嘴边的香烟。有时候，我感觉他马上就要走进我的房间。在巴黎的那个春天里，我甚至期盼在大街上碰到他。然而，不管我感到与他怎样亲密，我很清楚自己的位置：一个最遥远的观察者，一个间接的目击者，一个不相关的第三方。我的确收集到了许多关于他的事件，读了某些信件，看了一些照片，并一直对他怀有极度的同情和敏感，但归根结底，我只是他数百万读者中普普通通的一员。如果说我有什么特别之处，那或许就是我更为兢兢业业，更为关怀体贴。可

---

① 西蒙娜·薇伊（Simone Weil, 1901—1943），法国思想家、神秘主义者、宗教思想家和社会活动家，其思想深刻影响着战后的欧洲思想界。其兄为法国数学家安德烈·薇伊。——译者注

是，我声称了解的那个加缪只存在于我的脑海中。我就像一个作家一样，爱上了自己作品中的一个人物。

我开始渐渐明白，如果我想把对加缪的想象再提升一个高度，或者说把他当做一个项目来研究，我需要与他进行一些真实的接触——用一位朋友的话说，我需要一些 DNA。也就是说，我应该去找某些真正了解加缪的人聊一聊。因为我邂逅的几乎所有人都或多或少地与加缪有些关系，所以我认为这是可能的。前不久我在剧院里碰到了一个人，他供职于《时尚先生》杂志，曾负责编辑了一个发生在 20 世纪 50 年代的加缪身上的小故事。尽管他从没见过加缪，甚至没听过他的声音，我还是认为这似乎是一个好兆头。如果加缪现在还活着，他应该已经接近九十岁了，那么他曾经的朋友和同事在世的一定不多了。但是我知道，罗杰·基约还活着——现任克莱蒙费朗市市长，据说是一个脾气暴躁的老牌社会主义者。还有加缪的一双儿女，凯瑟琳和让，他们现在应该与我年纪相仿，是我也许不费过多周折就能联系上的人。另外，自从他们的母亲弗朗辛于 1979 年去世之后，凯瑟琳就成了加缪遗作的保管者，所以我希望她能出于职业责任见我一面。我曾花了好几天的时间给她写了几封信，向她说明了我的请求的重要性。我向她解释说自己是一个深受加缪影响的美国作家，并遵照法国的书信习惯，在信的结尾处向她致以最大的敬意。但是，信发出去已经几个月了，依旧杳无音讯。于是我决定把研究重心转移到那些更容易获得的资料上，特别是在我的老家纽约能够找到的一些资料。因为根据我掌握的加缪的年表，他即将登上那片土地。从某种程度上说，暂时离开欧洲对我来说是一种解脱。凭借着我对纽约的了解，我将不必再像臆断加缪的每一个举动那样艰难地工作了。在纽约，我与加缪的距离感也将拉近到只有一两步之遥。

五、纽约 1946

"人们是在这里的疯狂的人群中间徘徊，还是在世界上
最富理智的人群中间徘徊；生活是像所有美国人说的那样轻
而易举，还是像它经常表现的那样空虚……"

    1946 年 3 月，加缪离开了欧洲，他因此十分欣慰。他工作了整整三
年，一天也不曾休息过。漫长的冬天里，没有供暖系统，也缺乏日常必需
品，这对他的健康造成了一定的损害，同时，政局的发展也令他感到十分
苦恼。"这里为我们安排的生活愚蠢又恐怖，令我作呕，"他写信给正在埃
及的格勒尼埃说。"像许多法国人一样，我既感到无比厌倦，又感到出离
愤怒，但这无济于事。"[①] 他也曾向另外一位忠实的通信者、他以前的老师
路易·热尔曼解释说：巴黎的生活消磨掉人的勇气，使心灵枯竭。[②] 加缪
有一个朋友叫尼古拉·乔洛蒙蒂，是一位意大利作家，加缪认识他时，他
刚刚从奥兰的纳粹党人那里逃出来，现在纽约为《新共和周刊》写文章。
在给尼古拉的信中，加缪写道，他已经将巴尔扎克创作《人间喜剧》的时
间都奉献给了为他的婴儿们赚奶粉钱上了。他还补充说，他不是特别喜欢
美国，他渴望阳光和身体健康的感觉。这时，代表外交部出使美国三个月
的机会到来了，对于加缪来说，这次旅程恰逢其时。萨特和马尔罗都先他
一步去过美国了。这次旅行是一次荣誉之旅，并且为他提供了一次非常必

---

    ① Camus-J. Grenier，*Correspondence*，116.

    ② Lottman，*Albert Camus*，376.

要的休整机会。加缪对委员会说，他希望与美国学生和作家们交谈。乘着一艘慢速货轮航行在海上，在几个新朋友的亲密陪伴下，加缪似乎找到了一些慰藉。

追随加缪的纽约之行也是对这座城市在战后第一年的景象的一次参观。就在七个月之前，艾森士塔特①拍摄了一名水手在拥挤喧嚣的泰晤士广场上亲吻一个女孩的照片，以此来捕捉 V-J日②的欢乐场面。在 46 号大街的拐角处，仍然有美国士兵在高高的布告牌下吸着骆驼牌香烟。（"真的在吞云吐雾，"轮船靠岸的当晚，加缪在他的日记中写道。）加缪结识的许多人都刚刚退役，像哥伦比亚大学的教授贾斯汀·欧博文，戏剧导演哈罗德·布罗姆利。国外战争造成的破坏在公众的心中留下了沉重的阴影。哥伦比亚大学将加缪在那里演讲得到的收入捐给了法国儿童。一些杂志，比如《时尚》，在 6 月发行的那一期上醒目地刊登了塞西尔·比顿③为加缪拍摄的肖像照片，而且登载了关于巴黎动荡生活的文章，以及整版的征集应急食品活动的广告。在离开美国前，加缪将一个重达 176 磅的箱子寄回了家中，里面装满了糖、咖啡、鸡蛋粉、面粉、巧克力、肥皂和婴儿食品。

　　1946 年春天的纽约看起来还像战前一样，虽然变化在不知不觉地发生着。建于经济萧条时期的帝国大厦高高地耸立着，直插云际，现在看来仍然是个奇迹。鲍弗瑞大街两旁依然布满婚庆用品店和每晚 20 美分的廉价旅

---

　　①　全名是阿尔弗雷德·艾森士塔特（Afred Eisenstaedt，1898—1995），著名的美国摄影家和摄影记者。——译者注

　　②　全称是 Victory over Japan Day，抗战胜利日。——译者注

　　③　塞西尔·比顿（Cecil Beaton，1904—1980），英国摄影师、设计师、作家和艺术家。他为名人摄制的人像，常以精致背景作装饰，给他带来了国际声誉。——译者注

馆。高架列车在第 3 大街上疾驰而过，西 52 号大街成为爵士乐之街。这些细节我都摘录于加缪的日记，除此之外，他的日记中还记载了他参观过的其他地方："哈林"黑人住宅区，唐人街，科尼岛，"萨米的鲍弗瑞富丽"酒吧（Sammy's Bowery Follies），百货商店，夜总会，轮式溜冰场，大都会艺术博物馆，自然历史博物馆，鲁宾饭店，广场饭店等。在加缪的旅行日记中，他看起来的确像个外乡人。美国让他感到震惊，他发现那里的生活方式既"令人好奇"又充满矛盾。入境时，他曾被移民局扣押，并且没有给他任何解释——因为他为一家报纸写的文章开头有"从'抵抗'到'革命'"的题词，美国联邦调查局对此产生了怀疑。这越发令他感到不自在。但是，关于这件事，他写进日记的只有这样一句话："不可思议。被占领期都过去五年了！"初到美国，加缪见到了许多法国同胞——同船来的朋友们，朋友的朋友们。他观察到一些任何一个外国人都会注意的小细节：看门人身上穿的老式军装；红、蓝、黄相间的"像甲虫一样"的出租车车队；男人们脖子上俗不可耐的领带。加缪喜欢冰激凌，动物园，以及摩天大楼似乎总在头顶上旋转的感觉。他说，"这座城市散发着钢筋和水泥的味道。"西高速公路上车水马龙，听起来像大海一样。百老汇大街上炫目的灯光和摆满食品的华丽商店将他淹没。"我刚刚走出整整五年的黑夜，"在到达的第一天当晚，他如是写道。①

加缪这次访问纽约的时机是戏剧性的，现在看来更是如此。战争的迫近，他在抵抗运动中的角色，近期涌现的存在主义运动，他在巴黎的知名度，所有这一切使加缪在美国成为一个非常引人注目的人物。仅在一个月前，汉娜·阿伦特②在《国家》杂志上向它的读者就存在主义问题发表了美国的第一份报告，称萨特和加缪是存在主义的首要范例。（在巴黎，关于哲学问题的书籍像侦探小说一样热销。数月来，富于思想性的戏剧一直

---

① Camus, *American Journals*, trans. Hugh Levick (New York: Paragon, 1987), 32.

② 汉娜·阿伦特（Hannah Arendt, 1906—1975），原籍德国，20 世纪最伟大、最具原创性的思想家、政治理论家之一。著有《极权主义的起源》、《人的境况》等。——译者注

在上演，哲学家们正成为新闻记者、剧作家和小说家。他们不是专职人员，而是住在旅馆、呆在咖啡馆里的"放荡不羁的文化人"，当前，他们的观点似乎比政治家们的谈论更为重要。阿伦特如是写道，像是在描述另外一个星球上的生活。J·埃德加·胡佛[①]和联邦调查局的其他人员异常仔细地阅读了她的这篇文章。[②]）加缪将会在纽约参加《局外人》英译本在 4月份的出版发行活动，这为他的来访平添了激动人心的色彩，因为那时他虽然尚未世人皆知，但离国际认可也只差一步之遥。

加缪真正享誉世界是在至少一年之后，因为《鼠疫》的发表；而在知识界，他最广为人知的身份可能还是一名年轻、有胆识的新闻记者。在美国，对加缪文学作品的第一次介绍出现在他乘坐的轮船抵达纽约港当天的那份周日版《先驱论坛报》上。那是贾斯汀·欧博文所写的一篇篇幅很长、充满极度赞扬言辞的文章。战争期间，欧博文一直居住在巴黎，他在文章中断言，加缪是"今日法国最勇敢无畏的作家"，他提到了《局外人》和《西西弗神话》，并指出，加缪这个名字正传遍整个美国大地。[③] "萨特已经为他铺平了道路，"欧博文写道，他可能是指萨特在访美期间，曾多次提到他这位朋友的作品，其中最精彩的当属在哈佛大学的一场演讲。"韦科尔一直在赞扬他的年轻朋友，在纽约、在芝加哥、在旧金山；我们的小评论提到他的名字时也开始带着几分尊敬。热内在《纽约客》上对他现在正在巴黎热演的戏剧发表了制造声势的评论。"欧博文所说的"小评论"指的是类似《党人评论》[④] 这样的杂志，在那一年，它们开辟了春季特刊用于刊登新的法语作品——"一次盛大的表演，展示着看起来像法国

---

① J·埃德加·胡佛（John Edgar Hoover）出生于1895 年 1 月 1 日，是一个创造了美国历史和联邦调查局神话的传奇人物。他在联邦调查局局长的位子上一坐就是 48 年。在那 48 年里，换了 8 位总统，16 位总检察官，但 FBI 局长却始终名叫 J·埃德加·胡佛。他所拥有的权力是之后任何 FBI 领导所无法超越的。——译者注

② Hannah Arendt, "French Existentialism," *The Nation*, February 23, 1946, 226 - 27.

③ Justin O'Brien in *New York Herald Tribune Weekly Book Review*, March 24, 1946.

④ 《党人评论》（*Partisan Review*），也译作《党派评论》、《宗派评论》等，是美国的著名左翼文学刊物。——译者注

文学复兴的一切，"《党人评论》的主编威廉·菲利普斯这样描述道。① 韦科尔是著名的抵抗运动作家让·布鲁雷（Jean Bruler）的笔名，他曾创作了小说《海的沉默》，还曾经创办过一本重要的地下杂志《子夜出版社》。热内即珍妮特·弗兰纳，她的"巴黎来信"是当时美国人民了解法国文化新闻的最佳途径。

欧博文还预言，加缪的到来将会成为那一季的一个文化盛事，四天之后，他的预言果然应验，到哥伦比亚大学听加缪演讲的人数超过了 1 200人（通常，这样的晚间集会只有 300 人参加）。因为麦克米林剧院只有 688个座位，当时人潮涌动，人满为患。通过这次演讲，观众们对欧洲有了新的认识，对 1940 年以来一直停滞不前的知识界产生了新的兴趣。加缪与抵抗运动的两名较年长的作家同台演讲（其中一个就是韦科尔），但据欧博文说，加缪"明显控制了整场晚会"。在日记中，加缪本人也记录道，站在台上，片刻的怯场之后，他立即吸引住了他的观众。②

加缪的演讲被译作"人类的危机"，他在演讲时使用的是"La Crise de l'Homme"这个法语题目——基于他对当代法国文学和戏剧的一份调查，他选择了这样的主题，这不足为奇。演讲的原始文本已经丢失——作为历史记录曾发表在一份小型杂志上的英文译本——但是，类似的一场演讲稿的法语文本可以在普罗旺斯地区艾克斯的加缪档案馆里找到，我从中发现了加缪那天晚上所讲述过的一些内容。"就我而言，我一直在想，一个人身上需要被称赞的东西总会比需要被鄙视的多。这就是为什么总是有必要由友好来开头。"这样的字句一下子就会使人们的脑海中浮现出一个真挚热情的加缪形象。除此之外，仅仅是对这份文本本身的处理方式——一份打印在淡蓝色薄棉复写纸上的副本，没有法语读音符号的标识，因此很可能是在美国打印的——也能使人在阅读这份法语文本的时候产生某种类似

① William Phillips, *A Partisan View: Five Decades of the Literary Life* (New York: Stein & Day, 1983), 124.

② Camus, *American Journals*, 33. 另一位作家是一个名叫莱昂·莫查纳（Léon Motchane）的法国人，在美国至今鲜为人知。战争期间，他曾化名蒂梅莱（Thimerais）在地下组织的《子夜出版社》杂志发表过文章。

的感觉。①

从这两次演讲中，可以看出加缪是当之无愧的《战斗报》的撰稿人——就像他一直以来所做的那样。他的写作风格直爽坦白，清晰明朗，充满目的性和原则性。加缪说，他希望说出他们那一代人的精神体验。他们那代人出生于第一次世界大战的前夜，青少年时期经历了经济大萧条，希特勒攫取政权时，他们刚刚二十岁。"然后，为了完整他们的阅历，他们被迫卷入了战争：西班牙的战争，慕尼黑的战争，1939 年的战争，经历了战败和四年的沦陷及秘密斗争时期，"他继续说道。"我想这就是人们所说的有趣的一代人。"加缪通过列举四个漠视和不尊重人类生命的故事来描述人类的危机。他将众多的社会顽疾归咎于"对效益和抽象概念的顶礼膜拜"，并且谴责黑格尔的"人类是为历史而创造的，而历史不是为人类而创造的"这一"令人厌恶的哲学原理"。他告诉他的观众们，作为 20 世纪的人民，他们都要对战争和战争造成的包括煎熬和死亡集中营在内的惨痛后果负责任。

那个周四，加缪花了一整天的时间写作和预演他的演讲稿。前一天下午，他在宾馆的房间里与欧博文和其他几个演说家会了面，一起筹划第二天的晚会。当时，加缪住在上百老汇②一家简陋的宾馆里，那是他与欧博文的第一次会面。欧博文经常说起这次会面，认为它是决定性的。他说，加缪的年轻让他深感意外，同时还提到，当加缪在电梯里看到一位迷人的年轻女人时曾如何啧啧赞赏。欧博文醉心于加缪的自由自在、不拘礼节——在整个会面过程中，加缪一直躺卧在床上一堆零散的笔记中——醉心于他消除敌意的微笑，就像一个顽皮的小姑娘，或者一个街头顽童，欧博文这样描述道。显而易见，加缪把自己文化大使的角色看得很重要，至少是与学生们在一起时。战争刚刚结束，它所造成的创伤尚未凸显，加缪

---

① 另外一份手稿《我们是悲观主义者吗？》中也有一则铅笔写的注释，很可能是加缪的遗嘱执行人、他的遗孀加注的。注释中说它"可能"是提交给美联社的一个记者会的。

② 上百老汇（Upper Broadway）：指纽约市百老汇大街的北段，一般为犹太裔中下阶层的居住区。——译者注

感到自己似乎有责任传达它带来的教训。作为一个欧洲人，尤其是法国人，加缪经历过的那场战争远非美国人所能体会。这一点恰恰能够通过巴黎和纽约之间鲜明的对比来体现。加缪刚刚离开的那个巴黎疲惫不堪、破败萧条、交通瘫痪；而他正在访问中的纽约却生机勃勃，一片胜利的景象。当巴黎仍处于战后余殃的惨淡之中时，纽约却洋溢着自信，到处是欢声笑语和崭新的别克牌轿车。① 加缪在美国人身上发现了许多值得称赞的东西——他们的活力、慷慨、真挚和永无止境的热情好客——但是，他们盲目的乐观主义和悲剧感的缺失也令他颇感忧虑。他希望欧洲能够借鉴美国的一些活力，同时又认为欧洲可以为美国带来对他们大有裨益的忧患意识。

到美国访问的那个漫长的春天里，加缪安排的日程包括其他十几次演讲：在当时仍然看起来很新的新学院大学②；在纽约的布鲁克林大学、法语学院和美联社；然后前往美国东部一些优秀的学院：瓦萨尔学院、布林茅尔学院、哈佛大学、卫斯理学院。在其中一些地方，加缪谈论到戏剧和文学——他经常被问及是否受过美国小说的影响，他对此表示承认，并对梅尔维尔、福克纳和海明威如数家珍。在另外一些地方，他则更为深刻地挖掘他的演讲主题，警告人们惰性的危险和积极参与的必要性。他的这些演讲，铿锵有力，尤其雄辩而热情。演说中的许多句子都成为了加缪的经典句子。

"没有对话的自由是不存在的，而没有矛盾的对话也是不存在的。"

"我们的任务……是将可以想象得到的公正带到一个如此明显不公正的世界。自然，那是一份超人的任务，但是我们称那些肯花很长

---

① 纽约人是"一个认为一切皆有可能的民族"，当时的一本宣传小册子这样自夸道。参见 Jan Morris, *Manhattan 1945* (New York: Oxford University Press, 1998), 45。

② 新学院大学（the New School）：纽约著名的大学，建立于 1919 年，以社会研究课程闻名。——译者注

时间去完成那些任务的人类为超人。"①

演讲中的一些文字在加缪后来的作品中也可以找到。"今天，在法国和欧洲有这样的一代人，他们持有这样的观点，任何对人类境遇抱有希望的人都是疯子，而任何对事件感到绝望的人都是懦夫，"加缪这样告诉他的学生听众们。7 个月后，在《不做受害者，也不当刽子手》系列文章中，他写道："我一直相信，如果说寄希望于人类境遇的人是疯子，那么对事件感到绝望的人就是懦夫。"②

加缪在日记中很少提到他的这些演讲和与学生们的会谈，尽管他很乐于接受这样的活动。（他也没有记录下在新学院大学演讲时，当他说到俄国革命夺去了太多人的生命时，台下一片"嘘嘘"的倒彩声。）关于在瓦萨尔大学逗留的那两天，他写道，"一大群未来的明星坐在草地上，盘着长长的腿。他们为这里的年轻人所做的事情是值得纪念的。"③ 然而，他既没有提到《局外人》的出版，也没有提到他在时代广场豪华的阿斯特饭店大厦楼顶举行的盛大的新书发布会。尽管从他与新旧朋友之间名目繁多的活动来看，他的社交生活似乎一直非常丰富多彩，但他只是随意地记录下其中的某些片段。不过加缪提到了他与一个聪明伶俐、漂亮可爱的 19 岁美国学生帕特里夏·布莱克之间强烈的爱恋之情，他在法语学院进行演讲时认识了她；他还提到自己不习惯独处。（他当时的一个朋友回忆说，"他似乎总是需要陪伴。"）除了那些散步、观光，和在廉价餐馆和自助餐厅用餐以外，他还记录了在舞厅、爵士俱乐部和酒吧里度过的一些夜晚，在格林威治村举行的聚会，以及去新泽西州、华盛顿、科德角和阿迪朗达克山脉的旅行。在帕特里夏·布莱克的陪伴下，他在夜晚出入于电影院和剧院，到唐人街做短暂的游览，参观殡仪馆和公墓，这些活动让他着迷。他与尼古拉·乔洛蒙蒂进行了多次长谈，也一起度过了许多休闲时光。尼古拉是

---

① 摘自存放于当代文学纪念馆（Institute Mémoires de L'Édition Contemporaine）里的一篇手稿。

② *Camus at Combat*，275-76.

③ Camus，*American Journals*，42.

加缪心心相印的知识分子朋友，是志同道合的活动家，他曾介绍加缪与他最有趣的朋友们相识。加缪此次访美的大本营是位于中央公园西路上具有装饰艺术①风格的"世纪公寓"里一套两层的小公寓，这是从一位慷慨的崇拜者那里借用的②。住在那里，加缪可以方便地经常到公园里散步，他到附近的动物园参观了不下 20 次。

加缪在美国所写的日记中表现出较多的人情味，这在他其他的日记中不多见，因此可能更具揭示性。加缪访美 93 天，几乎持续了整个春天，是他一生当中到法国境外最长的一次旅行；但是加缪自己也承认，他没有真正走进美国，某种不自在、甚至偶尔的焦虑不安涌动在他的记录中。虽然他的日记从来不会空洞无物，但也经常不带任何情感，就像履行程序一样试图保存一份有意义的旅行记录。在那个时期他所写的日记里，除了敏锐的观察结果和一些栩栩如生、对 20 世纪 40 年代的点滴描写，直到快要结束、说到他准备回家时才出现了一些富于情感的表述。"我突然不再对这个国家感到好奇，"在 5 月的某篇日记里他写道，那时距他离开美国只剩一个月的时间。"我清楚地看到人们对这个地方感兴趣的一千个原因……但是，我的心偏偏不愿去诉说，而且……"③ 这个"而且"和后面的省略号是加缪典型的表达方式，似乎想表明进一步的讨论是徒劳的。

在关于纽约的最后几句评论中，加缪写到雨天，写到耸立在灰蒙蒙的尘雾中的阴森森的摩天大楼，和他在一个"水泥监狱"中被囚禁和被抛弃的感觉。他的散文具有些许诗歌的风格，但非常沉重和感伤。甚至直到他踏上漫长的航海归途，回归到他的世界里，任由大西洋平静浩瀚的海水抚慰的时候，他的忧伤依然如故。不过那时，它已经变成了我们所熟悉的、

---

① 装饰艺术（Art Deco）的特色就是大量运用鲨鱼纹、斑马纹、曲折锯齿图形、阶梯图形、粗体与弯曲的曲线、放射状图样等等来装饰，是现代艺术、设计上的一种运动与风格。20 世纪 30 年代在英美风行，到了 60 年代又再一次流行起来。普遍被认为是现代主义早期的一种形式。——译者注

② 这套公寓是一位名为扎哈罗（Zaharo）的皮毛商借给加缪居住的。他曾听过加缪的演讲，几次打电话坚持让加缪在他因生意出差离开的几个月里住在他的那套公寓里。

③ Camus, *American Journals*, 46.

因失望和不满而产生的忧伤。他怀念他的青春，怀念年少时的鲁莽和激情，渴望"20岁时我那颗不安分的心"，并期待着大海能够恢复他内心的平静。"感到如此脆弱仍然令人悲伤，"他写道。"25年后，我将是57岁。那么，就用25年的时光去创作一大批作品，去发现我正在寻找的东西。那之后就是衰老和死亡。"他知道什么是最重要的，可是他仍然寻找着虚度时光的方式。"我已经能够把握自己身上的两到三样东西。但是我离如此迫切需要的那种超越还有多么远啊，"他这样结束了自己的日记。① 在严肃的时候，加缪具有这样的能力，他能使自己听起来既像一个固执己见的青年，同时又像一个疲倦不堪的老者。

在纽约，加缪的肺结核病再次复发了，那至少可以解释为什么他在离期将至时，却对这座城市越来越不感兴趣。在日记里，他多处毫不隐瞒地说到了发烧和流感，以及病倒在床上的一天。（"疲倦。我的流感又回来了。在摇摇欲坠的双腿上，我感受到了纽约给我的第一次冲击，"抵达当天他曾在日记中写道。"醒来时发着烧。中午之前不可能外出了，"第二天的日记中这样写着。)② 加缪临时找到皮埃尔·卢贝医生就诊。卢贝是他在俄勒冈号轮船上的一个舱友，曾接受过精神病医师的培训，参加了战争，并且表现得非常勇敢，加缪喜欢与他交往。加缪的几个朋友注意到了他的消瘦、苍白和多汗的前额——肺结核病的典型症状——而新结识的一些朋友，如莱昂内尔·艾贝尔、威廉·菲利普斯等，只知道他曾患有肺结核的历史，所以他们主要谈论的是他的年轻有为、英俊潇洒和翩翩风度。觉察到他的病情的所有人中，与他最为亲密的是帕特里夏·布莱克。她说过，她认为那年春天加缪的病情十分严重。她越来越熟悉加缪深藏起来的那一面：每天的高烧，经常性的疲倦，发作过四五次的呼吸困难和吐血。当他感到体力不支时，曾不得不让她离开自己。她完全了解他为什么对濒死故事、送葬者的日记和美国的殡仪业如此感兴趣，她把那归因于他对一种迫

---

① Camus, *American Journals*, 54.
② *Ibid.*, 32.

近的必死命运的痛苦意识。① 她认为他预料到自己不会活得太长久。

朋友们把加缪的北美之行描述成他一生中相对独立的一段时期，暗示着那次经历与他的其他生活相比并不那么重要。这次旅行和类似的一次1948年的南美之行是加缪到西欧和阿尔及利亚境外仅有的两次探险行动。（他为这两次旅行所记的日记在他死后以《美洲日记》为题一起发表过。）加缪将他南美之行的相关材料用到了他于20世纪50年代创作的一篇散文和一部短篇小说中。② 然而，除了在法国的一份杂志上发表过一篇名为《纽约的雨》的散文之外，关于美国之行的其他内容从未出现在他后来的作品中。《纽约的雨》这篇散文是他在1947年年末创作的③，整篇文章节奏优美，引人入胜，富于洞察力，间或滑稽有趣，提醒着我们加缪是一个多么善于写作的人。从中也可对他的创作风格窥见一斑。所有从日记中选取的原始素材在那篇散文中都显而易见——各种注解和评论中提到过的那些忧伤的摩天大楼、各种交通工具发出的声响、对动物的关爱、鲍弗瑞大街上的老妓女——但是这些材料被精心提炼，重新组织成一个个跌宕起伏、极具魅力的长句，这些句子共同勾画出了一幅精致的、发人深省的纽约城市画像，然而，这个城市最终还是逃出了加缪的理解力。"这么多个月过去了，我仍然对纽约一无所知，"他写道。

> "人们是在这里的疯狂的人群中间徘徊，还是在世界上最富理智的人群中间徘徊；生活是像所有美国人说的那样轻而易举，还是像它经常表现的那样空虚……纽约人是自由主义者还是墨守成规者，是谦逊的人还是麻木不仁的人；收垃圾的人戴着剪裁精良的手套去做他们的工作是应该赞美还是不值一提。"④

当加缪继续提出他的问题，交替列举一个他发现时而"美味可口"时

---

① 布莱克后来在《生活》杂志上发表了一篇关于美国"殡仪业"的文章。

② 加缪在南美的一些经历被写进短篇小说《长出来的巨石》，后收录进小说集《流亡与独立王国》。

③ 于1947年秋发表在《形状与颜色》（Formes et Couleurs）杂志上。

④ Camus, Lyrical and Critical Essays, 184.

而"不堪忍受"的城市讨人喜欢和令人愤怒的方方面面时，显而易见，他的的确确走近了纽约这座城市，而他迟迟不愿下结论实质上是对一个悸动不安、种族庞杂、繁华多姿的城市的明智回应。事实表明，加缪所喜欢的正是热情的纽约市民所钟爱的——清晨和夜晚的天空（加缪说，如果没有天空，纽约可能一无是处）；令人眼花缭乱的高层建筑物；拖船在午夜里发出的哭泣般的摩擦声；孤独和被遗弃的感觉。他喜欢这个城市里最具人情味的方面——流浪汉、行为古怪的人、唐人街和"哈林"区这样的种族聚居区。他在笔记里描述了黑人孩子们在中央公园的河边踢球的情景，并说明了对黑人的总体印象——

> "有这样的印象：只有那些黑人们将生命、热情和怀乡之情奉献给了这个国家，他们用自己的方式将这个国家开辟成了他们的殖民地。"①

在文章的结尾处，加缪说他热爱纽约，但他又从另一方面解释了他的这种热爱之情："有时候，人们需要过一段背井离乡的日子。"②

　　我在纽约进行的第一批访谈对加缪的生活涉及甚微，但在当时，那无关紧要。因为访谈这个过程本身就具有戏剧性，同时在这些真实的接触中，我感到了巨大的喜悦。现在回想起来，我发现与直接或间接地出现在加缪日记中的威廉·菲利普斯和莱昂内尔·艾贝尔的会谈有着令人愉快的相同之处。并不是说访谈能不能以一种不可预知的方式为我提供大量的资料或者提供对加缪令人印象深刻的总体评价。我的意思是说，我从他们那里所寻觅的并不是什么极为奢侈的东西，我希望得到的只是一个描述，一份原始的报告，以验证我一直以来收集到的所有资料。我需要一些更私人的东西。

　　从加缪渐渐熟悉的那个知识圈的两名成员开始进行采访似乎是再恰当

---

① Camus, *American Journals*, 41.

② Camus, *Lyrical and Critical Essays*, 186.

不过了。菲利普斯和艾贝尔都是作家、批评家，而且是左翼月刊《党人评论》（PR）杰出的、享有国际声誉的代言人。菲利普斯当时是《党人评论》的主编，经常在他位于东 12 号大街的宅邸举行自发的聚会，因此他深知，作为他的杂志上所发表文章的主题和作者的加缪同时也是一个善于交际的加缪。（1946 年的春天，PR 发表了对《局外人》的评论。那一年的晚些时候，早在《西西弗神话》的美国译本出版之前，该杂志还以名为"新法国作品"系列连载的形式选登了这部书的几个章节。）初识加缪时，菲利普斯只有三十五六岁，是一个精力充沛的年轻知识分子。早在十年前，他与菲利普·拉夫和 F·W·杜比一起改版了《党人评论》，正如人们所说，是他们"解放了"《党人评论》，使它开始成为共产党领导下的约翰·里德俱乐部①的一个喉舌。尽管我到上西区他的公寓里采访他的时候，已经又过了 60 年，但依然可以看出他昔日热情洋溢的风采。他仍然喜欢表达自己的思想——他认为《西西弗神话》过于隐晦，还说《局外人》曾"引起了多得令人吃惊的关注"——他很高兴回忆过去的那些岁月，虽然有的已经记忆模糊。菲利普斯回忆说："加缪是在尼古拉·乔洛蒙蒂的陪同下来到他家的，并在那里结识了汉娜·阿伦特、玛丽·麦卡锡、德怀特·麦克唐纳和其他许多不知名的作家和激进分子。加缪说话不多——只有当他有想法的时候才开口，但他所说的往往令人耳目一新——只会说几句英语，所以总是需要翻译。"菲利普斯的话不禁让我想到那些气氛热烈、烟雾缭绕的晚间聚会，加缪曾给这些同伴留下了多么难以忘怀的印象。

结识加缪数十年后，菲利普斯发表了一篇名为《党人观察》的回忆录，记录了他对加缪的看法，比他向我讲述的内容要深刻许多。加缪"几乎与萨特完全相反"，萨特"身材矮小，相貌古怪，一只眼睛有点斜视，紧张，焦虑"，天生具有"巧舌如簧的华丽"和"理论上的支配欲"，他在文章中这样描述道。相反，加缪则"缄默……超乎寻常的英俊，集敏感和

---

① 约翰·里德俱乐部（John Reed Clubs），是以美国记者、活动家和诗人约翰·里德命名的马克思主义俱乐部，主要成员是作家、艺术家和知识分子。——译者注

粗犷于一身，同时兼具一点勇敢和冒险精神，这一点无疑最受女士们的青睐。他不是一个健谈的思想家……（但是）他以一种相当私人和随意的方式谈论人和事，尽管他表明了他的不同意见，但丝毫都不会令人产生不愉快、恶毒或者自我炫耀之感。人们有这样的感觉，他的自负——似乎相当多——体现在他的作品和他对自己的看法中，也就是说，存在于他生命的核心里，而不是存在于任何攻击行为中。"[①] 菲利普斯希望我了解到更多关于加缪的信息，所以推荐我读这本书，我对他充满感激，因为他对加缪的描述精确得异乎寻常，甚至可以说是一次热情洋溢的高度评价。然而，从某种现实的意义来说，他亲口向我讲述的内容对我的影响要大得多。"我能告诉你的全部就是，加缪是我见过的最有魅力的男人，"在我的采访刚刚开始时他就急促地说。"我指的并不仅仅是外表，在各个方面讲他都是一个富有魅力的人。他让我想起亨弗莱·鲍嘉。我告诉过他这件事。他穿着与鲍嘉一样的衣服——也穿黄褐色的雨衣——他还有着同样活泼自信的样子。"[②]

加缪酷似鲍嘉这一点在我采访莱昂内尔·艾贝尔的一开始就立即得到证实。令我感到吃惊的不是他谈到的那些外在的相似之处——时尚、秀气的外表，像"年轻时的鲍嘉"——而是这样一个事实：《党人评论》的另外一个激进知识分子，居然在首先谈论加缪的作品或者思想和党派，还是首先评论他独特的英俊外貌之间选择了后者。加缪风流潇洒，艾贝尔几次这样说道，似乎试图重新体验他身上的气质。他像巴黎人一样举止优雅得体，而且敏锐机智，但看起来似乎又是一个乡下人。加缪很法国，艾贝尔还特别说明。他所说的"法国"也指一种民族主义。"与他在一起我们都感到非常兴奋，"艾贝尔高兴地说。就加缪而言，他喜欢鲍嘉这个比喻，经常提到它。在写给米歇尔和亚尼娜·伽利玛夫妇的一封长信中加缪在这个称誉的后面加了一个感叹号，并且补充说，"你们知道吗，无论何时只

---

① Phillips, *Partisan View*, 131。

② William Phillips, personal interview, Februay 5, 1998, in New York City.

要我需要就能签约去拍电影。"①

艾贝尔在纽约见过加缪四五次，随后的几年里，因为艾贝尔与超现实主义画家马特共同发行了一份杂志《替代》，他们得以在巴黎继续交往。艾贝尔记得，在纽约，周日他们一起去斯塔顿岛和唐人街远足，到《纽约邮报》的专栏作家和艺术赞助人桃乐茜·诺曼家里开鸡尾酒会。桃乐茜安排加缪与正准备移居巴黎的畅销小说黑人作家理查德·莱特会了面。在巴黎，艾贝尔和加缪共同参加了众多的午宴和晚宴。加缪总是偕弗朗辛前往，艾贝尔发现她很迷人。艾贝尔即席侃侃而谈，追忆着往事，兴致勃勃地提供了一些出乎我意料的信息——阿尔贝和弗朗辛看起来像兄妹；埃德蒙·威尔逊对《局外人》持怀疑态度。这些信息在当时很有价值，因为它们令我耳目一新，而且像小道传闻一样突然间令我豁然开朗。例如，艾贝尔提到，加缪第一次去乔洛蒙蒂家是个下午，作家德怀特·麦克唐纳也在那个时候碰巧来到，他与加缪一见如故——这是很小的一个细节，但它让我联想到这个事实：麦克唐纳后来在他的杂志《政治》上发表过几篇加缪的文章。至于在桃乐茜·诺曼家的聚会（为了不让莱特感到尴尬，聚会时还特意邀请了一位黑人钢琴家），他回忆说，加缪向莱特谈到了美国黑人的地位问题，并敦促他到巴黎看一看，呼吁他回国为争取民权而斗争。后来，加缪为《土生子》和《黑孩子》②在伽利玛出版社的出版提供过很大帮助，他在宴会上偶尔见到过莱特，知道他与巴黎的一个左翼团体有联系，但是莱特当然从没返回过美国。

关于加缪在巴黎的生活，艾贝尔几乎没有提供什么有价值的轶事，但他有着知情人的视角，而且他数年来走近加缪的世界、了解那个世界里最主要的成员这个事实能够进一步核实我收集到的某条评论、某则花边新闻，甚至某个态度。艾贝尔有着很强的记忆力，而且似乎很健谈，他充满自信地谈到：加缪不喜欢纽约；大家都知道加缪在与其他的女人们约会；

---

① Todd, *A Life*, 224。

② 《土生子》(*Native Son*) 和《黑孩子》(*Black Boy*) 都是莱特的作品，《黑孩子》被认为是他的自传。——译者注

萨特曾在一次《党人评论》的午宴上评论加缪是一个出色的作家，但不是天才。在描述加缪的时候，他频繁地提到萨特，可能因为萨特本人一年前访美时他们曾见过面，或者因为，正如艾贝尔所说，他对于更为年长、更为顽强、更为忧郁的作家情有独钟——他为诺普夫出版社①翻译了萨特的几部戏剧——或者只是因为将加缪和萨特这两个名字相互联系和对比已经成为自然而然的事情。艾贝尔本人与萨特之间的友谊因萨特义无反顾地支持斯大林而陷入僵局，对此他深表遗憾。他说，他喜欢萨特，而萨特也喜欢他。他还说，看到萨特和加缪在《摩登时代》上进行争吵，他感到非常难过。他们两个人他都喜欢。1952 年因《反抗者》而展开的论战刚刚揭开序幕时，艾贝尔仍在巴黎。那是一个比现在要有趣得多的时代，他这样结束道。

相关传记中提到了加缪在纽约结识的共 52 个人的名字。菲利普斯和艾贝尔就在其中。我还曾与另外两个人通过电话：法国作家和戏剧家迈克尔·维纳韦尔，1946 年当他颇费周折在加缪下榻的宾馆大厅里见到加缪时，他还是一个大学生和一个有抱负的作家；还有帕特里夏·布莱克，但她拒绝谈论加缪，因为她也希望创作自己的回忆录来纪念她与加缪长期以来的交往。（"我们那时比现在我们可能认为的还要年轻，"她只对我说了这么一句话。）一些重要的人物，如欧博文、乔洛蒙蒂、A. J. 利布林都于20 世纪 60 年代去世了，但是或许还有其他可以接受我采访的人，于是我列出了一份名单——直到现在我还不时拿出这份名单来查阅——考虑着如何激活它，然后放在一边备用。我甚至到电话号码簿里搜寻玛尔特·埃德伯格的名字，她是一个杰出的维也纳精神分析专家的年轻的法国妻子，其丈夫曾为加缪举办过一个小型的宴会。我到公立图书馆去查找沃尔多·弗兰克，他是加缪认识并喜欢的一个著名新闻记者和文学评论家，但现在已

---

① 全称是阿尔弗雷德·A·诺普夫公司（Alfred A. Knopf Inc.），是纽约的一家出版社，由诺普夫于 1915 年创办。——译者注

亡故多年，差不多被人们遗忘了。我了解到，弗兰克是一个激进分子、理想主义者，晚年时有点神秘主义倾向。他为那个时期的几家严肃杂志写文章——他曾在《新共和国周刊》上评论过《局外人》——他还是几本抒情小说的作者。"W·弗兰克。我在这里见过的为数不多的优秀人物之一，"加缪的日记中有过这样的记录。我考虑是否可能联系上埃莉诺·克拉克，她是托洛茨基派成员，为《党人评论》写文章，据传闻曾给加缪献过一束鲜花。她已故的丈夫罗伯特·佩恩·沃伦是《国王班底》的作者，加缪在巴黎时，这本书就已经成为畅销书。可没过多久，我在《泰晤士报》上突然看到了克拉克的讣告。

还有其他几个引起我兴趣的当地人，有的我试着联系过了，有的打算在他们去世或生重病之前取得联系。最大的一个损失可能是没能联系上一个近乎传奇的法国文学教授杰曼·布蕾，我曾计划跟她攻读哲学博士学位，加缪在布林茅尔学院进行演讲时曾与她有过联系。布蕾是公认的加缪研究极具说服力的早期权威，但当时我不知道的是，她还是弗朗辛童年时期她们全家在奥兰的朋友，在加缪青年时期就与他相识。我还不知道的是，当她谈及非洲风景的魔力，或者把加缪说成是典型的阿尔及利亚人时，她明确而深刻地了解这一切的真正含义。

似乎像着了魔一般，我又列出其他一些名单。例如，加缪当时可能还结识了一些没有被记录在案的著名人物。伊丽莎白·哈德维克？埃德蒙·威尔逊？詹姆斯·鲍德温？菲奥雷洛·拉瓜迪亚？乔治娅·欧姬芙？从加缪的日记记录来看，他曾到欧姬芙位于第五大道下街的著名公寓见过她的丈夫阿尔弗雷德·史蒂格利兹，并称其为"美国的苏格拉底"。但史蒂格利兹两个月后去世。更令我懊恼不已的是，我后来得知，他早就与加缪相识，如果我当时就了解现在所掌握的情况，那么我本可以与他交流一下看法！这份名单一直让我心绪不宁，因为它上面的几个重要人物，如德怀特·麦克唐纳、A.J.利布林和珍妮特·弗兰纳等，都是我在《纽约客》杂志社谋面过的，自1963年10月从法国回国后我就在这家杂志社工作。麦克唐纳是个大个子男人，驼背，留着山羊胡子，思想有些偏激。他在杂志社时，我每天都能见到他，至少在他的身边路过。错过弗兰纳同样令我懊悔——她走路脚步声很重，说话嗓音粗哑，做事直截了当，不使人产生任何敌意——我不定期地看到她，经常是在电传打字机附近。事实上，那个秋天我与利布林也有过许多次谈话，因为在杂志社工作前三个月的午餐时间，我在服务台做临时替班，而他的办公室就在服务台的正对面。利布林于 1963 年 12 月末去世，因此我在杂志社见到他的那两个月是他一生中的最后时光。我们一起谈论过法国菜、赛马和约翰·F·肯尼迪。我给他带去下午的报纸，他送给我他写的关于厄尔·龙①的书让我读。但是我们两个人都没有提到过加缪这个主题。我不知道利布林对加缪是那么关注。我也从没想到过他们可能曾经是朋友。

作为了解加缪的一个线索，虽然利布林姗姗来迟，但对我来说，也应该算是一份奖赏。利布林热爱加缪，这一点可以从他为《纽约客》撰写的最后一篇文章里找到明确的证据。那是一篇针对加缪的《手记》第一卷所写的评论文章，读起来更像是他在表达对加缪最后的一份敬意。② 从某种程度上来说，这篇评论文章属于他自四年前开始为这份杂志所写的讣告连载的第二部分，文章的观点更为丰富，个人感情色彩更为强烈，几乎到了亲密的程度。利布林在文章的引言部分介绍说，他初次接触加缪的作品是在 1943 年，一个"自由法国"③ 的朋友将一份《战斗报》带到他在伦敦宾馆的房间里。当他们在纽约见面时，加缪看上去"俨然一个严肃的早熟男孩"，穿着一套怪异过时的、20 世纪 20 年代款式的西装。在为"街谈巷议"（Talk of the Town）专栏撰写的一篇文章中，他还对当时的加缪进行

---

① 全称是厄尔·坎普·龙（Earl Kemp Long，1895—1960），美国政治家，曾任路易斯安那州州长。——译者注

② 利布林的传记作家雷蒙德·索科洛夫（Raymond Sokolov）称这篇评论为一篇悼词。Sokolov, *Wayward Reporter：The Life of A. J. Liebling*（New York：Harper & Row, 1980）.

③ 全称是"自由法国部队"（Free French Forces），指"二战"时的法国战士以个人或者小团体为单位在法国投降和德军占领之后继续战斗，对抗轴心国部队。——译者注

过这样的描述："像连环漫画《哈罗德少年》① 中的一个人物。"利布林满带着自豪和出人意料的同情对加缪的事业进行了总结。他谈到了加缪早期作品的影响和他的一夜成名——"解放时他已名扬天下，而他的作品尚未被翻译……这为他罩上了虚伪的'天才'的光环（尽管他并不需要）。"他解释了 20 世纪 50 年代加缪在法国文坛逐渐衰减的地位——加缪"开始消失"，然后"永远地被埋葬"——认为那应归咎于他"对斯大林主义的意义持保留意见"以及在战争时期拒绝与阿尔及利亚站在一起。随着一声几乎能够听得见的欢呼，利布林写到加缪去世后重新赢得大众的欢迎。（"加缪被阅读，空前多地被阅读。"）利布林深深地了解究竟是什么使加缪如此与众不同，像任何一个贪婪的读者一样，他也因得到加缪的那几本私人笔记、并得以确证自己的观点而兴高采烈。他说，这些笔记再一次证明了加缪。"他不仅是一位伟大的作家，还是一个伟大的人，几乎在他稚气未脱之前就是。"加缪还是继圣·奥古斯汀之后用西方语言来写作的最重要的北非作家，利布林额外补充道，同时还提供了这样一个事实，即这两个人都出生于波尼②附近地区③。

在杂志社那扇磨砂玻璃门的后面，在我们相识的短暂的几个月里，利布林一定一直在为加缪的第一本手记写评论。现在，我毫不费力就能勾画出这样的图景：房间里到处散落着报纸和赛马新闻，加缪那本书的校样就安静地躺在其中，书页被折了角，他那台笨重的"安德伍德"牌老式手动打字机里卷着一张芥黄色的复印纸，当时《纽约客》的作家们都用这样的纸。然而那年秋天，利布林已病得很重，他一定在挣扎着找回自己过去雄辩的文才和清晰的思路。那几个月里，他一定随身带着加缪的书，并费尽心思地整理着他的思绪，思考着他要写的文章，努力摆脱疾病带来的疲乏和沮丧，希望为加缪奉上一份恰如其分的颂词。利布林去世的前一刻，加

---

① 《哈罗德少年》（*Harold Teen*）：由卡尔·以德创作的以青少年为主题的一系列连载漫画，最早刊登在《芝加哥论坛报》上。——译者注

② 波尼（Bône），阿尔及利亚东北部港口城市，现称安纳巴（Annaba）。——译者注

③ A. J. Liebling, "Absurdiste," *The New Yorker*, April 20, 1946, 22.

缪仍占据着他的头脑。据利布林的妻子简·丝塔芙所说，在弥留的最后几天，他已经神志不清，只用法语对他昔日的偶像喃喃低语。[1]

丝塔芙回忆说，1963 年那一整年对利布林来说似乎是一场噩梦。那年春天，为了摆脱他的忧郁，打破他作家的禁锢，或许为了动笔写他的那篇评论，利布林回到了北非，重游了他热爱的一个地方。数十年前，他曾在那里做过新闻记者。他在阿尔及利亚的经历——"那是个陌生的国度，毫无疑问，它不是法国的一个省份，"他故意在他的文章中这样写道——开始于盟军入侵后他在奥兰和阿尔及尔当战地记者的几个月，那段时间加缪刚好第一次被迫离开他的祖国。1942 年 11 月，利布林正跟随第一步兵师的流动前线部队进行报道，但正如他所说，他才"刚刚开始熟谙北非"，而到他第二次执行报道任务的时候，他已经能够写出富有洞察力的文章，涉及腐败政客、富有的移民地主和被剥夺了公民权的当地人。（"他们讲起话来像密西西比人，"他这样描述那里的地主们。[2]）14 年后，利布林报道了那场独立战争，讲述了一个法国朋友的故事：那个朋友住在阿尔及尔附近，他的农场和果园刚刚被反叛的恐怖分子摧毁殆尽。[3] 当他提到在农村进行的游击战和炸弹在城市米歇莱路附近宾客盈门的咖啡馆里爆炸时，他的语气里充满了不祥的预感。当描述令人大汗淋漓的炎热和举着冲锋枪在咖啡桌间走来走去的士兵巡逻队时，利布林提到了加缪，说当时那个城里人们的表情与《鼠疫》里所描写的传染病流言刚刚蔓延时人们的表情一模一样。那次旅行利布林住在圣乔治宾馆，宾馆位于阿尔及尔一座小山高高的山顶上，他第一次去时那里曾是盟军的总部。他被安排住在艾森豪威尔曾经住过的那套房间里。加缪回乡看望母亲时也住过这家宾馆。

加缪应该会喜欢利布林的那些关于阿尔及利亚的文章。他很可能读过它们。他也应该会喜欢利布林在《纽约客》上发表的那些文章：关于依

① Sokolov, *Wayward Reporter*, 318.

② A. J. Liebling, *The Road Back to Paris* (New York: Doubleday, 1944), 217.

③ Liebling, "The Orange Trees" in *The Most of A. J. Liebling* (New York: Simon and Schuster, 1963).

兹·叶瑞什夫斯基的 I & Y 通宵烟草商店的，关于斯廷戈上校的，关于形形色色的骗子的，或者关于社会底层人物的。当然，他更应该为利布林自 1945 年起就开始写的新闻评论鼓掌喝彩。事实上，正是加缪和《战斗报》的出色品质多多少少地给利布林带来了一些启发，促使他下决心改版《纽约客》过去由罗伯特·本奇利负责的"失控的新闻"（Wayward Press）专栏，并决定用训练有素的眼睛来密切关注美国报界的动态，他认为美国报界 19 世纪时的辉煌已经令人悲哀地一去不返了。利布林对加缪深厚的兄弟情谊来源于他们对新闻事业共同的理想——在"街谈巷议"专栏系列文章的第一篇的第二个句子里，他提到了加缪对于报纸的看法。加缪认为，一份报纸首先应该关注的是评估其他报纸上刊登的重点新闻可能存在的真实成分。他们见面时，利布林正在完成《沉默的共和国》一书的出版工作，他从他已经编辑的数千册抵抗运动的作品中挑选出这样的一个样本，以证明自己在被德军占领时期也在进行着平凡而英勇的斗争。将这两个人联系在一起的还有许多其他方面的共同兴趣：司汤达，纪德，职业拳击手（在庞杂的资料中，只有利布林一个人提到了加缪在被确诊得了肺结核之前曾是一个中量级拳击手），送葬者，语言，种族主义或者其他任何形式的不公。利布林是一个直觉很强、涉猎范围很广的记者，他在文章中描述了种类极其繁多的人和事，这使他的文章风趣生动、富于同情心。他写文章就像讲故事，而且他热爱写作，但是他对自己也感到失望，因为他从没写过一部小说，而这种失望的情绪更加深了他对加缪的崇敬。

再度拿起利布林的作品，从中很容易看出他和加缪的友谊发展过程。（加缪告诉一个朋友说，他们是一见钟情。）重读利布林也是现在唯一能够通过他了解加缪的办法。因为我相信他有这样的天分，知道如何选择正确的人作为自己喜爱的对象和文章的主题，所以他和加缪之间的友谊对我造成的影响远远超出了友谊这个事实本身，或者他们见面的次数，甚至感情的强烈程度。利布林是个具有甄别力的大师，他一眼就看出加缪具有真才实学。我不知道这两个人见过多少次面——似乎在纽约见过三四次；在巴黎见面的次数还要更多些。在发表于杂志的文章里，利布林只提到在鲍弗瑞大街上逛酒吧的一个夜晚，以及 1948 年加缪骑摩托车来到他在巴黎的宾馆这个事实。在鲍弗瑞大街上（加缪说，那是那个城市里最邪恶的地区）游逛的那个夜晚，他们俩一起度过了一段相当喧闹的时光，他们先是走进"小意大利"的豪华沙龙，然后又进出于附近一连串的酒吧酣畅痛饮（尤其是利布林），最后来到一家破烂的咖啡馆听几个年老色衰的女演员演唱被虚度的生命和逝去的爱。能够与一位英雄式的、友善的法国年轻人一起游玩，利布林感到十分荣幸，而加缪似乎对他也兴趣十足，并且有这样一位风趣、老练的向导做引领，加缪看到了这座城市的另一面，这令他十分高兴。他们还找到了许多共同的话题。

我没有找到一封加缪与利布林的通信，尽管信件似乎很有可能是他们之间关系的延伸。信件可能会为他们数十年的交往提供更多的细节信息。但是最终，所有这一切都不再重要，因为有一个简单的事实，即利布林本人就足以表现出加缪到底是谁。并不是说他们都喜爱体育运动、女人，都平易近人，都对自己的母亲挚爱忠诚，也不是说利布林似乎对加缪私人的一面异乎寻常地了解。"那时他感觉世界亲近得像水，却从未长出一条'大鱼'身上应有的鳞片。他并不孤立——那与超然的'局外人'完全对立。"利布林在为加缪写的讣告结尾处这样说。[1] 而是当我重读利布林，看到使他成为如此独一无二的记者的那些品质时，我由他联想到了加缪——他的良师益友，从许多方面看，还是他的偶像。从利布林身上，我看到了一个被反射的影像，一束折射的光芒。

没能在档案里找到加缪和利布林的合影，我感到很遗憾，因为合影照片上的他们俩应该可以形成令人好奇的对比：加缪像一只小羚羊，而利布林像一头海象。还令我感到遗憾的是，我没能找到加缪与布兰奇·诺普夫在纽约的合影，因为那可能使人想起他们之间的一些情感关系——照片上那个精明的、难以讨好的女人，染着红指甲，戴着厚重的黄金首饰，而那个北非人年轻英俊，穿着剪裁古怪的西装。布兰奇于 1915 年与丈夫阿尔弗

---

[1]　Liebling, "Talk of the Town," *The New Yorker*，January 16，1960，23-24.

雷德共同创办了诺普夫出版社。在巴黎的丽兹酒店初识加缪时，她已"不再年轻"，那一年刚刚解放，阿尔弗雷德安排她负责诺普夫出版社在欧洲的业务。（"最好购买加缪的书，" 3月份，阿尔弗雷德给他在欧洲的代表发电报说，之后不久他派布兰奇亲自前往海外，她从此开始了每年春秋季定期的巡回。）布兰奇具有发展人际关系和吸引合适人才的特殊天赋，在战后的最初几年里，她和诺普夫成为用英语发表现代欧洲文学作品的先驱。（1949年，法国政府因她对法国文学的支持而正式授予她"骑士"荣誉勋章。）诺普夫出版社旗下的作家除了几个早期的成员，如朱尔斯·罗曼和安德烈·纪德外，后来还发展了萨特、波伏娃和热内，而加缪在其中一直占据着举足轻重的位置。布兰奇在加缪死后的第二年发表了一本情意绵绵的长篇回忆录，"在那个瞬息万变的巴黎，我们俩之间建立起了一份信赖和忠诚，这是我在其他任何人身上很难感受到的。"①

在布兰奇看来，他们的关系不仅仅如此。她的回忆录表达了他们两人之间共同的思想以及相互理解和轻松舒适的关系，这种关系远比通常意义上的同志友情和作家与编辑之间的合作关系深刻得多。"我感觉像是与一位亲密的知己在一起。我相信这是真的。加缪也常常这样说，"布兰奇写道。不过她对加缪的刻画可能带有她自己的功利性，名人回忆录大都如此，而且除了一些通信能证明加缪本人的思想外，她的回忆录中提供的其他信息微乎其微。这本回忆录除了描写加缪的才华横溢之外，还用了大量的篇幅刻画了他的外貌，吐露出过于热情洋溢的心声，几乎带有一股女孩子的稚气或者说达到了愚蠢的程度。"尽管他很年轻，作品也不多，但他对我们所生活的这个世界的看法在当时（欧洲战争结束三周之后）足够让我看到他作为一个哲学家和人道主义者的伟大。"不过，布兰奇的描写也同样富于个人细节和情感，所以无论它读起来有多么罗曼蒂克，都是十分令人信服的。

---

① Blanche Knopf, "Albert Camus in the Sun," *Atlantic Monthly* (Boston) February 1961, 77.

在接下来的 15 年里，每年至少两次，这对作者和编辑都会在巴黎丽兹酒店会面几个小时。他们的会面通常是在上午，在一个安静的走廊里，因为下午走廊里到处是来喝茶的贵妇人。他们一起喝咖啡、波本威士忌或者巴登（一种苏打水），一支接一支地吸烟，并且不停地交谈——谈加缪的作品，他的未来，他的过去，法国的年轻作家们（应布兰奇的要求），美国作家们，总之，"除了政治以外的任何事情"。理所当然，布兰奇逐渐了解了加缪作品之外各个方面的生活：他可怜的健康状况，匈牙利革命时期他与年轻知识分子们的交往，他在剧院里花费的大把时间，他获得诺贝尔文学奖后深深的沮丧，他正在乡间寻找一处房子，甚至他对母亲的热爱，"他最心爱的女士"，布兰奇这样描述加缪的母亲。布兰奇在布鲁克斯兄弟[①]为加缪买了一件加缪梦寐以求的美式风衣——《堕落》一书的封面上、卡蒂埃-布列松为他拍摄的照片中他身上穿的那一件。（当他声称"它合身得像一只手套"时，布兰奇在回信中写道，这个比喻着实让她吓了一跳。）与阿尔弗雷德一起，布兰奇出席了在斯德哥尔摩举行的诺贝尔颁奖典礼，在典礼上，"他发表了我们这个时代最伟大的演说之一"，并"跳了一整夜的'恰恰舞'"。（那是布兰奇第一次出席这样的典礼，尽管诺普夫公司旗下已有十位作家获此殊荣。）从根本上讲，布兰奇是加缪的编辑，在他事业的发展中起到了一定的作用，"感谢你不断地帮助……"加缪在 1955 年写道。"我知道我很幸运……我对你永远充满感激之情。"[②] 布兰奇与加缪最后的联系止于 1959 年 12 月就《第一个人》所交换的一组书信，那时加缪终于决定开始全身心地投入那本书的创作。他在信中写道，"我在为你而写，因为我知道你对我倾注如此多精力的这本书是多么地喜爱。"[③] 加缪向布兰奇许诺说，这本书出版的时候，他将返回纽约，并且他们两个要把书举在中间一起合影。布兰奇在回信中写

---

① 布鲁克斯兄弟（Brooks Brothers），创立于 1818 年，位于纽约麦迪逊大道，是美国最老的服装品牌之一。——译者注

② 加缪于 1955 年 3 月 25 日亲笔写的一封信。

③ Albert Camus, letter to Blanche Knopf, December 1, 1959. Knopf papers, Harry Ransom Humanities Research Center, University fo Texas at Austin.

道，"你告诉我说你在为我而写作，你很可爱——是的，还为你自己和这个世界。这你很清楚。祝福你，祝一切顺利。"①

当然，布兰奇只是加缪的一个较为次要的编辑，她只承担了将加缪的作品推介给美国读者的责任，同在英国出版加缪作品的哈米什·汉米尔顿出版社起到了同样的作用。尽管如此，单凭鼓励加缪和在关键的时刻鞭策他这个事实来看，她似乎仍然对加缪的创作过程产生了极为重要的影响。布兰奇逐渐了解到加缪的写作速度极其缓慢，对作品的要求极其挑剔，所以她担心他每两部作品的发表时间会相隔太久，总是催促他尽快进行创作并发表。《堕落》出版时是一部独立的小说，后来才被收录到作品集《流亡与独立王国》中。她还一直催促他抓紧时间创作《第一个人》。诺普夫出版公司在美国出版的加缪作品的顺序与伽利玛出版社在法国的截然不同。例如，加缪最早的两部小说在《西西弗神话》之前很久就出版了——甚至加缪都认为最好还是等美国读者熟悉了他的其他作品后再让他们了解他的哲学观点——而他的戏剧直到 20 世纪 50 年代才以作品集的形式出现在美国。这意味着加缪作品的英译本并没有因其出版形式而产生任何额外的影响力——加缪之前曾精心构想过，希望以包含一个剧本、一部小说，一篇散文的"三部曲"或者主题套组的形式发表他的作品。美国人民所熟悉的是作为公众人物和公众演说家的加缪，他们真正接触他的新闻报道和政治评论是在他去世后以及 1961 年为悼念他而发表的一个作品集《抵抗、反叛和死亡》之后。

除了在加缪死后发表在《大西洋月刊》上的这篇回忆录，布兰奇与加缪的往来书信是唯一能够证明他们之间关系的原始资料。他们的书信大约有 50 封被保存在奥斯丁德克萨斯大学兰塞姆中心的诺普夫档案室里，一并存档的还有布兰奇与一些翻译家和代理商的通信、几份贺电的副本和各种各样的公司内部备忘录。这些书信读起来不如一些文学书信内容丰富、引

---

① Blanche Knopf, letter to Albert Camus, December 11, 1959, Knopf papers, Ransom Center.

人入胜，因为它们几乎只是特别针对某些实际问题所写的，诸如版税、文本删减、新闻评论等必要的出版问题。然而，无论多么平淡无奇，出书过程中出现的这些琐碎事情都呈现出富有魅力的意义，不仅因为它们涉及加缪的版税、封面照片或者登上畅销书榜等问题，还因为它们出自两个非常有趣的人永远热情洋溢的书信文字。

例如，《鼠疫》在美国获得成功后，加缪写信询问，他是否能得到足够的钱来买一辆摩托车。迪伦·托马斯①去世后，加缪要求从他的账户里取出50 美元捐献给这个诗人的纪念基金。加缪表现出的对自己作品销量的兴趣像销售数字本身一样有趣。例如，《鼠疫》出版之后的第一周就卖掉了 3 000册，这即使是在诺普夫出版社的销售历史上也十分惊人。（在出版前的一个月中，诺普夫公司的宣传部门就像策划一次有历史意义的战役一样，每隔三天就发布一套广告卡片，上面印有死神的画像和这样的广告词："瘟疫就要来了！它已袭击欧洲！在法国 100 000 多人已被它吞噬！它即将席卷美国！阿尔贝·加缪要对此负责！"）② 6 年之后，诺普夫公司对《反抗者》的期望值降低了许多，所以第一版只印刷了 1 500 册。《堕落》连续数周登上《泰晤士报》畅销书排行榜上第七名的位置。沃尔特·万格③购买了该书的电影版权，并期望斯宾塞·屈赛④在影片中担任主演。布兰奇对市场卖点保持着鹰一般敏锐的目光。她建议"尽快在日报上打出轰动广告"为《鼠疫》做宣传。她担心存在主义尚在流行，所以质疑《西西弗神话》的出版（这本书最终于 1955 年出版）。布兰奇总是满怀希望地将《反抗者》的赠阅本送

① 迪伦·托马斯（Dylan Thomas, 1914—1953），20 世纪 40 年代以来英国诗坛最有影响的诗人之一，他的诗作受到现代主义诗歌和浪漫主义传统的双重影响，技巧圆熟，关注读者的情感诉求，具有强烈的抒情性。他不但在技巧上，而且在意识上极大地革新了英国现代诗歌，掀开了英国诗歌史上崭新的一页。——译者注

② *The Library Chronicle* 26 (1, 2) (University of Texas at Austin：Harry Ransom Humanities Research Center, 1995)，81.

③ 沃尔特·万格（Walter Wanger, 1894—1968），美国电影制片人。作品包括《圣女贞德》、《埃及艳后》等，曾获奥斯卡终身成就奖。——译者注

④ 斯宾塞·屈赛（Spencer Tracy, 1900—1967），美国演员，好莱坞明星，曾主演《勇敢的船长》、《化身博士》、《猜猜谁来吃晚餐》等。——译者注

给亚瑟·施勒辛格、莱昂内尔·特里林、艾伦·杜勒斯、埃里克·萨瓦雷德、爱德华·R·默罗和其他的一些知名人物。几年的时光匆匆逝去，这对编辑和作者彼此之间的称呼也由"亲爱的阿尔贝·加缪"和"亲爱的诺普夫夫人"变成了"亲爱的朋友"，有时甚至是"亲爱的阿尔贝"和"亲爱的布兰奇"。这就像是一连串细碎的舞步，间或穿插一次意想不到的转身（在一次合同出现误解时，突然恢复成"阿尔弗雷德·A·诺普夫夫人"和"加缪先生"）或者一次热情的拥抱（有一次加缪写道"我想念你，一如既往，全心全意地"）。在写于1959年12月29日的一封信中，那也是布兰奇写给加缪的最后一封信，她这样结束道："最后，祝你度过一个非常非常快乐的新年——这个'快乐的新年'你会在哪里度过对我十分重要。"

对于一个如饥似渴的读者来说，这些信件里还包含着另外一些有价值的信息，这些信息本身为我们提供了某些历史启示。比如信件中，有一份在1948年将数箱香烟船运给欧洲的代理商和出版商的面额17.43美元的运费账单。还有一批运往国外的绣花手帕。在加缪的档案中发现了一份布兰奇信件的小样本，是她写给公司其他客户的——V·S·普里切特、（创办著名饭店的）普吕尼耶夫人、埃里克·安布勒、伊丽莎白·鲍恩、安吉拉·瑟克尔，这提醒我们布兰奇在文学界拥有着许多关系密切的朋友。（"亲爱的安吉拉，你还像从前一样了不起。"）布兰奇还与她的老朋友珍妮·布莱德雷保持着稳定的通信联系。布莱德雷与她已故的丈夫威廉于1920年在巴黎创办了一家颇具影响力的国际文学代理公司，并出版过一些美国作家的作品，如伊迪丝·华顿、约翰·多斯·帕索斯和亨利·米勒等。（1949年6月16日，布兰奇告知珍妮，她已经拒绝出版西蒙娜·德·波伏娃《第二性》的第一卷。"在我看来，出版这样一本巨大的两卷装的'金赛'①式的报告在今天几乎是非常出格的事，尤其在金赛报告的女

---

① 即阿尔弗雷德·金赛（Alfred Charles Kinsey, 1894—1956），美国生物学家及性学家，被认为是20世纪最具影响力的人物之一。他根据调查研究成果出版了《男性性行为》，称为《金赛报告》。五年以后，他又出版了《女性性行为》，这两个报告合称为《金赛性学报告》。——译者注

性篇如此盛行之际。我相信你能够想到其他的办法。"然而，几个月后，波伏娃的《第二性》依然出现在诺普夫的出版列表里，显然，布兰奇改变了主意，可能是因为听取了珍妮的建议。）

布兰奇在书信中表现出坚韧、机智和精明的个性。当另外一家名为"新方向"的出版社表示有兴趣出版《西西弗神话》的时候，她及时地压制住了他们的竞争。在其他读者尚在踌躇不决时，她早已抓住了《鼠疫》的寓言体本质和《堕落》的完整意义。尽管存在着诸多障碍（比如译文质量欠佳，最终还必须重新翻译），她还是认为出版《反抗者》是非常必要的。加缪的诺贝尔奖获奖演说令她赞叹不已，于是她将其编成了一本小册子去散发。理所当然，布兰奇十分在意她的服饰，她一直与法国女装设计师保持着联系，为了出席诺贝尔颁奖典礼，她请迪奥和巴伦西亚加①为她定做了礼服。"你量过我的尺寸，不必太昂贵，但一定要高雅，"她在写给迪奥的信中说。迪奥为她设计了一套丝质的礼服，用料是一块"非常迷人的绿色绸缎"，不过这种绸缎在商店里并不难买到。

书信中呈现出的所有这些微小细节都不可思议地令人满意。因为它们是新近被发掘出来的资料，因此其价值似乎与有关布兰奇的那些较大的事件几乎一样重大。有关加缪的一些小的揭示也是如此，它们会在意想不到的时候浮出水面。有一个小笔记本被提到了，加缪经常在上面写写画画，我猜想里面一定记满了一段段街头巷语。还有资料曾提到有一次加缪拒绝为书的封面提供个人生平信息，这为他谦逊的天性增加了新的证据。想要帮助在南美旅行时认识的三个巴西侍者在法国找工作这个事实证实了加缪压抑不住的慷慨豁达。加缪拒绝了布兰奇要求他为《隧道》一书写序的请求，解释说，"我厌恶序言。我还没有足够的资历去写它。"② 他还拒绝读一本名为《死亡漫长的一天》的书——这颇具讽刺意味——因为他"总是

---

① 也译作"巴黎世家"（Balenciaga），既是高级时装品牌，又是品牌创始人著名西班牙裔设计师克里斯托巴尔·巴伦西亚加（Cristóbal Balenciaga）的姓氏。——译者注

② Camus, Letter to Blanche Knopf, October 13, 1949, Ransom Certer.

生病"。当加缪居然提到他的疾病和他失去了写作能力，或者 1949 年末当他的秘书苏珊娜·拉比什写信给出版社说他很痛苦、身体不舒服、每天最多只能工作两个小时时，加缪病情的严重性得到了新的证实。

虽然这些信件最终只能让我瞥见加缪生活的一隅，但它们还是起到了重要的作用。有时候，它们的顺序混乱，日期错误，或者包含令人困惑的信息，比如 20 世纪 50 年代中期，布兰奇提到加缪正在创作一部关于匈牙利革命的小说；这部小说应该是《第一个人》，但事实证明，这部作品与匈牙利革命毫无关系。有时候，这些信件可以说是平淡无奇，几乎不包含任何有价值的信息，但它们仍然算得上是真正的手工艺术品，并以某种神秘的方式影响着我们的精神。恍然之间，我似乎回到了 1946 年，想到《局外人》即将在美国上市，我倍感激动。恍然之间，布兰奇出现在我的面前，带着她特有的魄力，就像她在美国写的书信中表现出的一样。在当时推荐一个新的外国作家是需要勇气的，贾斯汀·欧博文这样评论她，并补充说，让美国认可悲观主义和清醒意识在当时未必合时宜。恍然之间，加缪又向我走近了一步。他的声音——那个只有在信中或者与朋友说话时才会如此放松的真实的声音——几乎就回响在耳边。他就在眼前，看起来就如镶嵌在镜框里的照片，百分之百地真实。

我在奥斯丁也曾经历过一刻类似的亲近感，但那与加缪的出现毫无关系，至少与他的声音、他的思想或者他的形象无关。那是在我着手开始研究的第三天，兰塞姆中心的图书馆员带来一本美国第一版的《局外人》，放到我面前的桌子上。那本书很小，大概只有五英寸宽七英寸长，它没有裹在耐磨的包装纸里，也没有附白手套，像阅读旧书珍藏本时经常见到的那样，所以我对它引起的情绪反应丝毫没有心理准备。我不知道我原本期望包在书皮外面的封面应该是什么样子——我想我只是想象过书名被直接印上去的效果。然而在这本书的封面上，在黑白相间的复杂背景中，赫然显现出一张年轻人的脸，他的头发漆黑，他的双眼被"局外人"几个字遮盖起来。这一切所唤起的孤独、蔑视和悲哀如此炽热，几乎灼痛了我。封面的折页文字将这本书描述成"一个无助的人的令人难以忘怀的图画"。文字说明写道，"《局外人》是一部关于一个平凡小人物的短篇小说。他在阿尔及尔过着安静的生活，然而命运的冷酷无情开始慢慢地向他潜近，步伐越来越快，直到这个小人物无意中杀了人，并在被审判后达到了高潮。"捧着这本书，我发现自己热泪盈眶。它是一份历史遗物，因得以溯源而依然存有余温。在那一刻，我可以感受到 1946 年的脉动。加缪那时还是个初出茅庐的新人。他是个欧洲人，对许多美国读者来说，他的思想是陌生的。在那年春天的《新共和周刊》上，尼古拉·乔洛蒙蒂称赞《局外人》是"一部现代人能够感知的诚实的悲剧"[①]。他说，莫尔索"夸张一点说，代表着每一个人"。在《时代周刊》上，也有评论家将莫尔索称为"扣动扳机的人"，并不屑地将《局外人》视为政治涂鸦，"存在主义的悲观情绪突出了这个故事中每一个冰冷的、极端的、荒谬的细节"，用语中带着容易觉察的愤怒。在《局外人》封底的折页上，印着加缪的生平。生平材料尽管确认了他是抵抗运动时期重要的作家之一，却只有一个句子，短得可以与加缪的幼年时期相媲美。到《鼠疫》出版的时候，加缪摆在办公桌上的一张照片（他穿西装的那张）理所当然地被刊登了上去，他的简历中也增加了他在气象局和一家船运公司工作过的早期经历。"加缪喜欢海水浴，明媚的阳光，人类的情感，更为简单的快乐，并且——从知识分子的这方面来看——他思路清晰，"该书广告文字撰稿人的语气颇像布兰奇，"他被描述为新法国古典主义文学的先驱，那是一种表达清晰、富于逻辑和具有独立思想的文学。"

乔治·W·布什当选总统之后的那个夏天，我在奥斯丁停留了将近一个星期。每天从上午 9 点到下午 5 点，我都躲在诺普夫档案室里研究加缪。我争分夺秒地阅读着那些每天专门为我从深埋于图书馆下面的一个地下室里重新取回的档案。每天工作完毕之后，我漫不经心地在市里游逛来消磨时光。那一学年已经结束，所以大学校园里一片寂静、慵懒的景象；校园周围的联谊会会堂正在被清理，破损的家具和空啤酒瓶散落在会堂前面的

---

① Nicola Chiaromonte，*The New Republic*，April 29，1946.

草坪上；位于主要街道上的咖啡馆和"塔克联合"① 里几乎看不到人影。我漫步到更远处，走到市中心时发现了州长的宅邸，人行道上镶嵌着得州之星②的明星们的青铜小雕像。我在斯图布烧烤餐厅总店吃了排骨和奶酪粗玉米粉。最后一个夜晚，我开着租来的汽车去了托恩湖边上的一个公园，日落时在那里可以看到成百上千只蝙蝠纷纷向天空飞去的情景。在等待它们出现时，我突然感到好笑，白天我还在与加缪和布兰奇近距离地接触，而夜晚却在畅览得克萨斯州的州府。然而，我的确是加缪过去岁月的一个观光客，正如现在我正巧成为奥斯丁的观光客一样。我已习惯了这些出乎预料的情况。我正在感受着的这种时空迁移感正是研究工作的本质体现。

当我决定由一个读者和研究员转变为一名兼职调查记者的时候，就像把自己从一把安乐椅上挪到一条繁忙的大街上，生活变得更加生气勃勃，但同时也更加危险。这条大街已不像十年或二十年前那样繁华，那时候加缪很多的朋友尚未去世，它依然充满希望，因为还有许多相关的人健在。在接下来的几年里，我相继采访了与加缪相识的 18 个人。他们是一个奇怪的、不可预知的群体——第一批人中包括乔洛蒙蒂的遗孀米里亚姆，加缪在普罗旺斯的好友乌尔班·波尔热的儿子，加缪的戏剧代理人，还有一个极其谦逊的阿尔及利亚朋友——他们都毫无保留地提供了事实真相，有的不太重要，有的却重要得令人吃惊。我逐渐将他们视为贯穿加缪生活并接通至我自己的一根根导线，为所有我已经了解到的信息注入新的能量。通过他们的回忆，我开始试着拼凑出加缪的一幅画像——从本质上来说，更像一张张移动着的草图。在采访他们的间隙，我也与了解加缪许多情况的形形色色的人见了面——他的传记作者们，一个肺结核病专家，几位杰出的批评家——我还与我的几个朋友交谈过，他们谈了自己阅读加缪的重要

---

① 塔克联合（taco joints），墨西哥人的薄饼卷连锁店。——译者注
② 得州之星（Texas stars），美国得克萨斯州冰球联盟。——译者注

感受，像我一样，他们感觉加缪影响了他们的生活，或者正如威廉·斯泰龙所说，"彻底地决定了我本人的人生观和个人经历。"[①] 为了获得现存的资料，我又增加了去法国加缪档案馆的次数，并在那里花掉了许多时间，也到耶鲁大学的贝尼克图书馆去过几次，那里保存着乔洛蒙蒂的文件，特别是加缪与乔洛蒙蒂的通信。我观看了许多继《第一个人》出版后法国电视访谈节目的录像带和纪录片。我继续一遍遍地阅读，经常发现自己不是已经忘记了某些早先的记忆，就是在不断地修改它们。我上大学时得到的加缪的那几本笔记因为那段时间翻阅得过于频繁，纸页已经脱落，甚至成为碎片。

　　颇具意味的是，我最想见的两个人，即我最初确定的两个目标，却成了最难攻克的堡垒。罗杰·基约，我间接的导师和亲密的兄长，在六个月的沉寂之后才给我回了信（还写错了地址）。到我收到凯瑟琳·加缪的回信时，我几乎已经因自己没有能力接近她而感到绝望。因为越来越明显，她不仅是加缪还在世的、最重要的亲属，而且，作为加缪遗著的保管者，她持有通往加缪王国的钥匙。没有她的直接许可，我不能到国家图书馆或者被称为"法兰西学士院"（IMEC）的文学档案馆甚至得克萨斯大学查阅任何相关文物和文件。只有在耶鲁大学的贝尼克图书馆——米里亚姆·乔洛蒙蒂强烈推荐我去那里，我也感觉的确不虚此行——我才顺利通过监视屏幕，也就是说，在没有拿到加缪家族成员许可字条的情况下顺利进入。也正是在耶鲁大学，至少有一个下午的时间，我感受到，我与加缪之间的亲密关系已经达到了一个极其微妙的境地。

---

① William Styron, *Darkness Visible: A Memoir of Madness* (New York: Vintage/Random House, 1990), 20.

六、重返欧洲

> "成功的忧郁。反对的声音是必要的。如果一切对我来
> 说都更加困难，一如从前，那么我应该更有权利说我现在所
> 说的话。事实仍然是，在此期间，我能够帮助许多人。"

事实证明，尼古拉·乔洛蒙蒂是一个极具个人魅力的人物。纽约的知识界人士回忆他时都清楚地说明了这一点。按照我所了解到的时间表，就是乔洛蒙蒂在加缪访美这段时间将加缪介绍给那些知识界人士的。乔洛蒙蒂因反抗法西斯主义而被驱逐出意大利。在西班牙，他曾是安德烈·马尔罗为战争组建的飞行中队中的一员（他是马尔罗的小说《希望》中斯盖里的原型）。他健壮结实，皮肤黝黑，神情严肃，是公认的富有魅力的实干家。他不相信各种各样的主义，但对个体创新能力充满信心，在《新共和周刊》、《政治》和《国家》上发表了许多文章，并因此确立了他在美国的声誉。玛丽·麦卡锡①宣称乔洛蒙蒂是"她终生的朋友"，在很大程度上是因为他改变了她的世界观。乔洛蒙蒂对政治权术不感兴趣，却非常关心各种思想流派。他经常谈论经典名著，对托尔斯泰和柏拉图情有独钟。他的朋友、小说家尼科洛·马基图斯说，乔洛蒙蒂像一个本笃会②的修道士，

---

① 全名是玛丽·特莱斯·麦卡锡（Mary Therese McCarthy，1912—1989），是一位在美国当代文学界享有很高声誉的作家。她擅长对婚姻、两性关系、知识分子以及女性角色等话题，进行富于独见性的辛辣评论，作品备受社会各界关注。——译者注

② 本笃会（Benedictine）是天主教的一个隐修会，又译为本尼狄克派。公元529年由意大利人圣本笃在意大利中部卡西诺山所创，遵循中世纪初流行于意大利和高卢的隐修活动。其规章成为西欧和北欧隐修的主要规章。本笃会隐修院的象征是十字架及耕地的犁。——译者注

"既才华横溢又具有高尚的品质。"① （不过威廉·菲利普斯却持相反意见，他直截了当地对我说，他认为乔洛蒙蒂是一个死板的道德家和无政府主义者。）

乔洛蒙蒂身上的大多数特征也会让我不自觉地联想到他的亲密朋友加缪。加缪在乔洛蒙蒂的生活中第一次出现是在 1941 年的阿尔及尔，那时乔洛蒙蒂因反抗法西斯主义和纳粹党人刚刚被驱逐出欧洲，加缪收留了他，安排他住进"菲舍之家"（Maison Fichu），直到他安全抵达卡萨布兰卡，随后又辗转到纽约。在乔洛蒙蒂的记忆中，加缪是当时他所遇到的人中一个非常引人注目的年轻人，虽然只有 28 岁，却在当地名声显赫。加缪是一个快乐群体的领袖人物，其成员都是年轻人，包括记者、有抱负的作家、学生、阿拉伯人朋友，以及一些对当地资产阶级和贝当②怀有敌意的人。加缪热爱戏剧，并经常上演戏剧——当时他正在自编自演《哈姆雷特》，他新婚的妻子弗朗辛扮演奥菲莉亚。乔洛蒙蒂回忆起加缪和他的朋友们在北非战争迫在眉睫之际最后狂欢的那些日子，他们如何"生活在一起，白天在海滨和山坡上，夜晚播放唱片尽情跳舞，表达着对英国获胜的希冀，宣泄着对法国和欧洲所发生的一切的厌恶情绪"③。乔洛蒙蒂说，战争让自己感到孤独，他憎恶战争，他喜欢这些朋友们的陪伴、喜欢他们的热情和年轻。反过来，乔洛蒙蒂作为一个已经被卷入危险战争的长者，唤醒了加缪和加缪的朋友们为反抗德军尽自己微薄之力的愿望。

乔洛蒙蒂将他与加缪之间的友谊描述为一种本能——他们就是以这样的方式相处的。他们之间友谊的核心是某种不言而喻的东西，是多年以来他们之间交换的信件的核心内容里所蕴含的、表现为信任和坦率的某种东西，是 1946 年时就已经被揭示为一种共享的价值体系的某种东西。"我们

---

① Carol Brightman, *Writing Dangerously*：*Mary McCarthy and Her World* （New York：Harcourt Brace，1992），272.

② 菲利普·贝当（Philippe Pétain，1856—1951），也被称作元帅贝当，是法国的将军，后成为维希政府的首脑。——译者注

③ Nicola Chiaromonte, "Camus in Memoriam" in Brée, *Camus*，12.

的人寥寥无几，乔洛蒙蒂，寥寥无几，"1945 年
11 月，加缪在写给这位朋友的信中提到他们对这
个世界令人绝望的现状的无限担忧时，这样写道。
"我不知道有朝一日我敞开心扉对你说话时，还能
告诉你些什么。"① 乔洛蒙蒂是 3 月份乘船离开法
国前往纽约的，自他动身前的几个月，加缪就开
始提出一些问题，似乎在为他们的重逢埋下伏笔。
"正义是每个人都关心的事，而自由则几乎无人问
津。这是必须要改变的，"他在第二年 1 月这样写道，同时补充说他们将在
更恰当的时候充分地讨论这个问题。（他解释说，他患了感冒，而且，他
的手臂因注射针剂而不能清晰地写字。）

　　加缪写给乔洛蒙蒂的信件中所涉及的一些内容是出人意料的，虽然过
于简略但仍十分诱人，因为它们就像是现实生活的速写笔记。信中充斥着
日常的琐碎（"被手头拮据搞得忧心忡忡"或者"我们没有政府……但是，
当然了，法国人不在乎"）、当地的新闻（"多么滑稽的一本《圣经》，"他
在波伏娃的《第二性》刚刚出版时说），还有一些泛泛的最新消息，除此
之外，几乎很少涉及有关道德良知的政治事件，而这样的内容对于他们的
关系来说却是尤为重要的。加缪提到了一份重要的共同事业；对将约翰·
赫西的小说《广岛》翻译成法语的浓厚兴趣；在美国发表《战斗报》上的
某些文章；与凯斯特勒的一次匆匆偶遇；与萨特以及《摩登时代》杂志社
全体人员的不欢而散，原因是他针对哲学家莫里斯·梅洛-庞蒂②关于莫斯
科"摆样子公审"③的文章进行了批评。（"我与《摩登时代》团队的关系

---

① Camus, letter to Nicola Chiaromonte, November 7, 1945, Beinecke Rare Book and Manuscript Library, Yale University, New Haven, CT.

② 莫里斯·梅洛-庞蒂（Maurice Merleau-Ponty 1908—1961），法国 20 世纪最重要的哲学家、思想家之一。他在存在主义盛行年代与萨特齐名，是法国存在主义的杰出代表。他最重要的哲学著作《知觉现象学》和萨特的《存在与虚无》一起被视作法国现象学运动的奠基之作。——译者注

③ 摆样子公审（show trials），政府出于政治目的而举行的公开审讯，实际上，判决已在审讯前就决定了。——译者注

不太好，恐怕我把对这份杂志和 M. 庞蒂的看法对他们表述得有点粗鲁。这有点愚蠢，但一个人总会有偶尔失控的时候。"[①] 信中也提到了《鼠疫》一书：他已经写完了这部小说，但怀疑它是否值得发表。更多的内容则是关于他的疲惫、疾病和他的家庭的。（那对双胞胎刚刚开始学说话，他给他们上了"第一课"。他问"谁是瘟疫"，让回答说是凯西。他问"谁是霍乱"，凯瑟琳回答说是让。他又问"谁是受害者"，两个孩子齐声说，是爸爸。）经常出现在信中的，还有加缪对乔洛蒙蒂和他的妻子米里亚姆（或者称其为米里恩）的喜爱之情，以及对忠诚和友谊的信仰。这些内容中没有一条具有实质性意义，但那无关紧要。这些源源不断涌现出来的小事实潜伏着信任和情感的暗流，展现出另外一个加缪。

阅读加缪和乔洛蒙蒂之间的通信是我第一次学习使用原始资料，这为信的内容增加了片刻的新奇感，也平添了它们的重要性。处理这些信件时即刻产生的亲密感让我毫无心理准备。信件都是手写的，虽然被装在卡片盒里或者被夹在文件夹里，但仍然散发着情书般特殊的气息。让我没有心理准备的还有加缪的笔迹，虽然早有耳闻，但真正读起来，仍然感到它们出奇地难以辨认，我甚至突然想，即使有一天这些信件为我所有，我也不能完全读懂它们。加缪的手迹乍看上去还算优美，尽管字体很小，但试着去读它们就会感觉像在非常昏暗的小房间里辨认物体。一个个密密麻麻的小字母就像一座座相隔甚远的孤岛，当我费力地破解它们的含义时，我想到了凯瑟琳·加缪在《第一个人》的序言里曾讲述道，她花费了许多年才将父亲的原始手稿破译成机打文字。将近一个小时的时间里，我反复研究着那些字母的构造，一会儿拿起最初曾十分不屑使用的放大镜，一会儿又放下。我知道它们是通往某些重要内容的关键，但最终还是没能找到一点线索，既辨别不出它们的模样又判断不了它们的含义。这个字母到底是"r"还是"t"？这个词是"vous"还是"nous"，或许是"voir"，要么是"voix"？是"Témoignage"，还是"Voisinage"抑或是"Voltaire"？有没

[①] Camus，letter to Chiaromonte，September 20，1946，Beinecke.

有其他的一个词或字母与这个正在被考虑的意思类似，这样我就可以从它的上下文来辨别，或者用它来破解这个密码？我一遍又一遍地阅读着每一个句子，一次次地返回到一段文字的开头，努力想成功开始阅读这段拒不合作的段落，甚至想跳过它，结果却发现自己仍然被卡在原地。我影印了加缪最重要的几封信，这样我在家里也可以继续我的破译工作。我从百内基图书馆①借到的副本中也包含着一些文字，读起来像是："至少——现在知道我们正在死去，在——边缘的（或者极限？），而且有必要让它爆发，炸毁它？鸣钟送别？"

终于，不知何时，我弄明白了加缪笔下的"d's"看起来都像是倒写的"6s"，"r's"看起来是"v's"，而"c's"和"c'est's"也开始像阵阵巨浪一样浮出水面。我慢慢意识到这些密密麻麻、常常参差不齐的字体正是他所承受的疾病和压力的外在表现。我知道我已经与加缪一起走过了一段有着特殊意义的时光。我与他，远远超出了破译密码这样的教学关系，我们已经形成一场私人间的较量，一场摔跤比赛，一场猫捉老鼠的游戏。在这个过程中，我知道我们的关系已经进入了一个完全不同的阶段。着手开始调研的第一天上午发生的事情仍然深深地印在我的脑海里，让我体会到我的这种新处境的强大力量。当时我正全神贯注地读着加缪于 1946 年 8 月 27 日写的信，我发现那封信毫无特殊之处——"尝尝纽堡式火锅龙虾②吧，"他向正在前往科德角途中的乔洛蒙蒂写道，"我回来后一直没见到萨特。"——我将大拇指重重地按在信纸的一角上，手中的笔不经意间弄污了信纸上的一个词。我瞪着信纸上蓝墨水的污渍，不敢相信自己的眼睛，一时间因自己对这样一份珍贵的手稿如此粗心大意而充满恐惧，紧接着，又感到一阵惊愕，因为我刚刚用一种非常真实的方式感受到了加缪的存在。我感到头晕目眩，而且吓了一跳，像见到了幽灵一般。但是那个墨渍

---

① 百内基图书馆（Beinecke），位于耶鲁大学校内，是当今世界上最大的专门收藏古籍善本的图书馆。——译者注

② 纽堡式火锅龙虾（Lobster Newburg），一种用葡萄酒或白兰地酒和硬酪法烹制的奶油龙虾肉块。——译者注

的的确确就在那里，似乎是我刚经历过的心灵感应的物证，同时告诉我一个事实：有时候，时光的流逝并不是那么重要。

在那时能够看到加缪与乔洛蒙蒂之间的通信对我来说大有帮助，因为尽管信件表达的方式很简单，但它们不仅复活了 1946 年的欧洲——加缪已于那一年的 6 月末返回，而且也为我提供了审视他内心的窗口。在法国，生活又恢复到从前的样子——5 月，地铁重新开放，剧院里人头攒动（戏迷们的口味发生了变化，开始崇尚非现实的东西），8 月，出现了自 1937 年实行全国大假期以来最大规模的一次出城人潮。（加缪和弗朗辛也带着一对双胞胎来到布列塔尼，在米歇尔·伽利玛的母亲靠近大海的房子里度假一个月。那幢房子宽敞而古老，在那里，加缪花了很长时间创作《鼠疫》。）刚回欧洲时，加缪因终于回到家中而倍感喜悦，他发现巴黎"比以前更美丽"。但没过多久，他就意识到欧洲正在被"美国化"，而且在严重地衰退。"欧洲正在等待一本新的福音书，但福音书不会出现，"他写道。"因此，他们等到的将会是原子弹。"① 珍妮特·弗兰纳在她的"巴黎来信"系列文章中描述了冷战刚刚到来的现实，她写道，巴黎和谈结束后，苏联和美国一夜之间成为世界老大，而欧洲迈进一个崭新的冰河时代的步伐似乎很缓慢。② 1946 年秋天，加缪在给乔洛蒙蒂的信中说到，"普遍的懦弱是令人困惑的，"③ 而在给让·格勒尼埃的信中，他的言辞更加激烈，"人人都感到害怕，他们沉默不语，躲藏起来。"④ 11 月，他对于当时世界现状的看法开始毫不避讳地出现在《战斗报》上。

加缪一定与当时在纽约的乔洛蒙蒂探讨过发表在《战斗报》上的以《不做受害者，也不当刽子手》为题的系列文章中的大部分内容。尽管乔洛蒙蒂比加缪年长 8 岁，这对朋友却出生和成长于完全相同的历史时期，

① Camus，letter to Chiaromonte，July 14，1946，Beinecke.

② Janet Flannet，*Paris Journal*，*1944-1965*，69.

③ Camus，letter to Chiaromonte，September 20，1946，Beinecke.

④ Camus-Grenier，*Correspondence*，93.

而且对意识形态、革命暴力、死刑和国际主义等问题得出的结论也完全相同——这些也正是加缪在发表的文章中提出来进行讨论的问题。（米里亚姆·乔洛蒙蒂曾将她丈夫写给一位朋友的一封信寄给我，信中提到在纽约举行的一次晚宴，晚宴上加缪引领了一场关于"'城邦国家'和'该做些什么'等问题"的谈话，信中说加缪是真正严肃认真地对待当代社会问题并敢于在公众面前畅所欲言的为数不多的人之一。①）像与乔洛蒙蒂进行的长谈一样，加缪三个月的美国之行同样使他对有必要建立一个中介团体来发起和平运动的想法变得更加强烈。在加缪的文章见诸《战斗报》之前的几个星期里，他就在马尔罗家里与萨特、凯斯特勒和曼尼斯·斯珀伯②会面，商议采取联合措施的事宜。在世界各地，其他的知识分子也开始对被加缪称之为"保持缄默的大阴谋"的冷战采取了类似的回应措施。加缪个人出于道德责任，计划在《战斗报》上撰写一批文章。他告诉格勒尼埃，自己已经在脑海里反反复复地考虑过了这些问题；面对着世界令人惊恐的紧张局势，他必须阐明自己的立场，不管这将被证明是多么困难。他正在经受的压力使他变得急躁易怒。一周之前，他与萨特的哲学家朋友莫里斯·梅洛-庞蒂彻底决裂，因为梅洛-庞蒂在文章中攻击凯斯特勒。加缪在信中向格勒尼埃详细叙述了自己的境遇，描述自己进入了一种疯狂的状态。"以前这种困境从没有像今天这样来得更痛苦、更持久。"③

无论多么忧心忡忡，加缪还是计划让他的《不做受害者，也不当刽子手》读起来像是一份重要的政治声明。这些文章是在他沉寂了很长一段时间之后发表在《战斗报》上的，因此产生了极大的影响力。在一周半的时间内，加缪利用他的文章大声疾呼，反对极权主义、革命暴力、死刑和任何形式的"合法化的谋杀"。他恳求对话，呼吁开展适度的、调

---

① Nicola Chiaromonte, letter to Andrea Caffi, April 26, 1946, trans. Nicholas Weinstock, collection of Miriam Chiaromonte.

② 曼尼斯·斯珀伯（Manès Sperber, 1905—1984），奥地利裔法国小说家、散文家和心理学家。——译者注

③ Camus-Grenier, *Correspondence*, 93.

解性的政治活动，倡议走"第三条道路"。他警告人们不要认为结局会使
手段合法化；他讨论了革命的新意义和全球化的新世界。① 他写道："今
天，我们知道不再有孤岛，边界毫无意义，"同时指出，世界上没有任何
一个痛苦和磨难的实例不能在人们的日常生活中找到对应。② 在文章中，
加缪使用了第一人称，每个句子都充满目的性，这使他有时候听上去像
一位兢兢业业的教授，他就是利用这样的方式来满足他传达信息的需要。
当读到他警告人们帝国之间的冲突正逐渐屈从于文明之间的冲突、世界
各地殖民地人民的声音正迫切地需要被倾听时，我的脑海里首先出现的
是阿尔及利亚。

　　基于加缪在文章中所传达的信息的本质和他雄辩家的语气，毋庸置
疑，他一定会激起进步派的批评。他可能早已预见到这一点，尽管每次批
评到来时他似乎总是表现得十分吃惊。萨特和波伏娃认为他妄自尊大，对
他的系列文章嗤之以鼻。其他人则直接写文章攻击他。1947 年末，加缪的
文章在让·丹尼尔新创办的杂志《卡利班》上再次发表之后（丹尼尔为其
写了序，强调了它们的重要意义），加缪遭到了共产党所支持的日报《自
由报》的主编露骨的讥讽，他认为加缪天真幼稚、不切实际，根本不懂马
克思主义，照他的说法，加缪是一个"非神职的圣徒"，其"拯救肉体"
的愿望只会制造更多的麻烦。③ 对此，加缪现身说法——这在他的文章中
十分罕见——反驳说：

　　　　"我确实已经学会了'自由'这个词的含义，但不是从马克思主
　　义那里，而是从'贫困'那里。但是，你们大多数人都不知道这个词
　　的真正含义。我的任务不是改造这个世界或者人类，而是改造价值观
　　念，没有正确的价值观念，这个世界将不再值得栖息，人类将不再值

　　① 加缪本人就在共产主义信仰和抛弃马克思主义两者间进行选择的必要性问题直接向欧洲
的社会主义者发表过讲话。
　　② Camus, *Between Hell and Reason*，128.
　　③ 该编辑就是一度红极一时的巴伦·埃马努埃尔·达斯蒂埃·德拉维热里（Baron Em-
manuel d'Astier de la Vigerie）。他是戴高乐和斯大林的好友。

得被尊重。"①

从这个事件的戏剧性发展和所造成的气氛来看——一会儿，加缪公然站出来反对那些社会名流、傲慢的权威人士；一会儿，加缪又被一针见血地击中要害，因为正如他们所说，"你逃避政治，却拿道德做幌子"——这让我联想到他与萨特之间即将发生的决裂。我因这样的联想而恐惧得全身战栗，因为，从一定程度上说，我正开始理解加缪那难以压抑的道德良知。

从内容上来看，这些文章也预示着将要发生的一切。它们成为加缪的思想在不断进步的第一个明确的证据。我现在注意到，从 1946 年到 1951 年，加缪写的所有文章几乎都是在以这样或那样的方式宣泄着他对意识形态、战争和反抗的看法。每一篇作品都与欧洲发生的骇人事件密切相关：西班牙的弗朗哥，希腊的共产主义游击队，苏维埃继续向布拉格和柏林进发的战靴，铁托被开除出苏联领导的共产党情报局。上述后三个事件都发生于 1948 年，那是冷战初期最危险的一年，新一轮的世界大战似乎迫在眉睫。1948 年 10 月，加缪的戏剧《戒严》开始上演，一年之后，第二部戏剧《正义者》也被搬上舞台，这两部戏剧都适时地向人们发出了战争警示。《戒严》以一个名叫"鼠疫"的暴君统治下的西班牙为背景；《正义者》描写的是沙皇俄国两个年轻的革命者的故事。正如他在《反抗者》中所写的那样，这些作品是"关于反抗这一内容具有决定性视角的艺术"。②那一年的年初，加缪还发表了《反抗者》中一个章节的早期版本。

1947 年春，加缪结束了在《战斗报》漫长的任期，他打算退出政治活动和公众视线，以便集中精力完成关于反抗的系列作品，同时找回一些平衡感。担任公共职务让加缪感到越来越不舒服，而且日益明显的是，他的性格十分不适应《自由报》、萨特和大多数留在巴黎的进步知识分子所实

---

① Camus, second letter to Emmanuel d'Astier de la Vigerie, *La Gauche*, October 1948, Pléiade *Essais*, 368.

② Camus, *The Rebel: An Essay on Man in Revolt*. trans. Anthony Bower (New York: Knopf, 1954), 253.

践着的斗志昂扬的政治运动。从他的书信和日记中可以看出，即使在仍然担任知识界领袖人物的时候，他也经常感到孤独。并不是说他改变了对革命的看法，也不是说当其他人继续对斯大林主义视而不见时，他却站出来坚定地反对共产主义；从更根本上说，是加缪根深蒂固的无党派信仰使他无法适应如此极度政治化的环境。随着时间的推移，他甚至丢掉了他的精神盔甲，无法抵挡持续不断的意识形态斗争和批判。尽管加缪颇具辩论的天赋，但他并不是真正热衷于政治的人。① 他的思想远比政治效忠更强大、更抽象。他关注的是自由、正义和行动。

然而，似乎是为了掩饰想要退出这场论战的事实，加缪用各种方式继续着他著名活动家的身份。从 1948 年秋天到 1949 年夏天，到他离开巴黎进行为期两个月的南美之旅时，他似乎已经让自己完全沉浸在日益破碎的国家和国际景象所带来的需求和压力中。除了定期在杂志和报纸上发表文章，他还主动向和平组织提供各种形式的援助；他成立了"国际联络小组"（GLI），旨在帮助那些遭受极权政体迫害的欧洲知识分子；② 他继续一如既往地支持西班牙争取共和政体的事业，并对西班牙的政治流亡者持同情态度，可能所有人都忘记了他其他方面的生活需求——连续五周全天候地排演《戒严》，为创作《反抗者》进行调研，创办一份新杂志，家庭生活和爱情生活（包括与玛利亚·卡萨雷斯重修旧好），生病和旅行，更不必说因《鼠疫》的巨大成功而接踵到来的所有新的义务活动和压力。无论内心多么不情愿，事实上，加缪都表现为一个心甘情愿的参与者。他的责任感，正如他的道德良知一样，丝毫不会减弱。这是值得钦佩的，但同时也令人烦恼，他自己清楚地知道这一点。1949 年 5 月，对于自己参加公众事务的热情，加缪解释说，一个现代人有义务关心政治。

---

① 这是托尼·朱特（Tony Judt）的结论，他是与加缪同时代的最杰出的、最富有同情心的加缪评论家之一。参见 *The Burden of Responsibility*：*Blum Camus and the French Twentieth Century*. （Chicago：University of Chicago Press，1998），104。

② GLI（the Groupes de Liaisons Internationales）是玛丽·麦卡锡（Mary McCarthy）和阿尔弗雷德·卡津（Alfred Kazin）一年前在纽约创办的"欧洲—美洲集团"的欧洲分部。

"我关心它，不由自主地，因为凭借我的缺点，而不是凭借我的
优点，我永远无法拒绝我遇到的任何义务。"①

在下一页的内容里（不能确定是不是在同一天写下的，因为他经常忽略掉
日期），加缪稍微偏离了主题，显然是在仔细思考另外一轮对他进行公开
批评的罪名。"穆尼埃在《精神》杂志上建议我放弃政治，因为我缺乏这
方面的天分（这的确显而易见），还建议我要满足于敲钟人这个十分高尚
的角色，它将会更迷人，更适合我，"他充满嘲讽意味地写道。他解释说，
一个高尚的角色需要一份纯洁无瑕的良知，而他毕生唯一的职责就是告诉
那些良知为什么它们是纯洁无瑕的。②

在加缪当时所写下的内容中，很容易看出，他的隐退曾经经历了多么
激烈的思想斗争。"我们做我们能够做的，"1948 年年末，在为支持美国前
轰炸机飞行员盖里·戴维斯而举行的一次大型的喧闹集会上，加缪作为首
席发言人这样解释道。为了唤醒公众的世界公民权意识，戴维斯曾撕毁了
他的护照，并到夏悠宫③联合国临时总部寻求避难。像加缪曾经的遭遇一
样，戴维斯的行为也遭到了嘲笑，但是加缪同情戴维斯，认为他为澄清民族
主义问题付出了勇敢而孤独的努力。"我相信我们仍然必须尽力挽救欧洲和
我们的国家免于一场大灾难，"加缪在给他自己的批评者们所写的一封抗辩长
信中写道，其中包括曾一直与他对立的弗朗索瓦·莫利亚克——"没有信仰
的人"，加缪这样称呼他。加缪认为，戴维斯像自己一样，"并不是假装把真
理带到这个世界"，而是"将已被拉响了的警报提高了分贝"。

几个星期后，加缪重新登上舞台，这一次是在宽敞的普雷耶剧场，参
加由革命民主联盟（RDR）④主办的一次公开讨论会，与萨特、理查德·

① Camus，*Notebooks 1942–1951*，215.
② *Ibid.*，216.
③ 夏悠宫（Palais de Chaillot），又译作夏乐宫或夏约宫，与埃菲尔铁塔建于同一年代，也是
1889 年巴黎世界博览会的产物。——译者注
④ 革命民主联盟（Rassemblement Démocratique Révolutionnaire，RDR），法国共产主义团体，
由大卫·鲁塞、乔治·奥特曼和萨特创建于 1947 年底，活动不到一年，于 1948 年初解体。——译
者注

莱特、安德烈·布列顿、意大利反法西斯主义者卡洛·莱维，以及来自整个欧洲的知识分子同台演说。革命民主联盟是由萨特等人共同创办的一个政治团体，致力于创建一支欧洲力量以抗衡冷战中的两个大国。加缪虽然没有加入RDR，但他仍然将自己视为左翼进步分子的一员。他的演说《见证自由》不仅论及一个出了问题的世界，而且谈到了艺术家应该对这个世界给予的回应。"今天，与其说是该隐杀害亚伯①……还不如说该隐以合乎逻辑的名义杀害了亚伯，然后还索要'荣誉军团勋章，'②"他这样描述着社会上普遍存在的丑陋行为。"艺术家们被要求做一些事情来改变这个世界，"他继续说道，"然而正是出于他们本身的职责，他们成为自由的见证者和生活的捍卫者。"加缪对聚集在大厅里他的同行们表达了赞美之辞，同时还说道，尽管他们之间存在着分歧，尽管他们之间有着种族的差异，但他们正齐心协力致力于同一种艺术创作，而这种艺术创作将奋起挑战极权主义。

这次演说显然对加缪非常重要，因为演讲稿首先被登载在革命民主联盟的杂志《左岸》上，一个月后，他又将其发表在他与诗人勒内·夏尔共同创办的杂志《恩培多克勒》③的首发刊上，并且一年后又收录在他的散文集《时政评论》里。一个艺术家如何担负起时代责任的问题一直困扰着加缪，他曾多次在他的散文和访谈中提到这个问题，而他的诺贝尔奖获奖演说则让这个问题家喻户晓。它是道德良知问题不可缺少的一部分——要具有某种道德良知，无论是好还是坏，他都是一个具有道德良知的艺术家。加缪相信经历不会说谎——"生活能够检验一切，"他在日记中这样写道。④ 这就是为什么他迫切地想要大声疾呼的原因，也是他为什么如此

---

① 在《圣经》中，该隐和亚伯分别是亚当和夏娃的长子和次子，该隐是农夫，亚伯是牧人，两人都为上帝献祭。不过亚伯奉献的是他第一头羔羊的脂肪，该隐奉献的则是水果与谷物。上帝比较喜欢亚伯的奉献，该隐因此心怀忌妒而杀害了亚伯。——译者注

② 荣誉军团勋章（Legion of Honor），全称为 National Order of the Legion of Honor，拿破仑于1802年在法国设立的荣誉勋位（勋章）。——译者注

③ 此刊物以人物名命名，恩培多克勒（Empèdocle，前490—前430），古希腊哲学家，原子唯物论的思想先驱。——译者注

④ Camus, *Notebooks 1942-1951*，256.

坦诚地在文章中表述的原因，还是他为什么要写《时政评论》这样一本被他称为"个人证词"的论文集的原因。《时政评论》实质上就是加缪对重大时事进行思考的一份真实记录。在加缪的整个一生中，共发表了三卷《时政评论》。第一卷（1950 年）涵盖了他于 1944—1948 年间所写的文章，其中包括他拥护肃清运动的几篇文章。在第一卷的序言里，加缪写道，每每再读自己的一些旧文章，他都会感到悲哀和不安，然而诚实地说，他不能忽略它们。

在加缪的日记里，诚实这个问题早在写于 1949 年初的这篇序言的早期草稿中就出现过。加缪一直非常警惕自己的思想，他曾责备自己对于斯大林主义的问题不够直率，还责备自己为公正地评价资本主义和共产主义曾经做出的错误的努力。

> "我的遗憾之一就是为追求客观现实牺牲了太多的东西，客观有时候是一种自我放纵。今天，一切都不证自明，到底什么是集中营……从某种意义上说，我也不会再那么彬彬有礼。"①

加缪也为《反抗者》的创作而惴惴不安，曾向格勒尼埃表达了他对于道德问题的担忧。② 距完成新作尚有两年多的时间，仍在收集形式、理论方面和历史上曾经出现过的革命等资料时——他阅读了许多哲学家的作品和他们的批评家们的作品；了解了 19 世纪俄国出现过的恐怖分子和刺客的情况——加缪就开始努力勾画自己在这个主题上的定位。

在 1948 年那个繁忙的冬天里，加缪结交了在国际联盟小组集会上认识的三位经验丰富的革命家。尼古拉·拉扎雷维奇和阿尔弗雷德·卢萨姆对历史人物的真实性和他们身上发生过的戏剧性事件了如指掌，从他们那里，加缪学到了非同寻常的关于革命的实用知识，这对他的作品产生了直接的影响。拉扎雷维奇是一个无政府主义者，曾做过电工、建筑工人和校对员，穿着 19 世纪哥萨克人身上常见的皮革和天鹅绒衣服，认识西蒙娜·

---

① Camus, *Notebooks 1942-1951*，211.

② Camus-Grenier，*Correspondence*，151-52.

薇伊，是工人运动历史的见证人。他"让加缪大吃一惊"①。卢萨姆曾在莫斯科当过共产主义报纸《人道》的总编，他继承了托洛茨基的遗志，是革命希望的化身。这两个人都抱有坚定的信念，在加缪的眼中，他们是纯粹的革命家，满怀希望，令人尊敬，并且真实可信。另外一位是皮埃尔·莫纳特，一个反布尔什维克的"工团主义者和共产主义者"。他们三人一起成为加缪的导师，为他提供了他视为真理的第一手经验，并且为他传递了有关苏维埃社会状况的信息。②

然而，关于革命，加缪所上的最直接的一课却来自西班牙。在西班牙革命中，年轻的他第一次遭遇了"历史上不公正的胜利"。最初，加缪在《战斗报》上发表了一篇关于战事的文章，表达了法国因抛弃了它的邻居而感到"难以启齿的羞耻"。之后，加缪一直将西班牙内战作为一个基点，并将西班牙作为一个个人的事业，接连不断地撰写文章反对西班牙暴政，帮政治犯起草上诉书，为政治避难者寻求帮助。1948年，他公开反对西班牙被批准进入新的联合国。那年秋天，加缪利用《戒严》一剧正式向西班牙政权提出了一份锐不可当的道德抗议。这部戏剧汇集了众多的明星，在马利尼剧院正式上演。该剧凝聚了加缪的全部激情，他说，对那些细心观察的人来说，它还将他的革命新思想搬上了舞台，赋予其生命力。同样的激情也熊熊燃烧在发表在《战斗报》上的一篇题为《为什么是西班牙?》的文章里。有人指责他不在东欧上演他的戏剧是懦夫的表现，加缪为回击这样的指责而撰写了这篇文章。"为什么是西班牙? ……为什么是格尔尼卡③……?"他这样反驳他的批评者说，同时在文中披露了法国与弗朗哥相互勾结所带来的耻辱（"当然是维希政府，并非我们。"），西班牙天主教会的丑恶角色，还提到了新的一大批被判处死刑的政治犯。

"理所当然，在我们当代的政治社会中我所不能宽恕的正是这一

---

① Todd, *Une Vie*, 458.
② 像往常一样，为了表示钦佩和尊重，加缪为每一篇回忆录都写了序言。
③ 格尔尼卡，西班牙中北部城镇。——译者注

点：它就是一台机器，将人们逼入绝境。我所生活的世界令我厌恶，但是那里饱受痛苦的人们让我感到惺惺相惜。"①

在最后的这句话中，他用到了"惺惺相惜"（solidaire）这个词。

重温加缪于 20 世纪 40 年代所参加的各项政治活动可以提示我们存在于整个欧洲、甚至整个太平洋地区的知识分子中间的那种强烈的集体感。在那个时代，文学和口头宣传仍然是最重要的交流手段。"我们以这样或那样的方式保持联系，"威廉·菲利普斯曾自豪地说。我了解到，加缪、乔治·奥威尔和帕布罗·卡萨尔斯都曾为西班牙的解放事业并肩工作过，加缪还曾与理查德·莱特、卡洛·莱维以及纳奇奥·西隆一起参加了和平问题专题讨论会，这让我产生一种奇妙的满足感。这种集体感使得这些分散在各地、注定会孤独的著名艺术家们组成了一个小小的、亲密无间的世界。

"一个小事实，"加缪在 1948 年初的日记中写道，"人们经常认为'他们曾在某个地方遇见过我。'"② 他的这则日记写于《鼠疫》在法国出版大约一年之后，随后不久，世界各地都出现了这部小说的各种译本，先是在奥地利、荷兰、斯堪的纳维亚、英国、美国，紧接着是在日本和南斯拉夫，1955 年在以色列和土耳其，几年之后，随着局势日渐缓和，西班牙也出现了该书的译本。③（甚至《戒严》这个一度被视为一个错讹百出的不成功的剧本，在巴黎发表的同一年，也在阿根廷和日本得到了出版——加缪获得诺贝尔文学奖之后，其他国家也出现了他的作品。）加缪日记中的这个评论随便得有些滑稽，因为即使他早期有过成功的经历，他再次遭遇了戏剧性的成名也是不可否认的。短短几天之内，加缪便从他的《战斗报》时代跃身而出，被簇拥着站到了世界舞台之上。加缪于 1947 年 6 月 3 日辞

---

① Camus, "Pourquoi l'Espagne（Réponse à Gabriel Marcel）," Pléiade *Essais*，395 - 96.
② Camus, *Notebooks 2*，182. "Petit fait," he writes, "on croit souvent m'avoir rencontré."
③ 该日期出自七星文库的文献目录。

去了《战斗报》的职务，6 月 10 日，他出版了《鼠疫》，两周之后，即荣获了享誉盛名的法国批评奖。到 1947 年秋天，《鼠疫》在法国的销量已经达到 10 万册。正如乔洛蒙蒂在他发表于《党人评论》的一篇文论中所写的，对于当时的法国人来说，购买书籍仍然算得上是一种奢侈的享受，他还在文章的结尾处总结道，"普通公众显然在书里找到了解决他们渴望获得平凡的人性和正确的判断力这个问题的答案。"[1] 第二年夏天，《鼠疫》在美国赢得了批评界的肯定，其销量突破了诺普夫出版社销售史上的最高纪录。正因为如此，加缪才在信中询问布兰奇他的版税是否能够让他支付得起一辆摩托车。布兰奇传递给加缪这样的消息：几个评论家虽然高度赞扬这部小说，但他们完全误解了它。于是，加缪提醒她，实际上，这部小说是一个寓言。他还补充说，如果留心去读，人们也许能够从中感受到伟大的梅尔维尔遥远的共鸣。

与《戒严》全体演员的合影；玛利亚·卡萨雷斯位于正中间，
巴伦特站在左侧角落，紧挨着奥涅格，巴尔蒂斯在右上方。

经历了数年的艰难困苦，加缪取得了新的成功，并获得了第一笔稿酬，他对此感到十分满意，因为那将极大地缓解他的经济压力。《鼠疫》

---

① Lottman，*Ablert Camus*，427.

这本书使他从伽利玛出版社获得了较平常更高的版税率，不断上升的销售数字令他感到相当惊讶。这本书出版之后，加缪得以返回勒庞内里尔的家中与弗朗辛和一对双胞胎度过了几个月相当悠闲的家庭生活。之后，在8月，他与让·格勒尼埃一起驾车游览了格勒尼埃的老家布列塔尼。在布列塔尼，路易斯·基洛克斯——加缪在阿尔及利亚时的老朋友，其文章曾被加缪发表在《希望》刊物上——带领他找到了埋葬着加缪父亲的军人公墓。这次旅行对加缪影响深刻。但是，《战斗报》的失败所带来的痛苦依然在他的心中挥之不去。尽管与大多数作家相比，加缪可能更需要成功的慰藉，但他还是逐渐理解了成功的真正意义，他知道《局外人》的早期成功对他产生了易于自我怀疑和忧虑不安的不利影响，这使他在创作《鼠疫》的几年中一直备受困扰。1947年6月25日，被宣布获得法国批评奖的当天，加缪在日记中写道：

> "成功的忧郁。反对的声音是必要的。如果一切对我来说都更加困难，一如从前，那么我应该更有权利说我现在所说的话。事实仍然是，在此期间，我能够帮助许多人。"①

一个月后，即在勒庞内里尔休假期间，加缪开始担心自己会失去最基本的敏感性。当他从第一册开始重读他的几本日记时，他注意到关于风景的描写在一点点地消失。他仔细考虑了一个好名声会带来的影响：

> "一个人必须要永远证明自己有能力做到，任何失误都会被视为一种犯罪。相反，如果已经拥有了几个坏名声，一次失误反倒会成为你的荣耀。"②

加缪的直率也许令人钦佩，但是，尽管他对名声有了深切的体会，那并不意味着他对这咄咄逼人的进攻方式做好了充分的准备。格勒尼埃一直坚持说加缪从未让胜利冲昏过头脑，但是他更亲密的几个朋友则暗示说他

---

① Camus, *Notebooks 2*, 158.
② *Ibid.*, 200-201.

也曾产生过片刻的骄傲自大，尽管十分短暂。无论是哪一种情况，加缪的名声都应该被认为是他存在的一个要素，是他同时代的人们观察他的一个窗口，也是一个额外的沉重包袱，随时可能让他变得声名狼藉。

令人感到不可思议的是，从构思《鼠疫》的主题开始整整七年过去了，从预测公众的读书品位上来看，加缪堪称 20 世纪 40 年代末炙手可热的人物。（弗兰纳谈到，尽管对该书的评论褒贬不一，但它的初版在第一天就销售一空。）当然，对加缪的批评也随之升级，而他对此似乎总是显得特别脆弱。一方面，批评来自那些喜好争论的法国知识分子，他们提出了众多的异议：针对《战斗报》上登载的系列文章；针对盖里·戴维斯问题的立场；针对他为一部戏剧所设置的背景，等等，这些都是预料之中的。而另一方面的批评则来自一些遥远的国外媒体，例如苏联的报纸《新世界》于 1947 年 8 月痛斥他是一个"颓废的个人主义的传道士"，还说，"阿尔贝·加缪像一个顽固不化的政府官员，面无表情地反复重复着世界是荒谬的，以此吸引欧洲和美国批评家们的目光。加缪能够走进欧洲文学界凭借的完全是拙劣地模仿爱伦·坡①的寓言诗中那只乌鸦邪恶的呱呱叫声。他害怕人们更喜欢英雄式的斗争和行动，而不喜欢他的象牙塔似的或温室里的植物般的生活。"② 除了名声之外，加缪的真诚也使他容易成为众矢之的，并被不断击中。

《戒严》一剧似乎使加缪和他自己的名声背道而驰。这出戏有幸得到"大制作"，并汇集了历史上著名的、令人炫目的全明星演出团队——由让-路易斯·巴伦特和玛利亚·卡萨雷斯领衔主演，得到马德莱娜·雷诺、皮埃尔·布拉瑟和马塞尔·玛索的资助，画家巴尔蒂斯负责布景和服装；阿瑟·奥涅格③负责配乐；巴罗本人亲自担任导演——它一夜间名声大噪，但同时也招致了猛烈的批评，正如那些有新闻价值的作品和艺术家因为被

---

① 全称埃德加·爱伦·坡（Edgar Allan Poe, 1809—1849），美国著名作家、诗人、编辑和文学评论家。《乌鸦》是他发表于 1845 年的一首寓言诗。——译者注

② Lottman, *Albert Camus*, 463.

③ 阿瑟·奥涅格（Authur Honegger, 1892—1955），瑞士著名作曲家。——译者注

寄予过高的期望而经常遭受的待遇一样。"在首演当晚，那些'巴黎人'
一想到我们的失败，就很难掩饰他们的兴奋。我感到身体在隐隐作痛，至
今身上仍留有伤疤，"对于巴伦特来说，那是他生平第一个糟糕的演出发
布会①，几年之后，巴伦特这样回忆道。在《戒严》的美国译本前言中，
加缪用揶揄、自卫的口吻写道，很少有戏剧受益于一顿如此彻底的痛斥，
对此他感到很难过，因为他一直认为《戒严》是最像他本人的一部作品。
巴伦特和加缪的艺术风格截然不同，人们普遍认为他们合作的失败是计划
不周导致的结果。他们两人从此再没有尝试过在戏剧方面的合作。巴伦特
担心有过这次经历之后加缪会完全放弃戏剧。然而，巴伦特常常说他对这
出戏一直怀有特殊的感情，尽管它只上演了17场。加缪也时常说到要改编
这出戏，并且要在一家露天剧场上演它，可惜的是他遭受的伤害太深刻、
太持久了。

当然，与《鼠疫》的成功接踵而来的声誉又将加缪置于众目睽睽之
下，这使他的生活进一步复杂化，也对他与生俱来的"腼腆"构成了挑
战。单单将有关资料中记载的他曾接受过的活动邀请粗略地汇集在一起，
就足以证明这一点：访谈、演讲、致辞、赞助，以及其他各种形式的公开
露面。"他们给了我八分钟的时间，让我'在广播中'谈谈'真理是什
么'，"他在给格勒尼埃的信中讥讽道（他刚刚在广播中表达了一长段对格
勒尼埃的崇敬之情）。伽利玛出版社将他的一些早期作品列入了新的出版
日程——《婚礼集》、《致一位德国朋友的信》、增补了关于卡夫卡那个章
节的《西西弗神话》——伦敦和洛杉矶出现了《卡利古拉》的新版本，
《鼠疫》的电影版引发了新一轮的讨论（加缪将在影片中饰演主角），难以
计数的更加烦琐的新任务也摆在他的面前。就是在那时，加缪聘请了苏珊
娜·拉比什做他的专职秘书——他称呼她"小鹿"，或者亲昵地叫她"我
的蜜糖"——帮他处理汹涌而至的来信和来访，并负责办理一般性日常事
务。加缪曾向他的一个阿尔及利亚朋友让·德·迈松索尔发誓说，如果有

---

① Lottman, *Albert Camus*, 454.

狂热的崇拜者来信，他一定会一一回复。信件果真从四面八方雪片般地飞来，拉比什保存在她书桌抽屉里以备参考的那些回绝信模板就足以证明这一点。其中一个模板写道，"我已定下一条规则：绝不接受任何荣誉头衔，也绝不与我不能亲自参与活动的团体合作。"有些模板的措辞更加强硬："由于难以应付过于繁重的任务，我已经确立了这样的原则，即不再接待任何调查和采访，一般情况下，拒绝参加所有近期的活动。"适逢20世纪40年代末期，加缪又一次病重，因此有一个模板的内容与我在诺普夫档案中发现的一封信十分相似，上面简单而正式地写道（其英文翻译略显笨拙）："健康问题目前使阿尔贝·加缪先生不得不遵从医嘱，大量减少活动。"①

成功所带来的必然结果是经常性地被侵扰和分心，喜欢猎奇的人、站出来挑衅的人、或好或坏的狂热崇拜者纷沓而至。一年前，加缪为孩子们聘的新保姆的真实身份被拆穿，她居然是为几家通俗小报寻觅八卦新闻的卧底记者。聘用拉比什几个月后，加缪也不得不没收（并焚毁了）她一直在写的一本有关他们之间私人关系的日记。答复那些仰慕者和热心作家们的来信意味着老朋友们的来信堆积如山却不能及时回复。1948年初，加缪写信给格勒尼埃说，他在过去的几个月里几乎什么都没做。一年之后，他在信中向格勒尼埃道歉，因为他已经变成一个"相当糟糕的通信者"。② 外界力量的干扰和牵扯正在一点点地侵蚀着加缪一直以来已经获得的内心平静和自制力，同时也使他愈发难以集中注意力。而在一套小公寓里与姗姗学步的孩子和经常过于挑剔的岳母一起居住的家庭生活也对他形成一种桎梏。到1948年底，加缪已经不再尝试在家里工作，下班后仍躲在伽利玛出版社的办公室里，反锁住房门，切断电话联系。"我与孩子们之间的战斗最终以他们的胜利宣告结束。获胜者目前占据了所有攻占到的领地，表现得像所有胜利者一样，无情地嘲笑，"他在给格勒尼埃的信中写道。在度

---

① Lottman, *Albert Camus*, 433.

② Camus-Grenier, *Correspondence*, 140，150.

过了以他的戏剧失败而告终的那公认的"阴霾的三个月"之后，加缪试图表现出一些幽默，但字里行间流露出疲倦和一丝乖戾刻薄。

"自然，我更希望我的戏剧能够成功，但是我在失败中同样找到了许多微妙的满足感。例如：我的约会越来越少了。"①

由于加缪的生活变得日益公开化，以前只有在他的日记和私人信件中才经常表露的一些关注点也开始出现在他的作品中，于是，他的作品成为衡量他名声的一个途径。"想要在文学界占据一席之地，写书已不再是不可或缺的。被公认为已经创作出一部作品，不仅被晚报提及，而且可以作为整个余生的指望，这已足够，"1950年他在《谜语》一文中写道。"一个艺术家必须让自己欣然接受一切善举，并且必须让自己知道，将时间消磨在牙科医生的候诊室里或美发店里是有损自己形象的，"他继续写道，描述着他自己的"以简朴著称的声誉"。"事实上，我的名气如此之大，以至于成为我的朋友们的主要消遣谈资（就我而言，那简直让我脸红，因为我知道自己与那样的名气是多么的不般配）。"②

加缪及时抓住机会来纠正自己的名声，将那些对他的作品了解十分深入的读者们视为明确的目标。同时，他还向他看来似乎不可改变的形象提出挑战，否认自己是荒谬世界的先知和绝望文学的承办人。"然而，除了分析我在我们这个时代的大街上发现的一个想法，我还做了些什么？"他问道，然后用可以觉察得到的耐心解释了他的意图。看到加缪如此直率地公开谈论他的作品和事业非常令人惊讶，因为这在过去是根本不可想象的。与其说《谜语》是加缪为他的作品进行的抗辩和澄清，还不如说是他更加急切地寻求理解的一份谦卑的请求。"没有人能说出他是做什么的。但他碰巧能说出他不能做什么，"他写道，表达着一种新的不确定性。"我不知道我在寻求什么，我小心翼翼地给它起了一个名字，我收回我所说过的话，我向自己一再重复，我来来回回地徘徊着，"他详细描述着自己希

---

① Camus-Grenier, *Correspondence*, 28-29.

② Camus, *Lyrical and Critical Essays*, 156-58.

望改变的迫切心情和工作时越来越混乱的状态。①

加缪的日记里出现了越来越多的隐晦暗示，证明他的确处于一种精神危机之中。

"在幸福的巅峰——黑夜来迎接我。"

"我不再迷信我的那颗明星。"

最为明确的、也是最终被证实十分有用的证据是，1952 年的夏天，他的日记中有一处提到了《约拿斯或画家在工作中》（以下简称《约拿斯》），当时他已开始构思这部短篇小说。《约拿斯》几年之后创作完成，取材于《反抗者》的出版所引起的一系列戏剧性事件，借助一个逐渐走向衰落失败的画家吉伯·约拿斯这个人物，讲述了加缪自己因荣誉而导致悲剧的故事。② 小说的场景熟悉得令人心痛——尽职、钟情的妻子，两个孩子，巴黎狭窄拥挤的公寓，狂热的崇拜者，追随者，主宰着约拿斯生活的批评家——此外，小说对他每况愈下的无助境况描写得更加透明，真实得令人震惊。在小说的结尾处，画家终于在最后一刻创作出一部作品：一幅巨大的空白画布，只是在正中央，写了几个又瘦又细的字母，很难辨认那是 solitaire，还是 solidaire③。

加缪将《谜语》一文题献给了诗人勒内·夏尔，他们于 1946 年一见如故。（"这是我的兄弟——你会喜欢他的，"第二年夏天，加缪这样向他的母亲介绍夏尔。）④ 夏尔也出现在《约拿斯》中，扮演了为约拿斯不断提供支持和帮助的朋友拉多这个重要的角色——意味着夏尔在他们的友谊中所担任的救赎的角色。他们相识的那一年，加缪在吕贝隆山区夏尔住所附近的索尔格河畔利勒村租了一套房子，并在那里住了一整个夏天。第二年，

---

① Camus, *Lyrical and Critical Essays*，155.

② 还参考了名为《艺术家的生活》的一部不见经传的哑剧作品，该剧是对这一主题的第一次尝试，描写了一个愿意为他的艺术牺牲一切、甚至包括他的家庭的艺术家形象。

③ 这两个词在法语中只有一个字母之差，solitaire 意思是"孤独，寂寞，离群索居"，solidaire 意思是"团结一致，休戚相关，惺惺相惜"。——译者注

④ Todd, *A Life*，269.

他们共同创办了文学杂志月刊《恩培多克勒》。他们都热爱希腊文化，都有染于罗曼蒂克的风流韵事（"拉多"在法语中是"花花公子"的意思），都厌恶巴黎的文学生活，在其他许多重大原则上保持着一致，分享着共同的激情，还有着共同的冒险经历。在讲述关于夏尔的故事时，加缪不时地跳到现实生活中——他们一起乘坐加缪那辆破旧的黑色雪铁龙轿车从巴黎出发南下去旅行（夏尔在巴黎有一套小公寓）；他们花数个小时一起坐在夏尔的厨房餐桌旁品尝法国茴香酒。加缪在他们的友谊中找回了自我，这在公众舆论开始对他的名誉不利的那段时间里显得尤为重要。"但是，在一个艺术家不懈的追求中，唯一能帮助他的人乃是那些热爱他的人，"加缪在《谜语》的结尾处写道。①

加缪发现，吕贝隆山区与阿尔及利亚一样让他感到亲近——1958 年他在卢尔马兰购买的房子距索尔格河畔利勒村只有二十英里远——他开始严肃地宣告他打算"离开巴黎，永远地（无论如何！）"，那同时意味着离开巴黎这个到处充满碰撞的世界。②"很难勾画这个世界和其中的人们，同时也很难与他们共同生活，"加缪在《约拿斯》中写道。《鼠疫》发表后，加缪首先考虑的是在阿尔及尔买一幢房子，在布扎雷山区的顶峰，或者在偏僻的提帕萨，并已经请他的老朋友们帮忙寻找，尽管那里的房价过高，而且还会受到阿拉伯人与法国人之间日益升级的冲突的侵扰。每一次返乡之旅——定期回家看望母亲；为舅舅的葬礼或者姨妈的阑尾炎切除手术而仓促返乡；1948 年秋天为追忆旧时浪漫和快乐的往事与弗朗辛一起返乡度过的悠闲的几个月——他都有感于时间的匆匆流逝，每次告别时都感到同样的忧伤。

"十年之后的阿尔及尔。犹豫片刻才识别出来的一张张面孔，刻上了岁月的痕迹。这是在盖尔芒特家里的聚会。但是它大得像一座城

---

① Camus, *Lyrical and Critical Essays*, 16.
② Camus-Grenier, *Correspondence*, 112.

市，我迷失在其中。时光不再来。"①

几年来，加缪一直躲在他的日记里，表达着他的需求：不希望被监视，渴望吐露心声，"说出我感觉到的一切"、"我内心深处所埋藏的"；与他自己和这个世界"水乳交融"；能够以他自己的名义开口说话。1950 年冬末，他集中精力创作《反抗者》时曾写道："重新开始——（但是不会牺牲以前经历的真相、事实……不否认任何事情），"② 1951 年的春天，加缪的心情变得异乎寻常地愉快。

> "灿烂的阳光，我似乎正从十年的沉睡中苏醒过来——仍然被不幸和虚伪的道德标准所羁绊——但再一次裸露在阳光下，被吸引着走向太阳。充满了鲜活而谨慎的力量——头脑变得单纯而敏锐。我正在得到重生，仍是一个有血有肉的人。"③

我核查了加缪的行程之后才知道，他在日记中记录上述这些句子的时候正在卡布里——滨海阿尔卑斯省里埃维拉地区地势很高的一座小山城，他的意思不仅是指他在创作中重新变得精力充沛，而且在指他的身体获得了明显康复。两个月的南美之行使他耗尽了所有的精力，1949 年秋天，他得知他的肺结核病已经发展到十分危险的阶段，他的医生命令他立即请假离开伽利玛出版社前往高海拔地区修养一年。到第二年 1 月，他在一家名为"金羊"的乡村旅店里渐渐康复（这是我从他当时写给诺普夫公司的布兰奇的信纸上了解到的那个小旅店名字），一个月之后，他搬到了梵伦纳路附近的一套房子里，条件得到了更好的改善。到他宣告"精通了每一个领域"时，加缪已经重新获得了足够的精力，能够很好地继续《反抗者》的创作，并开始往返于巴黎和卡布里之间。

加缪在日记中记录下的一些关于他病情的详细信息无疑可以用来衡量他的作品受其影响的程度。这些细节更加令人担心，因为它们被白纸黑字

---

① Camus，*Notebooks 2*，201.

② *Ibid.*，246.

③ *Ibid.*，247-48.

地印在那里。从 9 月初开始的日记里，有一连串内容像是一张发热表上的发热记录，它们如此清楚地表明，他的病情在逐渐恶化，直到最后失去控制。

"我一生中唯一努力去做的：过一个正常人的生活。我不想成为坠入深渊的人。巨大的努力毫无用处。如此长久地坚信能够被治愈后，这次旧病复发却彻底压垮了我。它的确彻底将我压垮。但是随着一次次连续不断的挤压，它却令我大笑不止。终于，我被解放了。疯狂也是一种解放。"

加缪潦草地记录下因患肺结核 26 岁就早亡的济慈的一句引言："他如此敏感，本可以用双手触摸到痛苦，"还直接引用了济慈的语句："我很高兴有像坟墓这样的东西。"悲凉的气氛充斥在他的文字中。

"美丽，帮助生存，同样也帮助死亡。"

"那是一个人无奈地听凭身体和精神的痛苦任意摆布的时刻：平躺在床上，一动也不能动，被剥夺了意志和未来，只能倾听着一阵阵漫长的疼痛刺穿身体的声音。"

1949 年 11 月初，他在日记里写下了"链球菌和氨基水杨酸"几个字，并列表说明了他使用的准确剂量，当时这些特效抗生素刚刚被用来医治肺结核病。[①] 与疾病一起生活了二十年之后，加缪仍然没有掌握"治疗疾病的本领"，正如他所说，"我认为，我会用一点点，但还用不好，"1950 年 2 月中旬他在给格勒尼埃的信中这样写道，"我在等待时机。"[②] 那时候，他的体重已经增加，表面上看起来已经是个健康人，从他身上又看到了从前的反抗精神。

"事实是，从很多方面讲，我经常过着一种让人感觉精疲力竭的生活，不过，只需要稍作休息，我就能奇迹般地再次绽放。"

---

① Camus, *Notebooks 2*, 217-31.
② Camus-Grenier, *Correspondence*, 141.

在一年多的时间里，加缪徘徊于疾病和健康之间，同时也频繁往来于卡布里、勒庞内里尔和巴黎，因此他的情绪不再有大的波动。在一轮轮的药物治疗之前，他的病情极为严重：呼吸困难，高烧不止，极其疲惫，甚至不能阅读。"我陷入了停滞状态，对任何事情连一个字都写不出，"1949年10月，他向布兰奇这样坦白说，意思表达得很清楚，他不能继续《反抗者》的创作。加缪对时光的流逝感到忧心忡忡，尤其在他生病或者对未来感到不确定时。到11月他即将36岁了。占据他头脑的不仅是那篇未完成的文章，还有一部他雄心勃勃准备创作的小说。他在日记中记下了关于托尔斯泰生平的一段话："他出生于1828年。他于1863—1869年间完成了《战争与和平》。从35岁到41岁。"① 尽管身体极其不支，在1949年冬天，加缪并没有完全停止工作，他勉强参与了修改、校稿和写序言等各项工作（并一直设法帮助他在巴西认识的那两名法国工人）。他的戏剧《正义者》进行彩排时，他正卧床不起，但首演之夜，他亲临现场，尽管看上去十分疲倦。波伏娃发表评论说，"他热情的问候将我带回那些情深意长的最美好的日子。"② 玛利亚·卡萨雷斯在剧中扮演了年轻的革命者多拉的角色，正是由于她热情洋溢的表演，这部被波伏娃和萨特宣称"不切实际"的戏剧赢得了全场一致的称赞。一直到春天，加缪返回巴黎时，它依然在热演。

在卡布里恢复疗养的日子充满孤独和恐惧，但同时也带给他田园生活的慰藉，使他远离了拥挤的公寓、婚姻和巴黎人的生活等诸多压力。除了"对卧床的厌恶"和"偶尔低落的情绪"，加缪几乎没有表示过对境况的不满。③ 他关于普罗旺斯风景的第一批日记笔调温柔，充满思乡情结，描绘了太阳和阳光洒满房间的情景；蓝蓝的、像蒙着面纱的天空；村子里孩子们的嬉闹声，使他回忆起很久以前在阿尔及尔度过的日子。身体刚刚恢复得能够开始工作，他就为接下来的几个月拟定了一份雄心勃勃的

---

① Camus，*Notebooks 2*，230.

② Beauvoir，*Force of Circumstance*，196.

③ Camus-Grenier，*Correspondence*，141.

工作计划，包括完成三卷散文集和《反抗者》的初稿，所有这些工作都要在新的纪律要求下完成："早早起床。早饭前沐浴。中午之前禁止吸烟。"加缪欣然接受了一份颇为辛苦的作息表，并根据它安排好自己的生活：早上 8 点钟起床，早餐后写作，一直到 11 点，然后处理信件，散步，午餐，休息，从下午 4 点到 7 点，再次工作。（档案记录上还有关于这份作息表的更加详细的一个版本："上午 9 点钟起床，阅读黑格尔、做笔记到 11 点。散步到 12:30，午饭。1:30 到 2:30 午睡。处理信件或锉指甲到 4 点。4 点到 8 点，9 点到 10:30，自由活动。上床。阅读蒙田①。睡觉。"②）

加缪经常思念他的母亲，自从那年秋天以来他一直未见到她——他担心他的记忆力会渐渐消退，于是决定坚持写日记。他有过一些来访者——弗朗辛来住过几个星期；做完手术刚刚康复的哥哥吕西安；几个忠实的朋友，如伽利玛夫妇、布洛赫·米歇尔夫妇——他也外出过几次，到附近他仰慕的作家罗杰·马丁·杜·加尔的家中拜访。加缪的朋友们回想起他一次次远远地游出阿尔及尔海湾，或者在剧院里不知疲倦地工作时，经常说，他精力充沛得令人惊叹。他们实际上是在说加缪对生活的热爱，在逆境中，正是他对生活的热爱转化成支持他活下去的坚强意志。1950 年 3 月底，当医生命令他再继续休息三个月时，他身心交瘁，但表现得十分淡泊。只有在写到一个朋友的自杀时，他才间接地提到自己是多么的绝望。

> "痛彻心扉，当然，因为我非常喜欢他，但同时也因为我突然意识到，我渴望像他那样做。"③

一年之后，他再次回到卡布里，《反抗者》的创作终于接近了尾声，他写信给弗朗辛，告诉她之前他挣扎着工作的痛苦。

---

① 蒙田（Michel de Montaigne，1533—1592），法国文艺复兴后最重要的人文主义作家。启蒙运动前法国的知识权威和批评家，主要作品有《蒙田随笔集》。——译者注

② Todd, *Une Vie*, 507.

③ Camus, *Notebooks 2*, 253.

　　"我不快乐，而且从未感受过如此了无希望，但至少我已经度过了那些令人羞耻的日子，那些因无所事事而羞愧、既不能打发掉我的羞耻感又对结束这一切束手无策的日子。"

他每天伏案工作 10 个小时，希望到 3 月中旬时能完成他的书稿。一个月后，在写给夏尔的信中，他的情绪稍微乐观了一些。

　　"但是，它的出生是漫长而艰难的，在我看来，这个小宝贝似乎仍然很丑陋。这份努力令人疲惫不堪。"①

　　追踪加缪的病情就像是进入了他的禁区，为我带来了极大的亲密感。重病在身时，加缪再一次陷入孤独——据他的家人说，在 1949—1950 年间，颇为戏剧性地，他再次认为自己即将死去。现在，身临其境地观察他在身体和精神上所遭受的禁锢成为一种奇怪的特权；在经历了近期的社会动荡之后，独自与加缪为伴也成为一个令人愉快的慰藉。这差不多就像两个人在家中共度的一个夜晚，为我提供了一个理清所有事情的重要时刻。孤独可以将事情简单化、清晰化，在加缪身上，它的作用再次得到验证。他到达卡布里后最早写的日记注明的日期是 1950 年 1 月 10 日，其内容直接地表达了工作给他带来的痛苦，但是也令人意识到"他是谁"这个更深刻的主题。"在我身上有一种无序状态，一种可怕的混乱。创作让我九死一生，因为它是一份有序的工作，而我的整个生命却强烈地反抗这种秩序，"他写道，但仅仅是在这段文字之前，他还在坦白地承认，"归根结底，我从未十分清楚地看清过自己。但是，我常常本能地追随一颗看不到的明星。"② 他所说的这颗看不到的明星还出现在小说《约拿斯》的第一段句子中：

　　"画家吉尔伯特·约拿斯相信自己的福星……但是，有人将他这静若止水的态度归因于自鸣得意，其实那正是谦恭而又自信的表现。

　　①　Todd, *Une Vie*, 534.
　　②　Camus, *Notebooks 2*, 238.

约拿斯则将这一切归功于福星高照，而并非他自己的才华出众。"①

加缪的明星更是他的太阳。在与阿尔及利亚风光极为相似的卡布里，当对阿尔及尔那些模糊的记忆将加缪拽回早年的生活和自我时，他找到了一个评判的标准。他开始创作散文《大海就在眼前》，他解释说，这篇散文是一个有意的尝试，希望重新找回他年轻时更抒情和更主观的风格。这篇文章是关于他的南、北美洲航海之旅的一次冥想，似乎也是对他整个人生的一次冥想。"大海伴随着我长大，贫穷对我来说便是奢侈的，"在文章开头他这样写道，"后来，我失去了大海，于是发现所有的纸醉金迷都变得暗淡无光，而贫穷更是令人无法忍受。从那时起，我就一直在等待。"② 当加缪将话题转向《反抗者》的创作时，他的日记也开始明显充满活力，甚至是兴奋不已。他盼望着写下"所有我感觉到的一切，随意的点点滴滴的小事，""胡乱地写，头脑中想到的一切，"并承诺要"自由地创作"。加缪在卡布里所写下的文字中，有着更强烈的暗示，表明他渴望以更自由、更自我的精神来进行写作。其中最具代表性的是他为创作一部新的爱情小说而作的许多笔记：关于苦难的一些想法；似乎是在体现他自己复杂的爱情生活的一些描写，一份准备作为书中人物原型的人名单——格勒尼埃、皮亚、拉扎雷维奇、在阿尔及利亚时的几个朋友，如克里斯蒂安·加林多、布兰奇·巴兰等，以及包括帕特里夏·布莱克和马曼因在内的其他十几个人。3 月，在卡布里，加缪在日记中写道："人们获得了解自己的勇气实在是太迟了。"③

在《反抗者》出版前的那几年，疾病成为加缪生活中最使人望而生畏的部分。然而名声也一直像他危险的健康状况一样，是一股破坏性的力量。可以轻易地看出，这两股力量构成了强大的促变因素，推动着他不断追寻他所谓的"真理。"当加缪集中精力完成那本像悬挂在他头顶上的达

---

① Camus, "Jonas or the Artist at Work," *Exile and the Kingdom*, 110.

② Camus, *Lyrical and Critical Essays*, 172.

③ Camus, *Notebooks 2*, 249.

摩克利斯之剑①一样的书稿时，他的生活暂归平静。然而，时间越久，他似乎感到他越有道德义务将他的信息传达给世界，向世界宣传他的作品，或者和平。1951 年 3 月 7 日，他私下里宣布书稿结束的日子就在眼前："完成了《反抗者》的初稿。这本书为第一组'三部曲'画上了句号。37 岁了。现在，创作可以自由了吗?"②

---

① 达摩克利斯之剑（The Sword of Damocles），用来表示时刻存在的危险。源自古希腊传说：狄奥尼修斯国王请他的大臣达摩克利斯赴宴，命其坐在用一根马鬃悬挂的一把寒光闪闪的利剑下，由此产生了这个成语，意指令人处于一种危机状态，或者随时有危机意识，心中敲起警钟等。——译者注

② Camus，*Notebooks 2*，270.

七、肺结核

　　"但人们对自己的死亡是违心的，也与他们的环境相悖。人家对他们说：'你会好的……'可他们还是死了。我不要这一套……我不愿说假话，也不愿别人对我说假话。我想将清醒保持到底，并以我全部的……（情感）来正视生命的结束。"

　　阿尔贝·加缪的名字很少出现在众所周知的患有肺结核病的艺术家和作家的名单上——济慈、雪莱、勃朗蒂姐妹、罗伯特·勃朗宁和伊丽莎白·勃朗宁夫妇、肖邦、契科夫、凯瑟琳·曼斯菲尔德、罗伯特·路易斯·史蒂文森。（还有西塞罗、帕格尼尼、卢梭、歌德、洛克、爱伦·坡、卡夫卡、华盛顿·欧文、D·H·劳伦斯、拉尔夫·瓦尔多·爱默生、乔治·奥威尔、史蒂芬·克莱恩、劳伦斯·斯特恩、西蒙娜·薇伊、安德烈·纪德——一直以来，几乎是不由自主地，我不断搜集了解着这些曾备受肺结核病痛折磨的名人们的信息。）这表明，加缪成功地向外界隐瞒了他的真实病情，或者说那场最终造成他死亡的戏剧性的车祸实际上使他的真实病情相形见绌。加缪患有严重的、不可治愈的肺结核病是毋庸置疑的。肺结核对加缪的生活和思想造成的根本性影响也是不可否认的。他的疾病对他造成的改变远远胜过他曾遭受过的其他任何苦难——贫穷、沉默的母亲、流亡他乡——每一样苦难都以各自的形式演绎着分离和放逐。正如他向朋友米歇尔·伽利玛吐露自己17岁肺结核病发作对他造成的心灵创伤时所说，"恐惧足以解释我变成了一个什么样的人，到最后，最高贵的东西已不复存在。"①

永远找不到一份关于加缪与肺结核病顽强抗争的完整描述。因为疾病是一件过于隐晦的事，而加缪的自我克制力又如此之强大。对于他的疾病，一直存在质疑和争议，不仅围绕着他病情的严重程度和病痛的具体细节，还涉及这种病的传染性，尤其考虑到他曾与众多女士有染。肺结核是一种通过空气传播的疾病，其感染率一般情况下为百分之五，所以，与加缪接触的感染风险应该很小，不过，是否存在诸多影响他的疾病传染程度的因素永远都不能为人所知了。加缪的朋友们对他的病情持有自己的理解和看法。据他的一个朋友说，加缪只是在沦陷期时病得很重；他的另一个朋友则说，在 20 世纪 50 年代初，"我们几乎失去他。"伊曼纽尔·罗夫莱斯回忆他们的学生时代时说，那时大家都知道加缪感染了肺结核，虽然他很少提及。他只是周期性地从他们的视线中消失一段时间，然后再回来，每次回来时都面色苍白。让·格勒尼埃，这个在加缪 46 年的生命中享受了 30 年的顾问兼导师身份的特殊人物，谈到了疾病对加缪性格造成的影响，认为那或许能够解释成为"战友"的加缪和成为"孤独的伟人"的加缪。加缪的一对儿女从没见过父亲生病的样子，因为他不想让他们看到他的病态。而对同样患有肺结核病的米歇尔·伽利玛和凯斯特勒的女朋友马曼

因，他却丝毫不隐瞒他的病情，总是和盘托出他们想要知道的任何信息。②

除了频繁的气胸、各式各样的替代疗法和三十年里几乎被一打医生经手过的治疗，加缪的病例记录相当零散。尽管如此，透过这些点

①　Todd, *A Life*, 260.
②　马曼因与凯斯特勒于 1950 年结婚。

滴的细节，用跟踪调查和推理的方式，并通过了解肺结核治疗发展的历史，加缪患病后的生活还是可以变得越来越清晰。令人惊讶的是，当我试图将各种渠道的信息集合成一个完整的故事时，加缪本人的贡献居然如此有分量。在日记中，加缪可能不像凯瑟琳·曼斯菲尔德①在她的许多笔记中表现的那样情绪化，但是他描述了参军被拒后所感到的羞辱，被禁止游泳后的痛苦，以及，尽管只有极少的几次，肉体所遭受的禁锢和疼痛。"全神贯注奋力向山上走，空气像烧红的熨斗一样灼烧着双肺，或者说，像一片锋利的剃刀切进肺里，"他这样写道，那时他刚刚步入 20 岁。②（他还摘引了曼斯菲尔德的句子，这本身就像是一条有参考价值的参照注释。）在写给信任的朋友们的信中，加缪如实坦白了他脆弱的健康状况、他对于静养的需要、旧病复发的悲痛和对卧床的厌恶。在给皮亚的信中，他写到自己拖着逐渐衰弱的身体生活下去的苦苦努力。1944 年，加缪在勒庞内里尔给一个身患肺结核病的朋友写了一封感人至深的信，信中说，他对康复已经丧失了信心。

加缪在他早期发表的作品里最为真诚，这不足为奇，因为那些作品是他 20 岁出头时创作的，距他的肺结核病初次发作和确诊只有几年的时间，当时他的人生观尚未被彻底改变。仔细阅读就会发现，分别于 1937 年和 1939 年在阿尔及尔发表的《反与正》和《婚礼集》都近乎自白体，丰富的思想和浓郁的感情洋溢在字里行间。除了在他生前未发表的最后一部作品《第一个人》中，加缪极少像他在早期作品中那样具体而直接地谈论他的"危机"和修复心灵创伤的时刻。《婚礼集》中有一段文字，回忆了面对迫近的死亡命运时所感受到的极度痛苦。"永恒对我意味着什么，"他问道。

"你可以躺在床上一整天，听到有人对你说：'你真强壮，我必须

---

① 凯瑟琳·曼斯菲尔德（Catherine Mansfield，1888—1923），新西兰短篇小说作家，新西兰文学的奠基人，被誉为 100 多年来新西兰最有影响的作家之一。著名作品有《花园酒会》、《幸福》和《在海湾》等。她的全部创作都指向女性的生存境遇，她以独特的形式，对女性解放这个重大的社会问题提供了文学的解救之道。——译者注

② Camus, *Notebooks 1*, 71.

诚恳地对待你；我可以奉告，你将会死去。'你呆在那里，双手捧着你整个的一生，心中惴惴不安，目光迟钝呆滞。其他一切又有何意义；一阵阵热血涌向我的太阳穴，我感觉自己将打碎身边的一切。"①

加缪略显杂乱无章的散文风格和出乎意料的、似乎是不经意地转换为第一人称的叙述使他的坦白非常令人信服。在另外一个段落里——实际上是《反与正》散文集中最重要的一篇散文《若有若无之间》草稿里的一个片段——加缪以同样充满朝气、偶尔略显笨拙，但相当坦诚的散文风格，表达了一个儿子对母亲极其复杂的感情，因为他的母亲对威胁他生命的疾病表现出令人吃惊的冷漠。

> "可是，他知道她极其富有感情；他还知道她对他的感情极其深刻，人们告诉他说，他们看到她哭了。但是……对于他来说，眼泪的说服力似乎太逊色了。"②

加缪在最后定稿时将这段文字删掉了，这个事实更说明了它的不同寻常之处。

这些段落中所表现出的痛苦也在很大程度上增添了这些散文的哲学气息。它们是加缪对自己年轻生命的完全个人化的冥想，利用他"人生轨迹"里被他称之为"家乡"的所有的人和地点：贝尔库、阿尔及尔、提帕萨、杰米拉③和沙漠，并挖掘其隐喻性意义和精神。此外，这些散文是他表达某种信条的初次尝试，他的思想嵌入字里行间，洋溢着如此丰富的情感，似乎它们仍然与原始经历紧密地牵系在一起。其中最强烈的情感是关于死亡的。死亡就像一个幽灵，即使在《婚礼集》这样以感性和欢快为主旋律的散文集中也能到处看到它阴暗的身影。而在加缪看来，它与大自然

---

① Camus, *Lyrical and Critical Essays*, 78.

② Camus, "Fragment Manuscrit pour 'Entre Oui et Non,'" Pléiade *Essais*, 1214.

③ 杰米拉（Djémila）位于阿尔及利亚塞提夫省杰米拉市 900 多米高的山丘上，早在史前期，这里就有了人类的足迹。它有着悠久的历史，城市中随处可见古人类留下的遗迹。——译者注

的节奏是密不可分的。疾病的主题同样无处不在——一个生病的老妇人；一只不得不吃掉自己孩子的猫；"生病的"和"疾病"这样的词汇总会以可疑的规律性突然冒出来。

当然，我对于加缪已经或仍然病得很严重的认知为这些作品增加了大量新的意义，同时，也对他作品中看似平淡的措辞平添了更多的个人理解。像"我秘密的痛苦"和"失去的乐园"这样的词语虽然让我捉摸不透，但"巨大的勇气不仅让你对死亡同时也对阳光睁开眼睛"这样的句子却有了更加勇敢的、崭新的非同寻常之处。当加缪开始解释自己对"生命的热爱"时——"这就是我对生命全部的爱：默默而强烈地爱着可能从我这里逃走的一切，熊熊火焰下面埋藏着的苦难。"——几乎不可能不使人联想到肺结核发作时的画面。① 加缪本人的评论似乎证实了我这样解读的正确性。第一本书刚刚出版后，加缪在给朋友让·德·梅森瑟伊的信中解释说，他已经允许自己"用我全部的激情来说出一切——并一直坚持到最后"，还说他写得很坦诚，"毫不掩饰疯狂"，他因此感觉精疲力竭。评论者批评他的作品充满苦涩或悲观的情绪，这让他很难过。

> "如果我没有传达过所有我对生活的热爱，所有我想要深深地噬进它血肉里的渴望，如果我没有说过即使是死亡和悲伤也只不过激起了我活下去的强烈欲望，那么我就从未说过任何东西。"②

在信的结尾处，加缪向梅森瑟伊吐露道，自己对于疾病的态度已经有所变化，因为他发现他有些话要说，"我正在努力工作。我希望为工作而生存，它是最重要的事情。生活是如此热情又如此悲伤的一件事，让，难道这不令人惊叹吗？"③

在这封信中，加缪既没有采用冷嘲热讽的态度又没有使用隐喻晦涩的辞藻，他那青年人特有的诚恳加倍地令人感动。在信的最后一行，存在着

---

① Camus, *Lyrical and Critical Essays*, 5.

② "Lettre à Jean de Maisonseul," Pléiade *Essais*, 1219.

③ *Ibid.*, 1219.

某种温柔的东西，与我在加缪的第一本笔记中所发现的笔触有相似的地方。"将秘密的绝望和对生活的热爱结合起来，"他教导自己，并践行于他的散文中——在"生与死"、"是与非"、"反与正"之间找到一个立场。早在那时候，加缪就已经写下了"荒谬。荒谬。"这样的词语。突然间，我以一种比以往任何时候都更直接的方式意识到，疾病是多么深刻地影响了加缪，这对于衡量加缪其人、对于他的思想、对于他成为什么样的作家是多么的至关重要。如果说贫穷和阳光是他创作的源泉——20 年后他在《反与正》的新版序言中是这样写的——那么疾病就是他的绝望和挑战，一半是宿敌，一半是催化剂，这正是荒谬的现实体现。他在童年时代学会的一切东西：意志力、冷漠，或者自负，都在与肺结核病的斗争中得以巩固和加强，尽管付出了相当大的代价。加缪承认，严重的疾病一度夺去了改变他一切的生命力，同时解释了它最终如何释放了他内心深处的自由，激发了他超然于人类事务的态度，保护他免受任何形式的憎恨。在这些散文中，随处可以看到几行句子，似乎在表达对疾病同时也是对生存的充满迷惑的回应。"我需要伟大的境界，"在布拉格度过了孤独的几周后，加缪拖着因疾病而虚弱的身体写道。"当面对我深深的绝望和世界上最美丽的一处风景不为人知的冷漠时，我获得了这种伟大。"①

《婚礼集》就像是《反与正》的一部续集，在这部书中，加缪沉迷于日臻成熟、高度隐喻性的抒情风格，表达得更加直言不讳。肺结核的确诊所带来的第一次打击和精神上的躁动转化为对清醒的热情和对世俗享乐的再次投入，作为回应，加缪的散文被注入了一股令人吃惊的新鲜活力。在海岸附近的一个山村杰米拉，加缪深深地沉醉于那里狂野的山风和荒芜的壮丽景观，他总结了自己的思想，思考了自己的未来。他写道：

> "但人们对自己的死亡是违心的，也与他们的环境相悖。人家对他们说：'你会好的……'可他们还是死了。我不要这一套……我不愿说假话，也不愿别人对我说假话。我想将清醒保持到底，并以我全

---

① Camus，*Lyrical and Critical Essays*，150.

部的……（情感）来正视生命的结束。"①

从很多方面来看，20 世纪 30 年代中期，当加缪正在创作这些散文的时候，他积极的生活掩盖了他的真实病情。每天都发生着那么多的事情，若非有时被迫中断的旅游、强制的休息、胸部疼痛，以及在布拉格又一次对咯血事件的叙述，甚至让人误以为他的肺结核症状正在得到缓解。1935 年加缪创作第一篇散文时，他还是阿尔及尔大学哲学专业三年级的学生。他深入研究着他的同胞、来自于波尼的哲学家圣·奥古斯汀的哲学思想，为获得高等教育文凭证书而撰写着论文，做着各种各样的兼职工作，还刚刚陷入一场复杂的婚姻，同时为共产党组织着一系列的政治和文化活动，此外，他还在知识界广交朋友，不断扩大着自己的兴趣爱好。他一度成为阿尔及尔年轻的花花公子，穿着时髦爱打扮，极为忙碌，也极为引人关注，是他那个圈子里的领袖人物。那一年的春天，他开始记作家日记；第二年，他开始创作他的第一部小说《幸福的死亡》；接下来的一年里，又创作了《卡里古拉》和《西西弗神话》；然后是《局外人》。

然而，在忙碌的身影背后，疾病却像一只巨大的黑手伸向了他，一连串的事件也因此受到了影响，并成为加缪未来生活必然的趋势：为投身于第二次世界大战主动参军被拒之门外，考取会士学位并在公共教育体系中从事教学职业的计划被搁浅，最终还被迫离开了阿尔及利亚。罗杰·基约认为，疾病在加缪和第一任妻子西蒙之间的爱情上也扮演了一个奇怪的角色，并暗示说，他们两人各自的缺陷——他的肺结核病，她的毒瘾——将他们紧紧地束缚在一个彼此相互支撑的系统中，这个系统就像一个秘密的社会和一种救赎形式。基约解释说，在他们分手很久之后，加缪还继续给西蒙寄送关于治疗和戒毒方面的书籍，但一直不留只言片语，因为他不想再见到她。"我有个印象，这段婚姻的失败对他的生活造成的影响远比他愿意相信的更加巨大，"基约总结道。②

---

① Camus, *Lyrical and Critical Essays*, 78.

② Roger Quilliot, *Mémoires II* (Paris: Editions Odile Jacob, 2001), 284.

有人认为，加缪的思想可以追溯到他 17 岁第一次触摸到死亡的阴影时，实际上，从那时起他就离开了正常的生活轨迹，从此再没有完全回归过。真希望这样的想法是正确的。但是，疾病仅仅是投向成就他道德品行经验和抱负的混合物中众多配料里的一种。荒谬本身存在于他那个时代特有的结构里——这正是他的主旨观点。加缪那一代人生长于一个充满否定和幻灭的社会气候中，一些关于存在的严肃问题被提了出来，而满足感的缺乏和形而上的焦虑也随之滋生。现代文学就是它的一个产物。然而事实上，加缪精神上的躁动源于一种非常真实的、亲身经历的恐惧，正如他所描述的，那是一种"粉碎了某种心境"的恐惧。他相信，死亡是必不可少的发现，是深刻的洞察力的开端。这正是他继续生存所仰仗的个人工具。加缪在《婚礼集》中写道：

> "疾病是治疗死亡的一种药物——它让我们准备着死亡。它是一种学徒训练，第一阶段就是自怜自艾。"①

加缪的哲学研究——在大学的最后一年里，他举行了一场关于海德格尔、克尔凯郭尔等存在主义先驱们的研讨会，他还在撰写关于普罗提诺和圣·奥古斯汀的学位论文——使他投身到与疾病所阐释的意义相同的哲学领域，并帮助他系统化了自己的思想。"加缪从撰写这篇论文中学到的知识可能比他从古希腊哲学和基督教思想中学到的还要多，"基约在后来为七星文库版加缪作品集所写的注释中用相当诙谐的口吻这样评论道。因为加缪的研究主题"的确帮助他命名了令他感到困惑的问题"②。

* * *　* * *

我关注的一个新焦点是，与加缪同病相怜的人似乎出现在他生活的每一个角落——朋友、情人、最喜爱的作家以及一些短暂邂逅的人，其中接触较多的包括安德烈·纪德、米歇尔·伽利玛、苏珊娜·拉比什·艾格尼

---

① Camus, *Lyrical and Critical Essays*, 77.
② "Entre Plotin et Saint Augustin," Pléiade *Essais*, 1222.

利和马曼因。还有一些匆匆的过客，如玛利亚·卡萨雷斯的父亲、奥威尔、卡夫卡、陀思妥耶夫斯基和西蒙娜·薇伊。然而，根据一项显示肺结核发病率的非正式统计数字，他身边同样感染肺结核的人数可能还要更多，因为第二次世界大战之前对该病尚无抗生素和其他可靠的治疗措施。肺结核为人们所带来的是一种公认的厄运即将来临的不祥感。

假如加缪晚 10 年或 20 年出生，并且提早及时治疗，比如用链霉素，那么他的病情发展轨迹可能会大为不同。但 1930 年他突然病倒时，对肺结核的治疗方法几乎像契科夫或者济慈那个时代一样原始和没有把握，所以，肺结核成为当时西方世界最为常见的死亡原因。从 1882 年肺结核病被确定是一种细菌感染病以来，除了卫生保健和公共卫生条件，治疗该病的其他方面几乎没有得到任何改善，死亡率一直居高不下，人们依然认为感染了肺结核就意味着早逝。像是对这种病的棘手性的象征，《旧约全书》中用"肺痨"这个词来命名它，并作为一种通用的叫法一直沿用到 20 世纪。加缪采取的许多治疗方法——草药和雏鸡胚胎补剂，或者后来的微量矿物质营养剂——仅仅是过去建议疗法的变异：山羊奶或龙虾加红酒，饥饿疗法（济慈只能吃到一条凤尾鱼和一小口面包），或者每天吃 12 个鸡蛋。到 1949 年加缪使用第一批抗生素时，他已经患病近 20 年，他的肺遭到了无法恢复的损伤。他是否于三年之后补充了特效新药异烟肼根本无据可查——这种新药让肺结核病人第一次看到了一线希望，让一度令人难以忍受的气胸、特殊饮食和卧床休息成为过去。但是，这些问题最终都变得毫无意义，因为加缪已经在更早的那个时代生活了太长的时间。从医学研究的角度来看，他必定是一个过时的病例了。

苏珊·桑塔格[1]写过一篇著名的解构肺结核的大众神话的散文《疾病的隐喻》。她在文中写到，对于一场特殊的、可怕的疾病来说，逐渐演变

---

[1] 苏珊·桑塔格（Susan Sontag, 1933—2004），美国文化评论家、小说家，著有《恩主》、《火山情人》、《反对阐释》等。——译者注

成寻常之事是非常令人满意的。① 然而，在加缪一生中的大部分时间里，肺结核既没有被视为寻常之事，也无药可治，这可能就是为什么这个大众神话似乎依然与他息息相关，至少可以说是一个出奇地引人入胜的故事。这样看来，认为痨病偏爱那些敏感者、纵欲者和富有智力天赋者的旧有观念，以及痨病滋生天才、培育个性并增强性欲的看法似乎不再令人无法接受，相反，却让人非常感兴趣。加缪本人在早期的一篇散文中写到过发生在一所地方医院里的一段轶事：一个肺结核病人一天与妻子做爱两至三次，每天如此。"他的病使他变成那样，"他写道。② 正如神话一样，在这样怪诞的想法中孕育着真理的萌芽。发热的确能够锐化感知，加速思维过程，使人对感觉的"渗透力"更强，正如加缪和纪德所描述的那样。从本质上看，肺结核是一种充满矛盾的疾病：侵犯和缓解，亢奋过后的倦怠，"古怪的愉快"交织着忧郁和沮丧。因此，这种疾病似乎与拜伦的双重性格和济慈的纤弱性格密切相关，而且，它符合写作生活的节奏，从某种意义上说，也与加缪的性格相吻合。

加缪的笔记写于那些充满危机的岁月，与他同在的是济慈、曼斯菲尔德、陀思妥耶夫斯基、卡夫卡和尼采的幽灵——尼采本人虽然并非肺结核患者，但同样是疾病缠身。这无疑唤起了他对历史上这些与他同病相怜的人物的认同感。但是，如果说加缪从这样的精神伴侣或者高发病率的社会氛围中寻求到了安抚和慰藉，那么他不会允许自己在可怕的疾病突然来袭之后屈服于它，而且肺结核病人都具有被动性这样的说法鲜有证据来证明。在感染肺结核的最初几年，加缪更为典型的反应是不计任何后果的反抗——"我烧毁了一切能够烧毁的东西，"在给作家盖·杜穆尔的信中，他写道，建议同样患有肺结核病的杜穆尔要比从前更谨慎一些。③ 随着岁月的流逝，加缪在书信中表达的大多是失望、怀疑和对"我见过的最为可

---

① Susan Sontag, *Illness as Metaphor and Aids and its Metaphors* (New York：St. Martin's Press，2001)，181.

② *Le premier Camus*，242。

③ Pléiade *Essais*，1668 - 669.

怕的贫困"的无可奈何①；因限制他活动而感到的不耐烦；恐惧的时刻；但是，他从来没有表示过被打败。尽管如此，无论是与阿尔及尔过去的那群女朋友们在一起时，还是与他生活中的其他女人在一起时，他都可能心痛欲碎，他渴望过正常人的生活，渴望获得健康，并尝试清心寡欲。1942年秋天，他在勒庞内里尔疗养期间曾写道：

"我过去需要安静。现在，我不再憎恨任何人。只要我能够痊愈，能够像以前那样生活（自从生病以来，我没去跑过一次步），我想我有能力再次获得幸福，但是，当然，最好还是尽量安排好眼下的事情，而不是奢望那些不可能的事。"②

加缪对不同的朋友所持的态度和心情不同。对于女人，他温和有礼，渴望留恋，真诚坦白，感情奔放，夸大其辞，甚至多愁善感，但从不自怜自艾。对于格勒尼埃，他体贴周到，谦逊包容，富有男子气概，甚至是在谈论气胸治疗中的一次危险的间歇或者右肺的一次新的感染时，也会想方设法调侃自己的性格问题。他们相识伊始，当加缪被迫辍学的时候，格勒尼埃，这个刚刚从法国本土来的哲学教授，亲自到他的这个学生家里进行家访，让加缪感动不已。格勒尼埃在他的回忆录开头写道，那一天，刚刚感染了疾病的年轻的加缪只能用单音节的词来回答他关于其健康的提问，表现得小心翼翼，似乎很疏远。"从那份疏远可以看出他是个深思熟虑的人，"他解释说，"阿尔贝·加缪从不会轻视任何事情。"③

对于他最好的朋友和病友米歇尔·伽利玛，加缪则将他应对肺结核病的办法和盘托出。到米歇尔被发现感染肺结核的时候，加缪已经有了16年的患病经验，他以一个老朋友和资深病友的身份给米歇尔写信，用戏谑和嘲笑的口吻劝说米歇尔摆脱不断加剧的忧郁情绪，但当他倾吐关于生存的重要思想时，会即刻变得严肃起来。他任意挥洒着信手拈来的黑色幽默，

---

① Todd, *A Life*, 153。

② *Ibid.*

③ Grenier, *Souvenirs*, 9, 14.

将它作为分散注意力的武器和防卫机制，尤其是对那些同样具有幽默感的朋友们。"由于幽闭恐惧症，在飞机上略微昏厥了一段时间。但是，我还是顺利着陆了，像雏菊一样精神抖擞，"他向"伟大的圣人米歇尔"汇报着他的阿尔及利亚之行，后者正在瑞士里森的一家疗养院里进行为期8个月的卧床休养。① 那年冬天，加缪也回到布里昂松②养病，但他仍然指导着米歇尔的治疗，并花了三周的时间前去那家疗养院看望米歇尔。几年之后，亚尼娜和米歇尔反过来也经常定期到卡布里看望加缪。这两个男人都擅长交友，他们友好、慷慨、忠心耿耿。他们还都喜欢大笑，曾并排坐在伽利玛出版社的客厅里，展示着各自的骨灰盒，互相取笑。

没有什么比分享一场威胁生命的疾病所带来的焦虑更能使人紧密地团结在一起——尼采把这种精神上的痛苦描述为因对疾病的思虑而造成的折磨，认为这样的精神折磨可能超过了疾病本身所造成的肉体痛苦。③ 到1947年，加缪早已克服了作为一个肺结核病人的最初恐惧，并作出了形而上的回应。他将自己辛苦得来的经验教训言传身授给了米歇尔。米歇尔仍在里森疗养时，加缪在给他的信中谈到了陀思妥耶夫斯基的"新生"。陀思妥耶夫斯基认为，死亡最终将变得无关紧要。加缪将生病的体验与宗教体验相比较：

> "即使你不信仰宗教，即使上帝死了（正像我的一个朋友所说，被人从身后暗杀的），但仍然有一些真实的东西存在于宗教经验中，正如它们存在于简单的经验中一样，即个人生活与幸福最为疏远。"④

加缪提倡希腊哲学中关于均衡的思想，认为那就是他们两人所面临问题的答案。作为永远的朋友，他这样结束道：

---

① Todd, *A Life*, 263.
② 布里昂松（Briancon），法国东南部普罗旺斯-阿尔卑斯蓝色海岸地区的一个县。——译者注
③ 这是桑塔格在她的书中所讲的。见第101页。
④ Todd, *A Life*, 264.

"当然，热爱生活与换妻或布基伍基爵士乐①或以每小时 150 公里的速度驾驶并不是一回事。当一个人拥有高尚品德的时候，我不是在恭维你，他一定会承认你就是这样的人，他会从每一次经历中受益，直到最后。"

照片和信件证明，米歇尔和妻子亚尼娜、可信赖的朋友们、被收养的宠物、偏爱的玩伴们都为加缪和弗朗辛带来了安慰。在七星文库的官方相册里有几张亚尼娜和加缪的合影，照片拍摄于战前他们在《巴黎晚报》共事时，他们初次见面就是在那里。还有这两对夫妇后来拍摄的轻松祥和的生活照——懒洋洋地躺卧在草地和公园的长椅上；带着狗散步——当然，其中也有几张加缪去里森疗养院看望米歇尔时拍摄的十分严肃的照片。当加缪生病或者需要保持安宁时，间或会到巴黎与亚尼娜和米歇尔一起生活一段时间。他会向他们谈论他所遭遇的婚姻和健康等问题。1951 年，伽利玛夫妇在厄尔省一座静谧的村庄里买下了一个古老的小旅店，从此之后，加缪经常偕家人到那里度周末，与他们共同过几天快乐而安静的生活。这两个肺结核病人实践着"小心谨慎的生活"，正如加缪曾经建议的那样：阅读，到河边钓鱼，打乒乓球，与家人一起做游戏。

加缪成年之后极少有不接受肺结核病治疗的时候。最初的几年里，他受控于有规律的治疗方案：隔周一次的气胸治疗，每周的放射线治疗，加速他康复的特殊饮食。在以后的岁月里，当一些新药出现并遏制住肺结核的进一步发展时，加缪的病情却朝着完全不同的方向发展，很不稳定，因为到那时他的呼吸能力已经被严重地削弱——除了结核菌的损害和气胸注射，频繁的吸烟也是重要原因。其后果包括呼吸困难、缺氧以及他的一位医生所描述的在 1957 年出现过的半窒息状态。根据加缪本人的笔记和反思来判断，他的肺结核发病最严重的时候是在 1949 年夏天，在他到南美洲进行了漫长的巡回演讲之后。其实那次旅行刚刚开始之际，他就已经病倒，而且精神沮丧。他在巴西写道，他已经丧失了来之不易的平静，正经受着

---

①　布基伍基爵士乐（boogie-woogie），一种用钢琴演奏、节奏强劲的早期爵士乐。——译者注

彻底的精神崩溃。① （尽管如此，他依然能够发表这样的评论："如果这里的东道主知道我为了仅仅看起来是正常人所付出的努力，那么他们至少会努力时常面带微笑。"）加缪一直相信，经受过 4 年针对肺衰竭的治疗之后，他一定可以战胜疾病，然而距第一次刻骨铭心的发病已经过去了 20 年，他极其困惑地发现自己再一次陷入生死攸关的境地，面对着"无底的深渊"。"去克服？但是痛苦就是这样，是人们从来不能超越的东西，"在使用抗生素进行第一轮治疗之前，他这样写道。② 像往常一样，他求助于文学大师们来确证自己的观点：

> "陀思妥耶夫斯基说，热爱生活本身甚于热爱它的意义。是的，当对生活的热爱消失殆尽时，没有任何意义可以安抚我们。"③

第二年春天，在卡布里疗养康复期间，他提到了尼采：伟大的人格即感觉像主宰自己的幸福一样主宰自己的不幸。一个月后，加缪的病情有所好转，于是他把危机置于脑后，但十分谨慎地将想说的话括在了两个圆括号之间，像是一声试探性的如释重负的叹息：（可以说：很艰难。第一次我没有成功，我长久地拼命挣扎。但是终于，我取得了最后的胜利。如此巨大的疲惫使成功更加清醒、更加卑微，但同时更加坚定。）④

正是在写下上述这段文字的几周之内，加缪完成了《反抗者》的初稿，这提醒我们，这本书的大部分章节，像《鼠疫》一样，写于他重病在身并顽强挣扎于肉体病痛之际。加缪耗尽七年才完成了这本书的创作，生病对该书的写作进度造成了一定的影响，而该书的写作也无疑加重了他的病。这部作品以及其后由名誉和道德良知问题所引发的争议强化了疾病的戏剧性，使加缪倍感束手无策和身陷囹圄。20 世纪 50 年代后期，加缪的生活似乎陷入崩溃失控的状态，疾病造成的心理效应几乎与肉体的痛苦如

---

① Todd, *Une Vie*, 502.
② Camus, *Notebooks 2*, 227.
③ *Ibid.*, 218.
④ *Ibid.*, 246.

影随形。那时，肺结核的发作与其说像是一次突然袭击，不如说更像一次难以忍受的指责，似乎整个世界都在向他逼近，将他团团围困。

很难解构后来那些日子里加缪所承受的痛苦，因为它有着如此多相互影响的源头：阿尔及利亚的战争，巴黎知识分子团体的敌意，作家本身的局限，糟糕的肺，甚至获得诺贝尔文学奖的荣誉。仿佛有一股奥林匹斯山诸神的强大力量在与他作对。加缪陷入了忧愁沮丧、惊慌失措的情绪中，遭受着幽闭恐惧症之苦——他不敢去乘坐地铁——同时还忍受着一阵阵几乎窒息和精神错乱的折磨。他用文字表达了孤立无助的感受，眼里经常噙着泪水。他记录于那段时期的笔记杂乱无章并且寥寥无几，只提供了一连串断奏的音符——"新一轮的惊慌失措"，"无尽的痛苦"，"加倍的焦虑"——和很长一段提倡积极进行思考以表达他的心理状态的句子。[①] 加缪相当勇敢地将1958年初，即亲赴斯德哥尔摩领取诺贝尔文学奖几个月之后他的健康状况简单地描述为"下降"。对罗杰·基约，他则更加明确地表示："我刚刚经历了一个十分漫长而可怕的沮丧期，呼吸障碍使其更加棘手，我对此无能为力。只是在最近，我才喘过气来，正如 catch my breath 那个习语所说。"[②] 基约认为加缪能够活下来是个奇迹。[③]

加缪的亲朋好友说，他的身体似乎一直没有恢复正常，或者说"被治愈"，直到1959年中期，他全身心地投入到小说《第一个人》的创作中。但是加缪顽强地踯躅前行，开辟了许多新的领域：改编了福克纳的《修女安魂曲》和陀思妥耶夫斯基的《群魔》，并将其成功地搬上了戏剧舞台；协商筹建自己的剧院；与一位名叫凯瑟琳·塞拉斯的英国女演员和一个名叫米莱的艺术系丹麦年轻学生初次快乐的交往。又一次，加缪被命运判以吉凶未卜的缓刑，回归到正常状态的边缘，他似乎对此颇感释然，又重新恢复了活力。如果说加缪是脆弱的，那么他同样充满干劲、雄心勃勃。"我经常选择超出自己能力的任务去做，那使我生活在不断的努力之中，

---

① Camus, *Notebooks 1951-1959*, trans. Ryan Bloom (Chicago: Ivan R. Dee, 2008), 198-99.
② Pléiade *Essais*, 1895.
③ Quilliot, *Mémoires II*, 268.

也是令我精疲力竭的原因所在，"完成《反抗者》的创作之后，他在给弗朗辛的信中这样写道。① 与米莱在一起时，加缪用过去时态来描述他的病，尽管他们亲密无间，但她除了了解他的沮丧情绪之外，从未怀疑过其他。即使到现在，米莱都难以相信他们在一起时加缪仍在病中。"他太有活力了，"回顾往事，她这样对我说道。接着又说，"他做得很好，但独自一人承担着。"②

贯穿加缪整个漫长病史的是可怕的孤独感，对此，他迟迟难以接受。"人已近中年，我还要重新学会如何独自生活，这实在是令人痛苦，"1951年初，在返回卡布里途中的笔记里，加缪这样写道。③ 要做到恬淡寡欲，像他母亲那样，就要沉默不语，毫无怨言。朋友们说，加缪预料到他会越来越多地受到疾病和衰老的影响，正是这样的预期让他非常忧郁。看到他在最后一篇日记中将自己称作"一个成熟的男人"，并表达出对日渐老去的恐惧时，我感到很难过。然而，即使是在年纪尚轻时，他也已经在为行将变老的想法而忧心忡忡。29 岁时，他在勒庞内里尔写道："我的青春离我而去，是疾病使然。"（Ma jeunesse me fuit，C'est ça être malade.）④ 他经常在日历上标出他的生日，过分地检视自己，还常常将自己的成就与托尔斯泰或梅尔维尔这样的大师们进行比较。这也反映出他的病情发展，他似乎一直在倾听疾病这台时钟无情的滴答声。

从公开发表的照片上，看不出加缪的健康状况。有时候，他瘦得引人注目。有时候，虽然他承认自己在生病，但看上去只是很疲倦，像《堕落》封面上卡蒂埃-布列松为他拍摄的那张半身像。我看过一部记录他个人生活的电影，拍摄于 20 世纪 50 年代伽利玛夫妇在乡下的小旅馆中。在影片中，他正在为朋友们表演斗牛，手里拿着一条女士围巾上下挥舞，飞

① Todd，*A Life*，295.
② Mi，personal interview in Paris，April 4，2000.
③ Camus，*Notebooks 2*，267.
④ Camus，*Notebooks 2*，37. "My youth is fleeing me; that's what it is to be ill."

速旋转着，画面优美而有趣。在许多照片中，加缪都在吸烟，甚至在里森疗养院米歇尔的房间里，或者在 1958 年排练《群魔》期间，当时他仍在病中。有时，他也会减少吸烟量——在卡布里时，他决心早餐前不再吸烟；20 世纪 50 年代，据说他设法戒烟了一个月——但是，吸烟已经成了他的一个习惯，可能是他的另外一种反抗形式，一种向正常人的努力，一个坚持生活下去的方式。总而言之，吸烟成了加缪永恒形象的一个组成部分。

最近，我偶然发现了一张加缪和米歇尔·伽利玛的鲜为人知的合影。照片唤起了我对他们的友谊如此深刻的回忆，同时也作为他们漫长病史的证据在我的脑海中留下了挥之不去的印象。事实上，是我的一个朋友在图尔市郊外的旧货摊上偶然发现了这张照片，更准确地说，是发现了一本杂志的增刊，其封面上印着这张照片。"可能是《新观察家》或者《巴黎竞赛》，"她在一张即时贴上潦草地写下这句话，然后将杂志送给了我。不能确定照片拍摄的日期，但是照片中的背景和周围大体的环境让人想起这对朋友于 1958 年进行过的一次地中海之行：到了戛纳，并在希腊群岛中航行。无论照片出自哪里，这都非常引人注目，不仅因为它是全版彩色的，还因为它捕捉到了两人之间某种特殊的关系。照片中，他们正在一家露天咖啡馆吃午餐，为拍照而暂停下来，摆好姿势。加缪身着卡其色便装，衣袖高卷着，脸上的胡须似乎很久没剃了。他伸长手臂搂住米歇尔的肩膀使他靠向自己，笑得很灿烂，露出两个深深的酒窝。米歇尔在加缪手臂的环绕之下，眼睛直视着镜头，微微咧着嘴，俏皮地笑着。两个人的皮肤都被晒成了棕褐色，看上去很健康，颇有男子气概。他们的脸上散发着自信和无忧无虑的神情，和睦友爱的气氛洋溢在两人之间，几乎令人难以置信。在杂志封面他们的头顶上，有一行红色大写字母的标题，写着"加缪，亲如手足"（Camus Le Fraternel）。标题文字很简单，却是对这张照片所呈现出的全部内涵的一个完整诠释。

八、《反抗者》

"所有的男男女女都在谈论我，想要毁灭我……从未伸出过援助之手，从未过来帮助我，从未因我本来的样子而爱我，使我得以保持我本来的样子。"

在交换了几封关于可否面谈的书信之后，凯瑟琳·加缪终于同意在卢尔马兰接受我的采访，但她仍不能确定具体的日期，只是说："你到巴黎时给我打电话吧。"用她的话说，自打成为一笔已经被翻译成几十种语言的文学作品遗产的女执行人之日起，她就开始了极其疯狂的生活，而这种生活是微不足道的，不具有任何采访价值。她写在回信信封上的字迹与她的父亲几乎同出一辙，但字体更大些，也更优雅。回信地址写的是"阿尔贝·加缪路"，这个名字使信封上的地址含有了某种虚构的成分，令人感到奇怪的不安。

罗杰·基约回信的信纸上印有"参议院"的官方标识。他曾在参议院担任多姆山省的代表，但给我回信时已从市长的职位上退了下来，显然是由于健康的原因。也正是由于众所周知的"健康不佳"，基约两次推迟了我们的会面，每次他总是极为亲切地表示遗憾，但每次听起来都增加了几分急促。当我仔细在七星文库版加缪作品集里小号字体的注释中搜寻时，透过基约那些流畅的、既具有学者风范又带有亲切的传记体特点的注解，我看出他与加缪之间非同寻常的关系——对加缪大量复杂的手稿、论文和书信的长期研究；与加缪的亲朋好友之间的密切关系；与加缪谈话的回忆——我再次被他对自己研究对象的热情和同情而感动。1954 年，当基约

29 岁并开始着手创作《大海和监狱》时，他成为加缪为之开启自己"档案"的第一人。（加缪为他打包了满满一提箱杂乱的草稿和文件，同时将自己"交给你来处置了"，加缪说道。）基约也是完整而详尽地研究加缪作品的第一人。当时，加缪对他的这个计划既感到荣幸又颇为宽慰，因为从基约的想法中他看到了一种"可靠性"和"不夹杂任何自鸣得意的同情心"，这让加缪很感动。在给基约的一封致谢信中他温柔地写道，"整个儿的计划"一直让他十分感兴趣，并提到他对基约创作这样一部统一作品的关注，表达了对这部作品的赞赏。加缪说，能够成为这样一个富有同情心的课题研究对象，他感到极为高兴，他把这番话写在了圆括号里，似乎是在私下里对基约倾吐着秘密。[1]

在 1954 年这一年，加缪为基约对他的作品所给予的同情表示感谢这件事本身就十分令人感动，因为，正如基约在许多年之后才开始明白的，它用一种安静的方式承认了《反抗者》出版之后，疯狂而至的批评对加缪造成了多么严重的伤害。加缪一直宣称，《反抗者》是他最重要的一本书，这本书最像他自己。他的这个声明充分表明他在这本书上所倾注的心血、热情和勇气。从道德的角度看，它代表着一份勇敢的努力：向他的时代大声疾呼并说出数年来萦绕于脑海的一切——正如他对自己所说，为了每一个人的利益，不再尝试任何他习以为常的客观或"礼貌"。他的笔记证实，从那之后，他感觉可以更加自由地写作了——事实上，当时加缪已经为即将创作的小说零星写下了许多长篇幅的段落。"在自由中创作，"加缪这样对自己承诺，鼓励自己继续前行。

在巴黎进行的那场激烈的论战中，加缪在对《反抗者》的一片敌对声音里彻底败下阵来。那场后来被炒得沸沸扬扬的辩论，即使在现在看来也似乎像一次蓄意伏击。早在 1951 年 10 月这本书正式出版之前，就有来自左翼和右翼的声音对该书的内容提出质疑，但最终还是他曾经的朋友萨特

---

[1] Quilliot, *Mémoires II*, 124.

和那些不证自言的书信助长了舆论对加缪的抨击，给了他致命的一击。加缪可能一直担心舆论对他这本新书的反应，也因第一波批评的语气而惴惴不安——"我正在耐心等待一场迟迟未到的大灾难，"他在12月的日记中这样写道。然而，令他难以预料的是，一场直接针对他作品和人格的全方位的严厉攻击正从《摩登时代》杂志向他突然袭来：首先是萨特精心挑选的一个雄心勃勃的年轻信徒弗朗西斯·让松发表评论对这本书肆意批评，然后是针对加缪的反驳文章《致主编先生的一封信》由"主编"本人站出来进行驳斥。经过了最后这一轮的针锋相对，加缪与萨特之间的友谊画上

了句号。一直到加缪去世，两人再没有相互对话过，也再未提及对方。短短几个月内，加缪与巴黎知识界的隔阂越来越深，几乎扩大成为一道不可逾越的鸿沟。

人们倾向于把《反抗者》的出版看作加缪一生中重要的分水岭，他的一生由此被分成截然不同的两部分：出版之前与出版之后，名声大噪与名声扫地。终于等到这本书引起的骚乱逐渐开始平息，当加缪与批评家们的往来书信开始减少，解释与说明的声音开始减弱，愤怒与痛苦日益减轻，无法避免的自我反省越来越轻松时，他却掉进了另一个麻烦重重的漩涡——弗朗辛的精神崩溃，阿尔及利亚的战争，以及从很大程度上说，由上述问题造成的长时间的创作枯竭。加缪的生活方向似乎突然间发生了逆转，他似乎被抛出了生活的轨道。然而即使在最沮丧的时刻，加缪也从未动摇过对《反抗者》的信心。他说，他并不比其他任何人更喜欢树敌，但如有必要，他愿意再写一遍这部书。

很早之前，巴黎的新闻界就已经对《反抗者》进行过广泛的评论，总体来说态度是非常客观的。人们像报道重大新闻事件一样报道了这两个著名思想家之间爆发的"论战"或称之为"文学争论"。《摩登时代》杂志8月刊登载了双方激烈辩论的往来信件，一经发行就被抢购一空，再次印刷后又被售罄。随即，《世界报》、《观察家》和加缪从前工作过的《战斗报》

也争相大篇幅转载了原文选段。（令加缪苦恼的是，连《战斗报》都卷入了这场论战。）一些周刊也对他们之间的决裂煽风点火，进行了特别报道——以《萨特—加缪分手已成定局》为醒目标题，通俗小报《星期六晚报》用了整整三个版面登载了一篇关于这份长达十年之久的友谊的特别报道。在圣日耳曼星罗棋布的咖啡馆和出版社里，没有人不知晓这场论战的详情，人们评判着他们的行为，选择着各自的立场。除了加缪，几乎没有人对他们的决裂感到吃惊——考虑到名人的特性和他们各自对共产主义的立场，尤其是对斯大林主义的立场，这次决裂是长久以来一直在酝酿中的事。但是没有人预测到它会承担起这样的历史责任，或者说这两个重要的人物居然代表了 20 世纪的正反两种力量。加缪与萨特之间的僵持以及他们各自代表的阵营又继续对峙了 40 年，直到冷战结束。那时候，两人的名声已经完全颠倒过来，将来很可能将再次被颠倒，但是和解依然遥遥无期。现在，加缪阵营和萨特阵营仍然存在，而站在加缪和萨特之间保持中立的学者们也依然存在。一些新书尝试着从无派系的角度阐释他们之间的友谊。在巴黎，一年一度的专题讨论会在继续举行，力图达到和解的目标。

似乎应该记住的是，加缪在创作《反抗者》时已经是一位著名的作家，他斐然的名望对这本书的写作目的和它受欢迎的程度有举足轻重的影响。他的批评者们曾指责说，加缪是站在颁奖台上写作的，因为他清楚他的名字意味着什么，他利用他的签名来抗议西班牙、希腊和匈牙利的局势时就十分清楚地证明了这一点，他想要对当代的思潮施加一定的影响。尽管自 1948 年开始加缪就回避政治，但在良知的感召下，他感觉有必要将他自己对于当前欧洲形势的认识公之于众，他在他的书信和日记里都表示过，他曾"尝试了解这个时代"。当论及他之所以为反抗的必要性而大声疾呼时，加缪对一个早期的批评家解释道，那是他自己的经验之谈，并说他已充分认识到这样一份艰巨任务的危险性和局限性。加缪曾对夏尔说，他希望既做到诚实又有所帮助。这部书中的大部分思想都是他与夏尔一起经过深思熟虑的探讨后锤炼出来的——"我们的作品",当他将布满勾画痕迹和拼写错误的手稿呈递给这个朋友时,他这样称呼它。在这本书的题词中,他写道,"没有你,它永远不会成为一部希望之书。"

对于加缪而言,这本书是一个概述,是对他自抵抗运动以来所学到的一切、自《西西弗神话》发表以来所写的一切以及他的一切言行的一个概述,用他自己的话说,是一本集阅读、反思和经验于一体的杂集,其内容取材于一些革命家的真实生活故事,如他的新朋友罗斯默和拉扎雷维奇,或者俄国诗人伊万·卡利亚耶夫。在加缪眼中,这位曾于1905年暗杀俄国大公谢尔盖·罗曼诺夫的恐怖主义分子是道德两难困境的具体化身。(卡利亚耶夫的第一次刺杀行动被迫流产是因为他不忍心杀害与大公同乘一辆马车的大公的妻子和侄子。)这本书也是他关于反抗题材三部曲中最后的、也是最重要的一部作品,是对小说《鼠疫》的一个明确的理论阐释,是《正义者》的姊妹篇(《正义者》一书的主人公原型即卡利亚耶夫),是对人类反抗本能以及革命如何形成自己的暴政的一个全面解读。加缪为搜集该书的资料阅读了哲学、历史和艺术等相关书籍,不仅仔细研究了古希腊和基督教的历史,而且苦苦跋涉于浪漫主义、纨绔主义①、超现实主义、黑格尔、马克思、尼采、纳粹、布尔什维克等各种主义和哲学思潮,甚至阅读了《呼啸山庄》和《卡拉马佐夫兄弟》,最终,他在地中海人民对节制和均衡的信仰中寻找到了答案。夏尔说,没有其他任何人能够写出这样一部作品,意指这本书是加缪全部抱负、理想和勇气的结晶。

以如此非传统的方式论述反抗和革命的问题(包括法国革命)也许是幼稚或傲慢的,因为那几乎无异于邀请别人加以批评,特别是极为敏感的萨特阵营的批评。加缪预料到《反抗者》会招致共产主义左翼分子的公开抨击,而且似乎预感到这部作品可能也不会受到其他社会群体的欢迎。格勒尼埃曾警告他说,他将会广泛树敌,而他发现自己也的确正在对他几个

---

① 纨绔主义(dandyism)是流行于19世纪末的颓废美学,以王尔德为代表人物。——译者注

朋友的"休戚与共"（solidarity）感到疑惑。"几天之后，很多人将不再向我伸出他们的手，"他忧郁地评论道。在遭受第一轮批评期间，加缪试图保持置若罔闻的态度，因为正如他曾有意吐露过的，他从来不能轻率地对待任何事情。他控制住自己好斗的本能，至少是暂时的。"绝不再攻击任何人，尤其是在文章中，"他在日记中告诫自己，"彻底根除批评和论战。""最糟糕的财富是一个坏性情。"① 早在《摩登时代》杂志发起进攻之前的几个月，加缪就已经疲惫不堪，心情沮丧——他用 vidé 一词向夏尔描述自己的状态，意思是心力交瘁。对于这本书早期获得的商业成功——四个月之内卖掉了 60 000 册——他怀疑人们是否真的在读它，是否大多数的批评实际上是道听途说。几乎可以说，他似乎是在等待着坏消息的到来，或者说至少他是脆弱不堪的。他的梦中一再出现被处死的画面。当偶遇一个自解放动荡时期以来从未谋面的从事抵抗运动的战友时，他几乎因怀旧之情泪流满面。

加缪的朋友们对《反抗者》也存在一些疑问，但他们大多数守口如瓶。作为加缪中学和大学时期的哲学教授，格勒尼埃早已深谙加缪的思想，他曾对加缪的手稿进行了挑剔的批评——他是加缪正式题献这本书的那个人——认为这本书虽值得称赞，但缺乏条理性，且含蓄不足。格勒尼埃还对该书的"语气"提出了质疑，认为在某些人听来，它的语气可能过于反动。像其他人一样，夏尔虽然认为这部作品总的来说令人钦佩且勇气可嘉（"啊，亲爱的阿尔贝，阅读这本书让我充满活力、精神焕发，让我变得更加强大，谢谢你。"），但对于书中蔑视萨德侯爵②和洛特雷阿蒙伯爵③的篇章持保留意见，因为这两个作家对自己青年时期超现实主义思想

---

① Camus, *Notebooks 3*, 22.
② 萨德侯爵（Marquis de Sade, 1740—1814），法国贵族和一系列色情和哲学书籍的作者。由于他所描写的色情幻想和他所导致的社会丑闻而出名。——译者注
③ 洛特雷阿蒙伯爵（Comte de Lautréamont, 1846—1870），乌拉圭出生的法国诗人。——译者注

的形成产生过重要影响。[1] 夏尔的反应值得关注，因为正是加缪对被超现实主义者奉为思想火炬的神秘主义诗人洛特雷阿蒙的批判激发了超现实主义运动的领袖安德烈·布勒东的斗志，并成为即将到来的论战的导火线。[2] 作为超现实主义思想火炬的继承者，布勒东理所当然地做出了回应。"当颇受公众喜爱的作家们整日忙于攻击比他们自己强大一千倍的事物时，人们无法再保持沉默。"[3] 由此开始了被加缪后来称之为"针对我一个人的审判"的"论战年"。

在这本书中，加缪在全面探索反抗本质的同时，犀利地批判了法国文学界"万神殿"里的其他名流们。他还彻底揭穿了政府解释的法国革命的实质，谴责了它的血腥性，并将雅各宾主义与布尔什维克主义以及1789年与1917年进行了比较。他对各种不同的反抗理论和反抗形式发表了看法，对将渴望自由的本能转变为一种对谋杀的辩护和以历史的名义施行奴役的种种歪曲、幻想和蒙骗进行了描述，并且阐述了革命最终会创造它们自己的暴政。能够做到如此坦率和对抗可谓勇气十足，但如果不采用异端态度将那么多的当地名流一棒打死也许同样具有鼓动性。"每一个法国学童，如果他的家庭不是极端右翼分子，都会公开或私下里尊重罗伯斯庇尔[4]和圣·瑞斯特[5]，"奥利维尔·托德解释说。[6] "在法国和阿尔及利亚的公立中学里，人们普遍接受这样一个公理，即将路易十六推上断头台可能是草率之举，但十分必要。"加缪的朋友罗伯特·伽利玛只是简单地说，"《反抗者》表达了一个与当时人们的普遍思潮完全相悖的道德规范。"[7]

---

[1] René Char，letter to Camus，July 16，1951，in Albert Camus，René Char，*Correspondance* 1946-1959，ed. Franck Planeille（Paris：Gallimard，2007）.

[2] 加缪喜欢直截了当地为他著作的篇章命名，这最早体现在发表于《南方杂志》的"洛特雷阿蒙或平庸"（Lautréamont or Banality）一文，该文谴责了这个受到称赞的"纯粹反抗的诗人"屈从于"完全绝对的一致性"——而因循守旧"是反抗的虚无主义的愿望之一"。

[3] Quoted in Lottman，*Albert Camus*，495.

[4] 罗伯斯庇尔（Robespierre，1758—1794），法国革命家，法国大革命时期重要的领袖人物，是雅各宾派政府的实际首脑之一。——译者注

[5] 圣·瑞斯特（St. Just，1767—1794），法国革命和军事领导人。——译者注

[6] Todd，*Une Vie*，550.

[7] Robert Gallimard，personal interview，May 2006.

《反抗者》一书的核心是共产主义问题。在书中，加缪尽管未曾提到斯大林的名字，但他的立场是所有人中最为对立的。"我们生活在一个充满预谋和完美罪恶的时代，"他在书中写下了这样的句子，"人们也许认为，这个时代在 50 年内使 7 百万人流离失所、受到奴役或惨遭屠杀，应立即对它进行审判。然而，它的罪责缘由很可能依然被人们所接受。"为什么人类口口声声要反抗，却能够坦然地接受大规模的死亡、高举自由大旗的集中营，和"以博爱或者对超人的追求为理由而进行的屠杀?"他问道。① "在否定的时代，思忖自己对自杀问题的立场是有益的，"他写道，意指他在《西西弗神话》一书中讨论的焦点问题。在意识形态的时代，我们必须要理清自己对杀人的立场。

在 1951 年那个冬天的巴黎，以及由《反抗者》的出版所波及的整个世界，关于共产主义问题的决战时机已经成熟，该由某个人物（或一场论战）来决定胜负了。许多追随共产党的知识分子（萨特的哲学家朋友莫里斯·梅洛-庞蒂就是最好的例子）逐渐认识到坚持他们对于苏联社会主义制度的信仰很困难。一直希望发展"第三势力"的无党派左翼分子开始对采取有意义行动的可能性产生了怀疑。同时，伴随着朝鲜半岛冲突的加剧，冷战似乎对欧洲构成了比以往任何时候都更为直接的威胁。波伏娃回忆当时的时局时，谈到了加缪与萨特在一家咖啡馆里进行的一场对话，对话的主题是那段时间里空气中弥漫着的危险气息。"'你有没有考虑过一旦俄国人打到这里你会怎样?'加缪问萨特，接着又更加充满感情地补充道：'你一定不能呆在这里!'萨特问，'你期望离开吗?''哦，我还会像我在德军占领时期那样做。'"②

加缪仍然将萨特视为非共产主义的左翼战友，但波伏娃吐露说，单纯对苏联入侵问题的思考激发了"对马克思主义与人类"的反思，将萨特变成了一个政治现实主义者和亲共分子。换言之，他们之间的界限从那时起

---

① Camus, *The Rebel*, 3, 4.

② Beauvoir, *Force of Circumstance*, 231.

就已经划分清楚了。

到目前为止，出现了形形色色的书籍致力于探讨加缪—萨特"绯闻"的缘由——几乎所有人都承认，鉴于它涉及"爱"这样一个不可否认的组成部分，"绯闻"这个词似乎恰如其分。这样的尝试意味着针对他们的分裂尽可能地寻踪觅源。[①] 冷战的结束和人们日渐平和的态度助长了寻觅的进程。或许因为加缪和萨特依然是引人注目的人物（因为一直没有出现能够取代他们地位的人），又或许只是因为他们两人的生活中充满了激发人们兴趣的相似之处和强烈反差，今天看来，他们的决裂较之半个多世纪前作为一次政治"交锋"所演绎的故事甚至更深刻也更精彩。他们之间在战后几年里发生的貌似无关紧要的意外事件刚好构成了故事的情节。当我们了解到那天晚上支持梅洛-庞蒂的萨特未来的发展轨迹时，加缪因梅洛-庞蒂对莫斯科审判所持的立场进行的攻击就呈现出新的意义。（"加缪，疲惫不堪地离开了，'砰'的一声摔上了身后的房门……（而且）拒绝返回。"波伏娃的回忆录中记录了她亲眼见到的这一幕。）[②] 具有讽刺意味的是，到了 20 世纪 50 年代，萨特与梅洛-庞蒂两人也因萨特的"极端布尔什维克主义"而产生了分歧。对于所有的道德良知问题，加缪都有着独立的看法——关于原子弹和肃清运动的社论；甚至到 1946 年的《不做受害者，也不当刽子手》的系列文章——都标志着他一次次地选择了完全背离的道路。萨特的主要作品亦如此。其中最为尖锐的是他的戏剧《魔鬼与上帝》。这部戏剧在加缪的《正义者》巡演结束刚好一年时开始上演，剧中的主人公尽管身陷一场不同的革命并且在正义与邪恶两股力量间犹豫不决，但最终仍然信奉暴力是变革的必要动力，这无疑向加缪发出了直截了当的警告，因为加缪笔下的主人公卡利亚耶夫即使在被控告有罪后仍然拒绝暴

---

① 2004 年，罗纳德·阿伦森（Ronald Aronson）发表了《加缪与萨特：一段传奇友谊及其崩解》（*Camus and Sartre：The Story of a Friendship and the Quarrel That Ended It*），随后，大卫·A·斯普茨（David A. Spritzen）和阿德里安·范登·霍文（Adrian van den Hoven）发表了《萨特与加缪：一个历史性的对峙》（*Sartre and Camus：A Historic Confrontation*），大西洋彼岸第一次掀起了全面研究这一事件的高潮。

② Beauvoir, *Force of Circumstance*，111.

力。据波伏娃所说，萨特的这部戏剧是他整个思想演变的真实写照。正如加缪发表《反抗者》来详细阐明《正义者》所表达的思想，萨特紧随其后，以大致相同的方式，利用长达 300 页的《共产主义与和平》一文明确传达了他的信条。像是对他们之间关系的最后一次挑战，这篇文章作为三期连载文章的第一部分被登载在《摩登时代》杂志 1952 年 7 月刊上，萨特也因此作为举足轻重的亲共无党派人士在法国确立了自己的地位。①

当年 8 月，出现在《摩登时代》杂志上的大多数关于他们公开论战的报道都提到了他们各自的辩论所占据的版面——加缪的 17 页，萨特的 20 页，然后是由最初的评论家弗朗西斯·让松执笔的第二篇长达 30 页的文章——编辑们似乎在设法量化这场争吵的强度。在这三个人的辩论中，萨特的声音尤为令人难忘。"我亲爱的加缪：我们的友谊来之不易，我会想念它的。如果今天你要断绝它，那无疑意味着它应该被断绝。"他开头的这几句话写得很狡猾，使人即使预料到紧随其后的攻击也会感到羞愧不安，这是萨特一生尖酸刻薄的一次最为鲜明的体现。他长达 20 页的控辩像一记重锤，内容本身已令人备受折磨，而如此自信和老练的语气则愈发增强了其攻击力。显而易见，他在文章中遣词造句意在给对方造成重创，自然，他的这个意图成为公众消遣的一部分。某些像"便携式神座"（the portable pedestal）这样的词语开始在人们口中传诵，并伴随加缪终生；类似这样的辱骂词汇像人们经常喊的口号一样脱口而出。"您能为这期《摩登时代》杂志撰稿让我们颇感荣幸，但是您随身带着一个便携式神座，"在文章结尾处，针对加缪在文章中现身说法所提及的贫穷和抵抗运动，萨特这样诋毁道，较之让松早些时候对加缪的"反抗的精神"（在法语中，"反抗的精神"在发音上很接近他这本书的题目《反抗者》）和"红十字会式的道德"的抨击，萨特的攻击更为尖刻。

由于加缪的文章一度将萨特逼入守势，这使萨特变得冷酷无情。让松针对加缪书中所表达的革命思想进行了讽刺挖苦，以居高临下的姿态表达

① Aronson, *Camus and Sartre*, (Chicago：University of Chicago Press，2004)，137.

了强烈的不满，而萨特却将矛头直指加缪的文章，并直接攻击加缪本人的人格。加缪在自己的文章中表达愤怒、受伤和自以为正直的同时，可能流露出了压倒萨特的霸气，但由于他知晓他正在给别人施加痛苦而感到的内疚，这种霸气变得极为克制。"你乏味的自负与脆弱常常阻止人们告诉你事实真相，"萨特解释说，这是自他们相识以来萨特第一次这样直言不讳。"结果是，你已经变成了一个可怕的妄自尊大的牺牲者，你可怕的妄自尊大掩盖了你内心的问题，我认为，那就是你所谓的地中海式的克制。迟早有一天，有人会告诉你这一点：这个人就是我。"

如此开头铺垫之后，萨特开始了他实质上的责难，鞭笞和责骂了加缪的道德主义、伪善、哲学上的无能和写作风格——"傲慢自大，对你来说再自然不过"，还有故作轻松和权宜的狂怒——并讥笑了他对问题可怜的理解力，像训导一个任性的学生一样训导加缪。萨特尖锐的批评几乎总是带有恶毒的怒气。针对加缪的文章，他说："告诉我，加缪，究竟是什么神秘的原因使你的作品如果抛开人类生存的理由就不能够被讨论？"针对加缪对悲惨生活的认同，他说："也许你曾经贫穷，但你现在已经不再如此；你现在是一个中产阶级，像让松和我一样。"① 针对加缪的这本书，他又讽刺道："那么，假定你不能十分清楚地推理会如何？假定你的思想是混乱而陈腐的又如何？"不知何故，这两个人对于争辩的主题、对于他们各自对共产主义的态度似乎从来没有像他们对各自的行为方式那样争辩得面红耳赤。

不管是从释放压抑的愤怒，还是从对自己的表现纯粹的自鸣得意来看——每个人都会说，萨特的表现太棒了——已转入攻势的萨特似乎的的确确是兴高采烈的。在文章结尾处（再版时超过了 14 页），他对加缪说起了他们之间曾经的友谊和发生的变故——一个决裂的告别宣言，同时也是他的自我表白。具有讽刺意味的是，被萨特如此频繁引用来丑化加缪的句

---

① 萨特写给加缪的这封信的全文参见：*Sartre and Camus：A Historic Confrontation*，ed. and trans. Sprintzen and van den Hoven（Amherst，N. Y.：Humanity Books，2004），131-58.

子（显然在诺贝尔颁奖词中曾使用过）出处如下：

> "你过去一直支持我们——明天你可能依然支持我们——一个人、一次行动和一部作品的值得钦佩的结合。那是在 1945 年。我们发现了加缪，这个'反抗者'，正如我们曾经发现了最初的加缪，那个《局外人》的作者……和那个秘密报纸《战斗报》的编辑……那时，你离堪称典范只有一步之遥。因为在你的身上持续体现着充斥于我们这个时代的重重矛盾，而你凭借你的热情与这些矛盾共生共存，并且超越了它们。"①

萨特回顾了加缪的整个战后岁月，贬称他为一个过时的人物。"如果你想要继续做你自己，那么本应该有所改变，但是你害怕改变，"他总结道，意指加缪对于共产主义和"反历史"的立场。"你的个性，过去只要有重大事件的滋养就会变得真实而富有活力，但如今已成为海市蜃楼……你只是我们当中一个处于半衰期状态的人。"

萨特在一片告别声中正式地关闭了论战的大门，他最后一句话中的"我们"实际上指的就是他自己。他说，他不会再进一步回击加缪，并希望他们的休战会让大家遗忘这场争论。

没有人能够完全解释究竟是什么样的恶毒使萨特的文字今天读起来仍令人感觉痛苦不堪。从其内容可以看出，这种恶毒似乎起因于某种个人恩怨，像是在清算某种宿怨。即使是他那些切中要害的讽刺挖苦，无论如何改头换面，都暴露出内心暗藏的兴趣和关注。加缪的文章不仅令萨特气愤，更使他受伤，故而摇身变成所谓的"主编"，并组织上演了一台由公众审判的好戏，这些或许能够解释这份恶毒的部分缘由。萨特认为，加缪不是在对他"谈话"，而是在"谈论他"，完全将他视为一件物体或者一个死人，谈到他就像谈到一个汤盆或者一把曼陀林。加缪尽管在反驳的文章中显得笨嘴拙舌，但同样直击萨特的痛处——理所当然地将矛头指向萨特

---

① Sprintzen and van den Hoven, *Sartre and Camus*, 147.

在德军占领时期的消极不抵抗，甚至缺乏男子气概。

> "我开始有点厌倦看到我自己——甚至更厌倦看到以前那些从未拒绝过参与他们那个时代斗争的激进分子们——从批评家那里得到无数关于有效性的教训，因为他们除了将自己的扶手椅随着历史的发展方向偏斜以外一无是处。"①

他这样说，意指在解放时期他曾撞见萨特在法兰西喜剧院管弦乐队的座位上醺然入睡的一个偶然事件。加缪可能一直在刻意地引诱萨特上钩。而热衷于激烈辩论的萨特生平第一次被彻底地卷入了政治，用他自己特有的自以为是的冷静回应了加缪的公开侮辱——正如他所说，为了不失掉面子——尽情施展了他巧舌如簧的雄辩功夫。

这场文学论战之所以如此令人着迷、值得记忆，原因之一就是争吵所造成的痛苦感受。（"假如你发现我很残酷，"萨特在他的文章开头这样写道，似乎陶醉于自己精神的邪恶，又似乎在试图为自己开脱。）读过几页之后，当我替加缪感到畏缩、紧张得胃都痛缩在一起时，我发现我已经无法使自己从这些攻击性的文字中摆脱出来。萨特的文字如此强劲而机敏，几乎将我麻痹。我的这种麻痹感不仅源于萨特雄辩的言辞，而且源于他显而易见的愤怒和我自己的预感。"哦，加缪，""相信我，加缪，""告诉我，加缪"——似乎在与攻击目标直接而真实地进行对话，这使攻击距离被拉得更近了。由于深知加缪的弱点，一想到加缪可能受到的伤害，想到他将遭受到的不可避免的精神创伤，我就不寒而栗，一阵感同身受的刺痛袭遍全身。最终，整个事件最悲哀的一面也许是加缪——对别人的忠诚如此信赖不渝的加缪——似乎从未真正地理解这场攻击的实质及其野蛮性。同样令他难以理解的是，为什么没有人急着站出来为他辩护，究竟是什么让他的同事们在伽利玛出版社的走廊里对这件事津津乐道，甚至似乎都站到了萨特阵营的那一边。加缪在日记里记录了他的伤痛和苦恼。

---

① Sprintzen and van den Hoven, *Sartre and Camus*, 126.

"所有的男男女女都在谈论我，想要毁灭我……从未伸出过援助之手，从未过来帮助我，从未因我本来的样子而爱我，使我得以保持我本来的样子。"

就像一声荒野中的哭号："我是所有生命中最贫穷、最一无所有的那一个。"① 他在给格勒尼埃的信中写道，他正身处无边无际的困惑不解之中。在给弗朗辛的信中，他提到他的孤独和忧郁。他正在挣扎着寻找平衡，"以抵制住过于藐视一切的诱惑，同时也抵制住不够藐视的诱惑，"他说。"这样高超的杂技表演并不容易，但这就是我的命运。"②

直觉上，加缪似乎感觉到萨特已经在这场公开的展示中占了上风，文学界人士之间也一直这样流传着——某些左翼分子给萨特和加缪分别打分，萨特得到 18 分，占了绝对优势，而加缪则相形见绌，只得到了 9 到 10 分。加缪的朋友让·丹尼尔目睹了发生在 1952 年的这一切，他简单地说道，"萨特是错的，但有时候他显得更加才华横溢。"③ 更令加缪烦恼的是，许多人怀疑这场对他的指控中存在着某些真相，怀疑他们对他的攻击可能是合理的。加缪对批评不以为然——他要对付的是自己信心的缺乏——萨特正是利用了他害怕胜利来得过于容易、害怕自己变得自鸣得意、妄自尊大和笨头笨脑的心理。反之，萨特能够、也的确只是把这个事件视为又一次智力测验、又一次与加缪的讨厌的遭遇——"他咄咄逼人，"萨特在论战开始之前不久这样提到过加缪——而加缪没有、也不能够摆脱掉整个事件中歪曲的真相、可怕的后果和他自己的背叛感。数月来，加缪避开公众的目光，不敢去公共场合，当然更不敢去位于巴黎第六、第七区的那些萨特经常光顾的咖啡馆和饭店，只能到阿尔及利亚朋友和像夏尔那样的非巴黎人那里寻找安慰和避风港。大量的信件带来了普通读者和著名知识分子对他和他的书的支持，他将这些信件保存起来以求慰藉。加缪仍然想要对萨特发起第二轮回击，夏尔和格勒尼

---

① Camus, *Notebooks 3*, 38.

② Todd, *A Life*, 311-12.

③ Jean Daniel, personal interview, April 2002.

埃也鼓励他这样做，但是，他知道那可能只会被别人视为他的被迫防守或者自我美化。暗地里，他试图偃旗息鼓，并将他的想法写成了一篇 15 页的文章《反抗者的辩护》，但这篇文章从未发表过。在文中，他详细而郑重地解释了他是怎样和为何写作这本书的，以及如何为他的"证词"进行推理的。他只是顺便提到了近几周来"徒劳的骚动"，并在文章结尾处努力寻求超然，谈到了即使是敌意也有其益处，对此，加缪认为"终有一天，每个人，包括我们自己，都会理解"[①]。

有些人认为，在这场论战中，加缪不能算是全然无辜的一方，因为他不仅明确地向萨特发起了挑衅，而且他的确也知道，或者应该能够料到即将发生的一切。萨特政治立场的改变在《魔鬼与上帝》一剧中早已暴露无遗——当时，加缪因与该剧的女主角玛利亚·卡萨雷斯打得火热，经常出现在排练现场，因此当然应该对萨特的这部戏十分熟悉——《摩登时代》杂志发展的新方向也说明了一些问题。这两个人之间的关系很早之前就开始变得冷淡，而且他们的冷淡越来越公开化——罗伯特·伽利玛称之为"表面上的友谊"——因为事实上他们已不能再心平气和地讨论严肃的问题。波伏娃把他们中断了每周一次的午餐作为他们关系破裂的证据，而加缪的生病和长时间地离开巴黎可能也已经解释了这一点。另外一些朋友说，加缪不是那么好对付的，指出这种敌对关系的形成加缪也有一定的责任，因为就其本性而言，他十分好斗，十分热衷于辩论，当然，萨特恰恰也有这样的口碑。萨特本人也很复杂，尽管他与许多人保持着亲近的关系，但除了对波伏娃，对其他人他是十分善变的。

到目前为止，批评家们已经能够站在必要的客观角度来审视这两个人和两套对比鲜明又一唱一和的作品体系，注意到这两个人截然不同的背景、风格和战略，以及大相径庭的公众形象——萨特，文化精英界的"典范"[②]，哲学家和思维缜密的思想家，曾公开背叛自己的家庭出身；加缪，

---

① Sprintzen and van den Hoven，*Sartre and Camus*，220.
② 原文是法语 école normalien，意思是"巴黎高等师范学院学生"。萨特 19 岁入巴黎高等师范学院攻读哲学。这里是双关语。——译者注

靠奖学金读完大学的学生，没有任何遗产可继承，维护法国旧传统的道德家，正如他自己所描述的，他并非一个哲学家，而是一个艺术家，并以自己阿尔及利亚人的家庭出身为荣。批评家们还指出两人之间存在着专业竞争的问题：共用同一个出版商，分别负责编辑一份左翼刊物，都写小说、戏剧、散文、新闻报道和文学批评，作品的基调和主题都相似，而且，最初的目标是共同的。通过分析他们交往的历史，批评家们发现从第一轮交往时他们之间就存在着分歧：加缪在《阿尔及尔共和报》上赞扬《恶心》的同时，发现它过于哲理化；而萨特虽然高度评价《局外人》，却认为它的思想深度不够。即使在加缪和萨特的关系最为亲密时，也存在着政治分歧，所以，选择完全不同的道路是迟早要发生的事情。

导致他们最终摊牌的似乎是一个偶然因素，一张万能牌，即让松这个人。萨特似乎犹豫了好几个月，迟迟未在他的杂志上发表《反抗者》的评论，期间他曾不经意地警告加缪说，他们杂志的评论将会是"含蓄的"或者"可能是严厉的"。毫无疑问，萨特很不喜欢这本书，但并不计划将它扔进垃圾桶，而是精挑细选出让松这个人，期望他能创作出一篇谨慎而文雅的批评文章。毕竟，加缪已经在他们的杂志上发表了这本书的两个章节，同时还是一个颇受尊重的作家和朋友。对于加缪而言，毫无理由去预见一场针对他的人身攻击正弩弦待发，尤其没有料到的是，这场攻击居然来自一个初出茅庐的批评家。而加缪在写给"主编先生"的信中表达了他惊诧于这样的批评文章居然被允许发表，这可能同样是欠考虑的，因为那无异于恳请萨特出面介入。看到那封信时，萨特的反应之所以令人震惊，从某种程度上说就是因为他受到的打击如此沉重，以至于他积蓄已久的仇恨像火山一样爆发出来。"事实证明，这些人从来不是我的朋友，我总是用我的信仰冒犯他们，"加缪在给弗朗辛的信中写道，语气里仍隐含着希望，希望无论如何他这次的想法可能被证明是错误的。他说，对于这些极端粗鄙的攻击，没有其他任何合理的解释了。① 看来加缪很可能从来没有

---

① Todd, *A Life*, 311.

完全从萨特造成的打击中恢复过来。数一数他花了多少年来寻找一个声音和一种使命感就可以衡量出他曾经受了多少痛苦和不满。在创作小说《堕落》时，至少可以感觉到，加缪终于找到了他一直苦苦寻找的东西。准确地说，这部引人注目的小说是对萨特以牙还牙的回应——对他所遭受谴责的一个辛辣讽刺的再现，同时也是关于辨别力的一篇才华横溢的论文。后来，萨特在为加缪写的那篇著名的悼词中把《堕落》称为加缪的代表作，认为它可能是加缪所有作品中最完美却最不能被理解的一部。

在七星文库版加缪作品集注释中，基约将加缪和萨特的决裂描述为被历史所扼杀的一段友谊。罗伯特·伽利玛用不同的方式与这对冤家交往，对双方都了如指掌（他与加缪交往甚密，同时为萨特编辑出书）。罗伯特·伽利玛称这场论战为"一场风流韵事的终结"。奥利维尔·托德则称其为"自相残杀"。悲剧和损失成为这场闹剧的一部分，或许因为他们的关系被冷战政治的党派偏见和两极分化所歪曲，或许因为它结束得如此糟糕，也或许因为多年的纷争所取代的沉默感觉起来并不像沉默。他们似乎仍在对彼此述说着，仍然有一场对话悬而未决，这一点可以从他们各自的散文或政治社论中感觉到，特别是在阿尔及利亚战争期间。[①] "我和他曾争吵过，"萨特在为加缪写的悼词中解释道，争吵只是生活在一起的另外一种方式。"它未能阻止我不断地想起他、不断地感觉他的目光就落在我正在阅读的这本书或者这份报纸上，让我不禁琢磨着：'他是如何看待它的？他此刻对它有何感想？'"[②] 许多年后，在一篇评论文章中，萨特称加缪为他的"最后一个挚友。"

在公众的心目中，加缪和萨特是永远联系在一起的，有时甚至会将他们两个人搞混。1952 年发生的事件提醒我们，加缪确凿无疑地脱离了萨特阵营和巴黎的知识界名流。无论如何，这些事件向我们澄清了这样一个事实，即加缪从未成为、也从来不想成为《摩登时代》杂志社的一员，而且

---

① "从 1938 年到 1960 年，他们彼此写信，谈论彼此，彼此回应，"阿伦森写道，并将他的书题献给他们的这种相互交流。"有时候，他们用暗号交谈，尤其是在他们的友谊破裂后。"

② Sartre, "Tribute to Albert Camus," in Brée, 173.

身处巴黎文学界的他从未感觉到轻松自在；相反，不知何故，他一直有负罪感——好像带着假面具，他说。从思维方式上看，加缪与凯斯特勒、奥威尔和汉娜·阿伦特这样的作家有着更多共同之处，他们说着同样的道德语言，从事着同样的事业。他们同样具有被放逐者和外来者的身份。阿伦特的《极权主义的起源》一书出版于1951年初，在读过《反抗者》之后，她迫不及待地动身前去看望加缪。米利亚姆·乔洛蒙蒂回忆说，记得当天在街上偶然遇见她，她为去见加缪身着盛装，还戴了一顶新帽子。

加缪因为与萨特的论战痛苦了很长一段时间，他的创作也由此受到了影响——一年后，他在日记里写道，他想要写作，但不能写下去——随后，这场论战使他陷入了愈加黑暗的时期，以至于加缪在有生之年的最后十年里步履沉重而艰难，虽然成就斐然，但不祥的阴影一直笼罩着他。到1954年末阿尔及利亚战争爆发的时候，加缪因其不同的政治观点和信念再一次受到排挤，并最终成为让·丹尼尔所称的左翼知识分子的替罪羊。这让萨特事件看起来不仅是对即将到来的那个时代的一次预演，还是一个粗暴的开场白。

在我读大学时，《反抗者》——全名是《反抗者：关于人类反抗的随笔》——为我撰写学位论文提供了大量的素材，因为它详细地阐述了加缪关于理性的极限的思考，特别是关于暴力和谋杀的思考，而我论文的主题正是加缪与他的极限思想。然而那时候，我对这本书并没有那么狂热，相反，我认为它相当枯燥，甚至是说教式的，同时读起来还很困难，虽然当时自己不承认这一点。正是由于这个缘故，当看到诺普夫档案中收藏着的一名权威读者在这本书的一篇最初报道中说它"在各个方面都很难读懂，很难评价，很难理解，首先是，很难读下去"的时候，我感到很有趣。①

在得克萨斯州的诺普夫档案中，除了布兰奇和阿尔贝之间的各类信件十分吸引我之外，我看到的一大摞资料实际上都是美国本土的内部公报，

---

① C. D. Lieber, reader's report of November 6, 1951, Knopf papers, Ransom Center.

任何一个对加缪没有进一步深入了解的人都可能会认为这些资料提供不了多少有力的证据。然而，那些零零星星的电报和旧式的长途信件就像电影中的慢镜头一样拼凑出了《反抗者》一书在美国月复一月的出版过程，从1949年10月布兰奇写信给加缪，明显向他施加压力——"我猜想你的《反抗者》一定进展得十分顺利"——到1953年12月加缪提醒布兰奇说沃尔多·弗兰克有意为《新共和》杂志撰写这本书的书评。其间，还能找到布兰奇出版《西西弗神话》单行本的计划、分担该书英语翻译费用的备忘录、建议删减部分内容的洽谈记录，和一连串来自于更多重要渠道的更多持否定态度的读者报告。（哈佛大学哲学系的杰出哲学家威拉德·凡·奥尔曼·奎因①写道："很明显这本书在某些地方处理得很糟糕，作者的阐述推理敷衍塞责，幸好这样的地方并不多……因为他选择用来栽培其道德之地的是一片乱糟糟的泥泽，所以没有多少读者愿意费劲地读完它。"）② 在这期间，布兰奇对奎因的评论置之不理（只给他送去25美元），虽然她也是个精明务实的人，但还是冒着该书可能会遭遇冷落且销量堪忧的风险，决定支持这本书和她最喜爱的作家——"如果加缪对此感到不高兴，那么我会对他说……整个事件，我将忘掉它，让其他人去出版它。"——由此可以推测，这个事件对布兰奇的勇气是个考验。即使在这本书出版之后，仍然存在着如何翻译这个十分棘手的问题。它的英译本布满"如此令人震惊和有损原著品质"的错误，"其数量之多即使尚不足以对其作者构成威胁，但已足以损毁其内容"。批评信接踵而至，其中一封警告说，诺普夫出版社别无选择，只能委托出版其修订本。距这本书初版发行一年后，修订本出版了。③

　　了解了这本书在美国的出版进展情况，我可以感受到法国、法语在该

---

① 威拉德·凡·奥尔曼·奎因（Willard Van Orman Quine，1908—2000），美国著名哲学家和逻辑学家，西方分析哲学运动的代表人物。——译者注

② 哈佛大学的哈里·列文（Harry Levin）是另一个读者。参见 Knopf papers，Ransom Center。

③ 安东尼·鲍尔（Anthony Bowers）将1955年5月发表在《法国评论》上的《反抗者》翻译为英语，康拉德·比伯（Konrad Bieber）针对他的译文发表了一篇措辞严厉的批评文章《译者：朋友还是敌人》。参见 Knopf papers，Ransom Center。

书中逐渐地隐退，甚至加缪本人都逐渐变得模糊不清。这提醒我，美国版的《反抗者》是一个崭新的独立存在，有着崭新的题目、崭新的性质，和一批崭新的读者。它在被移植，被转化，被删减——关于超现实主义者的评议被删掉——被释放到一个集体经验和政治精神截然不同的国度之后，拥有了自己特殊的生命，而作为作者的加缪也拥有了自己被广泛理解的个性。这本书的其他许多外国译本也具有这样的特点。在众多的译本中，《反抗者》的美国译本晚于斯堪的纳维亚译本和西欧译本一到两年出版——荷兰译本和德国译本最早出版——一年之后日本译本也随即出版。20世纪六七十年代，《反抗者》的违禁本在苏联秘密流传着——据当时帮助分发违禁本的一个朋友说，该书是在莫斯科大学用红外复印机一页页复印出来的。遍及东欧地区的一些年轻的持不同政见者也讲述了类似的事情。

　　1954年春，在纽约，发表在《评论》杂志上的一篇早期评论文章在肯定了《反抗者》一书提出了"高贵的概念"、并发现加缪可以说是一个英雄的同时，似乎对这本书涉及的相关问题提出了质疑。"英国和美国的读者可能会被《反抗者》搞得手足无措，如果他们未能理解摆在他们面前的是一本巴黎味浓郁的书的话，这本书是为特定的读者而写的，这些读者在战后的几年中是世界上最活跃、最有趣的，但最近已经越来越显露出地方主义的迹象，"评论文章的作者在解释发生在一年半前巴黎知识界的那场激烈论战时这样写道。[1] 他将《反抗者》描述为"一次使法国知识界相信在英国和美国已不证自明的一些事的尝试——我们这个时代的伟大革命因被歪曲而导致结束，这几乎有悖于那些先驱者的初衷，"我想，这是一个相当傲慢的解读。于是我试着到互联网上去搜寻是否存在着其他人的看法。我键入关键词"阿尔贝·加缪/《反抗者》"，谷歌搜索引擎在那一天搜索到了8 170条相关信息。那是我第一次注意到，网络广阔的空间里居然有那么多人都在谈论加缪。我对公开发表看法的人们心存感激，但并没有

---

[1]　H. Stuart Hughes, "Metaphysical Rebellion," *Commentary*，May 1954，306 - 8.

继续追踪下去，也没有加入"加缪聊天室"。我钦佩浩大的"加缪迷"们矢志不渝的精神，但我同时也享受着自己与加缪之间日益深化的关系。"难道有时候你不希望他们停止谈论吗?"我的一个最警觉的巴黎朋友在一张纸条上潦草地写下了这句话并附上一篇关于加缪的一本回忆录的评论文章。这本回忆录的作者是演员和歌唱家塞尔吉奥·雷加尼，他曾参演过加缪的多部戏剧。有时候，我想我的确希望过，但是，我更为加缪如此走红而倍感欣喜，就像他的一个真正的挚友一样。

九、朋友们

> *"我需要我的力量。我不需要生活为我变得容易，但我*
> *希望当生活艰难时，我能够让自己配合它，能够把握自己是*
> *否正走在应该走的道路上。"*

　　加缪在他的日记中说，《反抗者》引发的闹剧至少耗费了他一年的时间。那指的只是花在辩论上的时间，从最初与安德烈·布勒东就他对超现实主义的抨击展开的小争论到他精心撰写、但最终没有拿去发表的长篇随笔《反抗者的辩护》。从广义的角度来说，整个事件蔓延的时间似乎要长得多。不难看出，加缪未来的生活轨迹都朝着回应对他人格攻击的方向发展，就像他说的那样——他的阿尔及利亚各地之行，他对戏剧创作和演出的回归，他的短篇小说创作，他在普罗旺斯购置房产。然而，当他继续将巴黎折磨他的每个人和每件事远远地抛在身后时，他的这些举动看起来不像是知难而退，更像是试图在寻求昔日曾有过的快乐，试图在重申他究竟是谁——试图在进一步靠近他的中心，他在1958年再版的《反与正》一书的新前言中如此描述道。

　　这个前言，像所有写于《反抗者》事件发生之后的作品一样——散文集《夏》中的最后几篇；被收集在《流亡与独立王国》开篇的几部短篇小说，如《约拿斯》；《时政评论》的第二集；关于被关在监狱中的奥斯卡·王尔德的一篇散文，以及其他一些寻常之作——似乎惊人地暴露出加缪的心境，并为我们提供了源源不断的注释。《重返提帕萨》可能算得上是《夏》中最具告白性质的一篇散文，在这篇文章中，加缪追忆了他于1952

年 12 月开始的漫长的阿尔及利亚之旅，并发表了现在广为人知的关于生存的声明——"正处于严冬里的我，终于明白，在我内心深处有一个不可战胜的夏天"——很久以前，我就将这句话作为我的生活格言。事实上，《反与正》一书的序言也表达了同样的思想。"我还没有经历过真正绝望的时期，"加缪在回顾他二十多岁时创作的作品时这样解释道。"这样的时期到了，摧毁了我的一切，恰恰除了不时焕发的生存欲望。"[1] 小说《约拿斯》最初的副标题是《寻求庇护的画家》，也是一部关于隐退和隔离的作品，其中的某些句子是加缪日记内容的再现。《时政评论Ⅱ》是加缪"触及时事"的第二部散文集。其中不仅收录了加缪给布勒东的回信，还有他写给萨特的信，似乎加缪下决心要阐述清楚自己的理由，并且仍然力图向他的批评者们证明自己。

从加缪的手记和一些传记中可以看出，那几个月里加缪深深地陷入了"悲惨的孤独之中"——弗朗辛在向格勒尼埃描述他时用到了"沮丧透顶"这个词——这让我做好充分的阅读准备，以便从他笔下的每一个词汇中读出其蕴含的痛苦和敏感，从他的每一次行动中嗅出窘迫和防卫。可以查找到的他采取过的一些明显的举动和十分随意的电话记录显示，在一次采访中，加缪否认忠诚于任何存在主义和存在主义者，同时在日记中写下"在那些一意孤行的老人世界里同情心的完全泯灭"[2] 这样的句子。他公开表达了对《摩登时代》和它的价值观的不尊重，并答应为一份新杂志《目击者》撰稿。"道德"和"道德家"等词汇较平常更频繁地出现在他的笔端，似乎他正有意无意地仔细思索着人们对他的批评，感受着美德和良知的名声带给他的压力。"每一个社会，尤其是文学社会，都旨在用其成员的极端美德使他们蒙羞，"他在日记中写道。[3] 也许可以说，加缪的日记因其私密的氛围和尖锐的思想——关于责难、宽恕或惩罚的思想——而极具诱惑力，也极具引领意义。但是，作为一个"传声筒"，毫无疑问，它同样可

---

① Camus，*Lyrical and Critical Essays*，13.

② Camus，*Notebooks 3*，98.

③ *Ibid*，52.

能是直率和明确的。"在高尚的交易中，人们必须毫不动摇地让自己受到文学的走狗或来自同一阵营的同志的侮辱！"加缪这样写道，并反常地使用了一个感叹号。他的这番话写于 1953 年 10 月，即论战结束一年之后，很明显，他的这番话针对的仍然是萨特和让松的攻击。随后，在接下来的一段文字中，他试图结束这段日记：

> "有一些人，他们的宗教信仰是永远宽恕别人的攻击，但永远不会忘记它们。至于我，我不具备宽恕那些攻击的能力，但我总会忘记它们。"①

在那个时期的文献中，最令人震惊的——从其坦白程度、内容和在日记中记述的完整性来看——是加缪于 1953 年 2 月中旬草拟给他的记者朋友皮埃尔·伯格的一封信。针对伯格因他最近的一次爽约和平日里"傲慢的孤独"而对他进行的斥责，加缪在回信中尖刻地描述说，他正在过着不快乐的、过度紧张的生活，以至于根本没有时间去看望朋友们（"问问我亲如兄弟的夏尔，我们一个月能见几次面"）或者为杂志撰稿，"甚至没有时间掌控与萨特之间的争论"——令人难以置信的是，连生病的时间都没有。他极为严肃地继续写道：他不再有时间和平静的心情去写他的书；他花了四年的时间来写本可以只花一到两年就能完成的东西，同时感觉他的作品没有让他摆脱束缚，相反，却令他受到奴役。远远超出了极限的绝望，也不带有一丝讥讽，加缪似乎彻底被打垮了，就像他笔下的画家约拿斯一样，同时他也难过无比：

> "早上，各种声响令人厌倦，无休无止的任务令人沮丧，这个疯狂的世界令人作呕……最终，必须承认，我达不到那一点，我会令所有的人失望，我只想坐下来等待傍晚的到来。"②

最后，他写道，伯格的信不仅是导致他逃离巴黎和"我在那里所度过的奇怪的生活"的一个原因，同样也是他留在那里要付出的代价。他说，他现

---

① Camus, *Notebooks 3*, 88. 最后这个想法在小说《堕落》中有所体现。
② Ibid., 63.

在正在进行创作，不带任何怨恨地，并以"原谅我让你失望了"结束了这封信。

这封信可能为我们提供了一个检视加缪疲倦心灵的珍贵窗口，也为我们了解加缪的生活本质提供了同样有价值的暗示，尤其是在生活正在粉碎他的精神和意志的那个非常时期。加缪之所以错过了与伯格的约会，是因为直到最后一刻他还在忙着为救济难民签名售书；他总是设法兼顾众多的责任，并且为坚持到底而斗争。"今天，为了做到足够好，我也许需要三条命和几颗心，"他写道，然后又冷酷地补充道，"但是，我只有一条命和一颗心，它们是人们能够评判的，而我经常得到的评判是'中级品'。"①关于他与萨特的交锋，还存在着诸多其他的争议，在其中寻觅证据资料的过程就是一个逐渐认识加缪的过程，从中可以了解到加缪消沉的心理状态背后隐藏着的多重压力来源，还能了解到名人、疾病和流放的累积效应，以及《反抗者》所引发的批评对他造成的非同寻常的伤害，这已经使他信心殆尽、精疲力竭。"一个接一个地，星星落入大海中，"1952年夏天，加缪在日记中写道。② 这是一个激动人心、令人难忘的景象，加缪最终将它写进了小说集《流亡与独立王国》中的一部短篇小说里。这个景象孤独地浮现在小说的纸页上，没有任何上下文的铺垫，似乎正是加缪一生的写照。它就像一个可怕的寓言，在我的脑海中挥之不去。③

经过了数月戏剧性的紧张状态，在那年的12月，加缪终于找到了一个解脱自己的方式，他前往阿尔及利亚进行了一次长期旅行，远远地逃避开"漆黑的欧洲夜晚，严冬一样的面孔"，寻觅着他从未去过的地方。在阿尔及尔逗留的一周潮湿而沉闷，但重返提帕萨让他感到宽慰。这是他在长达15年的流放生活中的第二次提帕萨之行，他还顺道参观了阿尔及尔西部地区的农田，一个世纪之前，他的外祖父母曾栖身于此。这两次故地重游为

---

① Camus, *Notebooks 3*, 63.

② *Ibid.*, 42.

③ 引文出自《流亡于独立王国》中的《长出来的巨石》一文，其中的"河流"一词被"大海"所替代。

我们提供了加缪迫切需要重新认识自我的线索。随后，他又上路了，驾车深入撒哈拉沙漠腹地，漂流到绿洲城镇拉格瓦特和盖尔达耶，更深刻地感受着寂静和孤独的气息，将那片曾帮助他恢复平静、同时也令他黯然神伤的风景尽收眼底。他对一个朋友讲述说，他正在寻找能够感动他的某种东西，再一次，他的祖国——提帕萨远古的沉寂和布满青苔的神像，南阿尔及利亚咆哮的狂风和充满生气的泥土颜色以及到处跳动着的灿烂阳光——唤醒了加缪身体里潜伏的活力，那就是他的生命之源。随后，这些感受被他写进了散文《重返提帕萨》和小说《不忠的女人》中。这两部作品都采用了抒情诗式的散文风格，表达了憧憬渴望之情，对芬芳大地的热爱之情，和片刻的自我回归。然而，这次旅行也使他更加难以重返巴黎正常的生活，也更加剧了他的囚禁感和被迫害感。回到巴黎仅仅几个星期后，他就在写给伯格的信中表达了这样的感受。

生活在这个不断发生着各种变迁并充满不确定性的社会氛围中，我学会了经常翻开加缪的日记，并试着去读懂他。他在日记里是即兴的、随意的，也许较之过去那个众人皆知的风云人物，日记里缺少了广泛的包容性，但对于加缪这个曾经创作出许多作品的作家本身来说，那都是他自然情感的流露，因此也更为令人信服。今天，我更加了解了加缪，即使当我发现确凿可信的信息既稀少又零散时，也还是可以体会到他的情绪、语气和感觉，所有这些似乎都令他更加透明。尽管如此，我对他仍然有些新的发现。加缪写作的方式和日记中记录的材料创造出一种深刻感和真实性。有时候，一个随意的符号也能适时地提醒我真实的加缪是什么样的。"苏格拉底晚年时才学会跳舞，"他写道。"清晨的白色玫瑰花散发着水和胡椒的香味。"还有一些孤立的词语"一条勇敢的领带"。在引用了本·琼森的一段话之后，有一句同样引自他的一个"好奇的想法"："我们在坟墓里收不到来信。"[①] 有些时候，我也知道，不管他的辞藻多么引人入胜，他都仅

---

① Camus, *Notebooks 3*, 95.

仅是在写作而已。

从 1952 年末加缪开始从萨特事件造成的打击中恢复过来，到 1954 年夏末他用一段文字描述他陷入了"无法用语言表达的痛苦"来结束他的《手记》第七卷，他共写下了 50 多页日记。直到上述的最后一段文字，加缪都没有在这些日记中表达任何他对自己个人生活黑暗面的感受，及其它们对他写作能力的潜在影响。从 1953 年到 1954 年初，加缪似乎一直继续扮演着他名副其实的作家角色：完成了一部重要的、有争议的长篇巨著《手记》。书中包括对两部新小说做的大量注解，对许多戏剧做的概要描述，以及对戏剧演出的一些想法。一股崭新的、躁动的活力跳动在书中的字里行间。我眼前不禁浮现出一幅逼真得令人信服的画面：加缪漂浮在思想的海洋上，构思着下一轮的作品创作，汇编着一份详细的作品目录。

早在《反抗者》创作完成之前，加缪就开始将可预见的未来描述成一部"作品"。在给一个朋友的信中，他更加准确地解释了自己的创作意图：

> "我将来写的书不会避开当前的焦点问题不谈。但是……我梦想着一个更加自由的作品，它拥有同样自由的内容……然后我就能知道我是否是个真正的艺术家。"①

加缪将信中的这段话题记在他的《手记》中，并将注意力集中于写作的过程，利用生动的描绘，围绕反复出现的想法，让思想自由驰骋。他将即将创作的一部小说取名为《第一个人》，并将个人生活轶事和关于母亲、贫穷以及寻找父亲的思考汇集其中。他用很大的篇幅来注解涅墨西斯②，将她描述为"节制女神"，并在新"三部曲"中将其命名为守护神。如果说他在随后的几年中没有发表任何重要的新作，那是因为实际上，他正在一心一意地创作那些未竟的作品——编辑他的随笔，为散文集《夏》撰写最后一篇文章，为两集《时政评论》组织涉及当代事件的文章。换言之，他在清理案头的工作。那也是一种工作方式，表明他为更好地投入下一轮写

---

① Camus, *Notebooks 3*, 35.
② 涅墨西斯（Nemesis），希腊神话中冷酷无情的复仇女神。——译者注

作做着必要准备。

加缪一边为将要动笔的小说进行构思，一边开始以更私密、更具"试验性"的方式创作一系列短篇小说，他认为那是在为他的新作进行适当的准备。在他创作的第一批短篇小说中——刻画了一个被名誉扼杀了的艺术家形象的《约拿斯》，和以卡比利亚为故事背景的《不忠的女人》——他的写作风格开始变得更为公开坦率，甚至冒着被认为是自传体小说的风险。在后来被收入小说集《流亡与独立王国》的六部短篇小说中，有四部都以北非为背景。其中的《无声的愤怒》描述了以他的舅舅艾蒂安为代表的工人阶级的生活。加缪说，那是他第一次尝试社会现实主义题材的创作。另外三部小说的故事则发生在沙漠里有人类栖息的荒凉干枯的平原上。与此同时，加缪还在为新版《反与正》撰写着序言。重读早期创作的散文，他意识到那些散文中包含着质朴的真理和他自己的困惑。"很简单，总有一天，在我的威严和言论之间将出现平衡，也许这一天……我可以完成自己一直梦想的事业，"他在文集的序言中写道。①

同小说一样，加缪的日记也传达出他再度对戏剧产生浓厚兴趣的信息。关于戏剧的想法几乎出现在每一篇日记中：《回归和真理》，《枷刑》，《巴克斯》，以及从几年前就开始着手改编的陀思妥耶夫斯基的《群魔》剧本。还有一份关于改编《唐璜》和《浮士德》的计划。在加缪眼中，唐璜和浮士德是同一个人，即《唐·浮士德》——"唐璜是没有契约约束的浮士德"，他写道。这意味着这部改编剧将成为他新"三部曲"中的戏剧篇。② 同时，最令人感兴趣、也最具有挑战性的是，他正在考虑将一部鲜为人知的作品《即兴的哲学家》搬上舞台，那是他于1946年创作的一部滑稽剧，旨在模仿讽刺新兴的存在主义运动和萨特的哲学思想。在该剧中，有一个名为"虚无先生"的人物——当然暗指萨特的代表作《存在与虚无》——他在乡下沿街叫卖一本包含着来自巴黎的"新福音"的大书，不

---

① Camus, *Lyrical and Critical Essays*, 15.
② Camus, *Notebooks 3*, 96.

过最终证实，他居然是从一家疯人院里逃出来的病人。加缪最初在这本书上署的是他的笔名。

加缪活力的重新绽放可能还体现在他同意与他的同事和朋友米歇尔·埃朗一起担任在卢瓦尔河谷昂热市举行的戏剧节导演一职。埃朗当时正在生病，他是马斯林剧院的幕后老板，加缪的《误会》曾在那里上演。1953年春天，加缪翻译和改编了将要在戏剧节上演的五部戏剧中的两部，6月，戏剧节开幕前两天埃朗去世，加缪接手主持了整个戏剧节。戏剧节的成功，以及他个人的成功，反映在全国性报刊的新闻报道中，这是对加缪的戏剧才能适时的确证，尽管埃朗的死所带来的悲伤数月来一直笼罩着他。储备保留剧目的剧院演出本身是新的尝试，而他身兼数职的忙碌、与演员们的融洽友好——《正义者》剧组的玛利亚·卡萨雷斯和塞尔吉奥·雷加尼也加入到演员阵容——和13世纪古城堡庭院中的露天布景，都让加缪回忆起他在阿尔及尔组建领导"队友剧团"时的欢乐时光。在一次排练现场拍摄的照片中，加缪的风采依旧：衣领竖起，长发蓬乱，神情中明显带有一股威严和粗犷之气。

然而早在完成《反抗者》之后不久和与埃朗合作之前，加缪就开始在日记中记录下关于戏剧的新想法。这在某种程度上是他工作方式的一个反映。他经常为自己记下有关戏剧大师和导师们的笔记——欧里庇德斯①，莫里哀，莎士比亚，塞万提斯。即使没有这样一个夏季戏剧节，他似乎也一直牢记着一份他希望去创作或改编的剧目清单。之前，他已在他的"三部曲"中列入了戏剧，最先是《卡利古拉》，然后是《误会》。正如他所说，戏剧形式本身帮助他避免了经常威胁作家们的抽象性，使他的想象力立足于像舞台或道具那样真实的事物。同时，戏剧令他精力充沛。戏剧中的肢体语言、戏剧漫长的演出时间和艰苦的排演——"它是一个依赖身体的职业"——以及戏剧冒险的群体感都让他感到快乐。他喜欢导演工作，

---

① 欧里庇德斯（Euripedes，前480—前406），与埃斯库罗斯和索福克勒斯并称为希腊三大悲剧大师，他一生共创作了九十多部作品，保留至今的有十八部。——译者注

也参与服装和布景，还担任厨师；他认为戏剧是可塑的，舞台就像生活，是有生命的文化，他为这样的想法而激动。《卡利古拉》是加缪戏剧发展方向的最好范例，因为它是加缪年轻时创作的戏剧，是加缪对荒谬的第一次认识，在整个一生中，他都在不断地温习和修改着这部作品。它还是加缪唯一一部过去和现在都被广泛重演和改编的剧目。2006 年我在巴黎观看到的版本是由革新派查尔斯·伯林指导和主演的，布景样式是"新时代"的，开幕场景被设定在一家酒吧里，里面摆放着一架钢琴和一把正发出刺耳声音的环形锯，五幕连续上演，没有幕间休息。

然而在 1953 年，令加缪再次热衷于戏剧的最惊人的原因居然非常简单——它使他放松并带给他快乐。他随后改编的《修女安魂曲》和《群魔》①，他频繁出入剧院的举动，以及他新结交的演员和导演朋友都证明了这一点。同样，他持之以恒、雄心勃勃地努力创建自己的剧院是更好的例证。1959 年，加缪在电视节目《聚光灯》中向观众敞开了心扉，回顾了自己过去艰难的十年，描述了戏剧如何为他提供了一个途径，使身为著名作家的他能够摆脱掉生活中困扰他的一切。当他解释为什么喜欢与从事戏剧的人为伴，而不喜欢与那些知识分子朋友为伴时，他说，与那些知识分子朋友在一起，"我总会有做错事的印象……感觉自己破坏了整个团体的规则，"他指的是萨特集团和他巴黎的同行，以及他们最近对他的责骂。为了驱赶孤独感，他需要舞台上的同志之情，如他所说：舞台上洋溢着休戚与共、目的感和团体感——"集体的热情"，和人类温情的伟大集合。②

到 1954 年夏末，当加缪允许自己公开说出他的痛苦时，弗朗辛却开始出现了持续一年之久的日益严重、甚至经常是令人恐惧的精神抑郁。她的抑郁症状开始于前一年的秋天，起初是疲劳和恐惧，但在圣诞节过后一次疑似自杀的行为之后，她的病情变得十分严重，几个月后，她第二次试图从高处跳下，并跌断了骨盆。弗朗辛被送到奥兰和巴黎的诊所接受一系列

---

① 被加缪改编为戏剧的陀思妥耶夫斯基于 1872 年发表的小说《群魔》，也常被翻译为《恶魔》（*The Demons*）或《魔鬼》（*The Devils*）。

② Camus, *Gros Plan*, manuscript copy from the collection of Micheline Rozan.

的治疗，在她缓慢、无常的恢复过程中，加缪陷入了新的绝望。他被迫与他的孩子们分开，他们当时只有8岁，却被相继送了出去——凯瑟琳被送去奥兰与外祖母福尔同住，让则去法国南方与波尔热夫妇同住——他也因自己对家人的疏于关心而被隔离在一个充满内疚的私人悲剧中。他责备自己没有对弗朗辛初期的症状予以重视，责备自己忽视了婚姻中出现的问题。弗朗辛的家人回顾家族历史时，提到了几个曾有精神病史的亲戚，同时说弗朗辛一直是脆弱的，但显而易见，他们也在暗示，加缪的本性、他的不忠，尤其是与玛利亚·卡萨雷斯的私情也对弗朗辛的精神崩溃负有责任。事实上，加缪的确负有责任。他的举动说明他认识到了这一点。他在写给朋友的信中谈到了这个问题，并在他的作品中清楚地表述出来——最先是在小说《约拿斯》中，他刻画了一个忠实的、负担过重的妻子路易丝形象，将她描述为"美好的天使"和优秀的母亲，却可怜地为约拿斯所忽视；然后在《堕落》中，他写到一个溺水的女人，徒劳地呼喊着救命。从某些方面来看，这本书本身就是一次忏悔、一次自责和一种赎罪。

弗朗辛的精神崩溃继萨特事件之后不到一年到来，将加缪逼入更为自惭形秽的状态，对他的精神和自我价值观造成了又一次打击。"我没有权利去谈论她的不幸或者我的痛苦，"他在危机重重的那个春天写信给马曼因说，承认自己对弗朗辛的痛苦负有一定责任，应该受到责备。就像《堕落》中的克莱伦斯，他虽没有犯下罪行，但是他实际上纵容了一个罪行的发生。如此深刻地尊重人类生命的他居然故意使他所爱的人遭受了痛苦，"我没有爱的天赋，也没有受苦的天赋，"他在同一封信中写道。"我徘徊于此却不知道究竟为何而来。"[1] 夏天，当弗朗辛在法国南方的妹妹家里渐渐康复时，加缪与他的孩子们一起去度假，然后独自返回因大休假而显得空荡荡的、炎热的巴黎。他经常在城中散步，去观看了几场足球比赛，同时，为了填补空虚，他为罗伯特·布列松创作了改编剧本《克莱夫王妃》。

---

[1]　Todd, *A Life*, 319.

他告诉伽利玛夫妇，他的另一部作品"正在生长中"。

《反抗者》事件对加缪造成重创之后，戏剧为加缪提供了避风港，他的朋友们也向他伸出了援助之手。朋友们的忠诚、同情和公正成为萨特背叛行为的疗伤之药——"萨特，其人其精神，背叛，"加缪在他的笔记中清楚而直白地写道，他下划线标注的这个词切中要害。当他处于动荡和悲痛时期时，他的知己和密友们是倾听他告解的人。加缪有着不计其数的好朋友，显而易见，他们每一个人对他都很重要。经过了漫长而艰难的追踪搜索之后，我才开始能将那些一再出现在他生活中的名字对号入座，并将其分成不同的类别——伽利玛，写作生涯，戏剧，政治，娱乐，阿尔及利亚。总的来说，他早期的阿尔及利亚朋友——庞塞特、罗布莱斯、吉尤、若索、安德烈·贝尼舒、玛格丽特·多布朗、珍妮·西科等名字，像家庭成员一样频繁出现在资料中——是最稳定不变的一个群体，他们的角色随着时间的流逝不断演变着，占据了他内心中的永恒地位，并且在他去世后出现的众多回忆录和悼念文章，绝大部分都是由他们所撰写的。女人们自成一类，其中许多都是他过去的情人，如帕特丽夏·布莱克、马曼因以及后来出现的女演员凯瑟琳·塞勒斯和米莱，因为对她们，他总会自然地产生信任和依赖。工人阶级朋友是他的另一类朋友，与他们为伴时，他与生俱来的内向寡言似乎像烟雾一样消散殆尽。加缪与每一类朋友在一起时，表现都不尽相同，然而，正如格勒尼埃所观察到的，那都是他的性情使然。"确切地说，他过着多重生活，前提是每一种生活都不能与其他的相抵触。简言之，他在踢直线球，但同时从数个不同层面上踢着球。"[1]

正如兴趣可以反映出一个人的本质，影像可以被折射，通过加缪的朋友们，可以看出他是一个什么样的人。与亚尼娜和米歇尔·伽利玛夫妇为伴时，他风趣幽默，轻松自在，并极尽揶揄讽刺之能事。阅读他写给伽利玛夫

---

[1] Jean Grenier, *Souvenirs*, 119-20.

妇、卡瓦利拉和若斯提卡那夫妇、劳拉和彼特拉克夫妇或者其他十几个他所钟爱的朋友的信件时，可以轻易捕捉到他的幽默感。与夏尔为伴，他理智深刻，就像一位哲学作家与一位哲学诗人促膝谈心。与乔洛蒙蒂为伴，他则更具政治倾向，也更为克制，俨然一个奋斗在孤独时代的道德革命家。这些朋友们以他们各自的方式为加缪提供了理解和安慰，同时让他获得了对自我的认知。伽利玛夫妇舒缓了他的坏情绪；夏尔和乔洛蒙蒂使他恢复了他的价值感和使命感。在由《反抗者》所引发的论战中，夏尔和乔洛蒙蒂两人都写文章称赞这部散文集，并为它辩护。十多年来的友谊让他们对加缪的脆弱和不安全感了如指掌，并熟知他自己声称的"数不清的弱点"。他们对他有着不同程度的了解：他已对巴黎不抱任何幻想；他对家庭的抱怨；他与玛利亚·卡萨雷斯和其他女人之间漫长的风流韵事；他日趋糟糕的写作能力。他们也在加缪愿意与之分担弗朗辛病情发展的一小群知己之列。

随着 20 世纪 50 年代前进的脚步，要想理清造成加缪痛苦的原因越来越困难，但是，从他自己的文字中似乎可以清楚地看出，他最深刻的痛苦来自弗朗辛的疾病。在那段时期他所写的书信中——写给格勒尼埃的，在他于埃及任职期间，加缪夫妇曾计划前去拜访他；写给永远对他充满好奇心的马曼因的，那时她自己的健康也每况愈下；写给伽利玛夫妇的；写给在普罗旺斯的朋友波尔热夫妇的，他一直与他们联系密切——内容最亲密、最能表达个人真情实感的要数写给乔洛蒙蒂的那几封信了。乔洛蒙蒂是"我永远赖以生存的十几个朋友之一，虽然我们总是相隔两地"[1]。如果说从前加缪因缺乏自信而"失去了对乔洛蒙蒂的热情"，正如他在第一封信中表达歉意时所写的，那么现在，当他向这个朋友倾诉他的痛苦、他的道德困惑以及他个人生活和工作的混乱状态时，他的讲述中充满了刚刚寻找到的谦逊和显而易见的渴望。他甚至提到了通奸这个话题。他承认，那会将不幸带给所有相关的人，但同时也是"一次寻找纯真，寻找一份更新的、更真实的爱的过程。"当谈到作为一个道德家的公众形象对他造成的压力，谈到对

---

① Camus，letter to Chiaromonte，May 5，1954，Beinecke.

他的私人生活造成可怕影响的口是心非和欺骗感，谈到被裁决和感觉被裁决时难以忍受的困苦时，他说，他简直就像生活在地狱中。问题的关键在于弗朗辛能否康复——"胜过世界上的一切，我希望她能被治愈并回到我们当中来，"他激动地说——但随即，他提到了"对生活的厌倦"，他的精力衰竭和几乎病态的惰性问题。弗朗辛的康复越来越近，但加缪的绝望却似乎只是得到轻微的缓解。他在第二年的夏天写道：

> "毫无疑问，我错误地对这一切过于耿耿于怀，""但是我没能阻止自己这样做。的确，我找到了一个很好的理由来改正我的刚愎自用。但是，那不能解释一切，似乎是未来和生活本身变得令我难以忍受。"①

这些信件中所表达的痛苦是使它们尤为珍贵的原因之一，尽管有些时候，它们如此私密和隐晦，以致我在阅读时都感到不自在。在向乔洛蒙蒂直抒胸怀的信中，加缪简单描述了一个好人私下里所承受的痛苦，这个好人并不总是那样优秀，正如他所描述的，只是某个自诩按照道德标准生活的人，后来却发现他没有能力为道德服务——是某个著名的、同时也是警惕的人，是某个总感觉自己被监视和被裁决的人。加缪总是不断地自省，把自己的失败看得很重，以便评估它们的分量，并将其转变为文学作品。但这一次的情况似乎不同，因为他面对的是一个可能无法解决的问题、一个不能被改变的行为，他在内心深处与自己做着思想斗争。"我不能再继续工作了，"他在 2 月这样承认。"我感觉，直到今天我写下的似乎都是谎言，而且如果不撒谎就不能再继续写作。"

1954 年，加缪一直与乔洛蒙蒂保持着通信联系，并于 12 月前往罗马拜访了他。在他们的书信往来中，加缪找到了滋养他们持久友谊的食粮，"没有一天我不满怀全部感情地想起你，"那年的 11 月，在他刚刚孤单一人度过 41 岁生日一周后，他如此写道。对夏尔和其他好友，他同样经常毫不掩饰地表达他的感情和忠诚。

---

① Camus，letter to Chiaromonte，June 25，1954，Beinecke.

"你知道你可以信赖我长久的友谊。"

"在这样的时刻我不太善于讲话，不过我知道如何倾听那些我所爱的人讲话。"

在加缪的词句中，总能发现他对他们这种关系充满感激之情的暗示，正如他自己所解释的，那是他对被爱和个性被尊重的感激。"只有某些特殊的人才充分知道永远不能去审判别人，"他说。[1]

从战争结束、肃清运动开始，审判这个概念就一直盘踞在加缪的心头，但现在，它已经具有了复杂而崭新的个人色彩，成为滋养他思想的养料。1954 年那个秋天，当他在日记中开始为《堕落》写下笔记时，他选取素材的思想基础似乎极为明显。"不需要上帝去创造罪恶或者惩罚。人类有那样的能力。就算情况糟得不能更糟，人类也有能力创建清白无辜，"加缪在 12 月的日记中写道。"人类如何能宣扬正义，如果他甚至还不能设法让它支配自己的生活？"当加缪用"悔恨的审判"（juges-pénitents）这个字眼来表达这部小说的中心思想，并用它来描述那些存在主义者时，几乎可以毫无疑问地说，他的亲身经历正在激发他的想象力，并且，他的这部新作正在创作中。[2]"当他们指责自己时，人们可以确信，那总会打倒其他一片人，"他闪烁其词道。最后这句评论写于一次漫长的意大利之行结束时，那是他 16 年来的第一次旅行，他希望这次旅行可以帮助他对最近两年里发生的事件淡然释怀——重新获得某种自制力和对自己生活的掌控。旅行是一种"不用真正解决问题的解决之道，"他对乔洛蒙蒂说，显然，三周的阳光之旅达到了预期的效果。

加缪在日记中花了大量的篇幅来记述他的意大利之行，这本身就是他的精神得到恢复并逐渐昂扬的标志。在写到旅行时，他听起来更像过去那个笔调热情洋溢的加缪，与近几年来的这个加缪相去甚远。他生动描述了令人销魂的广场、晴朗的好天气、卡拉瓦乔[3]的伟大，以及许多美好的日

---

[1] Camus, letter to Chiaromonte, May 5, 1954, Beinecke.

[2] Camus, *Notebooks 3*, 131.

[3] 全名米开朗基罗·梅里西·达·卡拉瓦乔（Michelangelo Merisi detto il Caravaggio, 1571—1610），意大利 16 世纪末至 17 世纪初杰出的现实主义画家。——译者注

子；比较了佛罗伦萨光芒四射、震撼心灵的银色阳光和罗马隐约闪烁、柔软温和的弧状阳光；评价了自己的心境。被"一种神秘的快乐"充盈着，他比以往任何时候都更后悔在巴黎度过的"那几年黑暗而可笑的生活"，那几年让他付出如此巨大代价的生活。走在阿皮安路①上，他的心中汹涌澎湃，发誓说要让目前的挫折成为他前进路上的一小步。"（一年来我放弃了工作，尽管那些论题在等待着我，我知道它们非同一般，是我仍然不能解决的。一年的时间过去了，而我居然没有疯掉。）"他的这番话被写在了圆括号里，像是私下里的提醒，又像是写给自己看的注解。不管是哪种情况，他话语中所流露的直率本身似乎就是一种治疗行为。在他的行程即将结束时，他发起了烧，好几天卧床不起，但他似乎仍然意志坚定。

"我需要我的力量。我不需要生活为我变得容易，但我希望当生活艰难时，我能够让自己配合它，能够把握自己是否正走在应该走的道路上。"②

现在看来，"变化"似乎是加缪生活中持续不断的主题。变化是由重大和不测的事件强行施加的，但也是为加缪的意志所驱使的——"我只希望人们允许我按照自己的意愿而生活，"他在给马曼因的信中写道，大概在指造成他痛苦的多重原因——巴黎、名声、道德责难。但是，他的这番话尤其指向他的家庭生活——"一年来，'家庭'这个宇宙将我身体的细胞一个接一个地彻底毁灭。"③甚至在弗朗辛生病之前，朋友们就已经知道加缪紧张的婚姻状况，知道弗朗辛的犹豫和依赖，以及加缪唐璜式的风流和日益增加的囹圄感。他们说，加缪依然爱着他的妻子，有时候将她描述成一个完美无瑕的人，但是他们两个更像是兄妹；也许他们从来就不应该结婚。在加缪重要的文学日记中，有这样一段不起眼但十分令人吃惊的直

---

① 阿皮安路（Appian Way），古罗马早期战略地位非常重要的道路之一，以古罗马历史学家阿皮安的名字命名。——译者注

② Camus, *Notebooks 3*, 130.

③ *Ibid.*, 115.

白反思："多年来，我一直隐居在她的爱中，与世隔绝。从未停止过爱她，但今天必须要逃走……这很难，"他写道。那是在 8 月，弗朗辛脱离危险返回女士路之前的几周。① 在给朋友们的信中，加缪同样很坦白。"如果她能康复——这是我用我所有的一切来祝愿的，"他在给波尔热的信中说，"我将设法让自己得到解脱，借助于我的精力，还有我的悲观，它们在某些生活状况下是如此有帮助。"②

当时，罗杰·基约正全力以赴地撰写着他关于加缪作品的评论著作。1954 年，基约与他的研究对象见了三四次面，加缪从另外一个视角对他谈到了自己的困囿感。加缪说，他受够了他的名望，厌倦了他曾认为是抵抗运动合乎逻辑的延续的摩尼教③和道德主义。他感觉像是一个囚徒，被囚禁在自己的名声、作品甚至自己写下的词句中。正是因为他感到自己正在改变，而且也决心去改变，这种感觉反而变得越来越强烈。但是，令加缪同样担心的是他漫长而可怕的创作枯竭期和日益衰老。他害怕他的名声会对他不利，害怕这个世界早已为他写好了他的生活故事，那实际上就是一个剥夺了他的未来和改变权利的葬礼。他最后的这几句话尤其令人感到不安，因为它们带有些许不祥的预感。仅仅三年之后，加缪和他的批评者们就会看到，诺贝尔文学奖将会拉开这场葬礼仪式的序幕。

十年之后，基约将许多为自己的评论著作所写的研究札记写进了七星文库版加缪作品集的注释中，其中包括加缪本人对他这本书的看法，基约高兴地将其看成是迄今为止对这部作品的一个综合评价，并把它作为一个十分恰当的结尾形式。对于该书最终的结尾，加缪曾建议基约不要提及他未来的创作计划，建议基约以 1953 年他 40 岁时完成的抒情散文集《夏》来结束这本书，"因为，纯属偶然，这些日期明显与我的作品和生活中的某个转折点相一致。"④《夏》一书收集了加缪早年在阿尔及利亚时创作的

---

① Camus, *Notebooks 3*，106.
② Todd, *Une Vie*，590.
③ 摩尼教（Manichaeism）是伊朗诺斯替宗教之一，起源于公元 3 世纪的巴比伦。它的创立者是公元 216—276 年的波斯王子摩尼（或称为曼尼）。——译者注
④ Pléiade *Essais*，2029.

几篇散文，有那篇自白性质的散文《谜语》，以及一篇对大海的颂歌，可以说，该书本身就是一个总结——"用《夏》来做以《婚礼集》开始的这一章的结尾，"加缪解释道。基约在《夏》的最后一篇散文中看到了"一个年过四十的中年人的难以忘怀的记忆"，并补充道，"加缪骨子里的诗情画意的确没有死掉"。

基约的《大海和监狱》一书出版于 1956 年，被加缪赞誉为"一篇相当出色的论文"，但该书的封皮采用的却是加缪并不喜欢的侦探小说式的深色：监狱铁窗栅栏后面的大海背景，映衬着一张非常迷人的照片，照片中的加缪正在深深地吸着一口烟。这本书是一首对加缪及其作品充满兴趣、甚至偶尔满怀崇拜之意的颂歌——"40 岁；从事文学创作将近 20 年；辉煌的 10 年"，基约在他的结束语中这样写道。这个结束语为加缪生活中的变化阐述了充分的理由，基约将变化视为加缪活力的象征。对于那些对当时情况十分敏感或了解基约对他的研究对象所怀有的非同寻常的同情心的人来说，它还包含着两人之间私密而温柔的潜台词。那就像是，在必要的时候，基约向加缪解释着加缪，支持他渡过事业的起伏，激励他不断前行。"在文学领域就像在生活中一样，没有什么是永远不变的。总是有必要重新开始，首先要提防阿谀谄媚，"基约写道。他引用了蒙田 40 岁意识到正在变老时说过的话："人们每天都在悄然逝去，所以要正视自己。"接着，他写道，"著名作家的悖论是：他希望自己成熟些——当然不要太成熟——然而却必须永远保持年轻。成熟永远不是好事。"①

从加缪的文字上来看，1953 和 1954 这两年他行进的步伐奇怪而不均匀，除了个人的希望和野心被表达得较为清楚之外，其他事件就像是一个个没有任何特定凝聚力、动力和因果关系的小插曲。弥漫在这两年时间里的是孤独的情绪，从他的日记中偶尔能看到这种情绪的宣泄。"迷失的下午，""可怕的早上，""死气沉沉的日子，"1954 年 8 月，他经常独自徘徊

---

① Quilliot, *La Mer et les Prisons*, 23 - 24.

在空荡荡的巴黎美术馆，所以那段时间的日记中反复地出现这样的字眼。看到他这样漫无目的、慵懒呆滞，我感到很悲哀。然而，对这个世界来说，加缪比以往任何时候都更像是一位鼎鼎大名的作家，形形色色的工作蜂拥而至，似乎是为了证明这样一个事实：名声是一台自动推进的发动机。对于加缪来说，很多工作几乎是不可能完成的，也许是因为我没有注意到他履历表中的这些记录——翻译詹姆斯·瑟伯的一本小书《最后一朵花》；为沃尔特·迪斯尼公司拍摄的纪录片《活着的沙漠》配写简短的解说词——尽管它们也属于一个作家业余生活中并不鲜见的那类任务。他还出现在无线电广播节目中，包括朗读《局外人》和《卡利古拉》两部书的完整录音，以及继寒冷而多雨的荷兰之行之后的一次意大利文化之旅。对被他选作小说《堕落》的故事背景的阿姆斯特丹，他只写下了"经常是潮湿的"几个字。

那似乎是一个充满开始和结束的时期。马曼因在第二年的夏天去世了；在一个非常孤独的时期，加缪感到无尽的悲哀，但并没有用文字记录下来。像是为了给战后和后战后时代画上一个句号，波伏娃于11月发表了她的《一代名流》并荣获了法国龚古尔文学奖[1]。书中那些著名主人公们直白的影射和某些冷酷无情的描写成为数月来人们消遣的对象和附庸风雅的谈资。但是，那段时间里加缪有几周身在意大利，远离了这一切。"看来我好像成了它的男主人公……甚至还要好：萨特生活中那些不良行为都被慷慨地扣在了我的头上。除此之外，全是垃圾。"他在罗马对这本书这样评价道，较之后来，当他注意到它所有的失真、鲁莽和诽谤的细节，当在每个人看来这部作品似乎等同于一场恩怨的清算和"一次不顾一切的诋毁训练"时他将会作出的反应，这个评价听起来似乎更像是漫不经心的讽刺。[2] 尽管波伏娃公开予以否认，但毫无疑问，加缪就是她书中亨利·佩

---

① 法国龚古尔奖（Prix Goncourt）是19世纪末文坛名士爱德蒙·得·龚古尔（Edmond de Goncourt）为纪念其亡弟而于1903年设立的，以奖励深具创意之作品为宗旨。龚古尔的历史悠久，名声响亮，虽然奖金仅有50法郎，却被视为文学界至高荣誉。——译者注

② Todd, *Une Vie*, 600.

隆的原型——左翼分子、反共报纸《希望》的主编，一个广受好评但已江郎才尽的作家。（佩隆还是一个玩弄女性的花花公子，他正与一个著名的女演员打得火热，不再爱他美丽、生病的钢琴家妻子。）萨特则成为书中那个明智的、甚至无所不知的人物罗伯特·迪布勒伊，亨利崇拜他就像儿子崇拜父亲一样。在我看来，正如马曼因的去世，《一代名流》的出版对加缪来说也是极为残酷的打击。然而，加缪对之表现出的更多的是愤怒和厌恶，而非受伤，他的确已经使自己远离了"巴黎的闹剧"。当被问及他为什么不对波伏娃进行回击时，他只是说："因为你不会与一个裁缝来讨论事情。"[1] 尽管如此，他还是在《堕落》一书中描写审判和刻画法官与忏悔者时对波伏娃和她错误的谴责进行了控诉。

正像我从舆论中所感觉到的，加缪生活中的变化同样是真实具体的。那年冬天，在弗朗辛家人的坚决要求下，加缪搬出了位于女士路的那套公寓。之后，他住过几家小旅店，也借住过朋友的公寓，最终在香那叶大道附近的一所临时住处安顿下来，就住在勒内·夏尔的楼上。这样的安排与其说是一种疏远，还不如说是一种和解——他仍然积极关注弗朗辛的康复，不久就将他新作的手稿送给她阅读——但这同样是操控他的生活和减轻他痛苦的一份共同的努力。如果说加缪的家庭生活处于变化不定的状态，那么阿尔及利亚人民的生活亦是如此。11月1日，一个民族独立运动年轻的新武装党派在阿尔及利亚全国同时制造了十几起炸弹袭击事件，尽管总督宣称这些事件"令人忧虑"但并非"十分严重"，甚至连一直追踪这一地区战事发展情况的加缪都认为那只不过是又一轮的危机，但事实上，战争已公开爆发了。第二年的春天，尽管似乎与他休养和隐退的誓言相违背，加缪还是同意为让-雅克·塞尔-施雷伯[2]的自由主义周刊《快报》撰写文章，借此来发表对阿尔及利亚局势的看法，同时也为恢复前总理皮埃尔·孟戴斯-弗朗斯的职务进行呼吁。加缪认为孟戴斯-弗朗斯将会成为

---

[1] Todd, *A Life*, 325.

[2] 让-雅克·塞尔-施雷伯（Jean-Jacques Servan-Schreiber，1924—2006），法国记者和政治家。他与弗朗索瓦·吉罗于1953年共同创立《快报》，并于1971年成为激进党主席。——译者注

一个改革家，一定会在阿尔及利亚推行和解政策。

自两三年前，加缪的地位就变得与众不同，这是显而易见的。作为我的研究对象，他同样是与众不同的，甚至他的孤独也有着与众不同的特征，被蒙上了一层更深的阴影。但是这样的视角可能是狭隘的，衡量的方法也是相对的。从性格和思想上看，加缪的矢志不渝是非同寻常的。他仍然在谈论着独处一隅和广泛交际——"在我这个时代里，我是孤独的。如你所知，我也与我的时代休戚相关——从严格意义上讲，就是这样。"他对《快报》的一个编辑让·丹尼尔这样说道。他称自己为"一个追求快乐的老疯子"，尽管他承认已经失去了他的引路明星。加缪一生中的盛衰起伏具有它们自己的节奏和意义，从最后的结果来看，它们实际上就是基约所总结的"一种生存辩证法"。然而，加缪对未来发展的不确定感造就了在他身上并不常见的局促不安。"在 20 年的工作和创作之后，我在生活的同时仍抱有这样的想法：我的创作尚未开始。"他在《反与正》的新版序言中写道，似乎他积极参与历史的最后十年只不过是一个出乎意料的插曲。①

---

① Camus, *Lyrical and Critical Essays*, 17.

十、寻觅夏尔

"为什么是这条路而不是另外一条？它到底通向哪里，如此有力地将我们拖曳在一起？这些岩石的地平线外，在那个遥远的热的奇迹中，生活着什么样的树木和朋友？我们走到了千里之外，因为曾经的那里已遥不可及。"

我决定前往索尔格河畔利勒镇去旅行，在很大程度上是为了去参观吕贝隆而找的借口，因为我仍然期待着在卢尔马兰与凯瑟琳·加缪进行一次会面，那里距法国东南地区只有 20 英里的路程。我想，看一看加缪第一次从巴黎逃开并与家人共度美好夏日的地方一定会对我大有启发。我发现自己时常不知不觉地在思考加缪那段时期所遭遇的麻烦，那些麻烦对他造成的阴影多年来都未曾消失过，而且，此时去普罗旺斯体验一下这个曾为他疗伤的一隅似乎是个恰当的时机。同时，我对加缪与夏尔之间的友谊也十分感兴趣。加缪能够度过 20 世纪 50 年代那段支离破碎的生活，夏尔的友谊起到了至关重要的作用，而他们的这段友谊就起源于此。是夏尔分享和鼓励了加缪关于反抗的思想，公开支持和捍卫了他的作品——加缪将这部作品私下里奉献给他，其感情真挚的程度毫不逊色于他正式题献给让·格勒尼埃。加缪完成这部书时，曾将原始草稿拿给夏尔审阅，在草稿上，他写道，"此书的第一稿献给你，亲爱的热内，我希望它是我们的，没有你，绝不会有这样一本希望之书。"① 也是夏尔，在 1946 年的秋天介绍加缪来

---

① "Notes et Variantes," Pléiade *Essais*, 1635.

到了属于普罗旺斯的这片土地上，使它成为日后加缪往返于阿尔及利亚的中转站、排解"乡愁"的逗留地、身陷危机时的消遣地，并最终在卢尔马兰购买下一幢房子，成了他永久的避难所。正如另外一本同样象征他们友谊的大型摄影集《太阳的子孙》——他们两人都说，无可辩驳，它是属于"他们的"——中所捕捉到的那样，那是一个安静的、难以想象的地方，到处是水果农场和葡萄园，蜿蜒的小溪，曲折的河流，黑黢黢的远山环绕着一片狭长的平原。

索尔格河畔利勒镇及周边的小村庄——拉涅斯、绍马恩、科斯特朗——是夏尔的故乡，是他祖先们的栖息之地（像马塞尔·帕尼奥尔小说中的人物让·德·弗洛雷特一样，他的祖先们为了接近水源与邻居们战火不断），也是滋养他诗歌的沃土——"我的祖国"，夏尔总是这样称呼它。在我找到的唯一一张夏尔和加缪的合影上，夏尔站在巴斯夏他的房子前，双手插在腰间，嘴里叼着香烟，穿着一条宽大的、十分显眼的旧短裤，普罗旺斯人常穿的那一种，脚上是一双帆布鞋，脸上带着挑衅般自信的表情。有人曾说，夏尔长着一颗角斗士般的头。加缪站在他的旁边，也穿着短裤（而且，很令人吃惊的是，脚上还穿着白袜子和一双便鞋），相比之下，加缪显得瘦削、颀长，不自然地摆着姿势。从这张照片上，几乎看不出夏尔的魅力在哪里，也看不出加缪和夏尔之间的友谊到底有多深厚。但他们俩都认为，他们的友谊是"命中注定"的事情。夏尔曾说过，从一开

始，他就知道他们会选择一条共同的道路。

无论如何，这张照片向我发出了警示，提醒我注意夏尔，注意他的魅力和他的大家风度。写传记时忌讳的一点就是过于迷恋你的研究对象的朋友。就夏尔来说，他的出现——一个传奇式的抵抗运动战士，昔日的超现实主义者，著名画家们的挚友，令人陶醉的小说家，诗人所崇拜的诗人——带着如此强大的磁性和与生俱来的吸引力，有一段时间，甚至打乱了

我的写作进程。像加缪一样,夏尔也是一个习惯孤独的实干家,一个热爱戏剧的严肃知识分子。(关于加缪和夏尔,有一个广为传诵的故事:有一次他们俩曾被误认为是黑帮成员"德德弹片"和"疯子皮埃罗",[①] 这着实让他们高兴了一把;还有另外一个故事被记载在加缪的日记中:夏尔在巴黎植物园里向一头母狮子求爱。)像加缪一样,但与加缪的表现方式不同,夏尔似乎也很古怪,高深莫测,偶尔很神秘,经常处于紧张状态,有时紧张得甚至被人用"暴躁"一词来形容,热情得几近痴狂,而且极具创作能力,甚至达到疯狂的程度。夏尔不仅是一位作家,还是法国当代最伟大的诗人,兰波[②]的继承人,一个反抗的诗人,加缪曾在夏尔的一本书的前言中称他为"我们未来的诗人"。而这一切当中更为吸引人的是加缪对夏尔热情奔放的情感。我对夏尔最初的反应可能一点不亚于加缪所形容的"一见钟情"。在使用这个词来描述夏尔时,加缪还写道,三天前,他遇到了"一个可爱的、使人惊讶的、令人欣慰的漂亮家伙"。

既然已经被夏尔弄得心神不定,我几乎不得不走向岔道,去寻找他的传记,探究他早期与那些超现实主义者一起有过的古怪举动,和他与布列顿、乔治·巴拉克以及其他人之间亲密的友谊(马蒂斯[③]、毕加索、海德格尔、萨尔瓦多·达利[④]和加拉·达利夫妇也出现在他的故事中),并研究他的诗歌,几乎将他的诗歌视为参考工具,一个反映他一切的载体。研究中总会发现一些内容相互交叉的资料——著名的文学人物,如布列顿和保罗·艾吕雅[⑤],在加缪的生活中也占据了一席之地——也总会得出这样的认知:夏尔的性格反衬出加缪的性格,夏尔的生活折射出他们那个时代的特征。但是,夏尔的生活经历有着他自己的特点,这又让我走上了其他的

---

① 原文是 Dédé le Mitraille 和 Pierrot le Fou,这两个人均为电影中的人物。——译者注

② 全名阿瑟·兰波(Arthur Rimbaud,1854—1891),法国象征派天才诗人,19 岁时就已经完成大部分诗作,《彩图集》(或叫《灵光集》)是其代表作。——译者注

③ 全名亨利·马蒂斯(Henri Matisse,1869—1954),法国著名画家,野兽派的创始人和主要代表人物,同时也是一位雕塑家、版画家。以用色鲜明、大胆而著名。——译者注

④ 萨尔瓦多·达利(Salvador Dali,1904—1989),西班牙超现实主义画家。——译者注

⑤ 保罗·艾吕雅(Paul Eluard,1895—1952),提倡达达主义和超现实主义的法国诗人。加拉·达利的前夫。——译者注

岔路，也平添了分心之事。我一直沿行的这条道路从本质上看似乎再次变成了一场有着无尽头绪的游戏，但是在一个下午，这一切突然间变得清晰起来。那天下午我参观了在巴黎蓬皮杜艺术中心举行的尼古拉·德·斯塔埃尔[①]作品大型回顾展，从展出的信件中，我了解到，这位于 1955 年 42 岁时自杀的油画大师在生命的最后几年中与夏尔的关系极其密切。斯塔埃尔的油画中所表现出的力量和热情，以及那些信件所传达的亲密关系令我神魂颠倒，于是我买下了这次展览的目录和关于夏尔的一本传记。

正如后来所发生的，分心去研究斯塔埃尔又将我带回了吕贝隆。在那里，夏尔也曾为斯塔埃尔找了一幢房子，并将他介绍给早已成为加缪重要朋友的马修家族。马修一家是乡村贵族，其家庭成员是农场主或诗人，是一个古老氏族的子嗣。这个古老氏族似乎曾与古代普罗旺斯的权贵有关。作为氏族文化的捍卫者和其好客精神的继承者，马修一家本身就是一个传奇故事。玛赛尔，家中的"女族长"，喜欢结交艺术家和画家；儿子亨利，诗人；美丽的女儿让娜和她的丈夫乌尔班·波尔热，都是加缪的挚友；以及让娜和乌尔班的孩子雅克和杰拉德。我不能确定斯塔埃尔和加缪是否曾在那里会过面，但是乡下小村落本身的特点、马修一家的凝聚力和他们广阔的活动领域——名为"雷坎福"的一个硕果累累的水果农场——让我想到，他们可能会不期而遇。至少加缪对斯塔埃尔知之甚多，并曾在巴黎参观过他与夏尔联合举办的"诗画"展览。斯塔埃尔仍然让我分心，因为波尔热夫妇家正是加缪在利勒镇的主要落脚处，尤其是在弗朗辛生病的混乱时期。加缪与这对夫妇之间的友谊是轻松、快乐的，尤其幸运的是，这份友谊从未改变过。

乌尔班·波尔热与介绍他和加缪认识的夏尔截然不同，但与夏尔关系密切。波尔热是圣雷米-德-普罗旺斯的一个药剂师，与其说是一个知识分子，倒不如说他是一位有教养的绅士。他是加缪之所以留恋吕贝隆的一个

----

① 尼古拉·德·斯塔埃尔（Nicolas de Staël, 1914—1955），俄罗斯抽象派油画大师。——译者注

主要原因。波尔热的人道主义精神令加缪感到宽慰和安心。在那几年关于加缪租住的一套被称作"巴勒莫"的房子的文字记载中可以发现，他们似乎一起度过了许多夏季时光。这些文字描述了许多美好的时刻：野餐、钓鱼、斗牛、足球比赛、妻子们远足去购物、一群可爱的孩子们（所有这一切都与道德责任和职业压力所造成的沉重负担形成了令人愉快的对比）——但是，爱和信任也滋养出更为严重的无所事事的感觉。像所有北非人一样，波尔热夫妇为人忠诚，不带任何偏见，所以加缪向他们袒露心扉以作回报，他对别人极少这样。在1954年整整一年的时间里，他几乎每天都向他们汇报弗朗辛的病情和他自己日趋糟糕的心理状态，夫妇俩有效地分担着他的生活和苦恼，帮助稳定他的全家。当加缪的女儿凯瑟琳到奥兰与外祖母福尔一起生活时，波尔热夫妇照顾着他的儿子让。"你们必须要双倍地热爱他们，"加缪告诫他的孩子说，波尔热夫妇家是你们的第二个家，应该称他们为"二妈妈"和"二爸爸"，"因为他们又善良又聪明，而善良又聪明的人十分罕见"①。

结识波尔热夫妇让加缪的生活重新变得活跃和正常起来。他们不是经常陪伴在他的左右，实际上，他们只是利勒小镇上与他共度夏天的人，而加缪在夏天的某些月份有时也会缺席，特别是与弗朗辛分离以后；但是他们仍然是加缪——这个躲在斐然名声后面的男人——重要的"高参"。与出现在加缪生活中的许多极为著名的人物不同，那些人因为自身的显赫和声望构成了我研究主题的一部分；波尔热夫妇带来的是关于加缪的某些最基础的信息：他过着什么样的生活；他的本性；他对温情、支持和简单的需求；他需要哪些在巴黎难以得到的东西。不过，这些只是我的感觉罢了：后来在巴黎，当我见到这对夫妇的长子、被加缪称呼为"天才"的雅克·波尔热时，我知道，我的感觉是正确的，因为雅克证实了我杜撰的故事。雅克也认识夏尔，他为我带来了许多小轶事和一些有用的信息——加缪经常找一个腼腆的意大利工人到马修家的雷坎福农场谈话；加缪与他们

———————————
① Todd, *A Life*, 318.

的西班牙保姆调情；夏尔的权力和权力感——以及一个圈内人的观察视角。雅克还鼓励我亲自去看一看索尔格河畔利勒镇上的风景，为了让我预览一下，他拿出了他的那本《太阳的子孙》。那是凯瑟琳·加缪送给他的结婚礼物。

夏尔于 1965 年完成了《太阳的子孙》，距开始汇编它已经过去了将近 20 年。这本书不仅是对他童年生活的那片土地的纪念，更是对他的朋友的怀念。针对书中收录的当地摄影家亨利耶塔·格林达尔拍摄的简洁的田园风景照片，加缪为之写了简介，夏尔又补充了一份被他称为"一段友谊的诞生和序曲"的推荐声明。在声明中，夏尔回忆了与加缪第一次相遇并驾车送他到利勒镇的那一天，他注意到，当加缪看到一片阿尔及利亚式的风光时，眼睛突然亮了起来。夏尔说，他们的友谊产生于最佳条件下；在时间和空间的考验下，它缓慢而快乐地成熟了。1949 年，夏尔为他们的书写了一首题为《时时刻刻》的诗，他们的友情和宿命感在诗中表露无余：

> 为什么是这条路而不是另外一条？
>
> 它到底通向哪里，
>
> 如此有力地将我们拖曳在一起？
>
> 这些岩石的地平线外，
>
> 在那个遥远的热的奇迹中，
>
> 生活着什么样的树木和朋友？
>
> 我们走到了千里之外，
>
> 因为曾经的那里已遥不可及。①

这些诗句以及这首诗接下来的另外八行相当简洁的诗句暗示了将加缪和夏尔紧密联系在一起的大部分原因——信念、政治立场、他们对抵抗的信仰和他们对生活的热爱。在遇到夏尔前，加缪并没有像在冷战早期那样从诗歌创作中寻求寄托，直到 1948 年他发现了由伽利玛出版社出版的夏尔

---

① René Char, "De Moment en Moment", in *Oeuvres* Complètes (Paris：Bibliothèque de la Pléiade，Gallimard，1983)，802.

的诗集《愤怒与神秘》。"我们这个不幸时代里最美丽的一本书。在你笔下，诗歌变得勇敢和骄傲。最终，它帮助人们活下去。"那年秋天，加缪在写给夏尔的信中这样说，那时候，他就已经开始喜欢上了这个与他的诗歌、或者说与吕贝隆越来越难以分割的人。① 到那时为止，他们已经一起度过了两个夏天，一起开车上路，一起无休止地讨论，一起计划创建一份以希腊哲学家恩培多克勒命名的文学杂志。恩培多克勒是他们两人最喜欢的哲学家，也是尼采的最爱。加缪的《鼠疫》已经发表，夏尔公开称它为"一本非常了不起的书"，虽然他平常并不是一个当代小说爱好者。加缪也正安心于《反抗者》的创作，开始明确地表达反抗这个概念，认为它是人类每个个体思想的核心。

加缪说，他与夏尔很相像；他们是"苦乐与共的兄弟"②。夏尔也在他的《太阳的子孙》一书的推荐词中提到了他们纯洁无瑕的友谊，说加缪是"我精挑细选的兄弟"。加缪，一位富有良知的作家；夏尔，一位富有良知的诗人，他们都是地中海人，有着共同的对"极限"的信仰，从古希腊悲剧的乐观主义中找到了某种本质的东西，夏尔称之为"双眼充满泪水的智慧"（la sagesse aux yeux pleins de larmes），加缪后来经常引用这个短语。但是，在许多方面，这两个人却极为不同，他们过着截然不同的生活。夏尔比加缪年长 6 岁，完全不受家庭责任和家庭生活的束缚，穿梭往返于利勒镇简单朴素的生活和巴黎纷繁复杂、以艺术为中心的世界。用斯塔埃尔的话说，他是一个渴望拥有大批追随者的极端戏剧化的自我主义者，是一个具有潜在危险的人物。夏尔的自信给加缪留下深刻印象，而加缪更为安静的生活方式——他毫无造作之气的分寸感，他的敏感性，"他沉默时的美丽和善良"——令夏尔甚为钦佩。

在《反抗者》引发的闹剧逐渐平息后的几年中，很少见到加缪和夏尔在一起，但是从夏尔的书信中可以清楚地看出，他们的关系从未动摇

---

① "René Char et Camus," Pléiade *Essais*, 1917.

② Quoted in Lottman, *Albert Camus*, 600.

过。这些书信填补了时间上的空白，证明了两人之间的亲密程度：对弗朗辛（特意为她写了一首诗）和匈牙利革命（信中附有一张内容为斯大林的雕像在布达佩斯被拉倒在地的剪报）表示关心的短信；对加缪压力过重的担心；几行写在明信片上的文字——"是的，星期一午餐"或"缺少了你，这个地方死气沉沉"。夏尔定期将他写的新诗或几行诗句给加缪看，并把他早期的两部作品的手稿和一个珍藏的抵抗运动纪念物送给加缪作礼物。

20 世纪 50 年代后期，虽然他们在巴黎共同租住了一套公寓，但看来他们好像难得见面。夏尔在信中听起来很孤独，甚至像失去了亲人。他思念加缪，担心他会失去加缪，或被加缪遗忘。1958 年秋天，就在加缪找到卢尔马兰的那幢房子之前，两人在利勒镇见了面，并像过去经常做的那样，沿着乡间小路散步。一年后，当加缪返回卢尔马兰，封闭起来着手创作《第一个人》时，他们也有过一次这样的散步。最后那次分手时，夏尔将最新创作的一首诗《虚伪的午后》的手稿送给加缪（这首诗像是一个不祥的预兆，因为它是关于死亡的），加缪则将他正着手撰写的一篇致辞里的一页手稿呈递给夏尔，开头的几句是："夏尔自成一派，独自一人，但并不孤独。根本没有谁能像他那样。"[①] 车祸发生后的第二天下午，在车祸现场加缪公文包里的一堆文件中发现了这篇致词未完成的部分手稿。

加缪和夏尔都曾经历过孤独时期——夏尔更加与世隔绝——但他们都具有超凡的交友能力和宽宏博大的心胸。他们彼此极为欣赏。"欣赏别人是我最大的快乐之一，成年之后，我对此不再抱有希望，直到遇见您。"加缪在一封信中说，他的这个想法让我突然想到他对皮亚最终的失望。[②]"阿尔贝，您是我同时凭直觉和理解所热爱和欣赏的极少数人之一，"夏尔在 1953 年春天给加缪的信中这样写道；他所表达的尊重是对正处于艰难时期的加缪的一种鼓励。这些信件表明，这两个人互相帮扶战胜了职业斗争

---

① Laurent Greilsamer, *L'Éclair au Front : La Vie de René Char* (Paris : Fayard, 2004), 344.

② "René Char et Camus," Pléiade *Essais*, 1917.

和个人危机，并共同度过了一个令人感到绝望的时代。他们总是用正式的"您"这个词来称呼彼此，表达纯粹的尊重之意，但他们从未感觉过疏远。据他们的朋友说，他们也从来不会使对方感到相形见绌。他们似乎彼此需要，似乎因彼此在这个世界上的存在而感到温暖和安心。结果是，这种温柔的共生关系使他们更加认识到他们的友谊的重要性。夏尔为加缪树立了一个坚强的榜样；加缪鼓励夏尔，肯定夏尔的为人。正如夏尔所说，他们是"compagnons"——"伴侣"、"同谋"——在他为加缪写的悼念诗文《卢尔马兰的永恒》中，他就是用这个词来描述加缪的。这首悼辞写起来令他如此痛苦，他花了七周的时间才得以完成。

在我开始感觉到身处吕贝隆对我造成的影响时，我已到此地好几天了。吕贝隆似乎没有为我留下激动人心的第一印象。群山是那样遥远；绿色的田野在公路两侧单调地延伸着；看不到任何线索，不知道叫巴勒莫、雷坎福、勒雷班克、雷布斯卡或内旺斯这样名字的地方到底在何方。驾车驶过索尔河畔利勒镇的镇中心时，我注意到有一家名叫"内旺斯"的旅店，像是夏尔挚爱的祖先们的房产；还有以"夏尔"来命名的一所学校和一个基金会；一个以他的父亲埃米尔命名的广场。小镇上人潮涌动，因为一年一度的古玩交易会刚好在那天开幕，车辆行驶缓慢，古老的大街上挤满游客，小贩们抢占了河流沿岸的主要码头。那条河是护城河，所以用了该镇的名字来命名。在一处安静的河湾里，安放着一只古老的木制桨轮，它是一个时代的遗物，《太阳的子孙》一书中有一张类似的照片，当夏尔和加缪开始汇编那本书时，那个时代早已结束。唤醒和纪念一个正在消失的地方——用夏尔的话说，是"一首被人淡忘的曲子和一个遗失了的国家"——是他们汇编那本书的初衷。那本书不仅反映了他们对乡土风景的热爱，而且表达出他们对纯真快乐的童年时代所共有的怀念之情。到该书出版的时候，夏尔，这片母亲大地上土生土长的儿子，因他的"母亲"正在被强行施加改变而濒临绝望，"年复一年堆积起来的丑陋满足了新时代的寻欢作乐，"他向一个朋友写道。"我不知道如何再适应我的国家。在这片面目全非的土地上，我越来越不知道自己是谁。"①

夏尔的悲痛产生于差不多半个世纪前，如今我似乎不太可能陷入到加缪热爱的那片风景的魔咒中去了，因为它早已不复存在。尽管如此，我依然抱定这个浪漫的想法：追随他的脚步。我将这个想法看作是一次想象力的冒险，是到那时为止业已形成的某个习惯。尽管纯属偶然和天意，我还是在利勒镇发现了关于加缪的一点线索——更确切地说，是在前往普罗旺斯—阿尔卑斯—蓝色海岸旅途中的一个小村子里。之前我已在那里的格雷农舍旅店预定好了一个房间——我认为那是因为我踏上了加缪生活过的这片土地。比如，那家因被描述成一个典型的普罗旺斯农家院而被我从《米其林红色指南》②上挑选出来的格雷农舍旅店，居然与马修家的雷坎福农场相邻。旅店的年轻女老板不仅认识马修家的诗人儿子亨利·马修，知道他就住在附近的拉涅斯，喜欢吃她旅店餐厅里的食物，还很快将我引荐给一个当地女人波莱特。波莱特认识马修家的所有成员，她坚持开车送我去拉涅斯见亨利。波莱特本人有一肚子的故事，我们的车沿着尘土飞扬的乡间小路行驶，她快乐地打开了话匣子，对我喋喋不休地讲起来——加缪喜欢她种的又大又红的辣椒；令人惊叹的玛赛尔·马修，"所有人的女主人"；勒雷班克的魔力，玛赛尔在这个拉涅斯山上古老的石谷仓里上演过的诗歌朗诵会和举行过的几次野餐；夏尔和他的自行车旅行。每一个小故事都孕育着关于当地生活方式和风土人情的更为绚烂的宏伟篇章。

与亨利的交谈更专注一些，我同样径直走进了他的故事。我见到亨利那年，他已经快 90 岁了，如果加缪活着，应该比他还年长几岁。亨利仍然像大部分普罗旺斯人那样，魁梧、结实，他的热情和修养让人联想到雷坎福农场里那些久远的夏天。从他所回忆的内容本身和他的行为中，我可以感受到他与加缪的友谊的真实性，而他与夏尔的友谊可能令我感受更深。两个家族历史上的相互交往（为争夺用水权曾有过纠纷）和诗歌创作将亨

---

① Greilsamer，*L'Éclair au Front*，361.

② 《米其林红色指南》（*Michelin Guide Rouge*）是法国出版的一份旅游饮食指南。——译者注

利与夏尔牢牢地牵系在一起，第一个夏天介绍他和加缪相识的也是夏尔。（他介绍经历时提到，夏尔为亨利的母亲写过一篇文章，后来被收入七星文库夏尔作品集中。夏尔还为亨利的妹妹让娜写过几首诗——像斯塔埃尔一样，他也爱上了她。）亨利没有为我提供什么富有戏剧性的新信息，但是他所说的每件事都确凿无疑而且直截了当——他自豪地提到，他的第一首诗卖给了《恩培多克勒》——他的故事完全可信，不知不觉地对我产生了意想不到的强烈影响。他讲述了他与加缪关于文学和哲学的对话，以及后来他身为作家创作枯竭时的对话，他称之为"空虚的周期"（passages vides）。他描述了加缪与夏尔在一起时是多么的轻松自在，还谈到他们各自的魅力。他说，加缪有能力让任何人都对他着迷——女仆，店主，社会各界名流——相反，夏尔则偏爱与那些更有教养的人为伴。在雷坎福，加缪会有条不紊地与从他身边走过的所有工人握手。坐在亨利位于拉涅斯山上石头房子安静的客厅里，我感觉到他的所有家人可能都与他有着类似的风度，于是我理解了为什么加缪如此欣然地喜爱和信任他们。离开时，为了将那次会面永远保留下来，我为亨利拍摄了一张照片。他坐在我们刚刚谈话的那张笨重的木桌旁，虽然不太情愿拍照，但照片中的他看上去很自然，无框眼镜后面的那双蓝色的眼睛率直而清澈。

　　我没有机会见到位于勒雷班克的那个古老而美丽的谷仓了，他们曾在那里举行过那么多的夏日聚会，尽管那里过去只有通过一条陡峭的小径才可以到达——据说，加缪曾安装了某种类似于活动锁链那样的东西来提水上去——现在那里已经修了一条公路，公路蜿蜒穿过柠檬树和橄榄树林，顺着它很容易爬上山谷之巅那片安静的草地。我也不想再去寻找巴勒莫，加缪曾租住过三个夏天的那幢房子，亨利说它离镇上很近，但离这里仍然很远。它相当宏伟，是一幢"美丽的房子"，而不是一间简陋的"农舍"。加缪母亲过来的那一年，亨利就是在那里见到了她——她非常美丽，他说，但十分害羞——还有加缪的哥哥吕西安，他的侧影看上去与加缪一模一样。但是，第三天，也就是我在那里逗留的最后一天，在返回格雷农舍旅店房间的途中，我还是在雷坎福转了弯，沿路而下，经过马修一家国际水果生意的一排排苹果树，希望看到或者感觉到某些能够与听到的这些故事联系在一起的东西。空气中弥漫着甜甜的气味，天空很高，湛蓝中带着一丝丝金黄，远处可以望见一幢房子，我猜想可能就是与传说中的玛赛尔的热情好客有关的那一幢，然而突然间，我感觉自己很冒昧，就像一个非法侵入者，于是我没有多加犹豫，调转车头返了回来。

虽然表面上看起来，我这次遍游索尔格河畔利勒镇是漫无目的的，但也得到了预期的回报。即使我没能完全拜访到加缪已纳入他个人生活领地的那些地方，至少我也能将他置身于一片真实的风景之中——坐在那棵老橡树下，手中拿着一本书，畅游在那条懒洋洋的河水中；沿着那条布满石子的小路，一直走到沃克吕兹碧泉村（我去的那天，那里恰好游客云集，这让我感到很愉快，因为多年前可能就是那样一番光景）——这些都使他看起来更为熟悉，就像我过去真的认识的某个人。随着我对这片风景越来越感兴趣——"温馨而坚韧"（doux et dur），当地人这样描述它；薰衣草和蜂蜜；密史托拉风①和白垩质的群山——我明白了为什么加缪要把它看作一片令人惊讶的绿洲。远处的群山，丝毫不害羞的阳光，和遍地的葡萄园让他想起了阿尔及利亚；在田园里劳作的男人和他们的机器是一道令人心安的风景；简朴而诚实的生活方式是人性化的证明。在这样新层次的理解中，我体会到了一种全新的亲密感。

在亨利讲述的过程中，也曾有一个微不足道却又出乎意料的关键时刻至今仍影响着我。那一刻，亨利告诉我，1960年1月3日早晨，当加缪准备离开吕贝隆前往巴黎时，他是最后一个与加缪握手告别的人。其他人都到镇上过圣诞假期了，他回忆说，加缪是来对他们说再见的，当时加缪站在门外，汽车没有熄火。亨利安静地述说着，表达着怀旧之情，突然之间，加缪似乎出现在我的面前，让我感到一阵惊恐，随即心中充满了失去他的沉重。第二天，当电话打过来告诉他们车祸的消息时，亨利正与父母和夏尔在雷坎福。他说，夏尔从电话那里后退了几步，发出了一声令人心

---

① 指法国南部常见的干冷北风。——译者注

碎的哭喊声。在弗朗辛的请求下，夏尔担负起在卢尔马兰准备一场葬礼的任务，但是，在墓地里，他悲痛得不能自已，不得不在葬礼仪式结束前就提前离开了。

　　我是在普罗旺斯地区埃克斯①的梅贾恩图书馆里读到夏尔写给加缪的信的。2000 年，凯瑟琳·加缪将加缪在巴黎旧居的遗产转移到了那里。考虑到加缪对于巴黎的感情——正如他的一个朋友所说，加缪实际上是一个"生态学家"，渴望大自然，憎恶都市的压力——他应该会同意这样处理他的遗产。他可能也会喜欢"阿尔贝·加缪文献中心"，现在那里已成为研究加缪的中心——一幢典型的普罗旺斯风格的小型建筑物，坐落在一个安静的庭院里，掩映在树丛中——虽然将他各式各样的手稿和文件对公众开放是另一回事。然而，当我快速翻阅那本厚厚的加缪档案活页目录册，并浏览所有的条目时——政治随笔，写给编辑和机构团体的信件，分好类的演讲和致辞文本，大约 30 页的政治新名词（在西班牙、阿尔及利亚、匈牙利、希腊、突尼斯等国家出现过的）——我惊诧于加缪如何在努力保护他的隐私的同时，成为知名度如此之高的一个人。我同时注意到，最近数十年来，他有如此多的作品提供给读者和学者们。除了他的第一部作品即早期的小说《幸福的死亡》、遗作《第一个人》、为《战斗报》和《快报》所撰写的文章，以及现在正热卖的几本《手记》，伽利玛出版社一直在做着将加缪的作品汇集成卷的工作。汇编成套的七星文库新版加缪作品集，可能会达到四五卷之多。这样一来，会有足够的第一手资料公开发表，使我们能更好地了解加缪，而不必再费心揣摩夏尔书信中的言外之意和他们友谊的核心。

　　然而，即使是在这个学术场所，这个保存加缪作品的地方，在各种各样的手稿版本和未标注日期的文本中，我依然被一些无关的或者不寻常的

---

　　①　原文是 Aix-En-Provence，曾经是普罗旺斯地区的首府，距离著名的蓝色海岸仅 35 公里，从 12 世纪开始就是法国南部政治、经济及文化艺术的中心。——译者注

东西所吸引：《局外人》的戏剧改编本，关于尤利西斯[1]的几页文字，一些平淡无奇的收藏资料——某些费用的计算数据，几份正式的建议书，一份"欧洲戏剧公司经济状况和管理的调查"——那表明，办事极为认真的加缪正试图筹建一家自己的剧院。在我开始阅读夏尔的信件之前，加缪档案的管理员、精力充沛的玛赛尔·马哈塞拉在无意间向我提到，这些信件读起来非常亲切，但并非特别有意义——一会儿说点这个，一会儿说点那个，她一边说，一边挥动双手做着波浪形的手势。然而，几乎与那些更加严肃的往来信件一样，来自夏尔的这些信件同样让我感动：充满感情的新年贺卡，他母亲去世时寄出的镶黑边的讣告，甚至他的笔迹。乍看上去，夏尔的笔迹流畅而古典，与加缪密密麻麻、难以分辨的字体是那么不同，这似乎总结了他们友谊的某方面特征。如果说最根本的问题是关于现实意义的，那么可以说，私下里，加缪本人对古怪细节和偶发故事的喜爱让我受益匪浅，因为对这些东西的喜爱也是我的本能和乐趣。

无论如何，玛赛尔·马哈塞拉的敬业和专业水平倒是令我钦佩，并自惭形秽。自从这个新中心开始创建，她就每天与加缪和他的文件生活在一起（其中的大多数日子里她都与凯瑟琳·加缪商议相关问题）。我在那里逗留期间，她从日常工作的角度即兴向我提供了许多极其重要的小轶事：加缪经常从他的笔记本上撕下一些纸页用作他途，却忘记放回来，或者放错次序。她说到这些的时候口气几乎像妻子一样亲密。加缪挂在他书房中的照片是尼采的，而不是革命者卡利亚耶夫的（像我在书中读到的那样）。夏尔，作为加缪授意的遗著保管人之一（虽然一直没有写下遗嘱），一直在辛苦地编辑加缪未完成的《时政评论》第四集，但至今尚未出版。当我向玛赛尔·马哈塞拉问及加缪关于尤利西斯的笔记时——我对它颇感兴趣，因为它可能会反映出加缪本人的心路历程——她点点头，接着又耸耸

---

① 尤利西斯（Ulysses），希腊神话中的人物，荷马史诗《奥德赛》中的主人公。尤利西斯是希腊西部伊塔卡岛之王，曾参加特洛伊战争。他英勇善战，足智多谋，曾献木马计里应外合攻破了特洛伊。特洛伊战争后他不顾海神的咒语起航回家，一路上历尽劫难，在海上漂泊了10年，最终与妻儿团聚。——译者注

肩。"在像他那样的人生长河中，总会有太多的支流，太多重要的事情，但是，它们只是某些更重要的事情的一部分，因此就不那么重要了，"她说。从某种程度上说，她的话既为我提出了建议，又提供了一个看待问题的新视角。[1]

在图书馆逗留了几个小时之后，我像来到埃克斯市的其他人一样，漫步于米拉波林荫大道，沉醉于这座城市轻松美好的春日时光。坐在克里门梭小巷的一家小吃店里，我偶然听到邻桌两个当地女孩的谈话。她们正因失恋而痛苦，谈论着婚姻的策略，浓重而拖长的口音令她们的理想婚姻听起来同样沉重。我注视着一辆大型垃圾车缓缓驶进我们这条仍保留着18世纪风格的极为狭窄的街道。在它驶过时，侍者们匆忙跑出去移开店门口的一排迎宾树，这一定是他们每天必做的工作。此刻，天空依然湛蓝，一群看似疯狂的小鸟在法国梧桐树梢儿上发出震耳的鸣叫声。大约六或八个街区之外，在距公共汽车终点站和火车站不远的梅贾恩图书馆综合大楼里，一张比真人还要大的加缪照片挂在加缪文献中心的出入口处，与周围的景致相得益彰。

---

[1] Conversation with Marcelle Mahasela, Bibliothèque Méjanes, May 18, 2005.

十一、女人缘

"有时候，我指责自己失去了爱的能力。也许这是正确的，但我仍然能够挑选出一些人来并照顾她们，诚心诚意地，竭尽所能地，不论她们做什么。"

几年前，有人送了我一幅巨大而壮观的加缪人像丝网版画，那是根据卡蒂埃-布列松为他拍摄的一张照片印制的，现在就挂在我书房的一面墙上。它与我钉在大学公寓墙上的那幅普通的小画形成了十分鲜明的对比。画中的形象是我所熟悉的——加缪站在战时巴黎的一条街道上，吸着烟，穿着一件厚重的外套大衣，脸上的表情既富于挑战性，又很吸引人——所以，我不再像过去那样经常端详它以便获得一些信息。然而，今天早上，我偶然回头朝它瞟了一眼，突然被照相机所捕捉到的全部男性特征惊呆了，这令我想起一个显而易见却十分关键的事实：加缪的英俊和性感构成了他身份的首要组成部分。他有女人缘是不足为奇的，这完全可以从这幅肖像画中推断出来。

众所周知，加缪的一生中出现过许多女人。他相貌出众，风度翩翩，富于智慧；他做事认真，有责任心，幽默风趣，感情强烈；像西班牙传奇式风流浪子唐璜一样，他也非常喜欢向女人示爱——他曾专门在《西西弗神话》一书中称赞过唐璜。除了他的两次婚姻和与玛利亚·卡萨雷斯漫长的风流韵事，他还与其他女性有过短暂却值得注意的恋情：帕特丽夏·布莱克，女演员凯瑟琳·塞勒斯，在许多传记里被简单地称作米莱的艺术系年轻学生；也曾与一些女性朋友保持着亲密友好的关系，如亚尼娜·伽利玛和马曼因——或者从阿尔及尔学生时代就一直保持联系的女性朋友们，如珍妮·西科和玛格丽特·多布朗。另外还有许多不知名的女性：随意调过情的、旅途中表示过爱意的、无数个对他一往情深和短暂邂逅过的，她们都是对加缪地中海式的情欲和向往快乐的本性的见证——他的朋友让·丹尼尔简单地称之为"加缪对女人的专注"。总之，加缪非常喜欢女人。丹尼尔十分认真地解释说，这并不是说加缪是一个"勾引女性的人"，而是说他"魅力十足"，毫不费力就能迷住许多人。男人们对他的感觉与女人们一样好，丹尼尔补充道。

加缪与女人的关系这个课题本身就极具挑战性，因为它的私密性和稍许禁忌性的特点，也因为他的婚姻和弗朗辛的病情，还因为加缪除了在他的小说中有过歧视女性的描写以外，在其他作品中几乎很少提及女性。对于像加缪这样一个以道德良知著称的人来说，人们几乎不可能不对他身上的"流氓习气"感兴趣，那是他风流浪荡的一面。丹尼尔认为这与他清教徒的本性相对立。做一个硬汉是对他圣洁形象的华饰，而圣洁是戴在他头上的荆棘王冠。同样，他的道德力量和谦逊令他具有了不同凡响的男子气概。看起来，加缪似乎喜欢萨特或波伏娃这样的人将他称为"流氓"、"淫棍"，正如他喜欢别人将他比作鲍嘉。他清楚地表示过，他与唐璜很相像；尽管他也清楚地表达过，他因此而相当内疚。

较之加缪的"唐璜主义"，或者杰曼·布蕾所谓的"他无限的性能力"或"他卓越的审美眼光"，女人这个话题涉及的内容更多些。（在一些传记的插图中——有着颀长双腿和灿烂笑容的弗朗辛，舞台上热情奔放的玛利亚，排练时端庄娴静的凯瑟琳·塞勒斯，年轻迷人的帕特丽夏·布莱克和米莱——这些女人似乎都美得不同寻常。）在生活中的女人身上（不包括那些偶然的桃花运和一夜情），加缪似乎同时寻觅到热情的友谊和强烈的激情。他将女人视为他的知己和倾诉对象，对她们比对男人更坦率、更乐于相助，反过来，她们也给予他最迫切需要的理解和忠诚，玛利亚·卡萨雷斯称之为"热情而纯洁的共犯关系"（une complicité chaude et claire），这是对他们的关系发自内心的认可。[①] 加缪会脱下他腼腆寡言的保护外衣（这对于他来说极为罕见），与女人们谈论最为私密的话题——他的工作，他的理想，他的疾病，他对死亡的恐惧，他对失败的担心——展现、甚至夸大他的不安全感和焦虑感，暴露似乎一直都陪伴着他的脆弱心理。在处于绝望的时期，如《反抗者》引发论战之后，加缪会像一个受伤的斗士那样转向女人寻求避难和新生。

上面这张照片中的加缪在沙滩上被三位年轻的女士围绕着，这是一个反复出现且有提示意义的形象。这张照片拍摄于他在阿尔及尔山上"世界之巅的家"，他在那幢房子里过着田园般的生活，照片上的三位女士是他到提帕萨旅行时的室友。那时加缪与西蒙的婚姻已经结束，但尚未开始与弗朗辛严肃的恋爱。在那段时期，他第一次发现了与女性交友的乐趣——关爱，"单纯和忠诚"。加缪把许多轻松和快乐的感受都记录在了他写给当时的室友玛格丽特·多布朗、珍妮·西科和克里斯蒂安·加林多的信中。在他的日记中有过这样一段记载："女人们甜蜜而持久的友谊"。这些感情还被直接转移到小说《幸福的死亡》上，体现在罗斯、克莱尔和凯瑟琳这样的人物身上。《幸福的死亡》是加缪的小说处女作，带有明显的自传体性质，直到他去世之后才得以发表。"孩子—姐妹—朋友"或者"小姑

---

① Maria Casarès, *Résidente Privilégiée* (Paris: Fayard, 1980), 122.

娘"，当加缪用这样的字眼称呼这些女子们，与她们一起，他体验到了"真正的友谊"。在这部小说中，女人被描述成一个整体，他与他的"姑娘们"一起生活在不同寻常的和谐和信任中，与真实生活相仿，他们栖息于一个神奇的地方，一只悬浮在阿尔及尔高山之上的小船里，幸福感将他们每天结合在一起。回顾那段历史，这些描述所揭示的内容似乎是非常珍贵的，语句读起来也十分真切，因为它们预示着加缪未来的行为习惯：对生活中女人们的感激和保护，与多人同时保持的暧昧关系，孤独时的不安（"对于如此热爱社交的我来说，这十分奇怪"，在没有朋友陪伴、孤独地度过了一周后，他在给玛格丽特的信中如是写道)，以及"开始做事情之前，先要回归友谊和自信、体验明确的安全感的需要。"①

　　第一次尝试小说创作，加缪几乎难以遏制描写关于爱和婚姻主题的冲动，虽然后来他一直回避这样的主题，甚至一点点暗示都不涉及，只有在1956 年发表的小说《堕落》中才使用了一些讽刺性的告白。《幸福的死亡》里的文字是那么充满活力和不设防（文如泉涌，像是无意识的感情流露），因此也给人留下生硬、不成熟的印象，至少小说中所表达的态度和观点随即引发了许多争议。"拥有一种不快乐的激情……是件好事——它会证明你不为折磨我们大家的模糊的绝望所苦，"小说中他的代言人帕特里斯·莫索（与《局外人》的主人公莫尔索的姓几乎相同②）坦白道。③ "日后，当你变得衰老无力时，你可以去爱某个人。而在我们这个年龄，你只是设想你可以。"④ 显然，加缪第一段失败的婚姻让他的心情十分沉重——书中有对性嫉妒、羞耻感和不忠的深刻描绘，还有一些关于爱情和欲望的抒情段落。婚姻是条锁链，友情则是自由的，加缪在给玛格丽特的信中写道。⑤他的女性朋友缓解了他的悲伤。"我所谓的幸福，小姑娘，"他在给玛格丽

---

① Todd，*A Life*，129 - 30.

② 帕特里斯·莫索（Patrice Mersault）的姓 Mersault 与莫尔索（Meursault）只差一个字母。——译者注

③ Camus，*A Happy Death*，114.

④ *Ibid.*，33.

⑤ Todd，*A Life*，154.

特的另一封信中写道，"即当其他人对灵魂的命运感兴趣时，我却在谈论香肠。"①

　　像在生病的隐秘时期一样，当有女人私下里陪伴的时候，加缪也进入到距我更近的生活空间，今天，当我带着我的目的阅读他的书信时，可以清楚地看出这一点。这些信件就像是面对面的交谈，加缪在信中用这样或那样的方式再三解释和说明了自己。在关于加缪的众多书籍中，数百封他写给女人的信件作为源资料被列举，因为加缪与她们的关系持续得异常长久，这些信件就像他一生作品的姊妹篇。弗朗辛和玛利亚是他的"最爱"，这两份爱共存了将近 15 年之久，加缪外出时，有时候她们两人会在同一天分别收到他的来信。但是，他与其他人的恋情也十分长久，并具有几乎一样的发展模式：从开始迫不及待的狂热到更加持久的亲密友情。被加缪所爱就意味着一直出现在他的故事中。凯斯特勒的女朋友马曼因离开巴黎很久以后，加缪都定期给她写信表露心迹，直到她去世。1960 年 1 月离开卢尔马兰之前（他在那里与家人共度了圣诞节），他给经常出现在他生活中的四个女人写信告知即将来临的重逢——帕特·布莱克、凯瑟琳·塞勒斯、玛利亚和米莱。米莱是他新的激情所在，是他得以新生的必要源泉。对于米莱，他将离别后的痛苦和对她无尽的渴望坦白相告。"我祝福我的渴望，"他写道。② 在小说《堕落》中，加缪的代言人、可笑的浪荡子让·巴蒂斯特·克拉芒斯也是一个多情种。"当我回首往事……我同一个女人决裂时颇费周折，这往往成就我同时有许多爱人，我并不因此归咎于我的情感丰沛，"他解释说，"而仅仅是被爱的欲望和得到应得之物的渴求。"③

　　《堕落》以语无伦次、辛辣嘲讽的独白贯穿全篇，被加缪称之为"精心设计的忏悔"。它就像一座宝库，不仅收集了对爱、性和女人的尖锐评论，还涉及一些更为严肃的问题，如犯罪、审判、现代人的生存状态。书中的主人公克拉芒斯曾是巴黎著名的律师，但后来沦落为阿姆斯特丹一间

---

① Todd, *A Life*, 57.

② *Ibid.*, 411.

③ Camus, *The Fall*, trans. Justin O'Brien (New York: Knopf, 1957), 66.

破烂酒吧里喝得烂醉的法国流亡者。随着他开始时的自我介绍和接下来的灵魂剖析，我们不可能感受不到加缪本人就隐藏在他混乱不安的叙述中。小说中的这个人物从事着崇高的职业，爱恋女人，彬彬有礼，人缘很好，事业有成，是"一个不知疲倦的舞者和一个不起眼的学者"。偶尔，他的自我描述读起来坦白得近乎可笑。"你可能会认为：正义之神每天夜晚陪伴我睡觉，"克拉芒斯说，"尤其是肉欲……总之，肉体……不断带给我快乐。我生就这样的体魄。"经常地，站在人行道上与朋友进行激烈争论的克拉芒斯会突然将争论的焦点忘得一干二净，因为一个妖艳的女人正穿过马路。他试图放弃女人，但那实质上就是放弃一场游戏。加缪与他的这个非正统主人公有着不计其数的相似之处，从某种程度上说，这正是这本书的有趣之处。加缪的朋友们也欣然发现这个人物酷似他的地方，并意识到了这本书的自传体性质。然而，从其他方面看，克拉芒斯即加缪这样的想法是令人不安的，因为虽然克拉芒斯的语气是讽讥嘲笑的，但他还是提出了羞耻感和道德尊严的严肃问题。

这部小说中有一个不会被弄错的、令人感觉沉重得多的人物，那就是弗朗辛。她出现在小说的中心部分，由一个跳进塞纳河溺水而死的年轻女人所发出的呼叫声所代表，那是一声"还将继续等候我……总之，只要有我那苦涩的'洗礼圣水'，就会有这一切"的呼叫声。① 这部小说在弗朗辛康复一年半后出版，她本人理解它的内容实质，并把它看作加缪直面自己过失的努力。"你应把它归功于我，"那时的弗朗辛已能对这本书的迅速成功开玩笑，而她的话也揭示出她的某些情绪和他们之间的关系。当《局外人》尚在创作中，弗朗辛就是一个忠实的读者，她比其他人更了解加缪和他的作品——加缪甚至将《堕落》的最初几页送给她读——并且，正如他们多年来的通信所揭示的，加缪求助于她，把她自然而然地看作一个助手，几乎就像是他自己的一个分身。弗朗辛了解加缪的性情，很久以前就接受了他追逐女性的需求，但她也从不希望加缪坠入与他人的爱河之中。

---

① Camus，*The Fall*，trans. Justin O'Brien（New York：Knopf，1957），108.

事情后来的发展使她陷入一种痛苦的状态，医生将之诊断为一种感情和心理上的障碍。在弗朗辛接受治疗期间，加缪反思了他们之间的关系，把它界定为"深厚的友情"（amitié profonde），同时也反思了自己的责任感，认为他的责任感就像他渴望逃离这种责任感的感觉一样强烈。加缪一直用自己的方式对弗朗辛表示忠诚，要不是弗朗辛的家人坚持让他离开，他可能会继续住在他们在女士路的公寓里，以确保她病情的稳定。但是，加缪也承认，他们也许根本不应该结婚。弗朗辛以自己的方式承认了玛利亚存在的重要性，因为玛利亚在舞台之下过着安静的生活，在处理与加缪之间的关系时也十分小心谨慎。为了不招惹麻烦，玛利亚拒绝再次出演加缪的一部戏剧中的角色，弗朗辛去世后，她才发表了她的自传。玛利亚说，她在自传中尽可能多地写了关于加缪的内容，在很大程度上是为了弥补她保持沉默的那几年中所承受过的痛苦。据说，加缪去世后，玛利亚与弗朗辛相处得十分融洽。

在《堕落》一书中，还有其他一些转移我注意力的关于女人的内容（这本书一度被命名为《呼喊》，之前还曾叫过《英雄》），这样的内容如此之多，以至于可以明显看出加缪似乎在有意识地探究这个主题。（"在我看来，我们的同胞似乎总是对两件事感兴趣：一是炮制思想；二是通奸。"主人公克拉芒斯在介绍他的论文时说。）与《西西弗神话》里那个快乐的情人形成鲜明对比的是，克拉芒斯以一个粗鄙的新版唐璜形象引起了关注：怀着某种绝望的心情寻求着爱和幸福，苦苦地挣扎于放纵、堕落和贞洁之间。"你们一定知道，我总是能博得女人们的欢心——不费吹灰之力，"他这样开始道。"我并不能让她们开心，甚至不能让自己开心……不，仅仅是把事儿办成。"在滔滔不绝的叙述中，他总结了自己的经验，有些甚至像名言警句：爱很多女人也就意味着一个也不爱；勾引可以成为一个失去肉欲的习惯。[1] 早在20年前，年轻的加缪就写下了《西西弗神话》中关于唐璜的一个章节，把他描述为一个荒诞主义的英雄：一个崇尚

———————————

[1] Camus，*The Fall*，trans. Justin O'Brien（New York：Knopf，1957），56，106.

肉欲的西西弗，睿智、自我觉知并自我更新，每每结识新的女性，就会发现崭新的生存方式。20 年的变化是引人注目的。战前的加缪尚在阿尔及利亚过着无忧无虑的地中海式生活。克拉芒斯痛惜地称之为伊甸园式的生活，他说，"是的，很少有人能够生活得比我更自然。我对生活的服从是完全而彻底的。""哦，太阳、海滩、刮着信风的岛屿，青春的记忆令人绝望!"病中发烧时他大声呼喊着。接着，在这本书接近结尾处，他说道，"是的，我们已经看不到阳光、看不到清晨、看不到那些自我宽恕者神圣的清白。"①

然而，尽管存在着这么多有利的证据，克拉芒斯仍然不是加缪，《堕落》也只是一部机智、巧妙、讽刺意味极强、精心构思的小说而已。它最初是加缪为了凑齐短篇小说集《流放与独立王国》而写的一部实验性小说，但后来却拥有了自己的生命。不过，鉴于加缪一直喜欢写自己的经历，所以《堕落》中所表现出的对审判的关注、对犯罪感的再现、精神上的痛苦、对女人的集中评述，以及冷酷无情的自我剖析，都与加缪和他近期的生活密切相关。从书中他的自我剖析来看，这本书还与萨特和明确指出的"巴黎知识界"相关，即最初出现在加缪日记中的"忏悔法官们"，是他们的批评一度为他带来了如此巨大的痛苦。（在加缪决定删掉这本书中对他的左翼同事们含沙射影的讽刺描写，以突出小说的象征性特征之前，这一点似乎更为明显。）②萨特称这本书很有才气，显然是理解了它的内容及其传达的信息：从狭义上讲，它是对波伏娃的《一代名流》的回应；从广义上看，这本书则是对萨特本人曾攻击《反抗者》的一次回击。萨特认为自己喜欢这样一个事实：加缪既在书中，又不在书中，这表明萨特是多么了解他的这个老朋友，也多么了解加缪的写作风格。③不知晓加

---

① Camus, *The Fall*, trans. Justin O'Brien (New York: Knopf, 1957), 144 – 45.

② Roger Grenier, *Albert Camus: Soleil et Ombre: Une biographie intellectuelle* (Paris: Gallimard, 1987), 296.

③ 萨特的钦佩之情同样表现在自己的自传体小说《文字生涯》（*Les Mots*）中。这部小说发表于七年之后，被认为是他的代表作，整部小说充满辛辣讥讽、自我批判和令人费解之辞，似乎在影射同时代的所有人，首先是他自己。

缪这些私人情况的读者会认为这本书像谜一样难懂，就像几十年前的我一样。这不仅因为它不像加缪其他那些计划缜密的作品那样连贯而合乎逻辑，还因为它读起来完全不像加缪。这也许更充分地表明了它所传达的信息的重要性。

正如《堕落》不只是关乎女人的一部小说，加缪的生活中也不只有女人。米莱在一次采访中主动说道，女人们只是他生活的一个组成部分，尽管她们占据了他许多的时间。（朋友、家人、甚至从前的情人都拒绝接受加缪即卡萨诺瓦①这样夸大其辞的描述；他们指出，他的行为在欧洲并非异乎寻常，尤其是在战后的欧洲。）同时，对加缪外貌诱惑力的广泛描述也说明了一些问题，直到现在，在许多采访和回忆中，这个话题仍在继续。罗伯特·伽利玛回忆说，在一场鸡尾酒会上，差不多所有到场的女人都围在加缪身边。作家尼科洛·马基图斯的女儿玛利亚 60 年后仍然深深牢记着加缪的风采。她初次在纽约的家中与加缪相见时只有 5 岁，就坐在加缪的腿上。伽利玛描述起加缪与女人们的关系时，仍然会惊奇地睁大眼睛，并简单地称之为"一件了不起的事情"②。

就像加缪的其他朋友一样，他所爱的女人也评判并影响着他。在她们的陪伴下，加缪越发彰显着自己的个性，而且，渐渐地，她们帮助我揭开了加缪的真实面目。（玛利亚谈论了他的微笑和条理性；米莱谈到了他的幽默感和难以承受的责任压力。）与加缪一样，所有这些女人都是巴黎的外来者——阿尔及利亚人，西班牙人，英国人，美国人，丹麦人——这个事实可能恰恰反映出他自己的流亡感，或者只是他在《第一个人》中回忆少年时代时所确认的那种对外国人来说不可抗拒的吸引力。③ 总之，她们提出了许多有趣的问题：加缪对自我意识的需求，疾病对他造成的影响，他母亲的沉默寡言，他对于被理解和幸福的追求——"幸福"这个词频繁

---

① 贾科莫·卡萨诺瓦（Giacomo Casanova，1725—1798），极富传奇色彩的意大利冒险家、作家、追寻女色的风流才子。18 世纪享誉欧洲的大情圣。——译者注
② 2006 年 7 月 22 日，伽利玛在电视节目"美第奇书库"（Bibliothèque Médicis）中谈论了加缪。
③ Camus, *The First Man*，192.

地出现在加缪的文字中。她们还举例说明了他的忠诚以及忠诚感所造成的较为黑暗的一个方面，他的朋友兼同事、"乌脚"同胞让·丹尼尔将其称为加缪的"犯罪情结"（guilt complex）。丹尼尔说，在许多方面，加缪守旧得令人吃惊，是一个有着良好教养和骑士精神的人，对名誉十分看重，但是，他也是他的家族里第一代接受教育和在一个更为广阔的世界里寻求发展的人之一。丹尼尔使用"十足的苦行者"（very puritan）这个词来描述加缪，同时解释他的犯罪感。至于弗朗辛，他说他认识她，并强调指出，加缪因她的病深感痛苦。丹尼尔说，加缪从不愤世嫉俗，相反，他更喜欢做一个尽可能忠诚的人。①

　　让·丹尼尔也认识玛利亚·卡萨雷斯，当我请他对我描述一下玛利亚时，他似乎惊诧于我居然提出这样一个问题。"我能说什么呢？"他开始道，语气里透出的似乎不仅仅是不耐烦。"玛利亚·卡萨雷斯是一位年轻的西班牙后裔，西班牙内战前共和国首相的女儿。她对于她的祖国、对于音乐，尤其是对戏剧有着熊熊燃烧的热情。她与加缪之间的感情是广阔无边又如饥似渴的。没有其他任何东西可以影响到他们两人。"丹尼尔压低了声音，似乎被自己的证词所打动，然后总结道，"从各方面讲，她都非常西班牙化，非常质朴，非常戏剧化。"

　　我的脑海中早有玛利亚·卡萨雷斯的图像，因为我曾看过她在电影《天堂的孩子》中首次扮演的银幕形象。如今，那部影片已成为经典。我对 19 世纪早期巴黎的全景情有独钟，所以经常去看这部电影，至少一年一次。在影片中，玛利亚饰演哑剧演员巴蒂斯特（让-路易斯·巴伦特饰）年轻的妻子娜塔莉，忠心耿耿却被遗弃，因为巴蒂斯特死心塌地地爱上了温文尔雅

---

① Jean Daniel, personal interview, April 2002.

的妓女嘉兰丝（阿尔莱蒂饰）。虽然她饰演的只是个小配角，却牢牢地吸引住了观众的目光。我仍记得她高傲的头，她安静的隐忍，她闪着泪光的眼睛。她的台词依然回响在耳边。"对我说点什么，"在一家廉价旅馆里，面对着与嘉兰丝在一起的巴蒂斯特，她恳求道，"我该怎么办？"现在看来，她的所有表演似乎都是那么恰如其分，包括她在一场三角恋中的地位，这的确具有讽刺意味。

看了《天堂的孩子》几十年，除了卡萨雷斯在该片中所饰演的角色和几年后在考克多的《俄耳甫斯》中饰演的同样迷人的一个角色外，我一直对她知之甚少，而现在，我又回到了起点，重新将她看作一个温情版的伟大的悲剧女演员——她的确很快就有了这样的名声。她高深莫测的性情被人们用"神秘"一词来形容；她的热情则被称为是"独一无二的"。她还多才多艺，善于扮演各种角色，在一些人的心目中，她是20世纪法国戏剧舞台上最优秀的女演员。1943年末拍摄电影《天堂的孩子》时，卡萨雷斯已经是一个戏剧明星，甚至在完成音乐学院的学业和熟练使用法语之前，就被马塞尔·埃朗选中扮演辛格的《悲伤女神狄德丽》中的角色，并在马斯林剧院演出。卡萨雷斯在她的自传中写到，在1936年她仓促离开西班牙之后和最初那几年痛苦的流放生活里，马斯林剧院成为她立足和成长的地方。

然而现在，我看到的并不只是舞台和银幕上的一个天才演员，而是拍摄完成《天堂的孩子》仅仅几个月、与加缪的浪漫恋情刚刚开始的那个魅力十足又十分年轻的卡萨雷斯。今天在那部电影中再次看到她似乎是个奇迹（埃朗也出现在影片中，饰演道貌岸然的恶棍角色），我好像穿越时空进入到她与加缪不到一年的同居生活中。发生在这对情侣身上的一切可以写成一个真正的剧本：两个人的青春年少（当时加缪30岁，玛利亚21岁），同为流亡者和文化界新星的耀眼魅力，在他们那个时代里独领风骚的职业，和日益逼近的战争威胁——这一切不仅将巴黎变成一个如此黑暗、如此狭窄的地方，而且使他们的恋情变得如此紧迫。带着一种崭新的真实感，我再次想起他们共同度过的那段时光：与盖世太保的近距离遭遇；诺曼底登陆的当晚他们酒醉后骑自行车横跨整个巴黎市的经历（玛利亚坐在车把上）；彼此成为抵抗运动时的伴侣；并肩为《天堂的孩子》工作；迫使《误会》的开幕时间无限期拖延的灯火管制和电力短缺。因为他们当时身处的生活环境和她为他提供的庇护，加缪称呼卡萨雷斯为“战争与和平”。战争令他们之间的感情更加炽热，一直到巴黎解放之日的到来。解放后，被困在阿尔及尔的弗朗辛前来与丈夫团聚，这意味着这段私情的结束，或者说，正如事情后来所发展的，这段为期四年的恋情成为他们之间漫长感情的一段小插曲。玛利亚认为他们的分手是件高尚的事情，她也说，不希望自己成为一场三角恋中的第三者。“充满泪水的夜晚”，在他们分别之前，加缪在日记中这样写道。

加缪和卡萨雷斯这两个名声斐然的流亡者可以写成一个很好的故事，他们的个人生活史直接受到整个历史进程的影响。除了他们各自的才华和魅力，两人在许多方面相得益彰，同时彼此非常相像——都忠诚于西班牙，并且都具有西班牙血统（虽然只能从母亲一方讲，加缪是个西班牙人，但他极为看重这种血缘关系），都极具外在魅力，都对人类有着强烈的好奇心，同时都对生活充满极度渴望。① 卡萨雷斯骄傲、冲动、有主见，一直以“宁为玉碎不为瓦全”（Todo o nada）为信条而生活，直到加缪教会她克制。作为一名女演员，她感情奔放，光芒四射——她的嗓音通常被人们描述为颤抖而沙哑的；她的眼泪总是真实的；她的角色时常带有冒险性。然而，舞台下的她感情脆弱，并像加缪一样被深深地刻上了背井离乡和流亡的烙印。她名为《特殊侨民》的自传写于 40 年后弗朗哥去世和她第一次得以返回西班牙之际。在自传中，她试图在对西班牙少女时期和法国戏剧生涯的回忆中拼凑出她的个人身份。

对卡萨雷斯的了解以非常有益的方式为我填补了加缪生活的空白。一些杰出的戏剧人——如卡萨雷斯的密友和良师、在她的自传中被给予了充满爱意的详细描述的埃朗；或者她的亲密好友杰拉·菲利普，他们曾同台

---

① 事实上，卡萨雷斯是祖籍西班牙拉科鲁尼亚的加利西亚人。

演出，并共同出演司汤达的电影《巴马修道院》，这令加缪十分妒忌——开始在我的眼前变得清晰明朗，不再只是存在于一些支离破碎的事实中。当条件依然允许时，即弗朗辛生病之前，卡萨雷斯主演过的加缪的一些戏剧作品不仅体现出极强的专业性，而且充满浪漫情调——共度的时光，共享的工作，相互尊重和尊敬的共同事业。1948 年 6 月，几乎是命运的安排，在大街上的一次邂逅之后，他们旧情复燃。如此看来，加缪后来以前所未有的热情重返戏剧也就不足为奇了。而 1953 年 6 月他们在昂热艺术节共度的几周和在其他地方共同消遣的额外几天，现在看来，似乎也合理地解释了弗朗辛开始于第二年秋天的精神崩溃和绝望。

相识伊始，戏剧就像西班牙血统一样牢牢地将加缪和卡萨雷斯联系在一起。他们是罗曼蒂克的一对——剧作家和女演员，像乔治·萧伯纳和帕特里克·坎贝尔一样——走在大街上十分惹眼。① 在卡萨雷斯的自传里，她回忆了艺术节上毕加索的戏剧上演的当晚她对加缪的第一印象（她被邀请参演是为了给毕加索增添一点西班牙味道）：高傲的侧影，不高不低的嗓音，随便而漠然的神情，让她误以为他是一位演员（饰演唐璜再合适不过了）。她描述了他在台上朗读《误会》时令人惊叹的风度，并表达了她第一眼看到他时即刻产生的伴侣感。她写道，那晚加缪的朗读细致入微、精彩至极，尽管疲劳和剧烈的咳嗽迫使他不得不在结尾前就停下来——她描述说，他向大家道歉，表情中带着羞怯的歉意、少许讽刺和一丝微笑。她还补充说，认识加缪的人可能永远不能忘却他独特的微笑，就像一个明知道做坏事会被发现的孩子当场被抓住时的微笑。②

这种特别的细节正是追踪玛利亚·卡萨雷斯和加缪其他亲密友人的目的所在——凸显出加缪的一张真实可信的特写镜头。如果说细节有时是伤感和感情用事的，那么它也是使整个故事趋于完整的一部分，也是她个人

---

① 在加缪去世后艰难和富有戏剧性的那几个月里，卡萨雷斯主演了杰罗姆·基尔蒂（Jerome Kilty）的《亲爱的说谎者》（*Dear Liar*）一剧，该剧改编于萧伯纳和坎贝尔的书信故事，在艺术高度和票房收入上都获得了巨大的成功。

② Casarés, *Résidente Priviligée*, 232-23.

性格的一部分，而这样的事实同样说明问题。根据各种流传的说法，加缪和卡萨雷斯之间的爱情是本能和深刻的，尽管他仍在继续着与其他女人的风流韵事，她只是实事求是地接受了它们，正如她接受自己成为第三者的角色和他拒绝离开妻子和孩子的事实一样。卡萨雷斯本人也是唐璜主义者，而且十分独立；更为重要的是，她对加缪和他矛盾的双重忠诚十分敏感，这种矛盾冲突感因同时拥有两个"伟大的爱"而产生：善良仁慈的弗朗辛；热情似火的卡萨雷斯。这两个女人注定要扮演相互竞争的角色，而她们的共存状态最终甚至被家人所认可。加缪总是说，他想要过两种相互间隔的生活：一种家庭的生活和一种激情的生活，但他没有预见到将随之出现的荣誉、忠诚和责任等一系列复杂的问题。

卡萨雷斯的自传中包含了几张她与加缪的合影，它们比在巴黎排演和昂热艺术节的影棚里所拍摄的大多数照片更能揭示出他们之间的关系。到吕贝隆度假时拍摄的一系列照片中，有一张他们两人与加缪那辆庞大的旧雪铁龙轿车在一起的照片（加缪头戴博尔萨利诺帽[1]，手里夹着香烟）；还有另外一些到孚日山脉度假时的照片（其中有一张加缪在厨房餐桌上工作，卡萨雷斯靠在他身上），还有一张加缪小睡时的珍贵照片，照片中，他的胸前摊着一本翻开的书。[2] 除了反映出加缪和卡萨雷斯亲密轻松的关系之外，这些照片还描述了他们在一起时的生活模式：在她繁忙的剧院演出和巡回演出档期之间、在他的工作和家庭义务之余，忙中偷闲随处相聚几天或几个星期，平常日子里则是书信联系（1949 年 7 月，加缪与弗朗辛一起在索尔格河畔利勒镇度假时，卡萨雷斯曾给他写过一些信，但都没有寄出，后来被卡萨雷斯记录在她的日记中以便他日后阅读。）

卡萨雷斯是加缪的情人中唯一一个写下一本传记作品的重要人物，也因此成为独一无二的信息来源。她提供了罕见的详细资料，关于加缪的戏剧生活，关于度假中的加缪，关于对自己的疾病发怒时的加缪——卡萨雷

---

① 博尔萨利诺帽（Borsalino），一种男士宽檐帽。——译者注

② Javier Figuero and Marie-Hélène Carbonel, *Maria Casarès*, *l'étrangère* (Paris: Fayard, 2005), 165.

斯的父亲也死于同样的疾病。然而，当她试图准确地界定加缪到底是谁时，她作为圈内知情人的巨大价值真正地体现了出来。加缪曾代替她的父亲成为她生活的支柱和动力，她将他理想化为"父亲、兄长、朋友、恋人，有时候甚至是儿子"，但她也试图透彻地分析他，为了他本人的缘故，也为了后世子孙。从多年来自己对加缪的不确定感和深刻思想的了解出发，卡萨雷斯进一步核实了加缪已经记录在案的许多信息——他的骄傲，活力，讽刺，激情和对于他那颗指路明星的执著。她将他的无信仰描述为精力充沛的一种表现形式，一种活在当下的渴望，还说他与唐璜一样。卡萨雷斯仍然记得那个年轻的流亡者加缪，那个努力保护旧世界完好如初、同时不断探索新世界的北非人，同样，她也记得那个陷入关于阿尔及利亚战争的真理和正义谜题里的年长的加缪。当谈及他对于战争的思考所引起的广泛批评时，卡萨雷斯尖锐地写道，加缪最惹她爱恋的地方就是他对于信念的忠诚，即使在复杂的境况或自我怀疑使得他难以做到那一点的时候。

尽管卡萨雷斯一直十分了解加缪，但当她说她从未"真正地"了解他时，她是最有启发意义的。即使与她在一起身心放松的时候，她也能看出加缪的戒备心理，"警惕的迹象"和"不知疲倦的守夜"。她讲述了加缪"对秘密的兴趣"，那不仅是他浪漫冒险爱好的一个重要因素，也是他的沉默克制和不愿透露自己作品信息的重要原因。卡萨雷斯了解流亡生活，深知与一个永久性移民相伴而生的周期性痛苦，也深知永远挥之不去的异类感；她与加缪分享着她的流亡生活。在加缪身上被她视为不可逾越的鸿沟的是某种更为深刻的东西——那是一种自我防卫，她暗示道，是一个被封闭起来的静音区。加缪的许多阿尔及利亚朋友也提到了这种距离感，甚至认为加缪缓慢谨慎的嗓音正体现了这一点。他们说，他总是诚恳又热情，但是拉开了与他们之间的距离，与他对待公众的方式几乎同出一辙。距离似乎是加缪保持平衡的一种方式。①

---

① Lenzini，*L'Algérie de Camus*，70.

　　加缪是个浪荡子这个说法让我不舒服，甚至十分不安。但是因为我本人的内向寡言和某种私人情感，也或许因为我正在试着去理解，我不愿去评判加缪。同时，我还对与他保持长久关系的所有其他女性印象深刻，她们除了非常美丽以外，似乎都聪慧、活泼、富于同情心。此外，有一个事实让我备受鼓舞：加缪打算在不久的将来创作一部关于女性的作品——用诚挚的感情去创作，他在日记中特别强调说。正如他对他的阿尔及利亚朋友让-克劳德·布瑞斯威尔披露《第一个人》时所说的，他想要表达他在作品中所亏欠女人们的东西。他承认，过去，他的女人们都有着神话般的特质，正如他作品中所表现的那样。现在，经历了数年的准备工作，加缪想要在一部关于爱的作品中塑造他的第一个重要的女性人物形象。

　　弗朗辛对加缪新一轮创作的反映措辞严酷，这也无可厚非："如果你都没有能力去爱，你又怎能谈论它？"多年以来加缪本人对于爱所发表的评论——有时深刻反思，有时道听途说，有时完全是冷嘲热讽——表明了，对于他来说，那至少是一个极为复杂的领域。加缪因作品中对女人的描写一直被人们称为"厌女者"（a misogynist），如《局外人》里莫尔索讨人喜欢但毫无个性的女友玛丽——还因在同一部小说中将阿拉伯人刻画成挥舞匕首的小人物，他也被称为种族主义者。基于这两种情况，他因作品中缺乏人物个性描写，和罕见（或者匆匆带过）女性形象而饱受批评。对女性的指责在他随手写的日记中也展露无遗，比如这一段：

　　　　"一个女人，如果不能爱，就会令人厌烦。她对此一无所知。你
　　　　必须要与这样的一个女人共同生活，同时保持沉默。或者与其他的女
　　　　人睡觉，凑合着与她一起生活。其他的事情更为重要。"①

当这样的想法反复出现在《堕落》一书中的时候，所引起的当然是一片反对声。

---

　　① Camus, *Oeuvres completes I : 1931-1944*, ed. Jacqueline Lévi-Valensi (Gallimard: Paris, Bibliothèque de la Pléiade, 2006), 970.

　　然而，加缪与女人们的关系是深厚持久和充满爱意的。可以毫不费力、甚至十分兴奋地想象出加缪会将爱这个主题描述得多么丰富，或许会充满色情，或许会被赋予他用来唤起物质和感官世界的那种激情，或许还会被赋予洋溢在他情书中的那种柔情。在他的其他一些日记中，在为未来作品所写的笔记里，加缪解构了爱并满怀同情地详细记录了一些敏感的体验，其中谈到了几个易识别的恋人，特别是后来出现在他生活中的，如凯瑟琳·塞勒斯和米莱：

> "小说。米莱：做爱时她像一个游泳者那样呼吸着，同时微笑着，然后，游得越来越快……张着嘴……仍然微笑着，好像……水已经成为她身体的重要成分，大地，这片干旱之地，她在上面快活地窒息，像一条湿淋淋的鱼。"[①]

实际上，加缪早已在他的短篇小说《不忠的女人》中塑造过一个全新的女性人物——对一个与沙漠和黑夜谈心的女人进行过温柔、感性、感人至深的刻画。加缪开始创作这部小说的时间大约是 1952 年末，之前不久，他曾向基约透露说，迄今为止，他的作品的结构和道德约束给他造成的囹圄感与公众为他创造的名誉一样沉重。

　　试着将加缪关于爱的评论与他的生活相对照能够得出一些深刻的见解，尽管这是个需要小心涉足的领域。然而，作为一个现实问题，到目前为止，他的朋友和传记作家们已经为他的私生活打开了一扇窗口，提供了他们个人的观点和隐私信息——他们说，加缪第一次婚姻的失败深深地影响了他，加缪从未打算与玛利亚·卡萨雷斯结婚，对于他来讲，女人就像是一种近乎游戏的癖嗜。[②] 加缪本人在写给西蒙母亲的一封信中提供了一个关于他与西蒙·以耶在一起的那段时间里令人吃惊的新视角。西蒙的母亲征求他对于她持续的毒瘾问题的建议，"我一直在考虑此事，但我真的不知道怎么对你讲，"加缪在信中如此写道。

---

① Camus, *Notebooks 3*, 194.

② Quilliot, *Mémoires II*, 242.

"17年前，凭借超出我当时年龄的直觉，我认识到，这种情境已经无药可救。这就是为什么我如此突然地结束了它的原因，虽然那让我付出的代价比我向任何人承认的还要多。"①

对于他的第一次婚姻，在沉寂了多年之后，这段告白就像是一个说明报告。突然间，连《卡利古拉》中的绝望也有了更多的共鸣，这部作品正是写于他与西蒙分手不到一年之际。"爱，卡桑尼娅②！我知道它一无是处。"③

无从知晓加缪失败的婚姻是否能解释他对于性征服的狂热，或者他的嫉妒和对女人的占有欲，但有一点是十分清楚的：早年被欺骗和被伤害的经历对一个骄傲、脆弱的地中海年轻人产生了相当大的负面影响，这个年轻人原本就有秘密，披上了沉默克制的保护外衣，还要有各种各样的烦恼和不幸需要去征服。西蒙的毒瘾造成的悲剧后来又被弗朗辛的患病蒙上了一层更深的悲剧色彩。"对于他来说，爱别人很难，"弗朗辛的煎熬结束之后，加缪在给伽利玛夫妇的信中写道，"但是他的确爱着别人。同样，对于他来说，写作也很困难，但他仍在写着。"④那时，加缪已经开始着手《第一个人》的创作，上述这两个问题都在这部作品中被提到了。

1959年末，在日记的最后一页上，加缪用了更多的篇幅谈论了他的感情问题，再次不点名地提到了西蒙。在一封好像是写给一个密友的道歉信草稿中——可能是凯瑟琳·塞勒斯，他试图向她或者他自己解释对女人的态度。虽然他的率直和悲哀使得这段文字十分有趣又令人信服，但他对自己下的结论却使人难过。在某种程度上也是在责备他对自己的悲观看法。

"我的一生中，一旦有某人对我产生感情，我就尽一切可能疏远他们，""我所热爱和忠实的第一个人逃离了我，因为毒品，因为背

---

① Todd, *A Life*, 316.

② 卡桑尼娅（Milonia Caesonia）是罗马皇帝卡利古拉第四位、也是最后一位妻子。——译者注

③ Camus, "Caligula," *théâtre*, *Récits*, *Nouvelles*, ed. Roger Quilliot（Paris：Bibliothèque de la Pléiade, Gallimard, 1965），28.

④ Camus, *Notebooks 3*，259.

版。也许许多事情都源于此，源于空虚，源于对更深刻痛苦的恐惧，然而我已经接受了如此多的痛苦，但是从那之后，反过来，我逃离了所有的人，从某种程度上说，我想要所有人都逃离我。"

加缪为自己任何的"不公正"寻求谅解的同时，以一个温柔的声明结束道：

> "有时候，我指责自己失去了爱的能力。也许这是正确的，但我仍然能够挑选出一些人来并照顾她们，诚心诚意地，竭尽所能地，不论她们做什么。"①

随着加缪成为我越来越亲密的研究对象，随着对他生活的了解越来越深入，我更加充分地理解了他决定创作《第一个人》的原因——在书中，在长达990页的虚构小说的幌子下，他必然会说，这就是我所生活的那个时代的模样，这就是我如何变成了现在的我。我惊讶却高兴地发现，他正计划着写他所爱的某些特定的女性——F，C，米莱，以及一个经常出现在他的笔记中的神秘符号X——还计划写他的母亲，无论是从简单的方面还是从复杂的方面来看，她都是他生活的中心。虽然小说《第一个人》初期未经润色的草稿印刷出来只有几百页，但它潜在的重要性认真思考起来却几乎令人痛苦。

早在1951年，当加缪开始思考如何为新版《反与正》写序言时，他就曾谈到要将他的母亲作为一部以爱为主题的小说的中心人物原型。《反与正》是他的第一部作品，在他还不满24岁时发表于阿尔及利亚。这本书也是围绕他的母亲这个主题组织的内容，暗示着到那时为止他的全部生活经历——他的家庭，他的疾病，他贫困却充满阳光的生活。正如他在该书的新版序言中所解释的，20年的创作之后，他最大的梦想实际上就是重写这本书。他想要讲述一名男子故地重游找回他第一次所发现的真理的故事，想要记住他是如何第一次敞开心扉的。② 他想要被某一种爱所引导。

---

① Camus，*Notebooks 3*，258 - 59.

② Camus，Pléiade *Essais*，13，or *Lyrical and Critical Essays*，16，17.

加缪的母亲名叫凯瑟琳·海伦娜·辛泰斯，从加缪记日记开始，她的影子就一直出现在他的私人思想中。母亲是他最看重的一切品质的化身：纯真，同情，忍耐，忠诚，爱。"bonté"一词集仁慈和善良之意于一身，经常被用来描述她，也被用来描述弗朗辛，这与他用来描述自己的"怪物"（monstrosity）一词形成鲜明的对比。凯瑟琳半聋，几乎沉默无语，不识字，无知得令人无奈，脸上只有几个有限的表情。她简单纯朴得罕见，因为身体的残疾和性格，她与世隔绝，甚至不能读报、听广播，永远那么天真，像童话里的人物。加缪描述了她在飞机场时安静的耐心，那是一个超出她理解能力的机械世界；还写到她对一些事件孩子般的反应。"妈妈与历史：有人告诉她关于人造卫星的事：'哦，我不愿意它在天上。'"① 他写道，在他未来的书中，他要将母亲与这个汽车、飞机和技术构成的现代世界相对比。加缪明确表示，母亲的生活和性情对他产生了深刻的影响；她的沉默、她的拘谨、她天生的骄傲感给他上了"最崇高的一课"。多年来，他开始逐渐理解他们之间的共生关系，理解了她对命运的逆来顺受如何造成了他的奋起反抗，也理解了他对幸福不顾一切的渴望正是为了抵消她幸福的缺失。他说，他们之间没有

任何共同点，但同时，他爱她胜过任何人。他不能忍受她那种耐心而静止的生活，但是没有其他任何一个人能像她那样占据了他的心灵。她是他唯一需要忠诚对待的对象。加缪说，她是这个世界上我所知道的最伟大的事业。②

如果没有《第一个人》目前已出版的最原始的几个章节——提供了加缪生命开始的 8 年里隐秘细节的那些章节——关于他母亲的信息将少得可怜。在一些公开发表的传记里提供了这样一些

---

① Camus，*First Man*，305.

② Camus，"Fragment Manuscrit Pour 'Entre Oui et Non,'" Pléiade *Essais*，1214.

事实：她祖籍西班牙米诺尔可岛（Minorca）的祖父母；她暴虐的母亲；她守寡的岁月；她当女佣的工作；她的体弱多病。《反与正》一书中也有一些令人感兴趣的描写。七星文库版加缪作品集的补充材料所包含的一篇文章中有一个片段，更为直截了当地写到了因她对加缪生病的漠然而在无意间对他造成的伤害，但定稿时被加缪删减掉了。"回想起来，更为令人惊讶的，"他在那个片段中写道，"是这样一个事实：他从未想过会因此而责备她。"① 然而，只有在阅读《第一个人》时我才意识到，加缪早先在《反与正》一书中所写的词句不仅仅是痛苦的记忆；于是恍然间，我完全理解了母亲在他生命中所占据的重要地位。

在一张熟悉的加缪母亲的照片中，她的头倾斜成一定的角度，嘴角嵌着一丝微笑，她精心装扮过，衣领上打着领结，看起来，她似乎正应儿子的要求，为在照相馆里留下一张肖像而摆好了姿势。照片中的她中等年纪，漂亮而朴实，长着一张亲切的方形脸和一双圆圆的深色大眼睛，她验证了加缪所谈论过的关于她的一切：慈爱，忧郁，顺从，以及其他被加缪描述为类似疲倦、心不在焉和若有所思的神情。也许除了卷发，他们没有特别相似之处，不过，她总是说他长得酷似他的父亲，但没长他父亲那样的小胡子。

我还见过其他一些照片：印刷在一张报纸上的照片，其中寡妇加缪正凝视着一张获得诺贝尔文学奖的儿子的照片；她到普罗旺斯时在明媚的阳光下拍摄的一张照片，照片中的她带着羞怯、令人毫无戒备的微笑。然而，比这些更令人难忘的是另外一张照片：她独自坐在贝尔库的公寓阳台上，在渐渐昏暗的阳光里默默注视着街道上的景色。这是加缪永恒记忆中的一幅图像，最开始被记录在《反与正》一书中，然后又在《第一个人》中被给予了温情的详细描述——放学之后他偶然撞见的那个模糊而温柔的人影，那个 20 年后依然坐在同一个房间里的同一张不舒服的椅子上等待他回来的人。没有什么可以超越这张照片所包含的内容，因为它总结了她的一生及其迫不得已的孤独，这也恰恰解释了加缪的那份孤独。

---

① Camus, "Fragment Manuscrit Pour 'Entre Oui et Non,'" Pléiade *Essais*，1214.

回首童年时代，加缪认为他对母亲的异常依恋与"属于两个人的深刻和温柔的孤独"有关。他用了"避开所有人的独处"（seuls contre tous）这样的字眼，并讲述了童年时代的一天夜里，当母亲受到惊吓时，他睡在她的身边试图保护她，并第一次意识到她就是自己命运的一部分。[①] 在笔记和回忆录中，加缪还使用过其他令人感兴趣并充满感情的词语，试图解释"儿子对母亲那种奇异的感情"，并提到她是他心目中最值得同情的人，和对她不顾一切的爱。[②] 虽然加缪发现了母亲面对不幸时的沉默隐忍是令人钦佩的，但他永远也找不到靠近她的方式。在《第一个人》中，他借他的代言人、主人公雅克·科尔梅利之口写道，他总认为母亲很美丽，但从不敢对她说。他想要告诉她，但是，如果那样便跨越了那道无形的屏障，而她的一生都以此为掩护。[③] 关于雅克，加缪写道："他在这个世界上最渴望的……是他的母亲能够读懂关于他的生活和存在的一切，（但）那是不可能的。他的爱，他唯一的爱将永远哑口无言。"[④]《第一个人》是题献给他的母亲的，加缪在为这部书的结尾所写的手记中插入了这样一个段落：对于她不能理解的关于他生活的一切请求她的原谅。毋庸置疑，加缪最初爱的体验对他的心灵产生了十分复杂的影响，他对女性的态度或许也源于此；同样毋庸置疑的是，他对母亲所怀有的彻头彻尾、矢志不渝的爱。

在像加缪那样丰富多彩的一生中，母亲能够占据如此稳定不变的位置是令人吃惊的，尽管她被隔离在自己严格的小世界里，尽管他的每一部书、每一次修改、每一个新思想或者每一个新朋友都可能增大了他们之间的距离。加缪说，这已成为他生活的一部分：母亲就像是一个标志，象征着他去过哪里、是何许人，同时也像一个参照物，对比出他究竟身处何方、变成了何许人。从这个意义或者任何意义上来说，母亲是未曾改变

① Camus, *Lyrical and Critical Essays*, 35.

② Camus, "Commentaires," Pléiade *Essais*, 1176.

③ Camus, *The First Man*, 58.

④ *Ibid.*, 300.

的，是始终如一的——毫无嫉妒或怨言地接受着她自己的生活，从不发表评断，对生活简单蒙昧的认知和原始的经验，让人不可能对她产生任何戒心。当加缪向她宣布，法国总统邀请他共进午餐但被他拒绝时，她回答说，"没错，儿子，那些人不适合我们。"① 尽管加缪一再强烈请求她留在普罗旺斯，但她从来不想住在那里；这里很漂亮，她说，但没有阿拉伯人。（在巴黎逗留期间，从窗户向下俯瞰安静的女士路时，她也说过同样的话。）在《反与正》中，加缪谈论过母亲独特的看待问题的能力；在他的新小说中，每隔一章，他就要赋予她发言权，让她用 400 个单词的词汇量对一些事情发表评论。②

有一个事实颇具讽刺感：加缪一再重申他的阿尔及利亚身份，并返回阿尔及利亚寻踪觅源，但他作为一个"鸟脚"，却逐渐丢失了在那里的位置。随着争取独立的战争逐渐进入更为血腥、更为令人绝望的阶段，他即将痛失祖国的感觉成为他创作《第一个人》的原动力之一，使他在那片社区的经历被抹去之前将之记录下来、在法属阿尔及利亚的历史销声匿迹之前将之叙述出来的热情熊熊燃烧起来。加缪追溯到了 19 世纪 50 年代第一次殖民时期，那实际上也是他的家族历史，因为他的曾祖父就在第一波法国殖民者当中。加缪对母亲的感情一直与他对阿尔及利亚的感情密切相关，现在看来，这些感情几乎是不可分割的。母亲就是他的童年，是贝尔库，是生气勃勃的街道，是贫困和激情，是阳光和沉默，还是充满危险的现在和难以把握的未来，是每天都在发生的流血事件和恐怖行为，是加缪为之安危废寝忘食的担忧所在。在《第一个人》已发表的章节中，加缪穿梭往返于童年时代和成年时期，其中穿插了一段描述他母亲的场景：附近的街道上又一起炸弹爆炸事件发生之后，她僵硬而苍白。"你看……我老了。我再也跑不动了。"在一片她根本听不到的救护车的尖叫声中，她说道。"像所有她的族人一样，她是在危险中长大的……而她也像承受其他

---

① Todd, *A Life*, 531.

② Camus, *The First Man*, 312.

任何事情一样承受着。"加缪指明，倒是自己，无法忍受母亲脸上显露出来的痛苦神情。[1]

在巴黎知识界人士的记忆中，在恐怖主义问题上，加缪永远与他的母亲联结在一起，因为他曾在获得诺贝尔文学奖之后的第二天在斯德哥尔摩举行的学生见面会上做过一个声明。针对一个阿拉伯年轻人指责他没能为他的祖国做任何有意义的事情的挑衅，加缪谈到了他对正义的阿尔及利亚的感情以及生活在那里的两种人群的平等问题，并说，为了避免激化原本已经十分紧急的形势他并不愿当众疾呼。

> "我一直都谴责恐怖主义，我必须要谴责在阿尔及尔大街上盲目行动、某一天可能会袭击到我的母亲和我的家人的恐怖行动。我相信正义，但是在正义之前我首先要保护的是我的母亲。"[2]

他这段冗长的回答中只有最后一句话打动了《世界报》读者们的心，并落到了早已对加缪和他的政治观点感到不满的那些人的视线中。因为它读起来不像是在驳斥恐怖主义，倒像是在驳斥正义。到1957年末，一直对阿尔及利亚融合多元文化的未来充满希望的加缪已经被边缘化，几乎没有人愿意花时间去尝试理解他的意图。他的言论被许多人认为是带有诽谤性的，因此使他陷入了更加孤立的境地。数十年过去了，这句话仍然在讨论阿尔及利亚战争时被提出来，并仍然令那些不了解其完整上下文或者不了解加缪的人颇感困惑。

---

[1] Camus, *The First Man*, 76-77.
[2] Todd, *A Life*, 378.

十二、阿尔及利亚战争

"阿尔及利亚是我的祖国，我与它永远血脉相连，割舍不断，这一点让我不能以一个旁观者的姿态来客观地分析她所存在的问题。"

最近一次去法国时，我偶然接触到了四位知名的北非作家的作品。这四名作家中有三位都是阿尔及利亚人，他们在文章中都描述了其与加缪的密切联系，这让我感到有些震惊。在今天，当阿尔及利亚仍然在为自身的法兰西血统而不断斗争，对从前的"乌脚"居民不存任何同情之心，尤其是对像加缪这样的有争议的人物并未表现出任何认同的情况下，这种友情更是显得弥足珍贵了。小说家亚斯纳米·卡德拉（这是阿尔及利亚前军官穆罕默德·莫里瑟侯为了躲避军事审查而采用的笔名）把加缪当做自己的精神导师，他声称，"我想成为像加缪那样的作家"，在读了《局外人》①之后，他选择用法语代替阿拉伯语来作为自己的创作语言。玛丽莎·贝则回忆说，她在横穿贝尔库去上学的路上开始对加缪产生了亲近感。而这种亲近感对于她这样的土生土长的穆斯林妇女而言——这是她对自己的身份定位——刚好与曾经将其与加缪疏离开来的历史相悖。"在阿尔及尔，是你陪我一起穿过熙熙攘攘的街市，陪我一起倾听从露天体育场归来的人群

---

① 卡德拉（Khadra）接受过良好的教育，是独立后的阿尔及利亚第一代社会名流，虽然他在阿尔及利亚出版了许多成功的小说，但直到 2001 年离开阿尔及利亚流亡到法国之后，他才公开了他的身份。现在他的许多小说都用英文出版。

的喧嚣"，在这封写给加缪的语气温柔的假想信中①，玛丽莎使用亲密的
"你"来称呼加缪。总之，所有的作家都会以不同的方式把他们和加缪的
关系与这片土地联系在一起，因为他们与加缪一样，视这片土地为弥足珍
贵的遗产——"美丽而可怕"，加缪如此称呼她。这可能指的是阿尔及利
亚的街景、贫穷、炎热、海滩上的舞厅、白色的灯光、杰勒法高原风。如
果说得再直接些，作家们认为加缪对这片土地的感受，以及他对这些感受
的独一无二的表述方式是使他们之间建立起不可分割之联系的真正原因，
他们认为，加缪的文字对阿尔及利亚富有表现力的描述、对生活在这片土
地上之意义的解读都是无人可比的。

　　在美国东部，我感到这一年的夏季是历史上最为炎热的夏季之一。不
过，对于思考阿尔及利亚而言，这或许是个绝好的天气条件。接连数日天
空万里无云，太阳灼热毒辣，气温居高不下，空气滞重潮湿。即便是在海
边，那些气若游丝的微风对于抵挡炎热的天气来说也只是杯水车薪。脚下
的沙滩热得灼人，水面了无生气，连海鸥都倦怠困乏。到了正午，四下里
更是空无一人——这是在地中海沿岸国家和《局外人》中常见的一个场
景——烈日下的沉寂。我的书房距离海边只有半英里，它位于整幢房子的
房檐下，被太阳烘烤着，感觉不到一丝风。一台破旧的电风扇基本上不起
作用，吱吱扭扭的响声让我回想起我在五大湖区所度过的童年——那里的
夏季同样闷热难耐。虽然头晕目眩和大汗淋漓经常打断我的工作，但我已
经学会了忍受这种炎热，对这样的工作环境并不十分介意。这或许是我与
加缪之间一种不期而至的交流方式，在闷热天气中研修的一门课程——这
种炎热似乎要将人撕裂，遏制住人的灵魂，使人像加缪笔下的莫尔索和卡
里古拉那样癫狂起来。

　　现在访问阿尔及利亚并不安全。实际上，自从20世纪90年代初期以
来便一直是这样。当时，政府否认主要的穆斯林政党在阿尔及利亚独立之

---

① Marissa Bey，"Lettre à Camus," *Le Figaro Littéraire*，May 2006，43.

后举行的第一次多党制选举中获胜，并宣布全国处于暴力戒严状态，直到最近才解除了戒严。因此，我只能通过别的方式来了解这个国家，通过照片、电影、音乐、书籍等任何能找到的东西来帮助自己建立对这个国家的一切认知。需要了解的东西实在是太多了，尤其是对美国人而言，这个遥远的国度意味着完全的陌生、甚至含有一定的威胁。在纽约和巴黎的一些非主流的剧院里，我看到的电影大部分都在讲述阿尔及利亚独立之后的艰难和仍旧处于转型期的生活——比如，影片《巴布埃尔瓦迪市》描述了阿尔及尔激进的穆斯林青年运动，而《拉尔德扎瑞万岁》则讲述了三个获得自由后的阿尔及利亚女性追求幸福的故事。我还买了一些流行歌手的CD，比如在法国很有名气的苏阿德·玛茜，她以演唱嘹亮的阿拉伯语歌曲为主，虽然其中偶尔也夹杂着一些挑逗性的、比较暧昧的法语。至于小说，只要是故事发生在阿尔及利亚或者作者是阿尔及利亚人，我都不加选择地进行阅读。我找到了一批反映独立前阿尔及利亚生活的阿拉伯和法国作家所撰写的回忆录，比如《这曾是他们的法国》。我还发现了由加缪的朋友所收集的一组名为《我的阿尔及利亚》的旧照片纪念册。我重读了当今阿尔及利亚最受欢迎的作家阿西亚·德耶巴的早期作品。这些作品因融入了德耶巴在战争中的亲身经历而震撼了读者，是有关这场战争的权威文学作品，而德耶巴也因此成为了法兰西学院的一员。她是前北非殖民地作家中第一个获此殊荣的人。

有关阿尔及利亚的所有资料都显示——这是一个饱受磨难的国家。阿尔及利亚人的精神世界已经被永久性地烙上了沧桑的烙印。当凝视地图时，我更能感受到这一点。这的确是一个令人惊讶的国家：地形崎岖多变，幅员极其辽阔。阿尔及利亚的领土面积是法国的三倍，在非洲，它是仅次于苏丹的第二大国家，与位于马格里布①的其他邻国之间的疆界线十分分明。在其境内，除了北部地中海沿岸的一些已经欧化的城市和内陆地区的牧场和葡萄园，阿尔及利亚的其他地方就是由茫茫的高山和深深的峡

---

① 马格里布（Maghreb），泛指北非地区。——译者注

谷、孤独的村落和恶劣的气候组成的蛮荒之地；南部则是散布着零星绿洲的宽阔的长条状撒哈拉沙漠。据说，20 世纪 50 年代，来此驻扎的法国军队也发现这里是一个令人陶醉的国度：它有着繁华的城市、盛开的三角梅和美丽的海滩，但与此同时，它也有着贫瘠的山峰、石制的房屋和冷酷而无情的游牧部落。"montait à la tête,"戴高乐的特使曾如此评价说，意思是，这个国家"能够走进你的心灵"①。

阿尔及利亚战争早在 1962 年 3 月便以阿尔及利亚宣布独立而结束。但直到现在，只要谈到阿尔及利亚，人们还是会或公开或隐晦地涉及这场战争。这场阿尔及利亚人称之为"革命"、法国人称之为"事件"的持久而残酷的冲突，现在被认为是历史上持续时间最长、最为血腥、同时也是最为复杂的殖民地战争之一②。一些人在继续探究那段集体记忆、梳理责任和罪名③的同时，认为这场战争对法国造成的影响一直阴魂不散，与维希政府对法国造成的影响不相上下。而最近几十年以来，贫穷和动荡迫使数百万北非人选择移居到法国去过一种边缘化的生活，这种大规模移民使局势变得更为错综复杂。毫无疑问，加缪在有关阿尔及利亚问题的讨论中显然占据着举足轻重的地位，这不仅是因为他对恐怖主义行为的深刻洞见和他本人在战争中所扮演的争议角色，更因为他曾经为阿尔及利亚奋斗过，因为他的拳拳赤子之心。

1954 年 3 月，即阿尔及利亚内陆数个地点发生的连环爆炸事件使得骚乱升级为战争的八个月之前，加缪在他的一位巴黎画家朋友和一位出版商朋友的帮助下，为自己的短篇小说《不忠的女人》发行了一个特殊版本。《不忠的女人》是加缪为他的小说集《流亡与独立王国》创作的第一批小

---

① Alistair Horne, *A Savage War of Peace：Algeria 1954-1962*（New York：Viking，1978），49.

② 葡萄牙的非洲战争是历时最长的殖民战争；阿尔及利亚战争第二长。

③ 20 世纪 90 年代以来，法国出现了数量惊人的关于阿尔及利亚战争的书籍，纷纷讲述了酷刑的施用和军队的震慑，再次讨论了司法系统、恐怖主义战略和反恐怖主义战略以及知识分子在战争中的作用等问题。

说之一，其素材来源于一年前加缪在阿尔及利亚内陆地区的旅行，特别是他对撒哈拉沙漠边缘的绿洲城市艾格瓦特的访问。在亲眼看到这个特殊版本之前，我对这件事的了解并不多。后来，一时冲动之下，我在网上从一个斯德哥尔摩书商那里买下了一本（现在我才意识到，能在诺贝尔文学奖的颁奖地买到这本书是有其逻辑上的合理性的），尽管价格不菲，但是它那五颜六色的版页、曾经在广告中见过的作者与艺术家的个人手迹还是让我觉得这是一份不可多得的宝藏。翻动着它的书页，我感到自己仿佛在呼吸着阿尔及利亚的空气。

在 1952 年冬天的那次南部旅行中，加缪在探望过母亲、去过阿尔及尔之后，又冒险进入了穆斯林领地。这个蛮荒地区距离他所熟悉的繁荣的沿海地区有数百英里之遥，就像他在日记中所记述的那样：这是一个岩石在白天被灼烧，在晚上又被冻牢，最终风化成沙砾的地方①。当时，在和萨特等人的关系公开闹僵之后，加缪喜欢这种独自一人的感觉。如同我认真地阅读他的故事中的细节一样，满是石头的风景画、神秘的光芒、内心的感激和宽慰也使加缪把他所观察到的一切都认真地记录到了自己的故事中。

厚厚的贴膜书页和容易让人分心的水彩插图使我读得很慢。这些插图都很简单，它们对艾格瓦特和撒哈拉沙漠的表现甚至可以称得上幼稚：第一幅的颜色是典型的基色调，白色的房子为背景，映衬着红色的墙壁和黄色的清真寺尖塔；第二幅中，有些发白的蓝色天际之下是一个个灰褐色的沙丘，骆驼在水坑旁休息，游牧部落的黑色帐篷在巨大的地平线的映衬下显得那么矮小和微不足道。小说本身的情节进展也是波澜不惊。女主人公名叫亚尼内，40 岁，内心孤寂，多年来，她一直陪伴着丈夫沿途与阿拉伯人做丝织物生意。小说中的二人正在小镇中游走。诸多细节随着情节的发展被不断展现出来：沙尘暴袭击的不眠之夜，被头饰和面纱围得严严实实的牧羊人露出的那对黑色眼睛，寒冬里的风，荒凉的高原——就像亚尼内

---

① Camus, *Notebooks 3*，56.

被施行了催眠术一样，读者似乎也在这些细节所营造的那种整体氛围中被施了魔法。故事的最后，当亚尼内独自一人偷偷潜入冰冷而布满星辰的暗夜里时，她感到自己与整个世界，与她内心深处的那个自我又重新团聚了。与此同时，小说的笔调也天旋地转般地由平缓突变为急促，传达出亚尼内号啕大哭前的那种狂喜之情。"亲爱的，没什么事儿，"归来后，亚尼内对丈夫这样说道。

《不忠的女人》不仅仅是一部抒情诗调的杰作，还展现了加缪内心深处最为感性的一面。加缪将其对孤独、生命、死亡和救赎的诸多思考在荒漠这样一种新的、具有异国情调的地域中表现出来。如同加缪其他作品中的角色一样，亚尼内这个人物的内心深处也充满了不可名状的痛苦和对死亡的恐惧。她需要被解救，无论时光怎样短暂，从日常生活的循规蹈矩中解放出来的时刻仍是她快乐的源泉和她的新生。更为重要的是，这个故事还能够帮助我们了解此时身处阿尔及利亚的加缪：他用何种方式来理解这片风景，他对于这片感性土地的热爱（他曾用法语写下了"无法遏制的激情"这样的字句），以及这个地方究竟为何具有如此大的魔力，以至于让加缪深深地迷恋上了它。亚斯纳米·卡德拉认为，加缪是满怀着对展现在面前的这个完美的阿尔及利亚的欣赏和赞美之情来记录他在旅行中的所见所感的。其实，干燥广阔而人口稀少的撒哈拉沙漠，并不是加缪所熟悉和了解的那部分阿尔及利亚，但在小说中，它却成了一个令许多读者难以忘怀的地方。让·格勒尼埃在阿尔及利亚生活多年，《不忠的女人》也深深地打动了他。在写给加缪的信中，他对这部小说大加赞赏，并指出赞赏的原因并不仅仅是它所唤起的强烈情感和洗练的语言①。（加缪在回信中则称，阅读格勒尼埃的来信时所满怀的喜悦之情使他意识到现在的自己是多么的需要鼓励。）

对于1952年的加缪来说，这片质朴而荒凉的沙漠或许正是他本能追寻着的、能够帮助他逃避巴黎的地方。他经常说，为了洞悉真我，他需要一

---

① Camus-Grenier, *Correspondence*, 167.

种极其原始而简单的环境。20 世纪 30 年代末期，在离开阿尔及利亚之前的几年，加缪曾在一封给女友的信中这样写道：

> "在这荒凉、干涸的环境中……我总是能够认识到贫穷和苦难的意义、发现那个真实的自我——更加接近我意识到的我想成为的那个自我。"①

在《不忠的女人》中，加缪描绘了这样一个地方，它原始而贫穷，人们为了生存而斗争，"不占有任何东西，也不为任何人服务"，如他所言，这是一片独立于时间和人类历史之外的土地②。这种表述，也可以在加缪的另外一部作品《第一个人》中找到踪影。《第一个人》的故事背景被确立在 19 世纪，那时的阿尔及利亚还是个无人居住的地方，是片孤零零且尚未开化的土地。但是阿尔及利亚也有着不同寻常的一面。即便是在 1952 年，撒哈拉也并非像加缪所描述的那样是片被人遗忘的土地。加缪在作品中没有提及的是，他的艾格瓦特之行实际上因为耽于对山区游击活动的报道而被推延。正是在这样的边远地区，一场革命正在酝酿之中，一触即发。

小说集《流亡与独立王国》中，《东道主》的故事也发生在加缪 1952 年访问的这片荒凉的土地上。这个故事与战争有着更为紧密的联系，它讲述了高原上的一个偏远村庄里，一个名叫达吕的教师的故事。一个阿拉伯人谋杀了自己的表兄弟，达吕出乎意料地被警察委以看押这个犯人穿过群山去监狱服刑的任务。在途中，达吕了解到了内陆生活的艰辛，对他的犯人感到由衷的同情，他施与这个犯人面包和椰枣，并最终私自释放了他。但没过多久，达吕便发现在布满岩石的平原上，那个年轻的穆斯林正独自走在通向监狱的路上。回到教室之后，黑板上的文字更让达吕明白了他和他的人道主义行为遭到了误解："你交出了我们的兄弟。你要偿还这笔

---

① Lenzini, *L'Algérie de Camus*, 109.
② Camus, "La femme adultère," *Exile and the Kingdom*, 24.

债。"① 这部小说大概完成于 1954 年 11 月间，即民族解放阵线开始恐怖主义活动之后，但其构思早在加缪从阿尔及利亚回来之后不久便开始了。这个故事充分反映了加缪本人对阿尔及利亚令人绝望的局势和正在勃然兴起的革命运动的矛盾态度。他把故事的场景设计在一个残酷的饥荒地区，在那里，所有人都一贫如洗，闷闷不乐，羊群正在大量死去。达吕这个人物，实际上是在暗指 1954 年在游击队袭击中首先遇害的阿尔及利亚的青年教师，同时也在影射加缪本人早年间的执教梦想。这一时期，加缪意识到了他所面临的道德困境：他支持阿尔及利亚的民族主义运动，但是他反对使用暴力。"达吕凝望着天空、旷野和那片伸向大海的一望无际的土地，"加缪在小说的结尾处写道，"在这片他如此热爱的广阔土地上，他是孤独的。"②

在经过相当长时间、读了很多相关方面的书籍之后，我才开始明白阿尔及利亚战争的悲剧性意味。而当我在巴黎和米迪③的墙上看到那些已然褪色的涂鸦时，我知道自己开始真正地走入了这场战争。几十年来，在法国，研究这场战争的各类作品可谓汗牛充栋——根据一些人的推测，其总数约有 3 000 多本书籍、50 余部电影以及 20 多部纪录片——但是其中大部分都带有强烈的偏见。不过观念是会慢慢改变的。法国政府一度不承认这是一场战争，因为从名义上而言，包含了三个行政省的阿尔及利亚是法兰西共和国的一个组成部分。这场战争长期以来一直被称作"没有名字的战争"、"遥远的战争"，虽然极端血腥残酷，却与法国军队之外的寻常法国人的生活无涉。不过，当极端右翼的秘密武装组织（OAS）开始对法国本土进行恐怖炸弹袭击并打算进攻巴黎时，这种情形便告结束。直到最近，那些久已沉默的法国将军、持不同政见的阿拉伯人和那些受到过暴力迫害的人们才开始讨论这场战争中的权力斗争、滥施酷刑、草菅人命以及对于

---

① Camus, "L'Hôte," *Exile and the Kingdom*, 109.
② *Ibid.*
③ 米迪（Midi），法国南部城市。——译者注

公平正义的践踏。也是直到最近，历史学家们才开始对有关这场战争的官方叙述标准进行评判。[1]

不仅如此，阿尔及利亚战争也绝不仅仅只是 900 万穆斯林人民争取独立的斗争，现在看来，它错综复杂，还包括了很多其他的内部冲突——比如民族解放阵线（FLN）与敌对的民族主义组织之间的内战、与法国军队之间的游击战等，至少，还有法国内部的政治动荡。在这场长达七年半的激烈冲突中，法国政府更换了六位总理，第四共和国也宣告消亡。1961年，当反叛的将军们试图入侵巴黎时，戴高乐和他新生的第五共和国也差点宣告覆灭。据估算，这场战争夺去了将近 50 万人的生命，其中大部分都是阿尔及利亚的穆斯林（在此之中还包括数万的"哈基"（harkis），即那些站在法国一边的阿尔及利亚人，战后他们被民族解放阵线悉数屠杀），100 万欧洲移民也被迫离开阿尔及利亚[2]。而这场战争所留下的遗产——有关它的记忆和疑问——依旧在困扰着法国和阿尔及利亚。虽然近半个世纪已经过去，除了为我们在镇压与暴力、恐怖主义的恐怖和反恐怖主义的恐怖之间的关系间上了难忘的几课之外，阿尔及利亚战争仍然是很难找到权威结论的一场战争。而那难忘的几课正是让加缪在那段历史中鲜明凸现出来的一个原因。

"关于阿贝尔·加缪的问题"——现在的历史书通常以这样的方式来介绍加缪。显然，这样的表达比在战时引起的反响要大得多，因为那时，人们探讨这个问题时，实质上是在质疑加缪为什么没有在这场战争中采取一个坚定的立场。随后，即 1956 年年初之后，当加缪所公开呼吁的停战宣告失败，《快报》骤然停止刊发他的系列文章时，这个问题就演变为质疑为什么当战争已经进行到白热化阶段并急需听到加缪的声音的时候，这个世界上最为知名的法裔阿尔及利亚人却选择了保持沉默。如今，当独立之

---

[1]　Adam Shatz, "The Torture of Algiers," *The New York Review of Books*，November 21，2002，53-57.

[2]　关于战争中伤亡者人数和逃离的居民人数说法不一，甚至经常差别很大。阿尔及利亚人有时声称，死于战争的"烈士"多达 200 万人。详见舍兹在"阿尔及尔的酷刑"一文中关于该战争的回顾，以及近期出版的关于该主题的一系列书籍。

后的阿尔及利亚仍然面临着诸多的不稳定因素时，这个问题就显得愈加错综复杂和扑朔迷离了：难道加缪拒绝与恐怖分子进行和谈有其先见之明？难道他坚信和解也有其先见之明？难道加缪选择沉默本身就是一种最后的道德与理性之声？关于这个问题还有一个尾声：这是萨特的一句名言的变体。萨特曾经承认自己在 20 世纪 50 年代支持斯大林主义是错误的，但他认为自己在那样的环境中做出错误的判断也是合情合理的。如果考虑到接下来数十年内阿尔及利亚不断的反抗与被镇压的动荡局势，年轻一代正对加缪产生这样的疑问：即便当年加缪对他的祖国采取了看似正确的举动，现在看来也许那也是完全错误的。在阿尔及利亚，很多人，包括像玛丽莎·贝这样的作家都在说，他们一直憎恨加缪，把他当做一个"异类"，但是现在，他们想更多地了解他。

在加缪的有生之年，阿尔及利亚战争就像一场无法治愈的顽疾一样一直困扰着他。阅读他在生命的最后乐章里发生的事件让人感到十分沉重，即便是《误会》的巨大成功和同年晚些时候荣获诺贝尔文学奖的殊荣都无法缓解加缪在生命的最后时光所感受到的悲伤和抑郁之情。诸多的困扰似乎同时向他袭来：先是他的作品《反抗者》招来了严厉的批评之声，后来又有弗朗辛的疾病和他在文学创作上的枯竭期，连同战争一起，它们的出现如同连锁效应一般，接踵而来。有时候，加缪的命运看起来颇有些莎士比亚的味道，加缪本人也感受到了这一点。他虽然没有故意把自己的处境看得那么戏剧化，但他还是感受到了这股神秘的力量。即便是在人生的最低谷，他似乎依然保持着他那"街头霸王"式的战斗魄力，坚守着内心的道德要求。面对种种困难，他似乎比往常更像那个真正的加缪。这既让人佩服，又令人伤感，但是，在尽力去体会加缪的感受的同时，我也知道他是不可能改变什么的。

1956 年 1 月，加缪赴阿尔及尔开展他所倡导的呼吁停战的活动。对他而言，这之后的岁月似乎更为孤独寂寞。在当时，开展停战活动似乎是阻止滥杀无辜和进行和平对话的唯一出路，"防止最坏的事情发生"①。但在这之后，民族解放阵线依然继续的恐怖主义活动激怒了法国人，而法国人随后的镇压反倒使得广大的穆斯林民众团结在了一起，于是，民族解放阵线演化成了一场大规模群众运动，整个局势开始失控。我比任何时候都要关注此时作为普通人的加缪和作为知名作家的加缪之间的巨大差异。前者是处于逐步升级的社会动荡中的一个普通个体，后者则是在接下来的四年间出版了七本著作，在巴黎改编和导演了两场戏剧，并且荣获了诺贝尔文学奖的一个知名作家。对生命的外在态度无时无刻不在影响着加缪的内心感受。正如他描述的那样，自己每天、有时甚至每小时，都会陷入"惊恐"与"痛苦"的交替折磨之中。诺贝尔颁奖词称加缪代表了他那一代人的良知，但是在对这场战争的态度上，加缪与他的同代人意见并不一致。这不能不说是一个巨大的讽刺。另外具有讽刺意味的是：加缪在世界范围内拥有更多读者之时却是他在法国最为孤寂之际。

作为正义的发言人，加缪活跃在公共舞台上的日子并没有持续很久。1955 年春天，在阿尔及利亚本土朋友让·丹尼尔反复劝说、并保证他拥有完全创作自由的前提下，加缪重新回到了新闻界，每周为《快报》撰写两篇文章。《快报》在当时是让-雅克·塞尔-施雷伯所创办的一份引领时尚且十分吸引人的新刊物，其观点略微有左翼倾向，最近已经改版为日报。）对于加缪而言，这也是一种介入方式，让他能够"为阿尔及利亚和阿尔及利亚人民说话"，同时也帮助已经下台、但承诺将进行改革的皮埃尔·孟戴斯-弗朗斯赢得即将到来的大选。加缪有些不安，第一篇专栏文章尚未完成，他就预见到会同时遭到左翼和右翼的批评，于是，他通过阿尔及利亚的老朋友保持着对时局变化的及时了解。那个夏天，新的暴乱和针对平民的第二起谋杀加剧了民众的恐慌，加缪的写作被赋予了更为重要的使命，这个时候的他除了阿尔及利亚问题似乎已经不能思考别的任何事情

---

① Camus, *Albert Camus*, *editorialiste à L'Express mai* 1955-*fevrier* 1956 (*Cahiers Albert Camus* 6), ed. Paul-F. Smets (Paris: Gallimard, 1987), 169. Hereafter cited as Cahiers.

了。在写给查尔斯·庞塞特（庞塞特是阿尔及尔的一个自由主义知识分子团体的领袖，这个团体中还有加缪的好友迈松索尔和罗布莱斯）的一封语调十分痛苦的信中，加缪称"你们或许可以阻止我说出愚蠢的话，这会让我对自己的表达更加充满信心"①。

庞塞特从加缪的信中听到了希望的声音。因此他让加缪返回阿尔及尔促成对立派之间的对话。《快报》上刊登了加缪亲自写给阿尔及利亚的法国人和阿拉伯人的军事组织的信，劝诫双方把事情拿到桌面上，进行一场坦诚而深入的对话。加缪认真分析了双方各自应该承担的责任，谴责了恐怖行为和镇压活动、"屠杀或逃跑"（tuer ou fuir）的政治策略、法国政府的无力和短视以及法国本土对于这场战争的冷漠。他说除了那些即将死去的人，在这场战争中阿尔及利亚没有无辜者。他不断地使用"鸿沟"（fossé）这个词来描述法国本土与阿尔及利亚之间从未有过的疏远。如果再没有人来介入，阿尔及利亚将沦为屠宰场和监狱。"绝望"是战争的代名词，所以我们不应该选择绝望。② 启程赴阿尔及尔的前夜，在为《快报》所撰写的倒数第二篇社论中，加缪认为阿尔及利亚的危机所导致的极为深远的政治和历史影响已经使它可以与西班牙内战和法国在 1940 年的战败相提并论了。③

1956 年 1 月 22 日这个周日下午，加缪在集会上宣读了他那篇长达 15 页的停战呼吁书。有关这一事件的叙述文字，至今读起来仍像是一出杰出的戏剧。就连当时集会的地点也颇具戏剧性——在阿拉伯人控制的政府的圆形露天广场里，这里耸立着奥尔良公爵的一尊坐骑雕像，隔壁就是法国总督的办公室，距离阿拉伯人和民族解放阵线成员们居住的迷宫般的阿尔及尔旧城区也只有一箭之遥。出于安全上的考虑，在应邀出席演讲的数千人中，法裔阿尔及利亚人和穆斯林的数量相等。演讲中，人们热情高涨，气氛和平友好——在阿尔及尔的历史上，这样的聚会是几十年来的最后一

---

① Camus, *Albert Camus*, *editorialiste à L'Express mai* 1955-*fevrier* 1956 (*Cahiers Albert Camus* 6), ed. Paul-F. Smets (Paris：Gallimard, 1987), 56.

② *Ibid.*, 71.

③ *Ibid.*, 165.

次。前来参加集会的阿拉伯人都是些民族主义领袖，同时也不乏像谢赫·奥克比这样的加缪的好友（加缪曾经帮助他辩护一场谋杀罪的指控，还曾在《阿尔及尔共和报》工作期间帮助过他。奥克比由于当时生病，他是躺在担架上被抬着来参加这个集会的）。当然，还有数量众多的学生和工人代表。外面的广场上，主要由极端右翼欧洲激进分子组成的上千人的抗议者则高声抗议加缪的演讲。他们高呼着诸如"把加缪绑在火刑柱上"、"把加缪送上断头台"、"把孟戴斯送上断头台！"这样的口号，还高唱会歌《法兰西的阿尔及利亚》。加缪后来回忆说，民族解放阵线从旧城区组织了千人左右的步兵，组织起"人墙"来抵挡这些示威者的冲击。① 集会中，人们高唱《马赛曲》，并在雕像旁边生起篝火，石块如冰雹一样砸向玻璃窗，甚至还有人行起了纳粹礼。

面对这一切，会场上的加缪变得"苍白和焦虑"。一方面他真挚地、坚定地要完成这次演讲；另一方面，台下的冷嘲热讽、间或飞来的石块和近期面临的死亡恐吓也加深了他对自己处境的担心。会场外那些欧洲激进分子的恶毒话语更是让加缪感到震惊，他开始担心，自己原本为了和平的倡议会不会导致进一步的流血冲突。在演讲中他重申了自己在《快报》专栏文章里的观点，认为开展和平对话的可能性仍然是存在的，而和谈的最终目的应该是为了阻止更多的流血牺牲。演讲时，加缪语调亲切，甚至有些恳求意味。但在当时的场景中，他所流露出的那种急迫的心情和某种无言的绝望也使他的演讲有着一种别样的说服力和感召力。加缪也指出了和平之外的另一种恐怖未来："虽然存在差异，但这两个族群应该受到同等的尊重。如果不能和谐相处，它们将会满怀仇恨共同走向毁灭。"② 加缪显然设计好了朗读演讲词的方式，他的声音有时略微沙哑，其间为了拥抱晚来的老朋友弗哈特·阿巴斯而使演讲中断了一次（登上讲台的阿巴斯是代

---

① 关于出席的人数，许多材料上的说法大相径庭。该事件的其他详细情况可见 Lottman, *Albert Camus*, 571-73.

② Camus, *Resistance, Rebellion, and Death*, trans. Justin O'Brien (New York: Knopf, 1960), 136.

表着温和的民族主义者而来的）。而当场外示威者呼喊着"让加缪闭嘴"的粗野黑话传进来时，他脸上则露出了一丝苦笑。演讲结束时，观众报以暴风雨般的真挚掌声，而加缪则在他的哥哥吕西安派来的保镖的护送下平静地离开了会场。第二天加缪又与含糊其辞地表示支持和平进程的法国总督举行了简短的会谈。最后，在拜访了母亲之后，他在一批朋友的保护下前往机场准备离开。朋友们都全副武装。加缪知道，他们这样做的原因是："每个人都想要你的命"。①

演讲一开始，加缪就首先声明他的这次调解以及那些帮助他筹备组织该活动的阿拉伯人、法国人都没有任何政治目的。把这次调解政治化，只会"使这个国家正在奋力摆脱的苦难与屈辱之局势更加恶化"。但实际上，政治从一开始就渗入了这次调解之中，这一点可以从演讲前筹备会议的那些穆斯林赞助商中看出来。在他们中间，有穆罕默德·贝贾维和阿马尔·乌兹加尼（两人都是加缪的朋友），还有布哈拉姆·穆萨维和穆卢德·奥翰。这四个人当时都是民族解放阵线地下活动的秘密领导人。正如他们在演讲前夜向加缪所坦白的，这四个人都会在阿尔及利亚独立之后担任重要的职位。当时，加缪选择了这四个人，还有阿巴斯，加入他的人道主义战线。但是在私下里，这四个人对于停战都有自己的战略思考：他们支持加缪的倡议，但是他们都知道这只会是一个不切实际的幻想，虽然这可以帮助增加他们的政治资本。贝贾维后来在有关这场革命的书中回忆道，加缪的判断准确而清晰，"但是考虑到当时的现实，这个目标实在太遥远。"②

随着局势的发展，我开始关注加缪心境的实时转变，关注事件的发展如何切实地影响着他。或许因为身处其中，加缪对局势的了解并不彻底，他所坚持的理想主义看起来是那么幼稚，而他的诚挚看起来就像是一种天真幻想。随着局势发展愈发紧张，加缪的停战呼吁看起来也越来越不切实际。民族解放阵线在清除异己分子方面更加残酷，而"乌脚"团体也开始

---

① Quilliot, "Commentaires," Pléiade *Essais*, 1842.

② Mohamed Lebjaoui, *Vérités sur la Révolution Algérienne*, quoted in Lottman, *Albert Camus*, 571.

变得越来越激进。(pied noir，即"乌脚"，是一个中性词，曾指从法国和其他欧洲国家到此的移民者，其得名于这些人抵达阿尔及利亚的时候大都穿着黑色的靴子。战争期间，这个词开始逐渐政治化，最终特指那些不希望结束殖民统治的人。)① 在到达阿尔及尔之后的日子里，加缪在日记中记下了自己的心境：离开巴黎和辞去报社的职务使他摆脱了内心的种种不快，现在的他已经不再感到那么痛苦了。他还说自己至少努力过了，现在的他享受着平静如水的惬意心态。"是的，我已经快乐起来了，数月以来这是第一次，我已经重新获得了那颗引路明星。"② 然而，三天之后，即1月21号，他的日记里只写下了这么一句话："今晚和明天的威胁。"③

当我走在阿尔及尔的大街上，看到那些与加缪年轻时代极为相似的地方和面庞时，一种令人难以释怀的怀旧之情不经意间向我袭来。加缪上中学时乘电车的那个车站就在"前进"俱乐部的前面。那些曾是加缪当年聚会场所的咖啡馆和小饭店也让我不由得回想起了他的学生时代。加缪当年的许多朋友至今仍然健在。罗布莱斯在当年是充当调解的仲裁人；伊夫·达勒斯现在是米萨里·哈吉等中立派民族主义者的律师；迈松索尔现在是个温文尔雅的画家、建筑师和城市规划设计师。但当年，在加缪1月22日的演讲之后，却曾被政府以自由主义分子的名义逮捕和拘禁。这是当局释放出的一个明显的信号，警告他们终止这个团体的活动。在加缪意识到自己的安全需要保护时，这些朋友还主动充当了他的保镖。

整个事件中最值得关注的是加缪的那些穆斯林朋友们立场的改变：乌兹曼在20世纪30年代曾是加缪的共产党上级；阿巴斯过去一直支持阿尔及利亚走法国式的现代化道路，他支持同化，希望施行渐进的民主改革。但登上加缪演讲的主席台是他最后一次以温和主义者的面貌出现在公共场合。几周之后，在彻底的绝望中，阿巴斯加入了民族解放阵线。对于读者而

---

① 因为"乌脚"一词的起源不能确定，所以有很多解释。在法国，过去表示在欧洲移民，现在经常被用来表示在阿尔及利亚一度占据人口大多数的犹太人。

② Camus, *Notebooks 3*, 167.

③ *Ibid.*, 167.

言，加缪内心希望的破灭则清晰地表现在他于 1 月 28 日发表在《快报》上的专栏文章中。在这篇小心谨慎、语气滞重的文章里，加缪表示自己依旧相信一个自由的、阿拉伯人和法国人共同参与的联盟的建立，相信全面休战的可能性。但是，他同时也承认，自己并不知道如何才能实现这些目标。

除了在 2 月底给《世界报》去信两封以抗议迈松索尔的被捕，以及来年在斯德哥尔摩发表的有关恐怖主义的惊人言论之外，1958 年春天之前的加缪再也没有在谈话、文字中涉及过阿尔及利亚战争。1958 年春天，加缪出版了《时政评论Ⅲ》，并为其增加了一个名为"阿尔及利亚编年史"的副标题——对于那些等待他发言的人来说，这是加缪在以自己独特的方式表达、阐释和评判阿尔及利亚战争。《时政评论Ⅲ》收集了加缪关于阿尔及利亚问题的一系列评论——他在早年间所写的有关卡比利亚的报道，他在《战斗报》和《快报》上所发表的一些文章、他的停战演说和呼吁释放迈松索尔的文字都被收录其中。在全书的结尾，他还小心翼翼地说明了一份构思缜密的计划：建立一个阿尔及利亚—法国联盟，在联盟中，法国人和阿拉伯人对阿尔及利亚拥有同等的发言权，并共同与法国并肩作战。这是加缪能够想出的、能够保证各个族群被公正对待、且能够使国家变得强大的唯一方案。

《时政评论Ⅲ》实则是一部回忆录。正如加缪所言，其时间跨度从几乎没有人关注阿尔及利亚的 1939 年一直延续到阿尔及利亚成为全世界关注焦点的现在。这本书包含了加缪近二十年来的所思所想。在冗长的前言中，在谈及自己在阿尔及利亚的体验时，加缪称这是"一个人与他所处的环境之间旷日持久的对抗，与诸多的错误、矛盾和踟蹰的对抗"——这很自然地让人想起了加缪在进行停战调解时所面临的两难局面。[①] 加缪说他既不能接受镇压政策，也不能接受那种让阿拉伯人陷入更大的灾难、让法国移民者失去他们古老的欧洲之根的方案。他在认可日益变化的、人们关于战争的一些共识的同时，极度渴望着自己的理性之声能够被公众接受。

---

① Camus, Pléiade *Essais*，900.

即便如此，正如他最初所预测的，他知道自己的立场是不会被所有人接受的。"我对此感到由衷的遗憾，"加缪写道，"但是我不能强迫自己改变心中的所感、所信。然而，关于这个问题，也从来没有什么人让我感到满意过。"

自此，加缪正式退出了他戏谑地称其为"公共游戏"① (le jeu pub-lique) 的无休止的争论。话语之间，我能够感受得到他选择退出背后的苦衷，以及加缪所经历的种种失望、幻灭、愤怒和伤害。加缪花了整整两年的时间才做出了这一最终决定。加缪不愿意加入任何一个激进组织，而他认为富有进步色彩的"第三势力"又逐渐退出了历史舞台。对此，他进一步解释说：

> "这同样让我对自己以往深信不疑的东西产生了怀疑，我最终认识到，导致我们做出了诸多愚蠢事情的真正症结在于政治界和知识界的行事方式。因此，我决定不再参与到这场无休无止的辩论中去，因为它只会让本已不合理的方式更加强化，只会让一个已经深陷于宗派斗争和仇恨荼毒之中的法国更加分裂。"①

如果局势不发生实质性的变化，他个人拒绝为解决阿尔及利亚问题再出谋划策。最后，他说，自己除了这份最后的声明之外将不会再多说一个字。事实上，他真的是这么做的。

1956 年 2 月，加缪从《快报》辞职，这多半与这本杂志给他带来的不适有关，也与孟戴斯-弗朗斯在大选中的失败有关，另外，新上任的总理盖伊摩勒的"阿尔及利亚表演秀"也使加缪感到厌恶。而更重要的原因是，他不想给已经问题重重的阿尔及利亚增加更多的烦恼，也不想再写那些愚蠢的文字。自此之后，加缪便从公共舞台退到了幕后。沉默也是一种行动，加缪已经下定了决心。在接下来的数年中，加缪并没有停止他的干预行为，尤其是为了解救被判死刑的阿拉伯民族主义者而采取的干预行为。那是加缪使用其他方式来替代言辞干预的很好的例证。那些干预是避

---

① Camus, *Actuelles III*, 12.

免无谓的流血的另一种方式。现在看来，加缪在 1956 年 1 月 22 日的演说是个转折点，它标志着还存在着一丝和解希望的战争初期阶段的结束和战争剩余阶段的开始。在此之后，局势更为复杂，流血更为频繁。法国移民团体与穆斯林团体之间的交合点也只剩下了暴力。

加缪似乎从来不提"独立"这个词，似乎他并不愿意在话语上为"独立"提供可能性，从而放弃和解的希望。这使得加缪与他的大部分同事产生了分歧，因为后者在很早之前就已经认定阿尔及利亚的最终独立已经不可避免。加缪一直和杰出的自由主义知识分子、法国社会学家热尔曼娜·蒂利翁保持着联系。蒂利翁赢得了民族解放阵线领导人的信任，她当时也一直在为法国人与穆斯林之间的和解奔走呼告。1959 年 9 月，戴高乐宣布给予阿尔及利亚民族自决权。他承诺，将给予阿尔及利亚人民自由选择的权利，即在独立、与法国组成联盟或者并入法国这三者中做出自己的选择。听到这个消息，加缪非常振奋。在与戴高乐进行了私下会晤之后，他相信戴高乐提出的阿尔及利亚与法国组成联盟的设想与他的建立一个联邦政府的梦想是相契合的。由此，加缪对阿尔及利亚问题的解决产生了新的希望。在写给乔洛蒙蒂的信中，他称自己相信戴高乐的声明指明了正确的方向。而当另一位朋友在来信中认为现在的他应该继续保持沉默时，加缪则回答说，如果现在就阿尔及利亚的问题举行全民公决，他将会在阿尔及利亚新闻界撰文反对独立。但几个月之后，即在加缪出车祸死亡后的几个星期，极端左翼欧洲激进分子的愤怒和民族解放阵线采取的进一步的恐怖主义行为则表明任何形式的公投都是不可能发生的。

在这种每况愈下的局势中加缪在思考什么？我在查找和翻阅了很多的回忆录、历史文献和谈话记录，并作了不少拼接和猜测之后，依然难以解答这个问题。就像他从公众的眼前消失了一样，他也好像从我的视线里消失了（加缪选择了低调的干预，与勒内科蒂总统和戴高乐将军的会谈也没有留下任何的记录）。不过书信给我提供了些许帮助。在加缪的公开演讲之后，他在写给庞塞特的信中这样说：

　　"我感觉让我的阿拉伯朋友和法国朋友们有点失望了（这种感觉

或许是错误的，因为当时我很累）。这次演讲把重点放在了呼吁团结上，并没有号召行动，也没有提及多年以来的种种不公正"。①

一个月之后，在给另一位阿尔及利亚朋友的信中（此人后来加入了激进的秘密武装组织），加缪说：

"在我的内心深处，我一直为自己感到羞愧至极。如果能够找到一个可行方案的话，无论多么疯狂，我都会去尝试一下。但现在呢？我们除了飞速走向地狱之外什么也干不了，事实上，我们已经在那儿了。"

在诺贝尔获奖感言中，他还表达了自己与穆斯林作家穆卢德·弗哈旺的情谊，说自己依然不会对法国人和阿拉伯人之间的分裂坐视不管。② 穆卢德·弗哈旺在战争期间一直为法国人和阿拉伯人之间的团结积极奔走。1962 年，他和其他五位自由主义教育家一同被秘密武装组织杀害。

戴高乐在阿尔及尔，1958 年 1 月

除了书信之外，加缪的日记也给我们探究他这一时期的心境提供了帮助。虽然这些记录通常难以推测、表述不清，但通过它们，我还是能够感受到这一时期加缪内心的焦灼。"今天早晨阿尔及利亚问题又困扰了我，"1958 年 7 月加缪这样写道。"太晚了，太晚了……我失去了我的家园，我

---

① *Cahiers*，172.

② *Ibid.*，201.

将变得一文不名".① 加缪的朋友也认同这一点，说他的精力快被耗尽了，被"撕成了两半"，"深度分裂"。米里亚姆·乔洛蒙蒂曾平静地告诉我，"阿尔及利亚一直在他的心中"。这在加缪最后几年的作品中也有所体现，这些作品看起来就像是一连串关于阿尔及利亚局势的实时评论以及其道德主义的回应、一部记录诸多流血死亡事件的日历。《给阿尔及利亚武装分子的信》一文，首次发表于加缪的朋友阿齐兹·卡尧斯所创办的一份阿尔及利亚自由主义杂志上，正值菲利普维尔大屠杀发生后不久。在这场残忍的暴行中，民族解放阵线在附近的村庄杀害了近 100 名欧洲人，其中包括妇女和儿童。作为报复，法国军队射杀了数千名穆斯林。② 这篇文章以加缪经常引用的、描述阿尔及利亚带给他的痛苦的一句话作为开头：

> "如果我告诉你，现在阿尔及利亚对我的折磨，就如同肺病对某些病人的折磨，你肯定会相信我。"③

写于 1957 年的《关于断头台的思考》，则表达了加缪希望废除死刑的迫切愿望。他在文章中提到，这个问题自童年时代起便一直困扰着他，他还描述了自己的父亲看到绞刑行刑场面时的恐怖反应。加缪为被判死刑的穆斯林武装分子的辩护进一步点燃了他的这个愿望。而他的戏剧，改编自福克纳作品的《修女安魂曲》，则讲述了一个小孩被谋杀，一个黑人妇女被判处死刑的故事。这个故事说明了传达真理的重要性，似乎是此时加缪心境的另一种反映。出版于战争转折点之后的《时政评论Ⅲ》，则可以被看做是加缪所有文字中最后一次理性的呼吁。改编自陀思妥耶夫斯基原著的戏剧《群魔》，在 1959 年的巴黎受到了褒贬不一的评论，但也被许多评论家认为是有关恐怖主义的巅峰之作。

我细心观察着加缪的每一个举动、每一句话语，从战争白热化阶段他

---

① Camus，*Notebooks 3*，231.

② 根据阿里斯戴·霍恩（Alistair Horne）的《野蛮的和平战争》（*A Savage War of Peace*），关于死伤人数的说法不一，其中穆斯林一方的死亡人数最高达 12 000 人，欧洲人的死亡人数最高是 100 人。

③ Camus，*Actuelles Ⅲ*，125.

的所作所为，到我手头文稿中他的恳切叙述。无论直接或者间接，他无数次表述的都是同一个问题：艺术家对其所生活的那个时代应该承担起怎样的责任。或许加缪一直在尽最大的努力探讨和揭示这一问题。他对这一问题的思考甚至可以追溯到早年间他在劳工剧团工作的时期。从那时起，在散文、采访、演讲、书信和评论中，这种思考就有所体现——"选择逃避的确很诱人，但这终归是我们的时代，我们不能让自己留下悔恨。"——在《反抗者》中，加缪写下了这样的话。这句话同样适用于目前阿尔及利亚的局势，以及加缪保持沉默的状况。加缪曾向朋友和公众强调，他"并没有与自己所处的时代脱节"，字里行间流露出日渐强烈的责任意识以及坚定的内心。加缪依然坚守着早年间的行动原则，以此证实他的真诚和坚强。有些时候，加缪也会变得大胆和坦率。在一篇评论中，他曾这样写道："我的工作有两项，一是写书，二是在自己和人民的自由受到威胁时挺身而出。"① 在《时政评论Ⅲ》的序言里，他又说"我感觉在这类事件的处理中，人们对于一个作家的期望值太高了"。② 在名为《创作的危险》的瑞典诺贝尔文学奖获奖感言中，当谈到保持沉默的"危险含义"和"缺少宽容的这个时代"时，加缪的痛苦和困惑是显而易见的。《时政评论Ⅲ》出版时，加缪向批评家让步了，并最后一次尝试着向公众解释自己的沉默。但这一次，除了一些来自教条主义者的攻击之外，《时政评论Ⅲ》几乎没有引起什么太大的关注。

而在加缪最终选择对这场残酷战争保持沉默时，巴黎的知识界却开始加紧介入——这也造就了加缪在他生命最后岁月里的窘境。战争一开始，法国的左派们——就像世界上的其他左派一样——就把帮助阿尔及利亚的反殖民斗争当作了自己义不容辞的责任。就像法国军队一样，这个组织所形成的强大的和独立的声音也影响了整个战争的进程。加缪的那些老对手们就在其中：萨特似乎是阿尔及利亚独立问题最耀眼的代言人。在加缪去

---

① Camus，*Notebooks 3*，205.

② Camus，*Actuelles Ⅲ*，27.

阿尔及尔进行停战调解的前夜，他就发表了一份措辞严厉的演讲，敦促应该早日实现阿尔及利亚的自治。弗朗索瓦·莫里亚克向来喜欢和加缪唱反调，他不断地挑战和嘲弄加缪发表在《快报》上的专栏文章，称《关于断头台的思考》让他"作呕"。[①] 弗朗西斯·让松是这个组织中最为激进的急先锋，他对阿尔及利亚民族主义者的事业抱有深切的同情，建立了一个类似于抵抗运动的地下组织来支持民族解放阵线的活动。[②] 让松还为阿尔及利亚的民族主义者弗朗兹·法农的第一本大部头的出版物作了序，萨特则为法农的第三部书、现在已成为经典的《世上不平事》作了序。

有些时候，加缪遭遇的攻击就像是1952年那场争论的延续，加缪的老对手们还在重复着原先的陈词滥调。在某些问题上，这种情况也是合理的。比如，《反抗者》的核心思想就在于反对极权主义，反对革命暴力，反对历史终结论——这也同样是加缪对待这场战争，对待民族解放阵线的态度。考虑到近来加缪与左派间的对抗——"不管怎样，我也是左派的一员"[③]——加缪对这些攻击显得更加敏感，也更容易受到伤害。其实，截止到1957年，在阿尔及尔之战和法国军队在迈卢扎对阿拉伯人进行血腥屠杀之后，法国主要城市的市民们对实现和解的可能性也日渐怀疑了。至于加缪，他的思想体系和理想主义态度也一并遭到了质疑。局势的恶化使越来越多的知识分子开始发出声音——萨特在《摩登时代》杂志上发表文章，而加缪的朋友和同事们则在伽利玛出版社的刊物上大声疾呼。他们一面斥责法国军队滥用武力、残害人民，另一面又指责民族解放阵线的战略手段。在这个时候，加缪则变得愈加沉默。这种沉默于是显得愈加不协调和不负责任。批评家们说他"庸庸碌碌"、"令人困惑"、"伪善"甚至"邪恶"。[④] 至少，他们对加缪的行为充满了憎恨和质疑。

---

① James D. LeSueur, *Uncivil War* (Lincoln: University of Nebraska Press, 2001), 118.

② 同上。关于让松的网络、左翼的阴谋和1960年弗朗西斯·让松被处叛国罪等内容的完整讨论见第232至第237页。

③ Camus, *Notebooks 3*, 212.

④ LeSueur, *Uncivil War*, see chapter entitled "The Unbearable Solitude of Being: the Question of Albert Camus."

　　加缪的内心始终不屈从于巴黎知识界的攻击，此时的隐忍则是他独特的阿尔及利亚性格的体现。但即便是这样，就像他的一个阿尔及利亚朋友所说的那样，"加缪受到了很大的伤害"。加缪的痛苦在他的一些评论中可以看得出来。在通信中，也有他对于种种迫害和背叛的抱怨。不过，最让加缪痛苦的还是他在巴黎的日渐被孤立。获得诺贝尔文学奖又引发了新的争议，此后的数月，加缪备受惊恐和幽闭症的折磨。直到来年春天，他才从痛苦和疲惫的状态中渐渐恢复。在日记中，他承认自己"有些癫狂"，以此来表明自己正处于康复的进程中。他这样教导自己："不要总是对自己说'你必须怎样'。""我之所以这么痛苦，是不是做了超出自己职责范围以外的事情？"他为自己开出的处方，反映了他对自己正确的认识：

> "尽力回归到常人的快乐中来。即便事实与自己的愿望不符，你也应该努力去接受它。"
>
> "敌人的存在是事实，接受它，并且热爱它。"①

　　诺贝尔文学奖以及"斯德哥尔摩颁奖事件"帮助加缪认清了谁是他的朋友，同时也让他知晓了他的反对者中同样不乏一些才华横溢的新闻记者。加缪的有关恐怖主义和公平正义的言论引发了巨大的争议，这是他没有预料到的，也是他永远无法理解的。同时，我发现在此之前，加缪在一些私人聚会和他的戏剧《正义者》里已经说过类似的话，这让我很受启发。

> "如果有个恐怖分子在我母亲正在购物的贝尔库市场里扔了个炸弹，我母亲因此而死于非命，我应该对这个事件负责。因为在这个事件中，在捍卫正义的同时，也捍卫了恐怖主义。我爱正义，但我也爱我的母亲"。

在阿尔及尔停战调解之后，加缪曾对罗布莱斯如是说。②

　　加缪的"乌脚"同胞让·赛纳克是位诗人，加缪在伽利玛出版社的

---

①　Camus, *Notebooks 3*, 203-4.

②　Camus, *Cahiers*, 187.

《希望》系列丛书中发表过他的早年作品。自那以后，让·赛纳克一直是
加缪的朋友和追随者。但他对"斯德哥尔摩颁奖事件"却做出了最为猛烈
地回应。攻击是双重的——他不仅给加缪写了一封信，同时还在《法国观
察者》杂志上发表了一篇文章——最终发展到人身攻击的地步。早先，赛
纳克就与加缪就《正义者》中所表达的正义思想中的"不正义"进行过交
锋。现在，他坚定地支持阿尔及利亚独立。赛纳克嘲弄加缪关于他母亲购
物的言论（塞纳克的母亲也参与到了这场斗争中），他不仅痛斥了加缪的
沉默态度，还批驳了他的欧洲中心主义式的家长作风、对建立一个阿拉
伯-柏柏尔人联盟的不信任、他的人道主义思想（赛纳克认为这与绥靖政
策无异）和他拒绝参与和平调解的沉默行为。加缪在回信中对赛纳克的公
开攻击感到愤怒，他被深深地伤害了，在冷冷地对赛纳克说了一句"祝你
好运"之后，两人之间多年的友谊在加缪嘲讽的语气中结束了。① 在过去
的 11 年里，这两位作家曾经互通了 37 封信。这些信件详细地记述了阿尔
及利亚战争，现在也已出版，书名叫做《阿贝尔·加缪与让·赛纳克》。
阿尔及利亚解放之后，塞纳克回到了阿尔及尔，在动荡的 20 世纪 70 年代
被残忍地杀害。

　　加缪的其他朋友对他采取了疏远的态度也不足为奇。他们或是因为政
治信条的不同，或是因为对现实最终失去了耐心、对局势灰心丧气，都选
择了离加缪而去。虽然加缪与他的那些穆斯林同事们感情深厚，但是现实
的残酷，彼此之间在文化背景和个人经历上的差异，让他们最终分道扬
镳。还是在战争初期，诗人让·昂鲁什就曾说过，加缪的见解是独到而深
刻的，但是他缺乏解决问题的能力。加缪在评价"时局变得更加复杂"
时②，昂鲁什曾经说过，"问题已经变得更为复杂了"。弗哈旺在 1958 年实
际上也表达过同样的意思："他对那些受苦受难的人怀有深切的同情，但
是他知道，仅仅凭借这种同情是不能战胜邪恶、创造一个美好的新世界

---

① LeSueur, *Uncivil War*, 126-29.
② Todd, *Une Vie*, 614.

的。"① 易卜拉欣·艾哈迈德·塔勒布，这位阿尔及利亚未来的教育部长在1959年还身在狱中，他当时对"阿尔及利亚人加缪"的沉默也感到非常愤怒。而这愤怒实际上揭示的是其失望背后的期盼。塔勒布说，阿尔及利亚人对加缪的期盼不仅仅是要他充当欧洲人和穆斯林之间的调解员，他们还希望加缪能在法国发起一场广泛的运动来解决整个殖民地问题。② 加缪本来是可以成为阿尔及利亚抵抗运动的雄辩的发言人的，就像他在法国沦陷期时所做的那样。

在这场"众叛亲离"中，给加缪带来最大痛苦的还是像让·丹尼尔和朱尔斯·罗伊这样的持续了一生友谊的"乌脚"朋友的离去——他们已经开始筹划建立一个新的阿尔及利亚。连庞塞特、迈松索尔这些阿尔及尔的老牌自由主义者们也准备与民族解放阵线展开对话了。而加缪还在期待着戴高乐建立一个包含有法国和阿尔及利亚的联邦共和国的方案——"真是个疯狂的设想"，加缪的朋友们如此评价说。不过加缪仍然不乏支持者，一些阿尔及利亚的老伙计与他怀有相同的忠诚和期待。热尔曼娜·蒂利翁同样致力于在两大族群之间建立一座沟通与和解的桥梁，她认为独立只会让被贫穷困扰的阿尔及利亚变得更加贫穷。但即便是这样，加缪仍然是孤独的，他只代表自己说话。事实上，听众也只有他一个，他是在以一己之力去对抗已经无法改变的事实。③ 和其他人一样，当罗伯特·伽利玛回忆起那段旧时光时，也为自己当时没有与加缪进行更深刻的交流而感到后悔。"我应该告诉他，我十分了解他内心的所思所想。"但是最终，他们说出的话却"很少很少"，因为加缪实在与现实离得太远，他怎么也无法理解阿尔及利亚的独立是不可避免的。"他所希望的、建立一个由公民投票产生的、法国后裔与阿拉伯人和平共处的国家的愿望无疑是完美的，但同时它也是不可能的。在当时的情境下，加缪只能处于完全孤独的境地。"④

---

① Camus, Pléiade *Essais*, 1844.

② LeSueur, *Uncivil War*, 134. 塔勒布对加缪的失望在此有详细描述。

③ Judt, *The Burden of Responsibility*, 130.

④ Robert Gallimard, personal interview, May 2, 2006.

加缪在最后几年里的行为和言语表明，他的确没有从根本上改变自己对于战争的看法。但同时他也意识到，阿尔及利亚再也不会是自己原先所了解的那个国家了。在这样一个新建立的国度里，他原先的公民资格也将被剥夺。出版《时政评论Ⅲ》后的那个夏天，在写给让·格勒尼埃的信中，加缪说，对阿尔及利亚而言，一切都已为时太晚。

> "我之所以不在我的书里写出这些话，是因为一个作家不能表述出'一切都完了'这样的悲观论调。在这件事上，我宁愿选择继续保持沉默。"①

他似乎也开始明白，自己关于阿尔及利亚问题的看法或许是"短视的"，这些见解在将来或许有其独到之处，但就目前而言显然不合时宜。《失去记忆的城市小指南》应属于他战前的"阳光散文"系列，这篇零散而随意的小文就像是加缪写给阿尔及尔和阿尔及利亚的一封情书。像是一个警示，加缪在文中这样写道：

> "阿尔及利亚是我的祖国，我与它永远血脉相连，割舍不断，这一点让我不能以一个旁观者的姿态来客观地分析她所存在的问题。"②

若干年后，已身在巴黎的加缪在日记里又表达了同样的看法：

> "阿尔及利亚，我不知道能否说清自己的想法。但是当我回到这片土地上时，我感觉就像是看到了小孩子纯真无邪的脸庞那般高兴。然而我也知道，这里的一切远非那样简单而纯洁。"③

毫无疑问，加缪生活在阿尔及利亚历史上的一个特定时代。随着时间的流逝，这个时代以其重大和不可预知的方式，变得更加具有典型性。加缪完全居住在阿尔及利亚的岁月仅仅存在于战争之前。那是他刚刚成年，正着手创作《局外人》并为《阿尔及尔共和报》撰写卡比利亚系列评论的

---

① Camus-Grenier, *Correspondence*, 187.
② "Petit Guide Pour Les Villes Sans Passé," Pléiade *Essaies*, 848-49.
③ Camus, *Notebooks 2*, 89.

时代。那时候的阿尔及利亚局势比较平静，阿拉伯人的民族主义情绪还处于孕育期，其领导人仍然态度温和，主张同化，法国仍以"母亲一样的庇护者"身份为人们所接受。但自那之后，加缪便长久地离开了故土，他平均每年只能在阿尔及利亚作一到两次短暂停留，只能通过老朋友来了解这片正在发生急剧变化的土地。加缪在 1940 年 8 月离开阿尔及利亚。近四年之后，即 1945 年 4 月，他首次回乡看望自己的母亲。而仅仅数周之后，发生在塞提夫的暴乱和法国的血腥镇压便彻底改变了阿拉伯民族主义的面目，改变了这片土地。加缪发表在《战斗报》头版的数篇文章在谈论这场危机时，试图解释清楚当时错综复杂的局势，宣传介绍弗哈特·阿巴斯和他的新政党，试图积聚力量，以便能够让"正义把阿尔及利亚从仇恨的渊薮中解救出来"。尽管这些文章试图以全面和广博的视角来分析问题，但以现在的眼光来看，它们多少还是有些幼稚。不过在阿巴斯看来，"这些文章在当时的法国新闻界是唯一讲出了真话的。"①

加缪一向相信自己的经验，倾向于以内心的道德标准来评判外界事物。此外，他也很清楚自己的身份和位置。他宣称自己只是一个法裔阿尔及利亚人，一个普通白人，一个不识字的清洁女佣的儿子。对于自己来说，在阿尔及尔的工人居住区里与小业主们闲聊要比在巴黎的大学里教书更为惬意自在。他很小心地将普通白人与欧洲殖民者区分开来。在《快报》里，他解释说，这是因为某些巴黎人总是理所当然地认为所有的阿尔及利亚白人都是打着领带、叼着雪茄、开着凯迪拉克的葡萄种植园园主或石油大亨。而实际上，八成的法裔阿尔及利亚人都属于工人阶级，他们收入微薄，居住在农村或田边，勉强维持着生计。加缪还以自己的家庭作为例证，说明他们这类人是恐怖主义的第一批受害者。身为一名普通白人是加缪反对把白人从阿尔及利亚驱逐出去的一个重要原因。事实上，像他这样家庭的法裔白人实际上是很贫穷的，他们从来没有剥削或是压迫过任何人，他们也从来没有把自己看做是殖民者。

① Camus，*Camus at Combat*，87.

加缪来自阿尔及利亚的沿海。事实上，这一地区的阿尔及尔和奥兰已经被充分法国化了，它们一样有着宽阔的林荫大道、19 世纪的皇家建筑、咖啡馆、学校和糕点房。出于调查研究的目的，加缪曾经探访过穆斯林居住的那些崎岖不平、贫困不堪的内陆地区。而这里正是革命兴起的地方。有人曾批评加缪在作品里没有描述过阿尔及利亚的穆斯林，或者只是简单地把他们描述成野蛮的食肉动物（也批评他用"阿拉伯人"这一过时而不确切的词语来指代他们）。事实上，加缪在与穆斯林民族主义者和作家组成的圈子结识之前，并不认识多少穆斯林。之后，他结识了诸如穆罕默德·迪布和穆卢德·马迈里这样的人物，并帮助他们出版作品，但加缪本人并不说阿拉伯语。20 世纪 30 年代的阿尔及利亚，法国人和阿尔及利亚人两大族群还在过着各自独立的生活，双方都还接受彼此的共存状态。这种情形有些像那种友爱与矛盾并存的地下兄弟会。对于加缪来说，相信并捍卫阿拉伯人的平等地位，尊重他们的文化一直是他所坚持的原则。这不仅仅是因为他在工作中的人道主义态度和对于自由与正义的坚守，还因为加缪对阿尔及利亚所怀有的浪漫情怀。加缪眼中的这片土地不仅有太阳、大海和光明，还有那些当地人以及他们日常生活的韵律和色彩。加缪眼中的阿尔及利亚就像是自己的母亲。加缪曾经说过，他希望通过自身不懈的努力使未来的阿尔及利亚变成多种文明交流融汇、东西方和谐共处的典范。

战争期间的加缪显得那么脆弱。在几乎所有的方面，他都显得那样易受伤害。在知识界，他失去了曾经拥有的正面形象，成了左派的"替罪羊"；他不能加入两大族群中的任何一个，因此就像奎里奥所说的那样，只能"生活在矛盾之中"；他的阿尔及利亚性格和法兰西性格让他陷于分裂，因为他想对两者保持同样的忠诚。朋友们都说，20 年寓居法国首都的生活让加缪成了一个巴黎人，但实际上他的口音里还是带了那么点阿尔及利亚腔调。我能在录音中听出这一点。他的语调抑扬顿挫，而且很有规律，这让我感到有些吃惊。无论怎样深爱着阿尔及利亚，加缪也从来没有忘记自己的法兰西血统，虽然对这个国家而言，他更像是一个孤儿。他对整个体制、对曾经帮助他成为作家和思想家的老师们都抱有深深的感激之情。他自己曾说过，自己只能以一个法国人的身份来热爱阿尔及利亚，不是一个法国军人或是法国殖民者，而是一个热爱阿拉伯世界的法国人，而如果这片土地已不再是那些阿拉伯人的家园，他将感觉自己只是一个局外人。①

---

① 原文是"我受到站在围墙两边的民族主义者的双重怀疑"，加缪向伽利玛出版社的一个同事解释道。"一方判决我不正确，因为……不够爱国。而另一方则认为我过于爱国。我不像一个军人或者移民那样热爱阿尔及利亚。但是，我能不像一个法国人那样热爱它吗？让太多阿拉伯人不能理解的是，我像一个法国人那样热爱着它，一个热爱阿拉伯人的法国人，一个如果这片土地不能同样成为他们的家园，他会感到自己是陌生人的法国人。"Camus, *Cahiers*, 209.

十三、加缪"迷"

"作为一个相对年轻的人，他的内心尚存有诸多的疑惑，他的作品尚处于准备阶段，他习惯生活在工作的孤独中，或者称之为离群索居。像这样的一个人，当得知他将突然、而且是独自一人被推到明亮的聚光灯下时，他怎能不感到某种惶恐呢？"

现在，我在脑中努力勾画着加缪的图像，勾画着他的模样，勾画着那个有血有肉的加缪，而不是那个作为历史人物的加缪。这对我的研究是个矫正，因为研究一向是苛刻而拘束的——一种责任的束缚。有时候，这样的研究似乎置加缪于静止状态，剥夺了他挥洒幽默和昂扬斗志的自由（罗布莱斯有一次描述加缪时说，有时候他像一只豪猪，突然间全身都会竖起坚硬的刺），令他不能随意考虑去游泳、去佩蒂特路吃午餐或者到邻近的第 8 区和第 15 区的小餐馆吃蒸粗麦粉。许多关于加缪的事情不一定都与重大事件、其他人或者他的著作这类主要事项有关。例如，加缪喜欢石头，并说过，他本来可以成为一名雕刻家。（同样，像许多经常被疾病光顾的人一样，他说他本可以当一名医生。）他喜欢莫扎特、伊迪斯·琵雅芙、约翰·韦恩、马龙·白兰度、乒乓球、钓鱼、简单的宾馆房间、蔬菜牛肉浓汤、牡蛎、血肠、玛赛尔·马修的胡萝卜南瓜汤。获诺贝尔文学奖之后的几个月里，当他的幽闭症发作时，他试着练习过瑜伽。他曾去参加塞利内的第三任妻子吕塞特的舞蹈课（或许只是为了放松），吕塞特是个舞蹈家，开办了一家时尚运动沙龙。大约有两周的时间，他曾设法戒烟。他从不为他的汽车上锁。他喜欢他的汽车,并给它们起名字——苔丝狄蒙娜,佩内洛普。这些都是真实的、很容易让人理解的材料。它们证明了加缪尚有多少内容需要了解,证明了他是多么复杂难懂,同时又是多么平凡如常。

如今,除了挂在墙上的那张卡蒂埃-布列松于1944年为他拍摄的照片、书架上的那本纪念相册和从杂志上剪下来的一厚本图片,我的脑中还像美术馆一样收藏着一系列加缪的照片。他的音容笑貌熟悉得像那些最亲密的朋友。衰老的痕迹在他的脸上已清晰可见:日渐凸出的前额,越来越深的抬头纹,略微松弛的眼皮。从这些照片中,我看到了情绪、衣着和经历的变迁。有年轻的加缪正在阿尔及尔的屋顶天台上播放录音机的照片,有记者加缪在佩泰恩法庭上听审的照片,有穿着法兰绒衬衣的加缪与他的孩子们坐在草坪上的照片,有身着燕尾服、打着白色领结的加缪在斯德哥尔摩领奖时的照片,还有加缪在他的阳台上俯瞰长长的女士路的照片。(最后这张照片相当令人费解地出现在戏剧《误会》的演出海报封面上,为了解释它,加缪在海报的封底潦草地写道:"从我的阳台看下去,巴黎很漂亮,但我更喜欢其他的阳台和太阳。"在海报的内页上,还同样令人费解地插入了一张特写照:加缪顾长、优雅的双手静静地放在他的书桌上。①)虽然这些照片究竟为我们打开了何种通往加缪的窗口仍未可知,但它们极其珍贵,因为它们是构成一幅巨大的、复杂得令人难以置信的智力拼图的几部分。它们一度将加缪拉近,但既然我对他已了解甚多,它们似乎又拉开了我与他之间的距离。米莱对我说,这些照片让她百思不得其解,因为它们与存在于她记忆中的那个加缪相去甚远。对我来说,它们则构成了我对未曾谋面的某个人的回忆。

在我录制的一集 Canal Plus② 电视专题片中,有一个加缪接受诺贝尔

---

① Playbill from Théâtre Gramont,August 1964,private collection.

② Canal Plus,也写作 Canal+,在法语中的意思是"提供更多内容的电视台",是法国一个成立于1984年11月4日的付费电视台。该电视台为 Canal+集团(Canal+ Group)所有,上级集团是维旺迪环球(Vivendi SA)。——译者注

文学奖时的片段。镜头中的他温文尔雅，魅力四射，更为重要的是，有 20
或 30 秒的时间，他恍然变成了生活中一个真实的人。那是几个简短的镜
头，没有什么不寻常的事情发生——他走近颁奖台，低下头，与国王古斯
塔夫六世握手，然后接过一枚巨大的奖章——然而，当我注视着他走过大
厅地面，步子轻盈，身子微微前倾，低垂着双眼，害羞地微笑着，既谦逊
又骄傲的样子，我激动得心潮澎湃，眼睛开始湿润。很长一段时间里，我
认为只是因为见到现实生活中的加缪才让我如此强烈地受到感动——那份
魅力，那份孩子气，举止中透出的那份庄严——当然，这的确是事实。但
是，我对加缪太多的了解和过于倾心的同情也是我见到他时激动得难以自
持的原因之一。有时候，我感觉自己不仅是他的读者、学生和传记作者，
几乎更像他的妻子或姐妹，看护着他，为他的健康和思想担忧。看着这段
节目剪辑，我禁不住去想他曾经到过哪里和他正要去哪里的问题，思考着
他作为作家的创作枯竭期，他对于公众声誉的嫌恶，他的不道德感和他对
未来的恐惧。那是一段可怕的时期：到了 43 岁的年纪，因新书的出版陷入
了困境，领取了一个许多人看来"授给一部登峰造极的作品"的奖项——
他的批评家们在他得奖之后随即这样叫嚣着。那也是一段艰辛和痛苦的时
期：成为一个万众瞩目的法裔阿尔及利亚人，第一位享有如此殊荣的北非
作家。我想，这就是我在加缪脸上读出来的一切，是令我感动的一切。同
时，我能够看出他是心满意足的、是开心快乐的——伽利玛家的一个人
说，他看上去像一个小学生，不确定自己是否对这样一项优越奖当之无
愧，但还是因此满心欢喜。那种淘气的表情真令我心醉，因为它是那样稚
气和与众不同。

　　加缪曾考虑拒绝接受那一届的诺贝尔文学奖，或者只寄一份演讲词而不
出席颁奖典礼。他认为马尔罗才是当之无愧的得奖者，这次得奖无论如何对
他来说都是一场灾难。（弗兰纳在《纽约客》的专栏中说，加缪对马尔罗应
得这份奖项的声明又一次证明了他"坚持不懈的正直"。）获悉得奖消息时，
加缪正在巴黎与帕特丽夏·布莱克共进午餐，帕特丽夏说，当时他好像有点

“呼吸困难”。他没有因此产生任何自豪感，相反，他的防御心理被调动了起来。几天后，他警觉地对让·格勒尼埃评论说，他将比以往有更多的敌人。[①] 他还对其他人说，他感觉极度羞愧，就像被阉割了一般，并且充满恐惧。尽管如此，加缪还是温文尔雅、风度翩翩地出席了 1957 年 12 月正式颁奖仪式开始前一周里安排得满满的招待会、午宴、晚宴、新闻发布会以及职业摄影师的拍照会。加缪成了一个令人瞩目的年轻获奖者，在斯德哥尔摩尽情展现了他的风采，他美丽的妻子也出席了典礼——加缪邀请弗朗辛与他随行，因为正像他所说，弗朗辛曾忍受了他的作品所带来的痛苦，理所应当在获奖时出现。加缪的获奖演说像他的朋友、诺贝尔文学奖的早期得主罗杰·马丁·杜·加尔[②]所建议的那样，严肃、恳切、充满个人情感，浅显易懂，而且异乎寻常地谦逊，令瑞典国王十分满意。

那次获奖演说不仅有谦逊做掩护，而且由他本人直接做了非常坦率的表达，加缪承认了自己的困境，甚至使用了“惊惶失措”这个词。他说，每个人，尤其是每个艺术家，都希望为大家所承认。然而，假如不同他实际的表现所引起的反响加以比较，他就不可能知道这一决定的意义。

---

① Jean Grenier, *Carnets 1944-1971*, ed. Claire Paulhan (Paris：Seghers, 1991), 240.

② 罗杰·马丁·杜·加尔（Roger Martin du Gard, 1881—1958），法国小说家，第一次世界大战前发表了两篇小说：《成功》（1910 年）和《让·巴洛瓦》（1913 年）。1916 年回到巴黎，从事戏剧活动。1937 年以《蒂博一家》获诺贝尔文学奖。——译者注

"作为一个相对年轻的人，他的内心尚存有诸多的疑惑，他的作品尚处于准备阶段，他习惯生活在工作的孤独中，或者称之为离群索居。像这样的一个人，当得知他将突然、而且是独自一人被推到明亮的聚光灯下时，他怎能不感到某种惶恐呢？"①

明确表达了内心深处的不安和惶惑后他这样问道。接着他说，在逆境当中，唯一让他平静的思想支柱，是他自己的信念，即一个艺术家不能与世隔绝，他必须强迫自己去理解而不是去评判。一个作家的职责是"拒绝对众所周知的事情撒谎"。加缪说，就他本人而言，假如没有自己的艺术工作，他便无法生存下去，但艺术不是一种孤芳自赏、自我陶醉的东西。

加缪为自己找到了接受这一奖项的正当理由：它是对阿尔及利亚文学的认可，并因此感谢诺贝尔奖评委会首先将荣誉授予了他的祖国，然后才是作为一个法裔阿尔及利亚人的他本人。获奖之后，他最先想到的是他的创作之源：他童年时期的导师路易·热尔曼——这次演讲以《在瑞典的演讲》为题发表时，加缪将它题献给了热尔曼；他的母亲——加缪立即给她发了一封电报，"妈妈，我从来没有像现在这样思念过你"；他忠诚的老朋友们。② 但不可回避的是，瑞典学院选择加缪作为授奖对象时，同时考虑到阿尔及利亚是一个充满危机的地方，加缪作为一个自由的法裔阿尔及利亚人正在寻求一种和平的解决办法，而阿尔弗雷德·诺贝尔设立的文学奖明确表示要奖给"具有理想倾向的最杰出的"文学作品。同样不可回避的是，这次颁奖可能带有一定的政治色彩，阿尔及利亚战争的阴影可能已经潜入到斯德哥尔摩的上空。

加缪是否在获得诺贝尔文学奖之后享受过片刻的陶醉或稍纵即逝的自豪感，除了几条简短的记录和模糊的暗示，几乎无迹可查。他受到大家广泛和真诚的盛宴款待是预料之中的事，因为他有许多朋友深厚而忠诚的友情。福克纳的来信尤其令他开心，还有西班牙共和党发来的一封致贺信和

---

① "Discours du 10 décembre 1957," Pléiade *Essais*, 1071.

② Todd, *A Life*, 37.

第二年春天他重返阿尔及尔时受到的热情接待。(穆卢德·菲拉昂[1]在他的贺信中曾善意地警告加缪不要把穆斯林对他获奖的无动于衷放在心上。)不过鼓励的话语有时对加缪的囹圄感和绝望帮助甚微,恶劣的情绪一直蔓延在获奖后的前几个月:

"10月19日。发生在我身上的事令我惧怕,那不是我希望发生的事。令事情更糟的是,攻击如此粗俗,我伤心不已……再一次渴望离开这个国家。但前往何处?"

12月末返回巴黎后,他记录下自己身心的不安状态,详细得令人吃惊:

"下午3点。又一次幽闭症袭来。恰恰就在四年前的这一天,X(弗朗辛)开始出现精神错乱……有几分钟的时间,彻底疯狂的感觉。然后是筋疲力尽和战栗发抖。镇静药。一小时之后,我写下了这些。"

3个月后,他的心情顺畅了许多;巨大的危机已然过去。"现在只剩下隐约而持久的焦虑。"[2]

1957年到1958年冬天,加缪似乎比以往任何时候都消沉,几乎丧失了防御能力。这种状态是对那个被认为充满成就和荣誉时期的令人悲哀的讽刺,而它一直延续到1959年夏末,直到他的新小说终于开始有了雏形。加缪的不满情绪表现为黯淡的忧郁、突发的暴躁和偶尔流露出的一丝自怜自艾或者怨恨,这在他身上极为少见。据加缪的好友说,在那段最糟糕的日子里,他同时与幽闭恐惧症、窒息感和自杀的念头苦苦斗争。他的医生十分担心他日益衰竭的肺功能,所以禁止他乘飞机出行。(加缪与弗朗辛和一个庞大的团体——亚尼娜和米歇尔·伽利玛夫妇,他的编辑克劳德·伽利玛及其妻子西蒙,以及阿尔弗雷德和布兰奇·诺普夫夫妇——集体乘火车前往斯德哥尔摩。)罗布莱斯记得,一天下午,加缪不得不匆匆赶往医生那里去吸氧。加缪尽可能地将一切留给自己,留给他亲密的朋友,留

---

[1] 穆卢德·菲拉昂(Mouloud Ferraoun,1913—1962),阿尔及利亚作家。——译者注
[2] Camus,*Notebooks* 3,197-98.

给剧院。在剧院里，他才不会感到被孤立或被神圣化——他用"statuflié"一词来说明——相反，他总是充满创作热情。（据报道，他在一天之内创作完成了陀思妥耶夫斯基改编剧本的上半场。）

从瑞典回来之后，尚未觉察关于母亲和正义的声明所造成的强烈影响的加缪，同样没有预料到新一轮的论战和嘲笑正等待着他。他立即给《世界报》写了一封长长的说明信，但这份说明使事情变得更糟。仅仅几个月前，加缪还宣称自己已经有了"免疫力"，不再受当代知识界辱骂的影响，而这个声明恰好成为他的批评家们手中的把柄。他在第一轮批判攻击中坚持了下来，那些评判几乎与他获奖的消息接踵而来——对最终评选结果的蔑视，对他作品的贬低，其中一些批判恶毒至极，足可以被视为一种警告。一个著名的批评家暗示说，瑞典文学院不是在授予一个年轻作家以荣誉，而是"使一个早熟的硬化症病人神圣化"。他从前工作过的《战斗报》，瞄准了他的致命弱点写道，像瑞典这样的小国家总会赞美那些"油头粉面的完美小思想家"。① 新一轮的攻击与以往不同，更直接的谩骂和指桑骂槐兼而有之，因为攻击的内容不仅涉及个人还涉及政治。加缪的批评家们在他于斯德哥尔摩的言辞中发现了一个攻击他全部缺点的最好借口，对他的沉默和他在阿尔及利亚问题上所谓的"虚伪"给予了特别的关注。让·赛纳克的文章是其中最为严厉的批评之一。

对于加缪来说，新一轮攻击给他带来的最具毁灭性的一面可能是一种越来越明显的感觉，即他的批评家们很享受这次论战，认为这是他应得的下场，并对他的痛苦感到幸灾乐祸。让加缪成为这样一个令人满意的众矢之的的，不仅仅是他不恰当的言辞、不切实际的政治观点和高尚的道德论，还有他被提升了的国际声誉。即使像庞塞特这样忠实的老朋友，虽然没有直言，却也对加缪感到失望，因为在他登上辉煌的领奖台、赢得显赫的新身份的那一刻，他还是没有打破一直保持的沉默，还是没有对战争表明自己的态度。相反，他仍然更加坚定地站到了幕后，用他刚刚获得的权威性忍受着政治干

---

① Lottman，*Albert Camus*，601-2.

预和政治请愿，并先后与科蒂总统和戴高乐总统秘密会谈，商讨阿尔及利亚的未来。加缪对极端分子和助纣为虐的军队充满蔑视，而且，他虽怀疑戴高乐能否兑现他对民主的承诺，但仍寄希望于戴高乐，认为他无论如何都能够拯救法属阿尔及利亚。戴高乐（穆斯林称他为"大个子"）凭借他的威望、他几乎神圣的使命感和他对法国的热爱，令加缪着迷，也令其他许多法国人着迷。在日记中，加缪引用了戴高乐在他们的一次谈话中所说的话作为至理名言："毕竟，没有一个国家比法兰西更优秀。"①

如今，加缪的名字承载了更多正义和自由的意义这个事实是他致命的荣誉中为数不多的一个积极方面，这反而加重了他的囹圄感。他越来越像他笔下的约拿斯：埋头于铺天盖地的信件（他必须要聘用第二个秘书了），在大街上被围追堵截，不但疲于应付采访和演讲，还被借钱的人追得到处跑。"现在，一想到我写作时，会有人从身后窥视，我就感觉不舒服，"他对朋友说。② 诺贝尔文学奖为加缪带来的最为有益的一个方面是那笔奖金：18 776 593.80 旧法郎，约合 42 000 美元（现今约合 100 万美元）③。与众不同的是，加缪从来不在意金钱，他蔑视金钱在这个世界上与日俱增的重要性，坚定地保持着节俭的作风，似乎从未向它低过头。20 世纪 40 年代初，他曾公开宣布，被金钱驱使的生活无异于死亡。④ 然而，不管怎样，这笔意外收获至少可以供他在离夏尔和波尔热夫妇不远的卢尔马兰的那座古老村庄吕贝隆买下一幢房子，这刚好为他提供了一个远离巴黎生活的避难所和休养地。为了纪念这次获奖，加缪还将一部分奖金捐献给了他认为重要的一些事业——比如为一家地方疗养院购买新设备——并给伽利玛出版社的所有同事买了礼物。

随着加缪在巴黎知识界的声誉陡然下降——他们乐此不疲地说，诺贝

---

① Camus, *Notebooks 3*，199.

② Lottman, *Albert Camus*，610.

③ 目前，诺贝尔奖各项奖项的奖金依然是 2001 年以来一直不变的 1 000 万瑞典法郎，约合 150 万美元。——译者注

④ Camus, *Notebooks 2*，70.

尔文学奖将他奉为"经典"作家，那意味着"守旧"——他的书却畅销起来。新的国外出版物和专刊开始出现，他的读者人数不断扩大，加缪"迷"如雨后春笋般涌现在世界各地。加缪获奖之后，诺普夫出版了《西西弗神话》和他的第一部戏剧集，以及他接受诺贝尔文学奖时发表的《在瑞典的演讲》。① 其他的国家除了出版一些较为浅显易懂的小说外，还冒险发表了加缪的其他作品。加缪在印度、德国、南美部分国家、日本、以色列非常受欢迎，同时也在苏联秘密流行开来。在美国，好莱坞也骤然兴起了"加缪热"，人们议论着要将《卡利古拉》和《鼠疫》制作成电影（由莉莲·赫尔曼和威廉·惠勒改编制作后者）还有在百老汇上演西德尼·吕美特执导的《卡利古拉》的计划（有人提议由加缪饰演主角）。明星的工作是十分耗时的，尽管它十分多彩。（惠勒最终不得不在《鼠疫》和《宾虚》之中作抉择；赫尔曼显然只得到了翻译权。20 世纪 60 年代，吕美特执导了在百老汇上演的《卡里古拉》。）这时，在玛利亚的介绍下，加缪认识了一位戏剧经纪人米舍利娜·罗赞，因为她与彼得·布鲁克②长期的合作关系，她现在可能广为人知。她不仅接管了加缪本人的许多戏剧制作计划，还承担起为改编权、版权和巡回演出而进行的各项谈判，并帮助他实现组建剧院的理想。（1959 年末，布鲁克主动提出请加缪在他的电影《琴声如诉》中担任角色；加缪去世后，由让-保罗·贝尔蒙多接替他出演了这个角色。"一张超凡脱俗的面孔和意想不到的个性，"与加缪见面后，布鲁克这样回忆他。）③

加缪的崇拜者像他的敌对者一样，构成了他的故事的一部分。他们不仅证明了他的成功，也证明了他超乎寻常的独特魅力。苏珊·桑塔格将加

---

① 加缪这次演讲的英文译本于 1958 年由贾斯丁·欧博文（Justin O'Brien）翻译出版，定名为"诺贝尔文学奖获奖演说"（Speech of Acceptance upon the Award of the Nobel Prize in Literature）。

② 彼得·布鲁克（Peter Brook, 1925— ），英国戏剧和电影导演，曾就读于牛津大学，1962 年进入皇家莎士比亚剧团，1974 年投身巴黎北方滑稽剧院至今。其力求创新与反传统的作风，对 20 世纪的戏剧发展产生了深远影响。——译者注

③ Peter Brook, personal interview with Mary Blume, December 2004.

缪的魅力归因于他的"道德美",那正是诺贝尔奖所表彰的,也正是他的巴黎批评家们(那时他已称呼他们为"敌人")所厌烦和迅速予以贬低的。加缪的道德标准,以及他坚守道德标准的愿望——他"追求高尚行为的高尚情感"——在很大程度上仍然继续吸引着形形色色的广大读者,尤其是在美国。在那里,他或多或少地逃离了对他个人的人身攻击,而且,美国知识界的政治斗争也不像法国那样激烈。[1] 加缪去世之后不久,一位在美国教书的法国作家描述他在那里感受到的非同寻常的悲哀和强烈的感情时说,"与其说加缪是一个伟大的法国作家,还不如说他是一个伟大的美国作家,这并非自相矛盾,因为是公众造就了作家。"[2]

有一段时间,我对加缪的美国崇拜者们进行了一些非正式的调查,其中一些人引起了我的注意:把阅读《鼠疫》看作理所当然的医科学生;认为《关于断头台的思考》是关于死刑的必读书目的法官;在许多意想不到的方面受到加缪影响的作家们。例如,威廉·斯泰伦说,至少是无意识地,他的《纳特·特纳的自白》一书受到了《局外人》的影响,纳特·特纳即斯泰伦心目中的存在主义英雄;切斯瓦夫·米沃什对这样一个事实表示敬意:加缪不惧怕简单。[3](1960 年 1 月,斯泰伦曾到法国旅行,并计划与加缪见面,谈到加缪的突然死亡时情绪仍非常激动。)有那么多人对加缪不甚了解,却阅读了他的手记,我因此深受感动。我也习惯于看到加缪散文中的句子经常在没有任何上下文或意义的情况下出现在意想不到的地方,像是万能的名言警句。(苏尔斯·佩里耶公司推销叶子图案餐具的一份产品目录上印着"每一片叶子都是一朵花"这句话。)发现加缪是这样一个可塑造、可利用的偶像让我颇感愉快,但同时,我也惴惴不安。我强烈感觉到我对他的占有欲,并产生了要保护我的个人经历的感觉。我不禁想到凯瑟琳·加缪,我已经与她见过面。她回忆说,父亲去世

———

　① Sontag, *Against Interpretation* (New York: Picador, 2001), 57.

　② Serge Doubrovsky, "Camus in America," Brée, 16. 杜布洛夫斯基暗示说,加缪是美国文学界一直翘首以待的伟大作家,但他从未真正到来过。

　③ William Styron, personal interview, September 19, 2001.

时，她只有 14 岁，对他的声誉几乎一无所知，只知道他是她心爱的父亲。她说，她从没料想会与那么多人一起分享他，这令她极度痛苦。

在所有的崇拜者中，罗杰·基约是最早也是最杰出的一个。这就是为什么我从大学时代起就一直试图与他见面的原因。不幸的是，在一个月左右的时间里，尽管我们互通了几封令人愉快且充满希望的信，并商量好于 9 月的一个清晨在他位于克莱蒙-费朗①的办公室会面，但我最终没能见到他。基约留给我的最后一句话就是出现在我熟悉的参议院信纸上的那句："我希望可以在那一天见到你。"他的"可以见到你"的措辞没有让我嗅出任何死亡的征兆，然而，就在我们预定会面的前几周，他死于自杀。基约的回忆录在他妻子克莱尔的指导下印刷成册并于几年之后发表。那天夜里，克莱尔也服用了过量的安眠药，但幸存下来。基约在他的回忆录中描述了他们为安乐死所做的一些准备。基约长期以来一直承受着心脏病和肺病的痛苦；克莱尔也出现了老年痴呆的症状；他们是异常忠诚的一对夫妇。克莱尔后来说，"我们像疯狂的孩子一样尽情享受。我们秘密影印了我们的遗书。我们撒谎。当有人要求在 9 月与他会面的时候，他说好。"②她被蒙在鼓里了，因为她所说的要求在 9 月会面的那个人就是我。

当我在一辆出租车上的收音机里听到基约自杀的消息时③，我的第一反应是不相信自己的耳朵，随之而来的是愤怒和遗憾。不仅因为在我等待期间，我为基约准备的问题清单已变得越来越长，而且因为我已经将他视为一张王牌，我一直由衷地为我们即将到来的谈话兴奋不已，认为它将以一个知情人怀旧的视角为我带来一个丰富的前景。但那时我同样已经对采访对象的不可预知性具备了训练有素的心理准备，知道重要的消息提供者有时候会出现记忆模糊或者讲述上的千篇一律；相反，一些次要的消息渠道有时仅凭一个具体的形象就能为你提供深刻的洞察力。我知道，尽管基

---

① 克莱蒙-费朗 (Clermont-Ferrand)，法国中部城市。——译者注
② Vanessa Schneider, "Histoire d'Amour," *Libération*, January 5, 1999.
③ 基约是全国闻名的社会主义者，曾担任密特朗总统的城市事务部部长。

约有一副和蔼的面孔和良好的声誉，但即使是在最好的环境中和最健康的情况下，他也很可能脾气暴躁、没有耐性、心神不定或者顽固抵抗，就像让·丹尼尔在我们会面那天因为正在全神贯注地为《新观察家》编辑一篇突发新闻报道而对我表现出来的一样。从各种形式的调查和报道中反复学到的一条经验教训似乎就是如何收集有用信息这个过程本身。尽管如此，基约的死讯还是令我震惊，即使到现在我依然有这样的感觉。它越发令我意识到，仍然健在并清晰记得真实的加缪是什么样子的人有多么稀少，所有关于加缪的记忆不久之后就只能到书架上去寻找了。加缪的老朋友埃都阿德·夏洛特近日去世了，他曾在阿尔及尔经营一家名为"真正的财富"的书店，并首先出版了《婚礼集》。当时参演加缪的第一批重要戏剧作品的年轻演员，比如《正义者》中的迈克尔·布斯克和塞尔吉奥·蕾加妮现在已有八十岁高龄。基约与他们年龄相仿。

基约的故事也是一个接一个彼此嵌套着，而他的故事正是对加缪密切的回应。事实上，整个事件如此荒谬，令人啼笑皆非，我甚至能想象加缪如果还健在，会匆匆将基约的事记录在他笔记中的样子。"一个男人将他的一生奉献给其作品以反对自杀为基调的作家，然后，他策划了一场与妻子的双双自杀。他是快乐的。"① 从某个更为令人痛苦的方面来看，基约一定早已产生了类似的想法，因为在他死后被送交给当地报纸发表的一封信中，他似乎在对加缪直抒心迹，就像对他以前的选民和朋友所做的那样。他在承认自杀通常是一种绝望的举动和一个"应当受到谴责的"弱点的同时，解释了他的自杀决定是个例外。"假如我说，我们自愿死亡的共同选择不仅是一个自由的举动，还是最充分热爱生活的行动，人们能理解吗？"他问道。② 在基约的讣闻中，他不仅被描述成研究加缪的学者，还被说成是加缪的朋友，但是在他自己的回忆录中，他则更为谦逊。基约说，他们是"被捆绑在一起的"，加缪丰富了他的生活视野。他还说，是加缪本人

---

① 通俗小报称其为"爱的自杀"。克莱尔本想因自己的死而复生起诉医生，但后来得知给她的来信有几百封之多，受爱戴的程度比她想象的还要深，故打消了自杀的念头。

② Schneider, "Histoire d'Amour."

让他相信快乐是一种责任，并告诉他不要屈从于必然性，无论它以何种嘴脸出现。①

基约死后，我翻箱倒柜地找出了我那本旧版的《大海与监狱》，当作对作者和他的研究对象的一种纪念。书页已变成奶咖啡的颜色，纸张一触即碎，封皮用胶带黏在一起，然而就像两个分别多年的老朋友偶然的一次相遇，仅仅几分钟后，这本书又变成了多年前我所钟爱的那一本，而且这次的感情更为坚定。基约对加缪的看法似乎仍然是一种本能的心照不宣，他对于年轻作家加缪的刻画依然非常公正。他对加缪的同情像指路明灯一样清晰可鉴，现在，我可以将它与基约本人努力战胜疾病和绝望的斗争联系在一起，正是他的这种个人认同将他塑造成一名成功的加缪"迷"。基约对加缪的评价从未改变过，即使是在精心研究了加缪的生活和作品五年之后。加缪在我心中的形象也无根本改变，只是现在的他更饱经风霜，更清晰可辨，同时也更复杂难懂。基约钦佩加缪的始终如———他对自己、对贫穷、对童年生活、对祖国的忠诚——这是他持久忍耐力的一部分。基约还念念不忘于他第一次阅读加缪的作品时是多么的爱不释手，可谓"一见钟情"。②

---

① Quilliot, *Mémoires II*，212，159.
② *Ibid.*，212.

十四、《第一个人》

"在创作一部小说之前，我总会让自己置身于数年的黑暗状态。考验自己日常的集中力，苦修心智，让内心变得极度清醒。"

我经常会怀疑自己：花费如此多的时间去思考一个你根本不可能认识的人是不是太奇怪了。数天、数月、数年地猜测，冥想，推算，假设和同情——只是为了追寻加缪的足迹，弄明白他是什么样子，究竟是一个怎样的人。有时候，当我过于沉浸其中几乎忘记自己的现实生活时，我的家人和朋友们看起来都成了打扰我工作的闯入者。当我走在百老汇大街，正用手机与别人通话时，勒内·夏尔那庞大笨拙的身躯会突然出现在我的脑海里。突然间，我会发现自己正陷入对一场几乎在50年前就已经正式结束的战争的苦思冥想中。说来奇怪，在即将写到加缪的死亡，而我的研究也要接近尾声时，我反而感到莫名的兴奋，感到自己这么多的付出也许就要得到回报，仿佛在全部研究完成之后，我不仅会彻底了解加缪，还能与他会面。在为某些采访做准备，或是访问加缪位于卢尔马兰的故居时，我也产生过相同的幻觉。我明知道这十分令人悲痛，但这种感觉是喜不自胜的，是真真切切的。

全神贯注地去探究加缪在获得诺贝尔文学奖之后的言行通常会很困难，这是因为那个日益逼近和压倒一切的事实——他的生命即将走到尽头。他悲剧性的死亡似乎为发生在他生命最后日子里的一切事物都染上了一层别样的色彩——新的戏剧创作，与新结识的米莱快乐的交往，新购置的乡间别墅，新一轮的小说创作，那即将成为他关于爱情与克制主题的新"三部曲"的第一部作品。这一切似乎都在表明，加缪已经从往昔的伤痛中走出来，准备开始一段新的旅程了。也正因为如此，这一切也都被蒙上了可怕而沉重的讽刺色彩。阅读着他的生命历程，我放缓了脚步，人们在完成一本好书的结尾时通常会经历这样的过程，但我的步伐还要慢上一百倍。我想到让·丹尼尔最近关于诺贝尔奖的一番话——无论加缪获得这份殊荣之后承受了怎样的重压，应该承认，这份来得非常及时的奖励对他来说都是件值得庆幸的事。①

获奖近两年之后，加缪才逐渐恢复了以往的平静，找回了他"对生活的热爱"。直到 8 月中旬，他才带着明显的宽慰情绪再次写到久违的关爱之心，特别指的是他与米莱的关系：

> "缺失感，令人痛苦的沮丧。但我的心还活着，我的心最终居然还活着。所以说，认为冷漠可以征服世间一切的说法是不足信的。"②

实际上，直到前一年秋天排演戏剧《群魔》时，加缪才刚刚摆脱掉"斯德哥尔摩颁奖事件"后一直困扰他的被迫害和被排斥的感觉。此时的政治气氛也发生了诸多变化：越来越多的人开始谈论阿尔及利亚独立问题，民众对民族解放阵线的态度开始发生急剧变化，加缪的新作《时政评论Ⅲ》、《流亡与独立王国》和新版的《反与正》受到无情冷遇——这一切都证实了我的担心：无论是在法国还是在阿尔及利亚，加缪拥有举足轻重的发言权和地位的那个时代已经一去不返了。

不过，至少是在剧院里，加缪感觉找回了那个轻松自在、率性慷慨、有着同志般的关爱热情和休戚与共感的自己。由于创建属于自己的剧院这一计划进展得并不顺利——他已简单地将它命名为"新剧院"——他暂时将主要精力放在了《群魔》的制作上。之前，他已经专心完成了《修女安

---

① Jean Daniel, *Avec Camus：Comment resister à l'air du temps* (Paris：Gallimard, 2006), 79.
② Camus, *Notebooks 3*, 251.

魂曲》一剧的制作。这两部戏剧在加缪的创作道路上都占有决定性的地位。陀思妥耶夫斯基是加缪最为喜爱的作家之一，加缪经常反复阅读他的作品（并在他的笔记中反复引用），其频繁程度与他对托尔斯泰和尼采作品的涉猎相当；《群魔》则是陀氏小说中最具代表性的作品之一，而将这部小说改编成戏剧的想法在加缪的心中由来已久。在创作笔记中，加缪曾解释说，小说《群魔》让他"受到了滋养和教育"，从创作《西西弗神话》中关于基连洛夫的那个章节时，他的脑海中便有了将这些人物搬上戏剧舞台的想法。① 加缪认为，这部创作于恐怖时代的作品似乎具有某种预言性，其人物"与我们相仿"，甚至可以算得上是当代的英雄。

改编之后的戏剧《群魔》于 1959 年 1 月首次公演，该剧邀请了 23 名演员参演，多达七幕，整场演出历时三个半小时。出席首演的观众涵盖了巴黎各界的代表，包括马尔罗，他当时已经是戴高乐政府的新任文化部部长了。观众对这部戏给予了应有的尊重，但褒贬不一，对冷战政局的态度似乎影响着人们对该剧产生了不同的看法。另外，虽然这部戏上演长达六个月之久，但最终还是赔了钱。（演出的一部分资金支持来自美国的七艺公司，该公司希望《群魔》日后亦能翻译成英文在美国上演。）加缪对此虽未表达出失望之意，但他的确为这部改编剧投入了"极大的精力"，并且最后的演员阵容也是他精心挑选的，包括著名演员凯瑟琳·塞勒斯。在那个重要时刻，如果这场演出获得巨大的成功，对加缪来说应该是一个特别的安慰。

那年春天，为了向公众宣传介绍首演以来一直一蹶不振的《群魔》，加缪同意在电视节目《聚光灯》中露面，介绍创作这部戏的初衷。他在这次节目中的谈话不仅是对戏剧行业的一次颂扬，也是对自己整个艺术创作生涯和信仰的一次深刻思考。节目中，加缪独自出场，直接对着镜头说话，间或暂停播放一下《群魔》新录制的视频片段，这无疑让他的独白增添了推心置腹的坦诚意味。（因为担心在电视镜头前不够自然，也为了避

---

① Todd, *A Life*, 395.

免怯场，他将长长的讲话文稿都背诵了下来，这虽然增加了他谈话时的庄重感，但同时也略显呆板僵硬。）加缪以罕见的坦诚谈到了他对于整个文化界知识分子间关系的不满意，"他们之间难得互相喜欢，文人相轻的情况很严重"；谈到了一个作家"在孤独中创作和在孤独中被评判"的艰难处境；谈到了他本人对与一部作品相伴而生的"强大的希望与休戚与共感"的需求。他把剧院称作自己的修道院和天堂。他谈到了他的"完整戏剧"的理想，即一部戏剧作品从构思、创作到演出都由同一个人来完成，他还谈到自己未来有志于在戏剧和文学两方面都有所建树，"两者之间互相启发、互相支持"。加缪似乎在对观众讲述自己这两个方面未来发展的构想。①

1958—1959 年间，或许还有其他一些关于加缪的重要事件需要关注：他又去了两次阿尔及利亚，参与了形形色色的政治活动，与伽利玛夫妇和玛利亚一起前往爱琴海进行了一次航海旅游（这次旅行开始于阿尔及尔的军事政变和戴高乐重新掌握政权后不久，所以人们批评他弃国家于危急之中而不顾，他本人也承认了自己在这一点上的失误），在卢尔马兰购买了一幢房子，与米莱之间的关系也愈发亲密。这一系列事件在加缪的日记中都能寻觅到蛛丝马迹，有明显的细节描述，也有含蓄的暗示，同时，它们对加缪的生活也发挥着各自的影响。但是，既然加缪那场突如其来的死亡已隐约可见，再像之前那样详细探究这些传记中所陈列的事实似乎已没有多大意义。事实就无可否认地摆在那里。但这并不意味着那些有关去希腊旅行的愉快的日记就不值得注意了（其中记载了加缪长久以来一直梦想的追寻尤利西斯航海足迹的想法），也不能否认米莱的出现成为他恢复活力的源泉，或者阿尔及利亚战争几乎已经成为一场必然以失败告终的努力。但是，在这场因加缪的浑然不知而显得更加富有戏剧性的与死神的赛跑中，我们的目光必须要锁定在日历上，我们的头脑要一直跳跃向前。对于

---

① Camus, *Gros Plan*, 8.

已经知道相关背景和结局的我们来说，唯一重要的事似乎仍然是他的那部小说《第一个人》，因为是它将加缪带进了未来，从某种意义上说，给予了他第二次生命。

在加缪日记的最后几页里，他留下了一些零散而罕见的关于写作的种种感受。他谈到了自己写作能力的丧失、组织能力上的欠缺和内心的空虚，在阅读了被他称为"爱之书"的《日瓦戈医生》后，谈到了作者鲍里斯·帕斯捷尔纳克的细腻情感以及他自己的等待——"愚蠢地"等待，他这样表述道。在之前写给乔洛蒙蒂的信中，加缪曾说他没有能力再继续写下去，他正等待着"一场灵魂的革命"。8月，在写给勒内·夏尔的信中，加缪也提到他正在等待着能够完成哪怕是最最简单的创作活动。9月，他似乎平静了一些，似乎是为了提醒自己要有耐心，他这样写道：

> "在创作一部小说之前，我总会让自己置身于数年的黑暗状态。考验自己日常的集中力，苦修心智，让内心变得极度清醒。"①

那时候，虽然几经尝试，屡次将这部小说的开头扔进废纸篓，但无论如何，加缪已经开始了他的写作。即使仍然没有公开，但比起那一大堆零散的笔记注释来说，它更具体了，因为他已经克服了以往的沉默寡言和守旧观念，以一种前所未有的开放姿态谈论着这部新书。在给阿贝·帕彻的信中，加缪称自己正在写一部关于他的家庭的新书。而对其他人，他只是说，那是一部关于他的"教育"的小说，一部容量与《战争与和平》相当的新作品。大约一个月之后，正奇迹般地进入那种流畅而愉快的写作状态中的加缪，甚至接受了向大学生讲授如何进行创作的邀请，这似乎表明，加缪离心境的彻底恢复已为时不远。

11月，加缪在写给弗朗辛、玛利亚、米莱、凯瑟琳·塞勒斯、让·格勒尼埃等朋友们的信中谈到关于在卢尔马兰崭新的创作生活时，他对写作

---

① Camus，*Notebooks 3*，252.

的说法基本上是一致的：孤独虽令人难以忍受，却是必要的；他对自律是高度警觉的；他的志向十分远大。话语间可以清楚地看到他回归正常生活后所感到的欣慰，因找回过去那种富有创造性的生活而产生的喜悦之情，甚至在他的牢骚抱怨中也有所表现，比如写给当时已成为他最亲密的朋友米莱的信："我已经工作了整整一天了，的确，孤独得难以忍受。我热爱生活，喜欢欢笑和人生乐趣，而你亦如此，甚至更甚一点，"加缪以这样的方式表明自己在久过案牍生活之后的无聊与苦闷，但同时他也意识到这是治疗他的自由散漫状态的唯一有效方法。

> "昨天我又无所事事地浪费了整整半个小时的宝贵时光，我因此
> 狠狠地责骂了自己五分钟。然后我夹着尾巴乖乖地回去好好工作。"[①]

看到加缪又重新全身心地投入到创作之中，我像他一样感到宽慰，他的这种自我贬损真是滑稽可爱，让我着迷，同时令我忍俊不禁。

如果说加缪以前一直保持着这种自我怀疑的态度，那么现在，由于他的文章主题的重要性、他处理问题的率直和他所面临的压力，这种自我怀疑较之以前变得更为深切，并以一种崭新的、充满活力的欢快笔调表现了出来。还是在这封信中，他带着自嘲的口吻这样写道：

> "不是说我对我正在从事的工作感到满意。面对已经完成的这么
> 多手稿，我有时会失去信心。我告诉自己说，那是不真实的，我写的
> 都是些蠢话，我需要一点点灵气，好让我不至于忍受这种无尽的疾病
> 折磨，而是怀着愉悦的心情去工作。不过最终，我坚持下来了。"

写作过程本身也代表了某种意义上的新生，而写关于阿尔及利亚的内容使他获得了比写当前事件更为长远、更为乐观的眼光，为他带来了一种内心的平静和使命感。在这部结构复杂、时间跨度长达几代人的鸿篇巨制的开头几页里——他曾称之为"一幅壁画"——他不再担心人们会辨认出他真实的声音，而是用片刻的灵感和长时间的漠视坚定地写了下去。他描述了

---

① Quoted in Todd, *A Life*, 407.

灵光乍现的激动时刻，感觉自己认识到了某种新的东西，一种新的深度，感觉在 20 年的苦苦追寻和工作中，第一次找到了"艺术的真谛"。五年前，加缪曾说过，他感到自己从未开始过真正的创作。在写给迈松索尔的信中，他直言不讳地说，《第一个人》是他真正开始创作的一部作品。①

因为《第一个人》从未被完成——实际上，它只是刚刚开了个头——所以它成了一个永远不能实现的承诺和永远不能破解的谜。加缪曾预计说这部小说将长达 900 多页，并暂定分为两卷，但他只留下了 144 页的手稿。这些手稿开始于标题为"寻父"的一系列章节，讲述了 40 岁的主人公雅克·克尔梅利在阿尔及利亚战争最激烈的日子里回到故乡阿尔及尔寻祖觅源的故事，并以名为"儿子或第一个人"的第二部分结束，追述了克尔梅利的整个少年时代和他的早期教育。根据加缪笔记中的记述，名为"第一个人"的第二部分应该涵盖他的青少年时期——进一步分为疾病、运动和信念等篇章——然后还将描述他的成年时期：在阿尔及利亚和抵抗运动中的一系列政治行动。这之后还应有名为"母亲"的一个部分，主要包括情人、朋友和阿拉伯问题等章节。加缪说，在这部小说里，现实与想象将交织在一起。没人知道那到底意味着什么，因为与现存的手稿文本一样，他留下的笔记中关于战争、政治、道德、农民、恐怖分子、朋友、艳遇、孩子、巴黎和普罗旺斯的分类如此具有吸引力，似乎与加缪的现实生活相差无几。这些手稿未经任何编辑和润色，因其回忆的坦诚和自发性，本身就十分具有说服力，同时也十分令人痛苦。

从最具戏剧性的方面来看，《第一个人》这部尚未完成的小说是加缪对往昔清晰得令人心碎的一次回忆。它是加缪对自己的最后一次审视，是他最后一次把自我身份的认同作为他艺术追求的一部分的尝试，无论它将向世人展示他的何种事实。简单地说，这个故事讲述的就是"一个 40 岁男人的生活和他所处的那个时代"。但是，"它同时也应该是一个世界的终结史……带着对阳光所贯穿的那些岁月的遗憾"，他在笔记里这样详细地描

---

① Quoted in Todd, *A Life*, 744.

述道，这让我突然想到：阿尔及利亚就是他的童年时代，而法属阿尔及利亚则是另外一个地方。《第一个人》的最后一章在遗稿中暂时被命名为"难懂自我"，并且，在加缪的最后一部作品的最后一个句子中，加缪或者说雅克·克尔梅利认真思考着自己的死亡——"他，就像一个曾经熠熠发光的单刃刀片一样，注定要在一击之下断掉，永远地死去。"① 现在看来，这些似乎都出奇地贴切。

《第一个人》中贯穿着许多类似的故事，而且，关于"第一个人"这个称呼本身也有许多说法：加缪或克尔梅利，一个阵亡士兵和一个目不识丁的母亲的儿子，他感觉自己像是"第一个胜利者"；法裔阿尔及利亚人；穷苦人中的一员，"为了让自己不丧失对生活的信心……必须学会忘记一些事情。"② 法国统治下的阿尔及利亚这个失落的世界是全部故事的核心——它存在于孩子们的生活之中，存在于法国移民者的家庭之中，还存在于阿拉伯人构成街景一角的贝尔库大街上。尽管遭到了多年的批评，但加缪笔下的阿拉伯人与他于20世纪二三十年代的描述还是同出一辙——大街上匆匆而过的邂逅者，"报摊周围那些沧桑而难以捉摸的脸庞"——尽管在注释和草稿中他亲切地提到了某些阿拉伯人，并记录下与好战的本·萨达克长时间的谈话。在他的小说文稿里，借助一个殖民地白人农场主的口吻，他这样描述了阿拉伯人：

> "我们生来就和睦相处。他们同我们一样愚蠢和野蛮，但同是人类的血脉。我们还将彼此残杀，彼此阉割，彼此折磨得更长久一些。然后又回来和平共处。这个国家就是这样。"③

目前出版的《第一个人》只是一部长篇巨著的开端，但从现存的内容来看，它同样是一部完整的作品，尽管存在着许多突然的中断，正像加缪的生活和其他作品一样。加缪死后，他的家人担心公开这部手稿将会使他

---

① Camus, *First Man*, 282.
② *Ibid*., 193.
③ *Ibid*., 180.

本已饱受争议的名声受到更多的损害，遂将其封存长达35年之后才最终出版，这无疑具有讽刺意味，因为如果加缪还健在，已是81岁高龄，无论如何，他成功地开始了一段新的生命旅程。《第一个人》出版后，多数评论家都认为这是加缪作品以及他的思想的一次复兴，而加缪的女儿凯瑟琳·加缪则认为，这或许能够为人们重新评价他的父亲提供一个有利的证据。这部小说引起了强烈反响，尤其是在阿尔及利亚的作家和学生中间，如果加缪还活着，对他来说，这将具有何等意义啊。

加缪曾说在车祸中丧生是"一种愚蠢的死法"，而最终他的生命却以这样的方式而结束。对于一个一生信奉荒谬主义的人来说，这件事成为他最后的荒谬行为。去世时，加缪的口袋里有一张往返火车票，他本计划和家人一起乘火车返回巴黎，但在最后一刻他被说服同伽利玛夫妇一起开车回去。同行的还有伽利玛夫妇的女儿安娜和他们的狗，他们北上的行程计划十分悠闲，准备在两家二星级饭店吃上两顿大餐，然后在一家旅馆住上一晚。出事的当天下午，米歇尔·伽利玛正开着他的法希维加牌轿车，加缪坐在副驾驶的位置上，他们疾驰在通往勃艮第地区珀蒂-维勒布莱文村笔直而宽阔的五号公路上，据目击者说，汽车在行驶过程中，突然开始左右摇摆地驶离了公路，先是撞上了路边的一棵梧桐树，接着又反弹到了另一棵树上，最终撞得变了形。加缪的脖子被扭断，当场身亡。米歇尔也身受重伤，几天之后不治而亡。超速驾驶——这是加缪一直都不喜欢的——机械故障和突然转向可能是导致这场扑朔迷离的事故发生的主要原因。加缪的遗体被停放在附近的市政厅里，后来被运到了位于卢尔马兰的家中。弗朗辛、加缪的哥哥吕西安、勒内·夏尔、让·格勒尼埃、罗布莱斯和加缪的一些好友守在旁边。葬礼那天早上，几乎所有的村民都汇集在他们那幢房子的门前，长长的送葬队伍一直沿着蜿蜒曲折的小路慢慢地向位于镇郊的小公墓蠕动。

在众多的传记和回忆录中，加缪生命最后的那几个月是用一连串沉重的"最后"来计量的——他在巴黎的最后几天；他最后一次接受采访；他的最后一篇散文；他的最后一次公开露面；他分别写给玛利亚、凯瑟琳和米莱的最后一封信——所有这些信都表达了他期望与她们在巴黎重聚的柔情蜜意。之后，加缪留出了 8 个月的时间回到普罗旺斯过起了清教徒般的生活，以便在返回巴黎开展有可能是在他自己的舞台上举行的第一个戏剧季之前完成小说的第一稿。随后，他计划在第二年夏天重返卢尔马兰，着手对初稿进行修订，并开始创作第二本新书。这是份严谨而周密的计划。几个朋友在回忆与加缪一起度过的最后时光时，无意间谈到了某些奇怪的征兆。11 月初，加缪在接受一次采访时曾说自己厌恶高速公路和超速行驶，还把他前往卢尔马兰的火车票在空中挥舞了几下以示证明。在那个星期的晚些时候，在与玛利亚告别时他难过得泣不成声。圣诞节期间，他一反常态地与弗朗辛谈到了死后被埋葬在卢尔马兰的心愿。不要举行全国性的葬礼，他曾建议道，但也不要过于寒酸。依照洛特曼的说法，诸如此类的故事应该就是这场离奇事故的序曲。①

最后一次梦见加缪时，我感到他是如此平凡，宛如常人。我跟随他走在一条拥挤的城市街道上，为了保持肩并肩行走的姿势，我们在人群中左躲右闪，这让我们大笑不止。我们似乎决定要去看电影，并朝着那个方向走着，但不知如何才能把我那只巨大的老狗偷偷带进电影院。加缪与它"一见钟情"。这并没有什么深刻的意义，只是一个可笑的梦罢了，异想天开，却让人感到很快乐。但后来，这让我想到了加缪在《第一个人》中写到关于温暖和他的那只狗时的某种熟悉而亲切的东西。这部小说中大都是概括性的抒情长句，在其中一个长达两页的句子中（结尾处谈到了狗），加缪这样写道：

> "在他的内心深处，这个夜晚……就像第二种人生，可能比日常看得到的第一种人生更为真实，它的历史可以被说成是一连串模糊的愿望和难以名状的强烈的感觉。"

---

① Lottman，*Albert Camus*，659.

随后，加缪用普鲁斯特①式的意识流笔法记下了诸多细微记忆：书籍的气味、教室的味道、一个朋友身上的羊毛衫味、他母亲手上洗衣粉的味道、一个姨妈的唇膏味，他还说到他对人体的爱恋，"人体的美丽能让他在海滩上幸福地开怀大笑"，他爱人体的温暖，同时说到他"沉浸于这片土地能够给予他的最火热的生活"的愿望，那是他在潜意识里想从母亲那里得到的东西，但他说，"他没有得到"。

> "或许他不敢得到，但是当他躺卧在小狗布里昂身边、闻着它刺鼻的皮毛味时，他得到了……生命非凡的火种仍然储存在他的身上，那是他须臾不能离开的。"②

狗的意象在加缪的文字中所占比例很小，但它却是贯穿加缪整个文学创作历程的重要线索。当我最终沿着台阶走进加缪在卢尔马兰的乡村别墅，采访他的女儿凯瑟琳·加缪的时候，就受到了两只狗狂吠的"礼遇"。访谈在一个接待日常来访的客厅进行，我坐在沙发上，而凯瑟琳坐在一把椅子上，她的对面是一张堆满书的桌子。那是我第一次见到那两只狗，巴卢和丘帕，在我们整个谈话期间，它们一直在场，并不停地跑来跑去，经常是与一只猫嬉戏玩耍。它们真是太活跃了，事实上，在我为这次访谈录制的磁带里，它们几乎成了主角，有时凯瑟琳所说的一些至关重要的话都被它们的叫声打断了。比如，"爸爸十分友善，十分尊重他人，他只是害怕——"录音机里的声音突然切换为凶猛的狂吠，混乱的厮打声，接着便是凯瑟琳的呵斥声："安静，巴卢，安静。别动！"过了一会，她接着说："我确信《第一个人》……"——"汪、汪、汪"——"对不起，您先坐着。哦，真是受不了，"随后便是扑扑棱棱的安顿声。开始时，那让我备

---

① 全名马赛尔·普鲁斯特（Marcel Proust，1871—1922），法国作家。代表作《追忆似水年华》。普鲁斯特的这部作品改变了小说的传统观念，革新了小说的题材和写作技巧，他与亨利·詹姆斯和詹姆斯·乔伊斯开辟了当代小说的新篇章。普鲁斯特自幼患哮喘病，终生为病魔所苦。——译者注

② Camus，*First Man*，282.

感痛苦——那晚我在宾馆房间里播放这盘磁带时几乎失声痛哭——之后，我感到啼笑皆非，甚至滑稽可笑，到最后，我只认为那是意料之中的事。

总之，我们初次见面的那个下午，我的谈话记录不像后来其他几次访谈记录那样对我的研究有帮助。后来进行的几次谈话没有了寒暄客套，更为随意，话题更广泛，也更大胆。我们谈得更多的不是那些实质性的内容，而是一些地方，关于加缪个人生活的区域和他的外表风度，以及我研究了解加缪到现在这种程度的经历。这幢古老的普罗旺斯石头房子，嵌在陡坡转弯处昔日的一个丝绸农场，位于村庄制高点上的安静的教堂以及教堂正下方蜿蜒的街道，这一切都让加缪如鱼得水，让他的内心得到平静。关于加缪故居有一段文字介绍，尽管很简短——书房是他自己布置的，在阁楼上；屋后种有他喜欢的玫瑰和果树，在他的小马厩里，饲养着朋友送来的一匹阿尔及利亚驴子。我们就座的客厅外有一个宽阔的阳台，在那里可以饱览朵昂思山谷的全景：墓地和墓地里苍翠的松柏、散落的城堡、一片片的葡萄园和远处群山的轮廓，就是站在这里，加缪说他感到自己几乎触摸到了阿尔及利亚。"几乎"，凯瑟琳强调说，因为这里的风景毕竟没有阿尔及利亚那样粗犷，另外，深深吸进肺里的完全不是非洲的气息。

我在阳台上矗立良久，山谷的风景让我想到了意大利的托斯卡纳。但是我并没能如愿受邀去参观整栋房子。房间里的整个布置一定令人期待，因为加缪曾经从亲手装饰这幢房子中得到了特别的乐趣，从在阿尔及利亚的石版画和跳蚤市场买来的古玩到各式餐盘器皿，都为加缪所爱。但同时，很难想象加缪曾穿梭于这些房间，因为它们带有明显的现代生活气息。凯瑟琳还向我提到，去年夏天慕名到这里来访的游客数量"十分恐怖"，这似乎也激发了我对加缪的家庭生活的好奇心。《第一个人》的出版与凯瑟琳的辛勤努力是分不开的，她煞费苦心地将原稿中微小难辨的笔迹誊写下来，仔细校对，并几乎独自一人完成了印制工作，还认真撰写了序言。该书的成功使凯瑟琳与加缪一起走进了公众的视线，当然，成为名人有时候也给她带来不少麻烦。但这也使她的能力得以展现，同时，用她自己的话说，促使她长大成熟。

　　个子高挑、金发碧眼的凯瑟琳十分健谈。同她妈妈一样，她也长着一双充满好奇的大眼睛，她的言谈举止所透露出来的既有忧郁又有勇敢，既有脆弱又有坚强。她十分热爱加缪——这个在她依然年少时就突然辞世、魅力十足、严肃又幽默的父亲，这一点从她表述的语气中可以感觉出来，她谈到父亲时的那种温柔和她表达对父亲思想的崇敬时的慷慨激昂。我曾在一篇关于凯瑟琳的杂志文章上看到过一张他们父女俩的亲密合影。从凯瑟琳当时的个子来看，那张照片可能拍摄于加缪车祸身亡之前的两三年。凯瑟琳看上去很开心，还有一点儿淘气，加缪握着她的手，她则带着甜甜的微笑盯着镜头看，眼神中同时透出无限的自豪和满足。父亲的突然离世给她带来的打击完全是毁灭性的，因为她一直被保护在加缪的公众生活之外——"勒内·夏尔来了，路易斯·加尤来了，生活是平静的"——直到全世界都在为加缪的离世嗟叹不已，甚至于简直否认了加缪作为她父亲的那个存在时，她才意识到父亲享有如此之高的声誉。"如果他很出名，你就必须得接受这一点，"她对我说道，"但同时，名气与他是那样格格不入。于是你感觉懊恼，而且那会持续终生。"①

　　作为加缪作品的保管人，凯瑟琳接过的不仅是父亲的名声，还有自己作为一个尽职尽责的女儿的身份。如她所言，站在一个新的视角来看，"阿贝尔·加缪的女儿"，或"加缪身后的凯瑟琳"与"我父亲的女儿"有着截然不同的含义。加缪并没有留下遗嘱，因此充当遗著保管人便成了整个家庭的任务。在同意从母亲手上接过这一角色之前，凯瑟琳已经逃避了很久，并在从事法律工作。（让·加缪一直是法律上的继承人，她不得不"放弃"，凯瑟琳说。显然对这位弟弟很有意见，因为他总是把他们家的事情搞得很复杂。）② 谈及自己做出的这个决定，凯瑟琳说到了一些诸如"反叛"和"谦虚、真理的软肋"这样或许含有反潮流趋势意味的词句。她精通父亲的思想和语言，在谈论父亲的生活时听起来就像他本人。"一个人

---

①　Catherine Camus，personal interview，October 1997.

②　*Télérama*，June 24，1998，160.

在快乐的状态中会产生休戚与共感，但是这种休戚与共感在悲伤的状态下是难以生存的，"凯瑟琳说，并试图解读加缪。她的这番话让我想到了加缪在自己的第一本手记中所记录的想法。凯瑟琳回忆说，13岁时，她决定读一读《卡利古拉》，来看看父亲的作品究竟是什么样的。她发现那本书很滑稽，令她开怀大笑，说这话时她仍旧忍俊不禁，但加缪本人的观点则截然不同。

访谈中的凯瑟琳必然担当着双重的角色：既是研究加缪思想的专家，又是回忆父亲的女儿。她时常在解释加缪的思想与整理家庭回忆之间来回转换。在作为遗嘱执行人期间——更确切地说，应该是加缪遗著的看护者——她在延长加缪的文学生命力方面做出了不可磨灭的贡献。她监督出版了加缪的第三本手记、几册日记、多篇新闻评论和散文，还有他的早期小说《幸福的死亡》、他未完成的遗作《第一个人》。她的这些努力推动了著名的"七星文库"新一套多卷版加缪文集的出版。其中出版于2006年的前两卷，引起了人们对加缪的新一轮关注。它们的出版时机把握得无可挑剔。

可以说，采访凯瑟琳让我兜了个大圈后又回到了原地。身为加缪遗产——多年以前我在IMEC第一次看到的列在一本厚厚的手册上的全部分类目录条目——的看护人，她是参阅加缪作品的起点，是授权许可人，现在与我一起回顾着加缪的作品，将来还会成为我研究加缪的终点。凯瑟琳仅仅比我小几岁，因此与我是同代人，这也产生了一种奇妙的结果：我似乎也成为加缪第二代中的一员。我深切地理解她和她对父亲的占有欲。我这样说或许十分冒昧，但这的确让加缪以一种更为生活化、更为具体可感的方式呈现在我的面前。当我与让·加缪和米莱谈话时也有完全相同的感受。

我去探访让·加缪时，他正过着隐居的生活，据说他比较难以接近，很少接受采访。人们都说，他与父亲的长相很相似，这也是我想亲眼见到他的一个原因。直到真正面对着这个又高又瘦、一头灰白头发的人，我才意识到——虽是局外人，但我与《第一个人》中的雅克·克尔梅利第一次去墓地看望他早亡的父亲时的感受一样，内心充满了无尽的同情与怜悯——眼前的让·加缪要比他父亲出车祸去世时的年龄还要大十几岁。他仍住在女士路那套公寓里，他就是在那里长大的。屋子里还摆放着他母亲留下来的那架亮亮的乌木钢琴，他经常认真地在上面弹奏乐曲，书架上仍旧堆放着他父亲生前所看的书籍。像凯瑟琳一样，他记忆中的加缪也是一个非常真实、非常生活化的父亲，他的回忆直接得几乎令人感到痛苦。他与凯瑟琳的不同之处在于，他没有以一个专业研究者的态度来看待加缪，也不必像凯瑟琳描述她自己那样过于"警惕"，以便不违背加缪的作品和愿望。让眼中的加缪更加严厉，更加一丝不苟，更加挑剔，也更加复杂难懂，但同样充满慈爱。他的描述听起来完全是主观性的、未经深思熟虑的，这反而令人振奋不已。

对于我提出的一些问题，让·加缪还是进行了回答，尽管十分随意。看起来，他虽然不愿意承担加缪的儿子这一公开角色，但他似乎也渴望能够有一个听众。他坐在我对面的一把椅子上，在谈到某个问题时，他挪到了沙发上，就坐在我的旁边，与这个可能像也可能不像他著名父亲的人突然离得如此之近倒着实把我吓了一跳。我小心翼翼地试着观察他的面孔，但这个动作只是让我更加坚定了一个事实：我看到了加缪本人。我们之间有一种意想不到的轻松和友谊之情，这大概是因为我对加缪生活的非比寻常的了解——我知道波尔热一家的一切，知道那幢名为巴勒莫的房子，知道加缪的女人们，还知道弗朗辛的病情——我因此不得不时时提醒自己：你并不是这些事件的亲历者。我这种得天独厚的处境也意味着我对那些细枝末节、讽刺影射和某些评论的言外之意分外敏感。让·加缪说，他从父亲的身上学到了很多重要的东西——对金钱了无兴趣、对精神的注重胜于名誉——但他也说父亲对他的"严厉冷酷"让他吃了不少苦头。他回忆说，每周三的晚上他都要向父亲呈交他的笔记本，父亲总是毫不留情地指出其中的错误和疏漏，有时候，当加缪注意到他的言行和衣着有不当之处时，会狠狠地予以批评斥责。让说他到现在也不能原谅这些。（每当他绝望地啜泣时，加缪都会说，"哭改变不了任何事情。"）

后来，在加缪去世后，让开始第一次涉猎父亲的作品，得知加缪的成

长经历与一位教师的关心密不可分之后，他开始明白了为什么他的父亲会
对自己儿子的教育如此严苛，同时也明白了为什么这个崇尚唐璜式生活方
式的地中海人总是设法纠正自己儿子的沉默寡言和内向性格。加缪对自己
的管理也是毫不留情的。让对加缪的作品十分熟悉，能怀着真挚的感情背
诵出其中的一些段落。他在加缪的最后一本手记和《第一个人》中清楚地
看到了父亲的影子，尽管他发现最后这部作品有着过于明显的自我痕迹，
他怀疑如果父亲仍然在世的话，是否最终会保留现存的这个文本。让也很
推崇格勒尼埃，在谈话中也喜欢引用格勒尼埃的话。让还记得这样的场
景：加缪一边抱他们上车，一边说，"我们要去看我的老师了。"格勒尼埃
认为，沉默克制是他的这位学生最突出的特点。"沉默克制，这种不可言
状但每个人都能感觉到的状态，是我们绽放思想之花不可或缺的伴侣，"
让背诵道，那是格勒尼埃的回忆录中的一句话。① 让也发现了加缪"沉默
克制"的本质，虽然他知道是姐姐最早提到了父亲的友爱精神。"或许她
是对的，"他平静地说，"但是我们俩对于我们的父亲有着各自的感受，就
像我们各自不同的感受事物的方式一样，她有她的性情，我有我的。"②

　　让·加缪本人和他的回忆使我在访谈之后久久不能平静，因为他对父
亲的感觉仍然如此质朴和强烈，童年时代的伤痛尚未痊愈。然而，在向我
解释加缪如何之严厉的同时，让也一直为他进行着辩护。我仍旧惊诧于一
些事情对我的影响，因为它们潜移默化地改变了我对加缪的看法。它们可
能是那些与皮亚的信件一样重要的证据，也可能是当我前去与加缪故居的
看管人兼好友苏珊·吉娜见面时，我在卢尔马兰受到一群村民自发欢迎的
那一个小小的瞬间："哦，这儿，这儿，这儿，加缪，"开肉店的那个妇女
喊道，手在空中挥舞着。"我们失去了他，他爱所有人，他愿意找所有人
说话，他的脸上写着友善。"

---

① From the introduction to Jean Grenier, *Souvenirs*, 6.
② Jean Camus, personal interview, April 15, 2005.

　　或许因为米莱是在加缪生命的最后几年里一直陪伴在他身边的人，也或许因为我们是同龄人，而且我几乎把自己想象成她（她在双叟咖啡馆里结识加缪时，我正在读加缪的作品，并迷恋上他），所以她关于加缪的回忆像让的一样给我留下了难以磨灭的印象。我们见面的地点更加深化了这种印象——1959 年加缪帮她搬进去的那套公寓，一间温馨优雅、颇具波西米亚浓郁风格的工作室，带有宽大的温室窗户，当时屋外正下着淅淅沥沥的春雨。米莱与加缪传记中所描绘的那个青春美丽、楚楚动人的 19 岁的她仍然相差无几。我旁边的一个小独柱圆桌是加缪送给她的一件家具。我对这些已广为人知的事物十分敏感。

　　虽然米莱在加缪离世前三年才结识他，但她对加缪的回忆和评价却显得更为深刻，这可能是因为情人和送葬者的双重身份使她数年来一直思考着曾经与加缪一起度过的那些时光。她讲的话都经过了深思熟虑，似乎加缪去世后的这几十年给了她充足的时间来整理出一个连贯而清晰的加缪形象，甚至对他的一些未解之谜，她都有着独到的见解。米莱对加缪所表现出来的一切都感到惊讶：他多层次的生活，他的多重人格；她也非常清楚他内心的种种矛盾，他的负罪感和他的隐私感。她明白，最后那几年生活在痛苦和沮丧之中的加缪，迫切需要她带给他一个宁静而充满友善与欢乐的心灵港湾；她也感觉到，加缪深深的伤痛正是促使他最终在写作中变得更加坦诚、更具本色的原因之一。米莱回忆说，就在出车祸之前寄自卢尔马兰的一封信中，加缪说自己很快乐。"但是你知道，每一天都充满斗争。"（谈到加缪喜欢站在桌前写东西的习惯时，米莱轻轻笑了起来，仿佛这个习惯是加缪进行"斗争"的主要表现。）

　　现在回想起来，米莱还在为加缪的生活中是否真的出现过安宁而忧心忡忡。她说，加缪有着幽默诙谐的一面，但他是一个极其严肃的人。他有着强烈的责任感，满怀着乌托邦式的忠诚，这必然会使他穷其一生都会将整个世界背负在身上。他知道自己的价值，但同时也很清醒自己并不完美。"这是个强烈的悖论——这个极为崇尚道德的男人，却发现自己与他的愿望和他的生活水火不容。这正是他的矛盾所在。唯一能够使他承担起所有这些重担的办法，就是他所具有的那种独特的优雅气质。"

　　尽管米莱思路清晰，但在结束一个句子时仍会经常拉长声音："哦，我不知道……"而且，她也提出了主观性这个棘手的问题。"不可能了解他的方方面面，"她说，"并且，我们每个人的视角都是那么个人化，那么私人化，那么独一无二，因此，实际上我们各自眼中的那个加缪必然会是异质的。"对她来说，对每一个试图了解真实加缪的人来说，他的存在都是一个谜；他来去无踪，像梦境一样难以捉摸。"现在我的脑海里没有一幅加缪的单一影像，"凯瑟琳曾说，"一切都混淆不清。"加缪存在于他那份独特的魅力之中，而他的魅力则体现在他不计其数的细微手势、动作和习惯上——他将玻璃杯放在桌上的方式，他拿起报纸的样子，他歪着头的模样，米莱一一列举道。这些东西是不可复制的，它们转瞬即逝。它们是"任何书本里都找不到的东西"。在我调研之初，当我问及罗伯特·伽利玛感觉加缪的各种传记和回忆录中还缺少什么时，他说缺少的就是加缪的那种魅力劲儿，缺少的是他走路、跳舞的样子，他喜欢在大街上踢石子儿的样子。

　　我一直期待着我的这次加缪之旅会以对他墓地的访问作为终结，这是合乎逻辑的。实际上，我先后访问过他的墓地两次，一次是在我与凯瑟琳首次会面之前，另一次便是在最后这次采访之后。几年过去了，这期间并没有什么大的变化，只是我对加缪的了解更加深入了。挺拔出一排排陵墓的高大杉树使整个墓园的气氛更加庄重。墓地规模不大，十分简朴，置身其中，让人即刻感到身心宁静。整个墓地坐落在半山腰，沐浴在阳光之中，散发着"阳光的味道"，从卢尔马兰加缪故居的阳台远眺就能看到这里。它很适合加缪，就连附近那些点缀着庸俗的瓷制花束和釉彩雕像的坟墓也是如此：它们看起来就像是绝佳的陪衬。加缪的坟墓紧靠着弗朗辛的坟墓，显得十分朴素，一块古老的石头上深深地镌刻着他的名字和生卒年月。坟墓周围开满了薰衣草和鸢尾花，像往常一样，阶前摆放着拜谒者们送来的石头、蜡烛和大把的花束。我只采摘了一个小松果，以纪念我最后的这次来访。我在松果上刻下了一个"E"，并将它摆在了薰衣草花丛中。我还拍了一些照片，阳光从我身后照过来，我的影子投射到了墓碑上——一个很好的点缀。

站在墓前，我的心里并没有什么特别的感触，不过，能够在那里与加缪离得这样近已让我十分满足。最后，我在他墓边的小径旁坐了下来。正值春天，普罗旺斯的太阳已变得炽热，我享受着新年里的第一次日光浴，心里想到了《局外人》里的主人公莫尔索。由于加缪的缘故，我希望大海离得更近些，就像在提帕萨那样。看着蚂蚁在我的脚下爬来爬去，期待着某种到访或者神明的光顾，我突然想到像我这样坐在碎石堆上是件十分荒谬的事情，于是，我想起加缪曾在谈话中拒绝提到"荒谬"一词，我不知不觉地笑了起来。这时候有两个女人从我身边走过，在加缪墓前留下了鲜花，并在墓前拍了些照片，我想起凯瑟琳曾经说过，甚至连他父亲的墓地都不属于她。

那天与加缪快乐的交流似乎是命中注定的。我很冷静，不是因为我知道那里发生的一切都是为了了解加缪，而是因为我知道那是我最后一次离他如此之近。最起码，我们之间会被他的"沉默克制"所隔断，凯瑟琳曾将其描述为他的"神秘花园"；其次，还有他在《第一个人》中所提到的："一个生命神秘的一面，"与天地万物密切相连的那一部分。我接受了这个事实，就像我认识到自己永远不可能跟上他那忙碌的生活一样。此时此刻，我比以往任何时候都更加深刻地拥有了加缪，拥有了他的作品。剩下的就只有对其进行阐发和解释了。凯瑟琳说过，在经年累月对加缪遗著进行整理的过程中，她发现加缪的故事是清晰和连贯的，现在的问题仅仅在于，找到加缪故事连续性的轨迹。例如，凯瑟琳刚刚才知道，加缪在获得诺贝尔奖金之后，拿出了很大一笔钱来资助那些在匈牙利革命中失去丈夫的妻子和失去父亲的孩子。凯瑟琳说，加缪的作品就是这样。他的作品像他本人一样。

至于我一直期待的与加缪的约会，现在我意识到，那已成事实，我已陪伴他多年。我因他讲的笑话而发笑，有时甚至大笑不止，虽然我早已知道了他的台词。我向他请教关于政治的问题，关于如何指引自己在这个道德沦丧的时代里为人处世的问题。我无休无止地钦佩他的诚实，我逐渐发现这其实是他内心充满自信的表现。诚实和责任感是通往加缪之路最重要的关隘。当然，他的风趣幽默也并不逊色。总之，我发现自己愈加喜爱加缪了。我发自内心地，把他视为自己的朋友。

后　记

　　大约 6 个月后，我突然想去看看加缪的汽车。凯瑟琳曾提到过，它就在街那边他过去的修理工朋友开的一家汽车修理厂里。加缪热爱他的汽车，也热爱驾驶——在礼拜日，他常常借舅舅的车载西蒙去兜风——他那辆大块头的黑色雪铁龙汽车似乎与他情有独钟的硬汉形象很般配。我仍记得加缪与他那辆汽车最后的合影照片，那是辆 1955 年产的雪铁龙 Léger 11。凯瑟琳还给我看过加缪的驾驶证，绿色的，四边已磨损得模糊不清，如今被安全地塑封起来。加缪给他的汽车起名为佩内洛普，可能是以尤利西斯忠诚而坚忍的妻子来命名的，他们俩是他心目中举足轻重的英雄。从加缪对希腊神话的引用频率来看，他终有一天也将创作出关于尤利西斯和他的航海历险的作品，因为他似乎从中深受启发。但是，他只留下了一些支离破碎的笔记和几则日记。我一直没能见到那辆汽车，因为到我返回阿尔贝·加缪路的时候，它已经被运到城外某个我根本找不到的地方去了。

致　谢

　　写这本书耗时整整九年，或许也可以说，它的创作开始于更早的多年前，那时我仍是一名对加缪一往情深的大学生。它是十年来广泛研究的成果，但同时，它也是一个纯粹主观的个人努力：对我感觉已经全然了解的一个人进行描绘。

　　在我寻找一个真实的加缪的过程中，一大批人曾向我伸出了热情之手，对于他们，我永远感激不尽。第一个要深深感谢的是凯瑟琳·加缪，是她慷慨授权我正式访问她父亲的档案的权限。这些档案最初保存在巴黎的法兰西学士院（IMEC），如今已被转移到位于普罗旺斯地区艾克斯的梅贾恩图书馆里的加缪研究中心。在 IMEC，阿尔贝·迪克和桑德林·桑塞姆对我前期的研究工作进行了耐心的指导；在艾克斯，玛赛尔·马哈塞拉凭借她丰富的专业知识不辞辛苦地为我提供了热情友好的帮助。我还要感激耶鲁大学百内基珍本书图书馆和得克萨斯大学奥斯汀分校哈里兰塞姆人文研究中心的图书管理员们，是他们分别为我提供了加缪写给尼古拉·乔洛蒙蒂的信件和诺普夫出版社的相关文件。

　　我对凯瑟琳·加缪、她的弟弟让和熟悉加缪的其他人进行的采访对于我深入了解加缪具有不可估量的价值。谨在此对以下人员表达我深深的谢意：凯瑟琳和让，米莱，罗杰·格勒尼埃，罗伯特·伽利玛，让·丹尼尔，尼科尔·沙贝龙，米里亚姆·乔洛蒙蒂，雅克·波尔热，亨利·马修，米舍利娜·罗赞，安德鲁·贝拉米什，苏珊娜·吉努德，威廉·菲利普斯，莱昂内尔·艾贝尔，威廉·斯泰龙和玛利亚·图奇。还有其他许多人曾给予我极大的帮助，开拓了我的视野，加深了我的认识：赫伯特·洛特曼和奥利维尔·托德，他们出色的传记对我理解加缪是不可或缺的；约翰·莫里，他倾其所有为我提供了肺结核病史资料；乔恩·兰德尔，他向我介绍了阿尔及利亚及其战争。费尔南多·波向我回忆了玛利亚·卡萨雷斯的演员生涯，朱迪斯·琼斯也回顾了工作中的布兰奇·诺普夫。

从很大程度上来说，这本书的创作是自发性的，创作冲动不仅来自于我的阅读和研究，还来自若干次的偶遇、无关紧要的对话和预想不到的接触。我默许了这样的创作形式，因为它令我感觉息息相关，而且，它最终产生的是一个传奇故事，而不是一份研究报告。许多朋友、家人、其他作家和加缪"迷"都为这本书的顺利完成做出了或多或少的贡献，因此也成为创作过程的一个重要组成部分，他们是：让·斯特鲁兹，莎拉·卡切波尔和沃特·贾斯特，沃尔特·斯托沃，琳达·亚瑟，弗兰·基尔南，布鲁斯·戴维森，罗伯特·布鲁斯泰恩，乔治·库柏，杰德·德瓦恩，帕特·汤普森，彼得·亚当，米歇尔·维娜佛，赛尔维·布列松，戴安·约翰逊，亚瑟·豪尔·史密斯。吉纳维芙·雪瓦利曾在巴黎向我做了极其重要的介绍。多西·尔兰森和玛丽·布鲁姆作为非同寻常的朋友和机警的星探，为我提供了众多线索并披露了珍贵的信息。彼得·赛克斯向我出示了一本令人吃惊的画册，那是受加缪的启发而创作的。让·司卓思是第一个激励我研究加缪的人。温迪·吉姆贝尔总是满怀热情、细心周到地给予我支持。值得特别感谢的是曾对我的几版草稿进行过批评指正的读者们：罗伯特·戈特利布，南希·尼古拉斯，温迪·吉姆贝尔，西塞拉·波克，简·克莱默，豪内·摩尔，尼古拉斯·温斯托克和戴维斯·温斯托克，因为他们为我提供了珍贵的指导，给予了我鼓励和力量。

我还十分感谢以下人员为我所做出的努力：我的研究助手杰西卡·利·泰内，我的技术顾问史蒂芬·马克，以及格罗夫/大西洋出版公司像亚历克斯·利特菲尔德，苏·科尔和查尔斯·如·伍德斯这样极好的人力资源。我的代理人弗利珀·布罗菲和我的编辑琼·宾汉姆的热情和奉献精神让我在失去创作信心的那些日子里坚持下来。还要感谢我的儿子尼基、杰克和卢克，我的儿媳阿曼达和琳恩，以及以真正的英雄气概承担起我的顾问兼挚友角色的丈夫戴维斯，他们的爱、耐心和支持成为我最强大的创作动力。

阿尔贝·加缪的主要作品

1957 年荣获诺贝尔文学奖

1946 年,《局外人》(*L'Étranger*,1942)

1948 年,《鼠疫》(*La Peste*,1947)

1954 年,《反抗者》(*L'Homme Révolté*,1951)

1955 年,《〈西西弗神话〉及其他散文集》(*Le Mythe de Sisyphe*,1942)

1957 年,《堕落》(*La Chute*,1956)

1958 年,《流亡与独立王国》(*L'Exil et le Royaume*,1957)

1958 年,《卡利古拉》与其他三部戏剧:《误会》、《戒严》、《正义者》(*Caligula*,1943;*Le Malentendu*,1944;*L'État de siege*,1948;*Les Justes*,1950)

1960 年,《群魔》(*Les Possédés*,1959)

1961 年,《抵抗,反叛与死亡》(*Resistance,Rebellion and Death*,1961)

1963 年,《手记 1935—1942》(*Carnets mai 1935-février 1942*,1963)

1965 年,《手记 1942—1951》(*Carnets janvier 1942-mars 1951*,1965)

1968 年,《抒情及批评文集》(*Lyrical and Critical Essays*)(1937 年《反与正》(*L'Envers et l'endroit*);1939 年《婚礼集》(*Noces*);1954 年《夏》(*Été*)以及其他文论)

1987 年,《美洲日记》(*Journaux de Voyage*,1978)

1972 年,《幸福的死亡》(*La Mort Heureuse*,1971)

1997 年,《第一个人》(*Le Premier Homme*,1996)

2008 年,《手记 1951—1958》(*Carnets mars 1951-décembre 1958*,1948)

图书在版编目（CIP）数据

加缪，一个浪漫传奇/（美）豪斯著；李立群，刘启升译 .—北京：中国人民大学出版社，2011.12
ISBN 978-7-300-15089-5

Ⅰ.①加… Ⅱ.①豪…②李…③刘… Ⅲ.①加缪，A.（1913～1960）-生平事迹②加缪，A.（1913～1960）-文学评论 Ⅳ.①K835.655.6②I565.065

中国版本图书馆 CIP 数据核字（2012）第 007332 号

加缪，一个浪漫传奇

伊丽莎白·豪斯　著

李立群　刘启升　译

Jiamiu Yige Langman Chuanqi

出版发行	中国人民大学出版社			
社　址	北京中关村大街 31 号		**邮政编码**	100080
电　话	010 - 62511242（总编室）		010 - 62511398（质管部）	
	010 - 82501766（邮购部）		010 - 62514148（门市部）	
	010 - 62515195（发行公司）		010 - 62515275（盗版举报）	
网　址	http://www.crup.com.cn			
	http://www.ttrnet.com（人大教研网）			
经　销	新华书店			
印　刷	北京市易丰印刷有限责任公司			
规　格	160 mm×235 mm　16 开本		**版　次**	2012 年 3 月第 1 版
印　张	22.5 插页 1		**印　次**	2012 年 3 月第 1 次印刷
字　数	312 000		**定　价**	46.00 元